Schibilsky
Trauerwege

Michael Schibilsky

# TRAUERWEGE
## Beratung für helfende Berufe

Patmos Verlag Düsseldorf

CIP-Titelaufnahme der Deutschen Bibliothek

**Schibilsky, Michael:**
Trauerwege: Beratung für helfende Berufe / Michael Schibilsky. –
6. Aufl. – Düsseldorf: Patmos, 2003
ISBN 3-491-72215-2

6. Auflage 2003
Umschlaggestaltung: Peter J. Kahrl, Neustadt-Wied,
unter Verwendung einer Bildvorlage von Frank Vinken
Gesamtherstellung: Clausen & Bosse, Leck
3-491-77215-2

# INHALT

# 1. ABSCHIEDLICH LEBEN LERNEN

*Leben angesichts des Todes muß »abschiedlich« gelebt werden; wir müssen immer bereit sein, Abschied zu nehmen, uns zu verändern, und immer auch bereit sein, unsere Geschichte als Geschichte von unendlich vielen Veränderungen in uns aufleuchten zu lassen, als die Ausfaltung unserer Identität.*    Verena Kast

Erst, als ich mit der Arbeit an diesem Buch schon weit vorangekommen war, fiel mir ein Ereignis wieder ein, das damals lebensprägende Folgen hatte – und meine Berufsmotivation für das Pfarramt mitbestimmte. Einer meiner Freunde, die ich während des Studiums einige Jahre aus den Augen verloren hatte, hatte nach einer unglücklichen Liebesgeschichte Selbstmord begangen. Ich war schockiert – gerade, weil er sonst so ruhig, liebenswert und fröhlich gewesen war.

Und so kam auch ich zur Beerdigung wieder in meine Heimatstadt. Wir alle, verändert, schweigsam, ratlos in der Trauerkapelle. Und dann die Traueransprache des Pfarrers, der es verstanden hat, das ganze Evangelium in zehn Minuten zu verkündigen, schrecklich! Nur eben alles andere hatte er vergessen; daß da Menschen trauerten, daß da welche waren, die Schuldgefühle hatten; daß da welche waren, die einfach sprachlos waren – auch mit ihrer eigenen Einstellung zum Leben, nach diesem frühen Tod. Nein, er hat fröhlich das Evangelium gepredigt – und verbittert habe ich oft von einer Halleluja-Dampfwalze gesprochen, die so alles plattgepredigt hat. Jedenfalls habe ich mir damals gesagt: So etwas darf man nicht zulassen. Allein schon – um das zu verhindern, lohnt es sich, Pfarrer zu werden.

So trifft die Aufgabe, dieses Buch über Trauerbegleitung zu schreiben (eine Aufgabe, die ich mir nicht selber gesucht habe), wie ich erst jetzt merke, eine zentrale Motivation für mein Pfarrerdasein.

Jeder stirbt seinen eigenen Tod. Jeder hat das Recht, sein eigenes Sterben bewußt zu leben. Ich kann und will keine Vorschriften machen. Es gibt nicht den einen richtigen Weg. Ich wünsche mir Vergewisserung für Wege, die heute oft noch zaghaft und schüchtern gegangen werden; ich möchte einladen zum Trauern – weil erst im abschiedlich gelebten Leben zu erfahren ist, woher wir kommen und wohin wir gehen werden. Daß wir Leben immer nur geschenkt bekommen – auch auf Zeit.

Festhalten dagegen bedeutet: Angst haben, zu kurz gekommen zu sein; Angst haben, ausgeschlossen zu bleiben; Angst, nicht genügen zu können. Das alles sind ja reale Ängste. Es gibt Menschen, die sind tatsächlich häufiger als ihre Mitmenschen zu kurz gekommen. Und andere haben es eben tatsächlich intensiv und schmerzhaft erlebt, ausgeschlossen zu sein, weil sie nicht zu den anderen paßten – angeblich. Und wieder andere kommen ein ganzes Leben lang nicht los von der Angst, Ansprüchen nicht zu genügen. Da sind nicht nur die Ansprüche, die ihnen von außen gegenübertreten, sogenannte Bewährungs- und oft genug Bewerbungssituationen, in denen die Ansprüche stärker waren als die Wahrnehmung einer Persönlichkeit. Da sind eben auch die Ansprüche, denen wir uns selbst unterwerfen, Vorstellungen, denen wir genügen möchten, Persönlichkeitsbilder, denen wir nachhängen, denen wir gern entsprechen würden, denen wir aber trotz aller Anstrengung nicht ähnlicher werden. Scham bleibt da manchmal, schlimmer noch: Selbstverachtung. Das alles ist ja real, so real wie eben auch unsere Ängste. Diese Ängste werden dramatischer, wenn wir dem Abschied, der Endgültigkeit nicht mehr ausweichen könnnen.

## 1.1. ÄNGSTE ALS BEGLEITER

Menschen in helfenden Berufen, besonders auch Pastoren, sind im Kern ihres Wesens häufig ängstliche Menschen. Das hat Gründe, die an anderer Stelle genauer zu besprechen sind. Das hat aber – bei aller schmerzlichen Erfahrung, die dem zugrunde liegt – manchmal auch seine guten Seiten. Denn sie können andere Menschen eher und intensiver verstehen, die plötzlich in Panik geraten sind, die verzweifelt sind, die keinen Ausweg mehr sehen. Ängstliche Menschen können als Begleiter überaus mutig werden, so mutig, wie es keiner sonst von ihnen erwarten würde. Mutig, weil sie sich der Schwere ihrer Aufgabe bewußt sind und der Unabweisbarkeit der Hilfsbedürftigkeit.

Menschen in helfenden Berufen sind oft genug selber Betroffene, müssen selber schwere Schritte gehen, im Trauern selber reifen, abschiedlich leben lernen. Dabei gilt eine Verheißung, die ängstliche

Menschen oft genug erfahren haben, auch wenn sie ihr nicht immer trauen: Im abschiedlichen Leben begegnen wir dem Kern unserer Lebensbestimmung. Und darin liegt manchmal der Schlüssel für ein ganzes Leben verborgen.

Es ist eigentümlich: An keiner anderen Stelle ist die Zuständigkeit von Pastoren, die Zuständigkeit des Glaubens so unbestritten wie beim Sterben und Trauern. Mehr als einhundert Prozent der Kirchenmitglieder (nämlich oft genug auch Ausgetretene) werden kirchlich beerdigt. Und doch haben wir in unserer Theologie und in unserem Gemeindeleben so wenig Mut und Fantasie gehabt, uns diesem Bereich wirklich zu widmen.

Die Humanwissenschaften haben an manchen Stellen uns Christen beerbt, weil wir dieses Erbteil scheu beiseite geschoben oder mit allzu forscher Verkündigungswucht erdrückt haben. Es geht nicht darum, das Erbe zurückzufordern. Das Sterben, das Trauern gehört keiner wissenschaftlichen Disziplin allein. Es gehört zum Menschen. Aber gerade weil Theologie und Verkündigung Liebe zu den Menschen ist (oder doch zu sein hat), darum sollen wir das Gespräch aufgreifen, fortsetzen, unseren eigenen Anteil erkennen, prüfen, was wir sagen können und müssen; aushalten, was wir verantworten können und müssen; Akzente setzen, wo Fehlentwicklungen zu unvorstellbaren Grausamkeiten geführt haben; zu Durchbrüchen verhelfen – nicht aus eigener Kraft, sondern weil wir Jesus auf seinem Weg nachfolgen. Und er hat auf diesem Weg sein Sterben nicht ausgespart. Er hat sein Sterben gelebt – und er ist auferweckt worden.

Ich verstehe die Zurückhaltung bei diesem Thema gerade bei den Theologen: Gott ist nicht ein Gott der Toten, sondern der Lebenden. Und: Laßt die Toten die Toten begraben, ihr aber verkündigt das Reich Gottes. Wir haben das alles dazu mißbraucht, uns vor wichtigen Erfahrungen davonzustehlen, haben nicht ausgehalten, da unten am Kreuz, wo Maria stehengeblieben ist, wo Johannes stehengeblieben ist, wo Jesus die beiden aneinandergewiesen hat; wir sind davongelaufen wie Petrus, haben uns mit Schuldfragen befaßt wie Judas – aber wir haben nicht ausgehalten. Sind auch nicht hingegangen zur Höhle des Todes – und haben deshalb auch nicht genau genug die Auferstehung entdeckt.

## 1.2. ZWISCHEN NÄHE UND DISTANZ

Manchmal erlebe ich bei jungen Theologen – und ich kenne das auch von mir selber – die Verlegenheit, daß wir so wenig in Händen haben bei unserem Beruf. Nur Worte, nur Worte. Und ich habe manchmal die Ärzte beneidet, mit ihren Instrumenten, mit ihren Diagnosen, mit ihren Medikamenten.

Inzwischen geht es mir anders: Unsere Instrumente sind nicht instrumentalisierbar. Ist der Mensch instrumentalisierbar? Und wie bitter ist das dann.

Wir haben nichts in den Händen. Aber wir haben Hände! Sie können Wärme weitergeben, Nähe erfahrbar machen, ruhen, stützen – segnen.

Wir haben keine Diagnosen, aber eine Perspektive. Wir sollten sie nicht verschweigen. Diese Perspektive, diese Zuversicht des Glaubens – das ist Wahrheit am Krankenbett. Nun nicht als Überfall, aber doch als Brückengeländer, wenn es über Abgründe geht.

Wir haben keine Medikamente. Aber wir haben Erzählungen, Gleichnisse, Psalmen, mehr noch: Gebete. Wir können danken, dürfen beklagen, können gemeinsam bitten. Ob das Krankheit lindert oder beseitigt? Es kann jedenfalls grenzenlose Angst begrenzen und lindern, es kann Mutlosigkeit auffangen und tragen, es kann stützen und Kraft geben. Es kann Ruhe ausstrahlen, es kann Wut zulassen, es kann Verzweiflung aussprechbar machen, es kann Ausweglosigkeit beim Namen nennen und überwinden, es kann Lebenskräfte, Lebensenergie freisetzen, nicht als magische Handlung, sondern als Geschenk des Himmels.

Wir haben nicht nur Worte, wir haben Ohren und hoffentlich Zeit. Wir haben Augen und hoffentlich einen Blick für Wichtiges und Unwichtiges; wir haben ein Herz.

Ich habe einmal einem erfahrenen Arzt (*Paul Becker*) zugehört über seine Erfahrungen bei der Sterbebegleitung: Die einzigen Instrumente, die er wirklich verwenden konnte, waren: Worte, Schweigen, Zuhören, sich Zeit lassen, Empfindsamkeit, Ehrlichkeit, Mut und Behutsamkeit. Genau das sind die Gaben, die Gott uns für unseren Beruf gegeben hat. Wir können sie so gut gebrauchen!

Manchmal helfen ganz schlichte und möglichst genaue Wahrnehmungen unserer unmittelbaren Umwelt, um wichtige Einsichten gewinnen zu können, mehr noch: ein Gespür dafür zu bekommen, wo heute Menschen in der Begegnung mit Tod und Trauer hilflos sind:

Bei uns ist der Friedhof kein einsamer Ort. Viele Menschen gehen regelmäßig zu den Gräbern ihrer Angehörigen, pflegen die Grabstellen. Nicht selten kommt ihnen dann ein Trauerzug entgegen, die Träger mit dem Sarg, der Geistliche mit den Angehörigen, die Trauergemeinde. Kaum haben die unbeteiligten Friedhofsbesucher den Trauerzug entdeckt, entsteht eine ziemliche Verlegenheit. Die einen laufen regelrecht weg, suchen sich andere Wege, um ja nicht dem Trauerzug zu begegnen. Andere verstecken sich hinter Sträuchern und Hecken, schauen ängstlich aus unsicherem Versteck, wann der Zug der Trauernden an ihnen vorbeigegangen ist. Wieder andere gehen ungerührt ihrer Arbeit nach, gießen Blumen, rupfen Unkraut – und lassen Trauerzug eben Trauerzug sein. Nur selten noch haben Erwachsene das richtige Gespür für diesen Augenblick: bleiben stehen, ziehen den Hut, sprechen vielleicht ein stilles Gebet – und erweisen so dem Verstorbenen und den Angehörigen ihren stillen Respekt.

Warum so viel Verlegenheit bei diesen unerwarteten Begegnungen mit dem Trauerzug? Die drei unterschiedlichen Reaktionen spiegeln sehr genau wider, wie wir mit dem Tod umgehen: Die einen laufen regelrecht weg, suchen sich andere Wege; die anderen verstecken sich, um nur nicht gesehen zu werden; wieder andere tun so, als wäre nichts geschehen.

Aber es ist ja etwas geschehen. Und als Angehörige wissen wir: Es ist etwas Schreckliches geschehen, was uns völlig aus der Fassung bringen kann.

Deshalb wünsche ich mir mehr Mitmenschen, die einfach stehen bleiben, etwa den Hut ziehen, vielleicht ein stilles Gebet sprechen – und eben nicht davonlaufen oder Gleichgültigkeit vortäuschen.

Uns ist ja als Angehörigen so zumute, als bliebe plötzlich die Zeit stehen. Ein Mensch, der eben noch bei uns war, mit uns unsere Zeit geteilt hat, ist plötzlich jenseits aller Zeit – in der Ewigkeit. Da bleibt auch in unserem Empfinden die Zeit plötzlich stehen. Und da schmerzt es, wenn andere Menschen eben so tun, als wäre nichts geschehen. Trauernde sind empfindsam, sehr empfindsam. Der Tod hat sie verletzt – darum sind sie so verletzlich. Ich wünsche mir mehr Menschen, die dafür ein Gespür haben, sich Zeit nehmen, uns in der Trauer zu respektieren, und im Gebet innerlich begleiten.

11

# 1.3. GEFÜHLE BRAUCHEN RAUM UND ZEIT

Im Kern geht es beim Stichwort vom »abschiedlichen Leben« um die Einsicht, daß wir begrenzt leben. Leben mit Grenzen, das ist in unserer Zeit deshalb so schwer geworden, weil wir an vielen Stellen versuchen, Grenzen zu ignorieren oder zu überwinden. So kann es sein, daß uns das Empfinden für schutzbedürftige Bereiche verlorengegangen ist. Tabuzonen des persönlichen oder sozialen Lebens umschreiben ursprünglich Bereiche, denen wir nicht gewachsen waren. So ist Trauern heute fast eine Tabuzone – und sie wird es um so deutlicher, je weniger wir es wagen, mitzutrauern. Ich fasse deshalb zusammen:

● Abschiedlich leben lernen bedeutet nicht, jeden Augenblick für das letzte Stündlein zu halten, sondern die Begrenztheit am Ende des Lebens mit den Begrenzungen in meinem alltäglichen Lebensvollzug in Beziehung zueinander setzen können. So erfahren wir auch:

● Trauern ist kein zeitlich fest umrissenes Ereignis, sondern ein Prozeß, ein langer Weg. Im Neuen Testament ist das der Weg von Golgatha bis nach Emmaus. »Herr, bleibe bei uns, denn es will Abend werden, und der Tag hat sich geneigt.« Das ist die Sprache von gelebter Traurigkeit, das ist die Sprache derer, die ein Gespür für Grenzen gewonnen haben. Bleiben – und enden, das ist der Zwiespalt der Trauer.

● Menschen, die aus einem intensiven Gefühl heraus leben – etwa aus dem Gefühl von Schmerz, von Erschütterung, von Ratlosigkeit oder auch aus Verbitterung –, diese Menschen kann man nicht überreden. Gefühle lassen sich nicht überreden. Gefühle müssen zugelassen werden, Raum gewinnen können. Dann – und nur dann können sie sich weiterentwickeln, können sich verwandeln und zum inneren Wachsen helfen.

● Ängste prägen uns. Sie haben einen konkreten Ausgangspunkt, Erfahrungen, die uns verletzt und die unser Zutrauen erschüttert haben. Ängste haben aber nur selten einen Endpunkt. Sie begleiten uns. Und wenn wir ihnen ausweichen, verfolgen sie uns. Es ist schwer, den Ängsten ins Gesicht zu sehen – aber es ist möglich. Wir können der Angst vor dem Sterben nicht ausweichen. Aber wir können unseren Ängsten mit ihren konkreten Ausgangspunkten näherkommen, sie integrieren in unser Leben. Zur Auseinandersetzung mit Ängsten gehört der Wechsel von Distanzierung und Auseinandersetzung. Erst beides zusammen läßt uns lernen, mit unseren Ängsten zu leben. Das Verhängnis beginnt dort, wo wir einen der beiden Pole verabsolutieren: Die Distanzierung verabsolutieren heißt, die Angst letztlich doch wegschieben und verdrängen. Sich ständig mit der Angst auseinandersetzen heißt, die Angst verabsolutieren. Erst im sich wiederholenden Wechsel zwischen Distanzierung und Auseinandersetzung (Konfrontation) können wir uns mit unseren Ängsten versöhnen. Ähnliches gilt für das Trauern.

● Trauern bedarf der Vertrautheit. Gleichzeitig aber ist Trauern ein soziales Geschehen. Trauernde sind deshalb auf vertrauenswürdige Menschen angewiesen, auf Geborgenheit, Verständnis und Verschwiegenheit. Denn jeder erlebt Trauer als außerordentliche Schwäche und Verletzung. Niemand aber möchte sich in seiner Schwäche und Verletztheit ver-öffentlichen. Gleichzeitig braucht Trauern ein Gegenüber. Das eigentliche Gegenüber ist der Verstorbene. Er steht nicht in der bisher gewohnten Art und Weise als Gegenüber zur Verfügung. Und bevor wir uns wirklich mit dem Verstorbenen auseinandersetzen können, bedarf es vieler Stationen im Wachstum der Trauer. Hier sind Stellvertreter unentbehrlich. Besonders Menschen in helfenden Berufen müssen häufig solche Stellvertreter-Aufgaben bewältigen. Dabei liegt ihre Chance in der relativen Nichtbetroffenheit. Sie sind deshalb manchmal auch Objekt von aufsteigenden Aggressionen, die im Kern eigentlich dem Verstorbenen gelten. Da sich der Verstorbene nicht wehren kann, verbietet sich jeder Trauernde zunächst, den Verstorbenen anzuklagen oder zu beschuldigen. Der helfende Begleiter muß jedoch gleichzeitig realisieren, daß er ein Gegenüber für wechselnde Projektionen ist. Auch versöhnliche Empfindungen dem Verstorbenen gegenüber werden leicht auf ihn übertragen. Diesen wechselnden und anfangs nur schwer einsichtigen Übertragungen ist ein helfender Begleiter nur dann gewachsen, wenn er der Identifizierung auch die Distanzierung hinzufügen kann. Beide, der Trauernde und sein Begleiter, müssen einen langen und wechselvollen Weg miteinander gehen.

## 1.4. TRAUERN IST EIN LANGER WEG

Mit der Trauer muß man fertigwerden. Das macht uns so fertig. Es stimmt: Angesichts des Todes und der Trauer geraten unsere Werte ins Wanken. Besonders die Werte, die sich auf Handeln, Gestalten,

Bewältigen beziehen – erledigen. Trauer kann man nicht erledigen. Den Tod auch nicht. Umgekehrt kommen wir einer stillen Wahrheit näher: Wenn es Zeit ist zum Sterben, wenn wir selbst in die Zeit des Trauerns geraten, dann erledigt sich vieles, was wir für unaufschiebbar gehalten haben. Und doch ist er falsch, dieser schreckliche Gedanke vom »Erledigen«. Erleiden, das ist viel schwerer – und viel heilsamer.

Die Grundüberzeugung, mit der ich dieses Buch geschrieben habe, läßt sich mit wenigen Worten sagen: Ich bin davon überzeugt, daß biblische Erfahrungen und deren Übertragung in Lebensgeschichten uns helfen können, dem Sterben und der Trauer zu begegnen. Wir müssen uns allerdings einlassen, einlassen auf einen langen Weg – den Weg von Gethsemane nach Emmaus. Mehr noch: Wir müssen neu anfangen, diese unüberbietbaren Erfahrungen Gestalt werden zu lassen, sie verbinden mit dem, wie wir leben, wozu wir leben.

Einer langen Zeit der Tabuisierung dieses Themas ist inzwischen längst eine andere Zeit nachgefolgt: die hektische Betriebsamkeit, alles mögliche auszuprobieren, um der Frage von Leben und Tod besser gewachsen zu sein. Ich will das nicht beklagen, auch nicht verurteilen. Es sind in den vergangenen zehn Jahren in vielen Büchern hilfreiche Entdeckungen gemacht worden. Und es wächst eine neue Aufgeschlossenheit gegenüber bislang gemiedenen Erfahrungen von Sterben und Trauern. Es wächst die Bereitschaft, sich ernsthaft und sehr persönlich mit den Grenzen des persönlichen Lebens auseinanderzusetzen.

Es ist fatal: Viele Menschen, die an ihrer Trauer verzweifeln, öffnen sich Erfahrungsprozessen, denen sie sich fast ein Leben lang verschlossen haben. Manchmal ist auch Flucht mit im Spiel: die Hoffnung, aus neuen Methoden und fremden Kulturen endlich gewinnen zu können, was in unserem Kulturkreis nicht mehr realisierbar scheint.

Dagegen möchte ich für die alltägliche Sterbebegleitung, für die alltägliche Trauerarbeit Hilfestellung leisten. Ich suche also nicht das außergewöhnliche Allheilmittel, sondern möchte – im Bild gesprochen – die alltäglichen Heilpflanzen unserer Kultur wiederentdecken und nutzen, Pflanzen und Kräuter, die von vielen vorschnell zum Un-Kraut erklärt und ausgerottet worden sind. Ich möchte helfen, dort anzusetzen, wo wir gemeinsam leben: in unserer Geschichte, in unserer Lebensgeschichte, in unserer Glaubensgeschichte. Im Lebens-Alltag wurzelt dieser Ansatz. Und mit diesen Wurzeln möchte ich näher zum Grundwasser kommen. Das Wasser des Lebens finden wir nicht in weiten Fernen, sondern dort, wo wir in der Tiefe anfangen zu graben, in der Erde. Dieses Grundwasser – das Wasser des Lebens – finde ich selber dort, wo ich biblischen Erfahrungen nachgehe.

So manche Trauerfeier, manche Beerdigungsansprache und manches Gespräch mit Angehörigen ersticken in Lieblosigkeit und allgemeiner dogmatischer Richtigkeit. Sehr lange hat eine ganze Generation von Theologen in der Ausbildung keinerlei Grundkenntnisse erwerben können, die in diesen Augenblicken weiterhelfen. Schlimmer noch: Trauer wurde ausgenutzt – als Gelegenheit zur Mission. Das Ergebnis: Missionarischer Eifer hat mehr Menschen zu Heiden als zu Christen werden lassen. Ohnmacht wurde ausgenutzt, Menschen wurden zu Objekten gemacht.

Echte Nachfolge geht andere Wege. Sie beginnt im Alltagsleben, dort mitten in der Ortsgemeinde, wo in jeder Woche jemand stirbt, Angehörige trauern. Wir können nicht so trauern, wie manche »Naturvölker« es wohl noch können. Wir leben in der Neuzeit, in der Zeit nach der Aufklärung, oft genug in einem nachchristlichen Zeitalter. Gerade darin aber liegen die Herausforderung und die Chance: Wir selber können die Inhalte unseres Glaubens, die Mitte der Nachfolge, den Weg Jesu Christi neu entdecken. Wir sind in die Freiheit entlassen – aber haben gerade darin die Freiheit, den Kern dessen wiederzufinden, was Gott mit unserem Leben im Sinn hat.

## 1.5. GRENZEN WAHRNEHMEN UND ANNEHMEN (ZUR GLIEDERUNG)

Ich möchte nachdenklich erzählen und erzählend nachdenken – und dabei auch über die Grenzen fachtheologischer Disziplinen hinausgreifen. Dieses 1. Kapitel umschreibt die eigentliche Aufgabenstellung, die jedem Menschen widerfährt, der selber trauert, der Sterbenden begegnet, der Trauernde begleitet: Wie können wir uns auf den Weg machen, abschiedlich leben zu lernen? Nicht erst am Ende des Lebens, sondern immer wieder mitten im Leben einhalten und fragen: An welcher Stelle sind wir eigentlich angekommen?

Nach solcher Aufgabenbeschreibung möchte ich meinen eigenen, zum Teil in früher Kindheit liegenden Erfahrungen nachgehen. Ich habe keine außergewöhnlichen Erfahrungen gemacht, aber meine eigenen Erfahrungen bilden den konkreten Hintergrund für jedes Fremdverstehen. Solche biographische Selbstvergewisserung im

15

2. Abschnitt führt uns dann zu Fragestellungen, die jungen Theologen und Theologinnen mitten in ihrer Ausbildung, im Studium also, als Problem benennen. Oft verbirgt sich hinter diesen Fragen die Sorge, den späteren beruflichen Anforderungen nicht gewachsen zu sein. Diese Sorgen finden in den Fragen des 3. Abschnitts ihren Platz. Vorsorglich trauern – das ist sicherlich unverzichtbar, wenn wir uns auf Menschen einstellen wollen, denen wir später zur Seite gestellt sind. Und doch wird dann später wieder alles ganz anders sein. Auch wir selber werden uns verändert haben. Ich habe viele Bücher zu diesem Thema gelesen, einige davon sind am Schluß verzeichnet. Nur hat mich nie die Erwartung geleitet, daß mich die Lektüre dieser Bücher zum kompetenten Fachmann werden läßt. Auch diese Bücher sind gedruckte Erfahrungen, manchmal sehr verallgemeinert, manchmal sehr persönlich und romanhaft. In beiden Sprachen kommt Lebensweisheit zur Sprache. So habe ich Erfahrungen anderer, die ich aus Büchern wahrgenommen habe, dort einbezogen, wo sie in Beziehung zu den Fragen stehen, die mir selber bedeutsam sind. Dennoch habe ich auch an einigen Stellen mich mit der Theorie auseinandergesetzt. Das hat einen einfachen Grund: Theoretisches Wissen als Distanzgewinn stellt einen wichtigen Schritt in der Trauer selber dar. Sterben ist die radikalste Distanz, die wir denken können. In diesem Sinn möchte ich die Auseinandersetzung mit Theorie verstehen – als notwendigen Distanzgewinn. Theoretische Überlegungen heben zudem Einzelerfahrungen in einen breiteren gesellschaftlichen und kommunikativen Kontext. Darauf können wir nicht verzichten. Niemand trauert im luftleeren Raum. Trauer geschieht immer in Beziehungen und Bezügen – und verändert Beziehungen und Bezüge. Deshalb sind auch soziologische und kulturkritische Aspekte wichtig, wie sie im 5. und im 6. Abschnitt dargestellt werden.

Der Kern meiner eigenen Erfahrungsarbeit besteht für mich selber in der Erschließung biblischer (insbesondere neutestamentlicher) Erfahrungen. Der 7. Abschnitt ist darum auch am längsten geraten. Er beinhaltet, schlicht gesagt, Bibelarbeit. Bibelarbeit und Erfahrungsarbeit zueinanderbringen, das geschieht heute verstärkt im bibliodramatischen Arbeiten. Dazu soll dieser Abschnitt ermutigen und anregen.

Viele Berufsgruppen haben mit Sterbenden und Trauernden zu tun. Da stellt sich die Frage: Kann Trauern zum Beruf werden? Bei jedem Gemeindepfarrer, bei jeder Gemeindepfarrerin ist Trauern zwar nicht der Beruf, gehört aber unauflöslich zum Berufsleben dazu.

16

Mehr noch: Kulturgeschichtlich hängt die Priesterrolle aufs engste mit den Fragen von Tod und Sterben zusammen. Diese Tradition ist auch unserem Beruf bis heute verblieben. Bevor ich jedoch in drei weiteren Abschnitten die heutigen Aufgabenstellungen aus dem Gemeindepfarramt erfahrungsbezogen vorstelle, gilt mein Interesse den anderen Berufen, denen wir in dieser Arbeit gelegentlich oder regelmäßig begegnen. Sie stehen im 8. Abschnitt im Mittelpunkt.

In der Begegnung mit diesen Berufen ist mir aufgefallen, wie selten eigentlich das berufsübergreifende Gespräch gesucht und gepflegt wird. Wenn dieser Abschnitt zu solchem berufsübergreifenden Erfahrungsaustausch befähigt und einlädt, hat er einen wichtigen Zweck schon erfüllt. Ebenso wichtig ist mir aber die andere Einsicht: Wir Theologen stehen hier nicht allein, sind häufig auch nicht die ersten oder bevorzugten Gesprächspartner, sondern stehen in einer Reihe von vielen. Das entlastet uns zwar kaum, aber es relativiert bisweilen eingebildete Einzigartigkeit und Unentbehrlichkeit.

Das Trauergespräch mit den Angehörigen und die Beerdigung, insbesondere die Beerdigungsansprache, sind für Theologen und Theologinnen der Ort, an dem Trauer wiederkehrend erlebt und erfahren wird. Dem Trauergespräch und der Beerdigungsansprache gilt deshalb meine besondere Aufmerksamkeit im 9. und im 11. Abschnitt. Insbesondere im katholischen Bereich beginnt erst in den letzten Jahren ein Gespür für die Bedeutsamkeit von Angehörigen-Gespräch und situationsbezogener Beerdigungsansprache zu wachsen. Im evangelischen Bereich kann hier auf eine lange Tradition hingewiesen werden. Für beide möchte ich in diesen Abschnitten Strukturierungshilfen und Denkanstöße anbieten. Dabei werde ich mich selbstkritisch auch mit meinen Ansprachen – die ja öffentlich gehalten worden sind – auseinandersetzen.

Dazwischen steht ein für mich selber wichtiger Abschnitt, der 10. in der Reihenfolge, der das Trauern als Weggeschehen bedenken will. Ich setze mich in diesem Abschnitt kritisch mit gängigen Phasenmodellen auseinander, weil ich die Sorge habe, daß die oberflächliche Kenntnis solcher Phasenmodelle oft genug Unheil anrichten kann: Der Trauernde muß nicht nur den Verlust verschmerzen, er muß sich auch noch phasengerecht verhalten – oder gilt als »chronisch Trauernder«. Dieser verletzenden Zuschreibung möchte ich entgegenwirken. Dazu biete ich ein Erklärungsmodell an, das eigentlich nicht der Trauerarbeit, sondern der Arbeit an Identitätsbildungsprozessen entnommen ist. Im Unterschied zu den bisherigen Phasenmodellen

17

möchte das Modell dem Begleiter eine Orientierungshilfe anbieten – und den Trauernden nicht nötigen. Es bezieht sich auf die vier Grunddimensionen unseres Lebens, die eben alle durch Sterben und Trauer berührt sind. Am Schluß steht daher kein Phasenmodell, sondern das Modell eines Weges, nicht des Weges von A nach B, sondern eines Weges mit vielen Krümmungen, ein Weg wie eine Spirale, also das Bild von Wachstum und Entwicklung.

Der Schlußabschnitt heißt: Grenz-Werte. Darum geht es im ganzen Buch. Hier wende ich mich den Werten zu, die eben an unseren Grenzen Bestand und Gewicht behalten. Es sind Perspektiven der Hoffnung. Und Hoffnung ist nichts anderes als der schüchterne Versuch, über den Horizont hinauszublicken.

## 1.6. DAS DREIECK HUMANEN LERNENS (ZUR GRUNDSTRUKTUR)

Die Grundstruktur dieses Buches folgt einem einfachen, aber wichtigen Grundschema, das durch drei Grund-Dimensionen gekennzeichnet ist:

– *die Lebensgeschichte/der biographische Aspekt:* Damit sind meine persönlichen Erfahrungen gemeint, verbunden mit den Erinnerungen, die im Leser, bei der Leserin selber wachgerufen werden. Diese Lebensgeschichte bildet den wesentlichen Anknüpfungspunkt des Buches. Denn lebenslanges Lernen (ein beliebter Terminus in der Didaktik) geschieht immer vermittelt mit der eigenen Lebensgeschichte – oder gar nicht. Ich möchte dazu ermuntern, sich der eigenen Lebensgeschichte zu stellen. Und ich tue das auch selbst. Dabei habe ich wichtige Entdeckungen gemacht, die mir sonst nicht begegnet wären. Diese möchte ich auch der Leserin, dem Leser ermöglichen. Es ist ein zutiefst theologisch motivierter Ansatz. Jesus hat die Menschen in ihrer Lebensgeschichte aufgesucht. Dort beginnt Nachfolge.
– *die Praxis:* Handlungsabläufe, denen ich ausgesetzt bin, die ich manchmal sogar selber in Gang setze; Aufgabenstellungen, die mit jedem helfenden Beruf verbunden sind; berufliche Anforderungen und Fertigkeiten. Solche Praxis ist gestaltetes Leben. Ich wende mich nachdrücklich gegen einen Ansatz, der ausschließlich in der Theorie verhaftet bleibt – und die kleinen-großen beängstigenden Fragen etwa eines Berufsanfängers übergeht. Ja, ich möchte pragmatisch arbeiten, Menschen helfen, die anderen Menschen in der größten Krise

ihres Lebens beizustehen haben. Diese Praxis ist mir wichtig. Sie ist gelebtes Leben. Und wenn diese Praxis nicht erarbeitet und erlernt wird, dann wird eben doch viel Unheil angerichtet. Ich wende mich deshalb auch gegen eine Theologenausbildung, die diesen Aspekt der Berufstätigkeit von Pfarrern in vornehmer Zurückhaltung der sogenannten zweiten Ausbildungsphase, dem Vikariat bzw. der Kaplans-Zeit überläßt. Mitten in die Praktische Theologie gehören die Thematik und die notwendige Praxis. Ich verlange von der Ausbildung zu helfenden Berufen auch beruflich-praktische Fertigkeiten. Solange sie im Theologiestudium versagt werden, bleibe ich bei meiner Kritik an dieser Form der Ausbildung. Denn erst wahrgenommene und ernst genommene Praxis führt realistisch schließlich zur dritten Grunddimension meines Ansatzes:

– *der Sinn/die Theorie-Dimension.* Dazu gehört historisches Wissen, Wissen aus den Humanwissenschaften – vor allem aber gehört dazu das Evangelium, biblische Geschichte, Glaubenswahrheiten. In unserem Themenbereich gehören dazu anthropologische Aspekte, theologische Theoriebildung, Aspekte der Geschichte des Trauerns, humanwissenschaftliche (vor allem soziologische und sozialpsychologische Grundkenntnisse), die gründliche Auseinandersetzung mit biblischer Verkündigung, Aspekte zur Persönlichkeit. Theologische und humanwissenschaftliche Theorie wird jedoch in diesem Kontext problembezogen bleiben, sich also nicht in Detailfragen verlieren.

Aus diesen drei Grunddimensionen entsteht ein sogenanntes Lern-Dreieck. Lernen vollzieht sich für mich – insbesondere, wenn es um ein Lernen im Umgang mit Glaubenspraxis und Lebenswirklichkeit geht – im Wechsel zwischen den genannten drei Grunddimensionen. Damit läßt sich das Inhaltsverzeichnis des Buches veranschaulichen.

Und ich behaupte, daß insbesondere soziales Lernen sich im Wechsel zwischen den drei Grunddimensionen vollzieht. Damit kritisiere ich einen akademischen Ansatz, der sich nur auf die Sinn-Dimension konzentriert und historische Aspekte in den Mittelpunkt stellt. Damit kritisiere ich aber auch einen Ansatz, der nur in der unmittelbaren Praxis-Reflexion sich verliert. Und ich wende mich gegen einen Ansatz, der nur das persönliche Empfinden, die eigenen Erfahrungen behandelt wissen will. Gerade der Wechsel ist für mich wesentlich für lebenslanges und biographisch orientiertes soziales Lernen. Mehr noch: So wünsche ich mir eigentlich Theologie und humanwissenschaftliches Lernen.

19

Verkürzt sieht das in einer Graphik so aus:

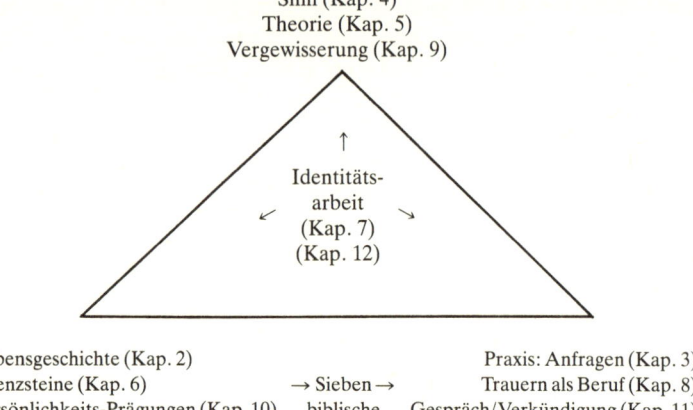

Sinn (Kap. 4)
Theorie (Kap. 5)
Vergewisserung (Kap. 9)

↑
Identitäts-
arbeit
↙   (Kap. 7)   ↘
(Kap. 12)

Lebensgeschichte (Kap. 2)                          Praxis: Anfragen (Kap. 3)
Grenzsteine (Kap. 6)              → Sieben →       Trauern als Beruf (Kap. 8)
Persönlichkeits-Prägungen (Kap. 10)   biblische    Gespräch/Verkündigung (Kap. 11)
                                  Erfahrungen

## 1.7. NOMADISCHES LEBEN: SICH NIEDERLASSEN UND SICH TRENNEN

»Wenn man nicht bereit ist, abschiedlich zu existieren, den Tod ins Leben einzubeziehen, dann droht die Depression.« Verena Kast hat in ihrem Buch »Trauern« – eines der Bücher, das mich am stärksten beschäftigt hat – Träume von Trauernden vorgestellt und untersucht. Das Ergebnis ihrer Arbeiten steht deshalb am Beginn dieses Buches: die Ermutigung, abschiedlich leben zu lernen. Von Ernest Becker stammt die Einsicht: »Der Mensch muß mit dem Leben bezahlen, er muß täglich bereit sein, zu sterben, sich den Risiken und Gefahren dieser Welt auszusetzen und sich von ihr verschlingen und verbrauchen zu lassen. Andernfalls ist man am Ende selber wie tot, weil man verzweifelt bemüht war, dem Leben wie dem Tod zu entrinnen. So interpretieren moderne, existentialistische Psychiater die Depression« (*Ernest Becker*, 1976, 310). Unterdrückte oder verhinderte Trauer führt dazu, daß uns die Welt insgesamt bedeutungslos erscheint, daß wir der Gegenwart keine Bedeutung mehr abgewinnen und die Zukunft als hoffnungslos empfinden.

Wenn wir deshalb gemeinsam Trauerwege gehen, dann gehen wir gleichzeitig gemeinsam Lebenswege. Wir begegnen damit der Einsicht, daß zu unserem Leben beides gehört: Bindungen eingehen und Abschied nehmen. Verena Kast vergleicht das mit dem schönen Bild der Nomaden. »Der kann sich trennen, der auf weitere Bindungen vertraut, der kann abschiedlich existieren, der immer wieder weiß, daß er sich niederlassen kann. Das Bild des Nomaden bietet sich dafür an: der Nomade, der immer wieder weggeht, sich aber auch immer wieder niederläßt auf Zeit; was aber das Lebensnotwendigste für ihn ist, das nimmt er mit« (*Verena Kast*, 156). So führen uns die Trauerwege zum Leben. Wir werden auf diesen Wegen entdecken, was das »Lebensnotwendigste« für uns ist. Auch die Bibel kennt solches nomadisches Grundgefühl und hat es häufig auf unser Lebensgefühl übertragen: »Wir haben hier keine bleibende Statt, aber die zukünftige suchen wir« (Hebr 13,14). Dieses »Lebensnotwendigste« hat etwas mit unserer eigenen Identität zu tun. Trauerarbeit ist Identitätsarbeit. Von der biblischen Wahrheit her wissen wir von der Ambivalenz des »Lebensnotwendigsten«: Wer das Leben festhalten will, der wird es verlieren – wer aber sein Leben riskiert um Christi willen, der hat es schon gewonnen. Ich gehe deshalb Trauerwege in bewußter Nachfolge Jesu Christi. Das klingt dem einen fromm, dem anderen abgegriffen. Für mich ist es ein Abenteuer. Und ein Weg voller Vertrauen.

Nachfolge führt uns nicht direkt in den Himmel. Der Umweg Gottes ist der Weg zu den Menschen, zu unserer Lebensgeschichte. Nachfolge kann uns allen die Augen dafür öffnen, daß unsere Lebensgeschichte immer auch die Geschichte Gottes mit unserem Leben ist. Trauerwege sind die Wege, auf denen ich die verläßlichste Gefährtenschaft erfahren habe. In weltlich-psychologischer Sprache sagt Verena Kast es so: »An der Emotion der Trauer, so paradox es klingt, können wir ›gesunden‹, denn sie bewirkt Wandlung« (*Verena Kast*, 164). Wandlung aber macht uns bereit für neue Beziehungen.

# 2. DAS STERBEZIMMER MEINES GROSSVATERS

*Der Mensch ist ja ein Gottesbeweis. Ich meine die Tatsache, daß wir alle eigentlich wissen – auch wenn wir es nicht zugeben –, daß wir hier auf der Erde nicht zu Hause sind, nicht ganz zu Hause. Daß wir also noch woanders hingehören und von woanders herkommen. Ich kann mir keinen Menschen vorstellen, der sich nicht – jedenfalls zeitweise, stundenweise, tageweise oder auch nur augenblickweise – klar darüber wird, daß er nicht ganz auf diese Erde gehört.*                    *Heinrich Böll*

## 2.1. KINDHEITSERINNERUNGEN ALS FUNDAMENT DER LEBENSGESCHICHTE

An das Sterbezimmer meines Großvaters erinnere ich mich ganz genau. Ich war damals wohl fünf Jahre alt. In der »guten Stube« war er aufgebahrt, große Kerzenleuchter brannten. Bevor ich in diese Stube ging, genauer fast, beim Eintreten, hatte ich das Gefühl: wie die Weihnachtsstube. Es hatte auch nichts Schreckliches an sich. Nicht für mich als Kind. Ich hatte den Großvater lieb gehabt, wenngleich ich ihn als eines seiner jüngsten Enkelkinder nur noch wenig erlebt hatte – in seinem Schrebergarten, den er mit Hingabe und Behutsamkeit gepflegt hat. Ich erinnere mich, daß die Stube, in der er nun lag, verdunkelt war mit den gelben Rollos. Ich höre noch bis heute draußen die Straßenbahn fahren, da auf der Herforder Straße – heute fast eine Autobahn – damals Kopfsteinpflaster und in der Mitte die Schienen der Straßenbahn. Das Geräusch, wenn sie bremste, wenn der Schaffner an der Klingel zog, wenn sie langsam röhrend sich wieder in Bewegung setzte. Ich habe diese Geräusche genau im Ohr. Manchmal, wenn ich früher in dieser Stube Mittagsschlaf hatte machen müssen und nicht schlafen konnte – aber natürlich gehorsam liegen blieb –, dann hatte ich sie immer gehört, diese Geräusche. Und in meiner Fantasie fuhr ich immer mit in dieser Straßenbahn, mit der Plattform vorn und hinten, mit den Schiebetüren, mit den schmalen gelben Fenstern, die sich oben am Waggon rundherum wie ein Kranz zogen, die hölzernen Bänke, der geriffelte Holzfußboden.

Die Straßenbahn war das Vehikel hin zur Welt, in die Stadt, oder auch ins Grüne, was bei uns die Sennelandschaft war (»Senneendstation! Senneendstation! Alles aussteigen!«). Und als ich da wieder die Straßenbahn hörte, als wir im Kerzenlicht am Sarg des Großvaters standen, da wieder: die Straßenbahn-Geräusche. Die Reise geht weiter. Mein Opa war Lokomotivführer – also keine Person des »öffentlichen Lebens«, sondern ein ganz normaler älterer Herr (mit viel Humor – und wenig Haaren auf dem Kopf).

Später dann wurde der Verkehr angehalten, als der Trauerzug mit dem Pferdefuhrwerk über die Herforder Straße zum nicht weit entfernten Nicolaifriedhof ging. Irgendwie stand das Leben da jedenfalls still. Und das fand ich instinktiv richtig. Daß jetzt erst einmal alles anhielt – und sich dann nur im Tempo des Trauerzuges bewegen konnte; daß das alltägliche Gerenne den Tod und die Trauer nicht überrannte, ja, das fand ich gut und eindrucksvoll. Natürlich wäre das heute undenkbar, ein Verkehrschaos. Warum eigentlich?

Ich erinnere mich an das traurige Gesicht meiner Großmutter, an die Tränen meiner Mutter; aber auch an die Blumensträußchen, die wir zur Beerdigung in die Hand bekamen. Ich fand die Blumensträuße schön und schön auch, daß wir alle welche hatten, Blumen für den Großvater. Und es war sehr festlich, klar geordnet, ruhig und ohne Aufregung.

Ich hätte es im übrigen bestimmt nicht verstanden, wäre ich damals ausgeschlossen worden. Und ich glaube auch nicht, daß ich da gestört habe. Ich spürte, worum es hier ging. Aber ich fühlte mich auch nicht überfordert oder geängstigt. Ach, wie wenig haben Kinder Angst bei einer Beerdigung! Ich habe manchmal Kinder bei Beerdigungen erlebt, manchmal noch sehr kleine. Ich denke an eine Beerdigung, bei der die Angehörigen mich gefragt hatten, ob sie die Kinder wohl mitnehmen sollten. Sie waren noch sehr klein, aber der Verstorbene hatte sie über alles geliebt. Ich jedenfalls habe dazu Mut gemacht.

Vor der Trauerhalle noch sagt mir der Vater der beiden Kinder: »Das wäre dem Großvater verdammt recht gewesen, daß die Kinder auch jetzt in seiner Nähe sind.« Das fand ich auch. Und es hat uns nicht gestört, daß die Kinder dann während der Trauerfeier sehr nah am Großvater waren, daß der Dreijährige mit den Griffen am Sarg klapperte – bis die Eltern ihn, aus Rücksicht wahrscheinlich den anderen gegenüber, zu sich auf den Schoß holten. Kinder können sehr unbefangen sein. Es ist oft mehr die Angst der Erwachsenen, den Kindern die Beerdigung, den Gang zum Sarg zu »ersparen«.

Ob auch dem Leser, ob Ihnen jetzt auch Erlebnisse einfallen aus Ihrer Kindheit? Es ist gut, wenn Sie diese Eindrücke einmal aussprechen, aufschreiben würden. Denn Ihre Erlebnisse gehören ja mit hinein in dieses Gesprächsbuch. Ob Sie jetzt einen Zettel hier ins Buch legen mit Ihren eigenen Erfahrungen?

## 2.2. DIE WIRKLICHKEIT KANN MAN NICHT ERSPAREN

Ich erzähle vielleicht noch etwas weiter:
Viel dunkler, unheimlicher liegt mir der Tod meiner Großmutter im Herzen. Ich erinnere mich daran, daß mitten an einem Tag, ich war vielleicht gerade sieben Jahre, meine Eltern ganz eilig weggerufen wurden. Wir waren allein. Und ich erinnere mich daran, daß wir, ratlos und ahnungslos, am Schreibtisch meines Vaters irgendwie nach Anhaltspunkten gesucht haben. Wir fanden da einen Zettel liegen: »Unsere arme Großmutter«, so erinnere ich mich. Unsere arme Großmutter. Es mußte also etwas Schreckliches passiert sein. Erst später, als sie wiederkamen, meine Mutter fassungslos, mein Vater sehr ernst, da erfuhren wir langsam, was passiert war. Sie war auf eben dieser »Herforder Straße«, ganz in der Nähe ihrer Wohnung, von einem Kleinbus erfaßt worden und auf der Stelle tot. Ich habe sie nicht mehr gesehen.

Deshalb habe ich sie mir immer besonders schrecklich verunglückt vorgestellt. Ich glaube, daß meine Fantasiebilder die Wirklichkeit noch um einiges an Grausamkeit übertroffen haben. Das meine ich, wenn ich »ersparen« sagte: Vielleicht hätte man mir meine grausame Fantasie erspart, hätte ich etwas genauere Anhaltspunkte gehabt. Kinder wollen, müssen alles immer ganz genau wissen. Was ihnen vorenthalten wird, was ihnen verschwiegen wird, das dichten wir Kinder dazu – und darauf haben die Erwachsenen keinen Einfluß.

In meiner kindlichen Vorstellung bleibt immer eine sehr ängstliche (sie war es wirklich, war auch sehr vorsichtig – um so unbegreiflicher für uns, daß gerade sie verunglückte!) ältere Frau in schwarzem Kleid, das sie immer trug, mit ihrer Schürze, die sie bei dieser kurzen Besorgung noch umbehalten hatte, ihr liebes, faltiges Gesicht, ihr graues Haar. Ich weiß auch, daß ich mit meinen kleinen Männchen (den Figuren aus dem Halma- oder Mensch-ärger-dich-Spiel, mit denen ich immer viel gespielt habe) oft das alles nachgespielt habe, den

Unfall, die Beerdigung. Ich verstehe es heute ganz gut, daß wir damals herausgehalten wurden – die Erwachsenen waren zu schockiert, als daß sie jetzt noch hätten handeln können. Aber wir waren natürlich auch auf unsere Art und Weise schockiert. Wir auch.

Noch eine ganz andere Art Erfahrung möchte ich ansprechen: Ich habe lange gebraucht, diese frühen Erinnerungen wieder wachwerden zu lassen. Bei manchen Eindrücken fiel mir das nicht schwer, sie waren mir ganz nah, anderes habe ich erst mit viel Überraschung wiederentdeckt, als ich mich an das Schreiben gemacht habe, als ich ins Erzählen hineingekommen bin: Da ist dann plötzlich die Situation wieder ganz nah gewesen, die ich so weit weggeschoben hatte, die ich lange nicht hatte wahrhaben wollen, die ich vielleicht vergessen wollte. Ist es gut, so in seinen Erinnerungen zu forschen? Meine Frage geht eigentlich andersherum: Je mehr ich mich mit dem Sterben anderer Menschen, mit Trauern beschäftige, um so stärker tauchen nahezu von selber diese Eindrücke wieder auf. Und dann ist es gut, wenn sie ihren Platz bekommen. Denn sie haben ihren Platz, und sie haben ein Recht darauf, einen Platz zu haben. Sie haben ja auch in meinem Leben Platz gehabt. Und es macht mich weniger befangen, wenn ich das aufschreiben, ansprechen kann, was ich damals so erlebt habe.

## 2.3. DIE UNBEFANGENHEIT DES KINDES

Daß ich als Kind sehr häufig bei Beerdigungen war, hatte eher heitere Gründe: Zum entlegenen Sennefriedhof durfte mein Vater später mit dem Taxi gefahren werden (er war Pfarrer); vorher fuhr er mit dem Motorrad. Beides reizte mich sehr. Und mein damaliger Berufswunsch schwankte deshalb sehr stark zwischen Pfarrer und (Taxi-) Fahrer. Ich bin dann zwar nie zu den Trauerfeiern gegangen, bin aber eigentlich immer hinter dem Trauerzug hergegangen, um nach der Beisetzung mit meinem Vater den Rückweg anzutreten. Wir haben uns dann immer viel unterhalten – und er war überrascht (ich nicht), als ich ihm schließlich die Agende zur Beisetzung auf dem Rückweg auswendig aufsagte. Ich habe beides in Erinnerung: die unpassenden Unterhaltungen, die so am Schluß eines Trauerzuges fällig sind – von denen sich keiner meiner geschätzten Amtskollegen einen Begriff macht (und was manche Trauerfeier-Erfahrungen erheblich ernüchtern würde); aber auch die unendlich traurigen, schmerzgezeichneten, weinenden Gesichter, gerade bei den ersten Schritten aus der Trauerhalle heraus. Der Beginn des letzten Weges, dieser Beginn fällt uns allen schwer; irgendwie spüren wir: der Anfang vom Ende. Es ist dann ganz gut, wenn erst einmal dieser Weg auf uns zukommt.

Erst in den letzten Tagen ist mir wieder eingefallen, was ich über drei Jahrzehnte einfach vergessen hatte: In unserer Gemeinde gab es eine junge Frau, die an Multipler Sklerose erkrankt war. Mein Vater hatte sie oft besucht, und ich weiß nicht, wie es dazu kam, ich weiß nur, daß ich regelmäßig jede Woche über einen längeren Zeitraum auch dort bei ihr zu Besuch war. Ich war vielleicht zehn oder elf Jahre alt. Und ich wußte ganz genau, daß diese Frau unheilbar krank war. Ich habe ihr erzählt, was ich erlebt habe, ich habe ihr vorgelesen, sie sicherlich auch aufgeheitert, jedenfalls rechnete sie fest mit meinen Besuchen und freute sich offensichtlich sehr darüber.

Bestimmt werden wir zu Hause häufiger darüber gesprochen haben, aber von diesen Gesprächen ist mir nichts in Erinnerung geblieben. Nur eben, daß ich es auch ganz selbstverständlich fand, daß die kranke Frau regelmäßig besucht werden mußte.

Eingefallen ist mir diese Kindheits-Begebenheit nach dem Lesen des Buches von Walter Weber (Jenseits der Nacht). Sicherlich war es die furchtbare Diagnose, die beide Geschichten gleich haben. Ich wußte also, daß sie unheilbar krank war, und sie wußte es auch. Aber das hat unsere Besuche nicht bestimmt. Ich bin ganz gern dahingefahren, natürlich fand ich es auch – das mußte einfach sein. Es gibt eben auch eine Pflicht zur Nächsten-liebe; und ganz besonders in dieser Situation. Und ich war »ihr Michael«, das war ganz klar – auch, als wir sie zum letzten Mal im Pflegeheim besuchten und sie sich kaum noch regen, auch nicht mehr sprechen konnte. Jedenfalls nicht mit Worten. Aber ihre Augen haben gesprochen und gestrahlt.

Auch die Vorlesenachmittage bei meiner (anderen) Oma hatten für mich etwas mit Sterben zu tun. Ich mußte fromme Geschichten vorlesen, Kalenderblätter oder aus Heftchen – und ich bekam eine kleine Belohnung: Sie hatte sich dafür immer einzelne Pfennige hingelegt, wovon ich wenige bekam. (Sie war in meinen Augen sehr geizig.) Und ich glaube, sie hat mich kaum nach meinem eigenen Leben gefragt. Ich mochte diese Oma zwar ein bißchen, geliebt habe ich sie aber nicht so richtig. Ich habe das bei ihr auch nicht vermißt, ich erwartete es ganz einfach nicht. So hat mich auch ihr späteres Sterben eigentlich nicht sehr bedrückt.

## 2.4. LEBENS-BILANZ-ARBEIT MITTEN IM LEBEN

Vielleicht hat es mir die Vielzahl von Erfahrungen auch schwerer gemacht, selber zu trauern. Es war ja oft genug die Trauer der anderen, die ich miterlebte. Eigene Trauer habe ich nur ganz selten erlebt – mehr im Spielen, wenn ich dort mein Leben und andere Erlebnisse nachgespielt habe.

Daß Sterbende oder unheilbar Kranke ein Recht auf Besuche haben, das finde ich eine gute Kindheitserfahrung. Es hat mich nicht erschreckt. Es würde auch andere Kinder nicht erschrecken. Und manche Sterbende oder schwerkranke Menschen würden sich weniger einsam fühlen, würden Kinder, jedenfalls zeitweise, ganz unbefangen und heiter um das Krankenbett herumspielen.

Dann: Wo mich die Erwachsenen schonen wollten, da ist meine Fantasie schonungslos mit mir umgegangen. Und das sollten Erwachsene wissen und berücksichtigen.

Ich habe eine Seite bei mir kennengelernt, ich weiß nicht, ob sie mit diesen Erfahrungen mittelbar zusammenhängt: Ich halte gern etwas fest, bewahre viel auf und kann erst sehr viel später entscheiden, was ich längst hätte wegwerfen können. Ich kaufe manchmal zuviel ein und lege mir gern Vorräte an (an Büchern, an Getränken, an Arbeit, an Vorhaben). Ich glaube schon, daß ich Sorge habe, es könnte einmal alles zu wenig sein, Schluß sein. Inzwischen liegt mir mehr daran, nicht einfach etwas fortzusetzen, sondern etwas zum Abschluß zu bringen: loslassen – nicht nur beim silvesterlichen Aufräumen zwischen den Jahren.

Ich kann manchmal schlecht aufhören, lebe oft genug über meine Grenzen hinaus. Dabei habe ich das Gefühl, ich könnte den Grenzen ein Schnippchen schlagen. Natürlich bezahle ich: mit Müdigkeit am nächsten Morgen etwa oder mit Erschöpfung. Aber klüger bin ich deshalb doch noch nicht geworden. Ich fange wohl erst langsam an, den Grenzen auch etwas Barmherziges abzugewinnen.

In einigen Büchern, die ich in der letzten Zeit gelesen habe, ist mir das Motiv »Lebensbilanz« begegnet. Einmal ganz konkret so, daß Sterbende häufig ihre Lebensgeschichte erzählen und abschließen wollen; dann in dem oft berichteten Erlebnis, daß in der Nähe zum Tod das Leben manchmal rückwärts wie ein zu schnell laufender Film noch einmal vor den Augen erscheint.

Warum eigentlich überlassen wir die Lebensbilanz erst unserer Sterbestunde – in der uns manchmal nicht die Zeit dazu gelassen wird und niemand da ist, der uns begleitet (weil sie ja alle etwas zu tun haben). Sicherlich hat eine Bilanz am Ende des Lebens besondere Ernsthaftigkeit und Dramatik. Sie ist endgültig. Aber gerade das ist oft auch ihre Tragik. Und manchmal ist es auch gut so, wissen zu können: Jetzt lasse ich das so stehen. Daran wird jetzt nicht mehr gerüttelt.

Ich glaube, es befreit und bereichert, wenn wir Lebensbilanz auch mitten im Leben ziehen. Ich mache das eigentlich ziemlich regelmäßig am Ende eines Jahres. Da liegt offensichtlich der natürliche Ort im Jahreszyklus, solches zu bedenken. Aber oft bleibt das stecken beim Betrachten des gerade zu Ende gehenden Jahres.

Es gibt andere Lebenseinschnitte: Alle sieben Jahre ist ein solcher Lebenseinschnitt: zwischen sechs und acht Jahren, um das vierzehnte Lebensjahr, natürlich mit 21 (oder etwas früher), aber dann auch auf der Schwelle zu den dreißiger Jahren. Dann wieder, nachdem man längst 40 geworden ist. Sicherlich auch mit 49 Jahren oder erst recht mit 56 Jahren, wenn die letzte Phase des Berufslebens begonnen hat, dann mit 63 Jahren, wenn unabwendbar das Ende des Berufslebens bevorsteht, dann mit 70, wenn das Alter zur Aufgabe zu werden beginnt. Dann mit 77, wenn man gewiß schon viele überlebt hat, mit 85 dann, wenn man nicht mehr auf viele Jahre hoffen kann. Jeder Lebensabschnitt braucht seine Lebensbilanz. Wir brauchen diesen Kontakt zu den Wurzeln unserer eigenen Lebensgeschichte – oder wir leben mit verkümmernden Wurzeln wie ein Fähnlein im Wind. Lebensbilanz ist Wurzelarbeit, Grundlagenarbeit.

Auch meine eigene Lebensgeschichte bedarf der Aneignung und der Strukturierung. Denn aus ihr entstehen Impulse für mein augenblickliches Denken und Empfinden. Es entsteht so etwas wie eine Matrix meiner eigenen Erinnerungen. Ich zeichne sie ein in ein einfaches Modell, das ich im 10. Kapitel in Anlehnung an *Eugen Rosenstock-Huessy* und sein »Kreuz der Wirklichkeit« genauer entfalte. Es umgreift die vier Grund-Dimensionen: Innen – Außen und Vergangenheit – Zukunft. Im Bild gesprochen ergeben sich vier Sektoren meiner Wirklichkeitswahrnehmung und -durchdringung:
1. Der Bereich zwischen Innen und Vergangenheit. Ich nenne diesen Bereich »die innere Lebensgeschichte« (AC-Sektor). Hier haben die inneren Bilder meiner Vergangenheit ihren Raum. Nicht nur die tatsächlichen Ereignisse, sondern auch die Ängste und Fantasien, die Imaginationen und Projektionen. Angewendet auf die Teile meiner

Lebensgeschichte, die ich gerade erzählt habe, gehören hierhin: die Ähnlichkeit von Sterbezimmer und Weihnachtsstube; die Reise-Gefühle (Straßenbahngeräusche); die Ängste um die Großmutter; die Fantasie ihrer Entstellungen; Unfall-spielen; das Zugehörigkeitsgefühl zu der MS-kranken Frau; mein Ärger über den Geiz der (anderen) Großmutter, aber auch meine Ratlosigkeit und Verbitterung bei der Beerdigung des Freundes, der sich das Leben genommen hatte.

2. Der Bereich zwischen Außen und Vergangenheit. Ich nenne diesen Bereich »die äußere Lebensgeschichte« (BC-Sektor). Hier haben die lebendigen äußeren Bilder meiner Vergangenheit ihren Raum. Die Gegenstände und Räume, die anderen Personen. Angewendet auf meine Lebensgeschichte, soweit ich sie hier bedacht habe, gehören in diesen Sektor: der Sarg des Großvaters und die Kerzen, die Blumen für das Grab, die Herforder Straße und die Straßenbahn, die von Pferden gezogene Kutsche mit dem Sarg; der Zettel auf dem Schreibtisch meines Vaters »Unsere arme Großmutter«; die Schürze der Großmutter; Motorrad und Taxi, mit denen wir zum Friedhof fuhren, Trauer-Agende; das Haus in der Brehmstraße und das Krankenzimmer der MS-kranken Frau; das Wohnzimmer meiner (anderen) Großmutter.

3. Der Bereich zwischen Innen und Zukunft. Ich nenne diesen Bereich die »innere Zukunftsgeschichte« (der AD-Sektor). Dahin gehören alle meine inneren Bilder, die mit meiner persönlichen Zukunftsgeschichte verbunden sind, Vorstellungen, die ich mir über mein eigenes künftiges Leben mache – und die manchmal in unklarer Beziehung zu meiner »inneren Vergangenheitsgeschichte« stehen. Hier beginnt die eigentliche Transfer-Arbeit; Übertragung in mein gedachtes, projiziertes, gewünschtes oder befürchtetes Leben. Auf dem Hintergrund der Geschichten, die ich mir in Erinnerung gerufen habe, gehören in diesen Sektor: meine Neigung zur Lebens-Bilanz-Arbeit; die Wahrnehmung von weiteren Übergängen (»wenn ich 49 Jahre alt bin, oder 57 oder 64 Jahre oder 73 oder – ob ich wirklich 82 Jahre alt werde?«); abschiedlich denken und empfinden: Was ist wirklich wesentlich in meinem Leben? Wie ist das, wenn ich mal nicht mehr kann? Wen wünsche ich mir an meiner Seite, wenn ich mich selber aus der Hand gebe? Wie stehe ich eigentlich jetzt zu mir selber? Was kann ich annehmen? Was mag ich nicht leiden an mir?

4. Der Bereich zwischen Außen und Zukunft. Ich nenne diesen Bereich die »äußere Zukunftsgeschichte« (der BD-Sektor). Dahin gehören nicht nur äußere Angewohnheiten, die mir bis heute geblieben

sind und mich wohl auch weiterhin bestimmen: das Festhalten. Das Aufräumen. Das Erledigen-Wollen. Das »Übersicht-behalten-Wollen«. Gern spielen. Geräusche, Bilder, Gerüche, Gebäude. Es gehören hier auch die »anderen« Menschen hin, mit denen ich mich jetzt sehr tief verbunden fühle – und die Ahnung: Wie wird das wohl weitergehen? Wenn meine Kinder vierzig sind – und ich über 70 Jahre alt? Wenn ich nicht mehr arbeite, keinen Beruf mehr habe, nur noch die Rolle des Rentners? Ja, so weit: Wo möchte ich eigentlich meine »letzte Ruhestätte« haben? Ich weiß noch ganz genau: Als Kind habe ich mich still und ganz für mich mit diesen Vorstellungen beschäftigt. Das geschieht in letzter Zeit seltener – aber doch immer wieder.

|  | A<br>Innen |  |
|---|---|---|
| [AC-Sektor] |  | [AD-Sektor] |
|  |  | und 82?! |
| Sterbestube<br>des Opas |  | wenn ich nicht mehr kann<br>wenn ich 73 Jahre bin |
| Angst um die Oma<br>Entstellungs-Fantasie |  | wenn ich 64 Jahre bin |
| Reise-Gefühle |  | wenn ich 57 Jahre bin |
| Ärger über Geiz |  | wenn ich 49 Jahre bin |
| Verbitterung über Predigt<br>bei Suicid-Beerdigung |  | wie stehe ich zu mir<br><br>Lebens-Bilanz-Arbeit |
| C ——————————————— |  | ——————————— D |
| Vergangenheit |  | Zukunft |
| Sarg des Opas<br>und Kerzen |  | Geräusche, Bilder<br>Gerüche und Jahreszeiten<br>Festhalten und Aufräumen |
| Herforder Straße<br>und Straßenbahn |  | wenn meine Kinder 40 sind |
| Schürze der Oma |  | wenn ich mit meiner Frau<br>wieder allein bin |
| Taxi und Motorrad<br>Trauertragende |  | Ich als Rentner |
| das Haus der kranken Frau |  | die ersten grauen Haare |
|  |  | letzte Ruhestätten |
| [BC-Sektor] | Außen<br>B | [BD-Sektor] |

Und in dieses »Kreuz der Wirklichkeit« gehören auch all die anderen lebensgeschichtlichen Erfahrungen und Hoffnungen hinein, die ich jetzt noch nicht angesprochen habe. Um die Übersicht noch zu erhalten, lasse ich es – in diesem kleinen persönlichen Beispiel – bei den bisher erzählten Stationen und Gedanken. Im Bild sieht dieses Kapitel dann so aus... und ich kann mir durchaus vorstellen, daß bei jedem Leser diese Sektoren ganz andere Namen haben (s. S. 30). Jeder wird diese vier Sektoren anders ausfüllen, anders benennen. Aber all diese Dimensionen gehören zu meiner Lebensgeschichte. Sie werden auch dann mich noch bewegen, wenn meine eigene Lebens-Bilanz in ihrer Endgültigkeit nicht mehr zu bestreiten ist.

Aber schon jetzt ist es gut, zu wissen, zu spüren, zu ahnen, was war und was sein wird. Ich werde selber wacher für das, was andere Menschen – ganz intuitiv und unstrukturiert – eben doch auch bewegt, was sie geprägt hat, was sie verkraften mußten, wo sie sich allein fühlten, wo sie geborgen sind, wo sie sich getragen wissen.

Erzählungen des Lebens sind wie Bergwanderungen: Langsam führt uns unser Lebensweg immer höher. Ist es ein Zufall, daß da am Gipfel das Gipfelkreuz steht – auch ein »Kreuz der Wirklichkeit!«, auch ein Ort, wo wir alle anfangen, die Wege zu überblicken und zu begreifen, die wir gegangen sind – mehr noch, die wir geführt worden sind.

# 3. VORSORGLICH TRAUERN

*Der Patient, der von einem schweren Verlust bedroht ist, in diesem Fall seinem eige-*
*nen, und der eine antizipatorische Trauerarbeit, wie wir es jetzt nennen, leisten muß,*
*hat eine psychologische Aufgabe vor sich, die durch die Menschen in seiner Umge-*
*bung erleichtert oder – weil sie nicht wissen, was los ist – unabsichtlich verhindert*
*werden kann. Und so kommt es zu den Opfern von fehlangepaßten Trauerprozes-*
*sen. Irgendwie muß man mit ihnen umzugehen versuchen, und meistens ist man*
*dabei sehr unglücklich.* Erich Lindemann

## 3.1. AUS DER PRAKTISCH-THEOLOGISCHEN WERKSTATT

Meine eigenen Fragestellungen möchte ich verbinden mit den Fragen, die junge Theologen formuliert haben, als sie sich mit diesem
Problem auseinanderzusetzen begannen.

Da sind einmal die Fragen, die stark berufsbezogen sind, die also
ganz eng mit der Arbeit eines Pastors zu tun haben:
● Wie wird eigentlich in der Bibel vom Tod geredet? Und natürlich
steckt dahinter die unausgesprochene Frage: Was kann mir mein eigener Glaube für Hilfen geben, wenn ich dem Tod oder Trauernden und
Sterbenden begegne? Das ist eine Frage nach den Grundlagen des
christlichen Glaubens. Aber doch eine Frage auch, die eigenartig voraussetzungslos klingt: als stände da eben ein Problem – und der
Glaube habe darauf eine Antwort. Schwierig dabei ist, wie sehr unser
eigenes Leben und die Wahrheit der Bibel einander gegenüberstehen.
Ich möchte deshalb die Frage umformulieren: Ist mein eigener
Glaube eigentlich stark genug, der Begegnung mit Sterbenden und
Trauernden standzuhalten – und habe ich eigentlich etwas anzubieten
als Pfarrer in einer solchen Situation? Oder noch stärker zugespitzt:
Stimmt das wirklich, daß mich mein Glaube auch in meinem eigenen
Sterben tragen wird – oder bleibt da am Ende nicht doch: Todesangst?
● Was leistet eigentlich Trauer? So wurde eine Frage formuliert. Sie
klingt unerhört pragmatisch – und genau das ist das Problem. Im Un-
terschied zu anderen Themen, die einem jungen Theologen im

32

Laufe der Ausbildung begegnen, kann eben diese Frage nach Leben und Sterben nicht pragmatisch beantwortet werden. Gerade ein pragmatischer Umgang erschwert wirkliche Trauer. Trauer braucht Umwege, braucht Zeit, braucht Ratlosigkeit, braucht Betroffenheit, braucht Ausweglosigkeit, Entmutigung, die wir erleben und ihr nicht ausweichen. Insofern bringt uns diese Frage ziemlich ins Zentrum unserer Arbeit. Ich will es als These formulieren: Wir sind es gewöhnt, wir werden daran gewöhnt, alle Lebensprobleme pragmatisch anzugehen. Sie sind zu bewältigen – und dafür gibt es eben Mittel und Wege, Instrumentarien, Lösungen. Nur beim Tod ist das anders. Auch beim Sterben. Und deshalb auch bei der Trauer. Ich möchte unterscheiden zwischen dem lebendigen Umgang mit schwierigen Augenblicken – und dem pragmatischen. Der lebendige Weg schließt die ganze Vielfalt unseres Lebens mit ein, auch unsere Schattenseiten: das Zögern, die Angst, das Ausweichen, das Wiederholen, das Wegstecken, das Wiederauftauchen, sich aussprechen, fassungslos sein, sich ausweinen können, nicht mehr weinen können, suchen, unendlich viel suchen, den Verstorbenen, mich selber, unsere gemeinsamen Pläne, die ich nun allein vor mir habe und die plötzlich sinnlos geworden sind, mich selber finden, mit mehr Einsamkeit, als ich verkraften kann. Der pragmatische Zugang ist verhängnisvoll. Er wird uns in unserer Gesellschaft gern als der allein richtige suggeriert: das Problem benennen, Lösungswege aufzeigen, Lernschritte vollziehen, Ergebnisse formulieren – fertig. So sind wir dann eben fertig – fix und fertig. Das Leben verläuft in anderen Bahnen.

Ich kehre diese Erfahrung um: Weil ich spätestens in der Begegnung mit Trauern und Sterben erfahre, daß Reifungsprozesse und menschliche Entwicklung anders verlaufen, nicht einlinig, nicht in geraden Linien, sondern in unendlichen, kaum vorhersehbaren Verwicklungen, in Serpentinen und abschüssigen Strecken, in mühsamem Aufstieg, in überraschenden Entdeckungen und in neuer Ratlosigkeit – deshalb komme ich zu immer stärkerem Mißtrauen auch gegenüber anderen pragmatischen Problemlösungen. Sie werden dem Leben nicht gerecht, sie werden dem Menschen nicht gerecht. Und sie finden nur schwer wieder eine Brücke zum mühevollen und doch verheißungsvollen Weg der Nachfolge. Ich möchte die Frage umformulieren: Hat das eigentlich einen Sinn zu trauern, kann ich der Trauer vielleicht doch ausweichen? Oder mehr noch, erlebe ich im Trauern etwas, das mich ermüdet, fertigmacht – oder kann ich irgendwann auch wieder aufatmen, mich freuen, lachen?

Gleich an dieser Stelle möchte ich davor warnen, etwa die Ergebnisse der Sozialpsychologie, Erfahrungen aus Gesprächen mit Trauernden oder Therapieformen zu generalisieren und daraus einfache Handlungsmodelle zu entwerfen. Jedenfalls Betroffenen fällt das immer wieder erschreckend deutlich auf: wie wenig in solchen Handlungsabläufen Personen, ihre Lebensgeschichte und ihre Unverwechselbarkeit, die Unvergleichlichkeit unserer gemeinsamen Beziehung zum Tragen kommen kann. Es mag Orientierungspunkte geben, vergleichbare Empfindungen, Übergänge, die irgendwann einmal vor uns stehen – aber es gibt nicht den einzig richtigen Weg. Es gibt die Notwendigkeit zur Entscheidung – und es bleiben die Bedenken: Ich hätte gern anders entschieden. Oder: Ich weiß eigentlich gar nicht, wie es jetzt weitergehen kann.

## 3.2. HILFLOSIGKEIT ALS HILFE

Damit verbunden ist die Frage, die etwa so formuliert wurde: Gibt es Trauerhilfe – oder bin ich ganz auf mich allein gestellt? Das ist bereits eine Weiterführung, denn es enthält eine sehr persönliche Erfahrung: Ja, ich bin manchmal ganz auf mich allein gestellt. Mit allem, was mir Gott gegeben hat – aber ohne all das, was an Methoden und Instrumenten den Anschein von Zuverlässigkeit gibt. Unsere zentralen Eigenschaften treten plötzlich auf den Plan: unsere Ungeduld oder Geduld, unsere Zuverlässigkeit oder Unzuverlässigkeit, unsere Verbitterung oder unser Zorn, aber auch unsere Güte und Heiterkeit. Ich stehe allein, mit all dem, was mir an Ausdrucksmöglichkeiten gegeben ist.

● Kann ich wirklich immer betroffen sein – ohne einfach billig zu vertrösten? Diese Frage trifft uns im Kern, gerade beim Beruf des Pfarrers. Beide Klischees sind ja problematisch. Das Klischee des vertröstenden Pfarrers (und ich halte zugute: Er kann im Augenblick nicht mehr geben, deshalb klingt der Trost so ver-tröstend). Aber auch der weinerliche Pastor, der vor lauter eigener Trauer nicht den Trauernden zu seinen eigenen Gefühlen kommen läßt. Der selber immer alles tun will: auch die ganze Trauer dieser Welt tragen. Vielleicht liegen beide Verhaltensweisen sehr nah beieinander: Ich überfordere mich – und stelle mich stärker in den Mittelpunkt als die Menschen, die ich begleiten soll: Ich will trösten, trauern, »Mutmachenzumleben«, wie die neuklerikale Formel heißt.

Es hilft vielleicht schon die kleine Einsicht, daß ich stellvertretend spreche, daß ich Übermittler bin, daß ich von jemandem anders beauftragt und ein wenig befähigt bin: von Christus, der das Leben geliebt hat – und den Sterbenden nicht ausgespart hat. Es sind unsere eigenen Grenzen angesprochen.

Wie lange kann ich wirklich betroffen sein? Die ersten zehn Beerdigungen lang, das erste Berufsjahr (mit über fünfzig Beerdigungen), ein ganzes Berufsleben lang mit vielleicht zweitausend Beerdigungen?

### 3.3. DIE UNVERWECHSELBARKEIT

Ich möchte diese Frage erweitern: Darf ich müde werden in meiner Fähigkeit mitzutrauern? Wie ist das eigentlich mit meinen eigenen Grenzen? Wem darf ich meine Grenzen zumuten – und wo darf ich mir das einfach nicht erlauben? Wir werden hoffentlich erfahren, daß gerade unsere eigenen Grenzen uns dem Leben viel näherbringen als unser ständiges reibungsloses Funktionieren, Reden und Gestalten. Auch Trauern hat es mit Reifen zu tun. Und weil Sterben ein lebenslanger Weg ist, kann es kein »Fertigsein« geben – aber auch kein: »Ich bin noch nicht so weit.«

Ganz kennzeichnend ist weiter die Frage: Wer ist eigentlich gefragt: Die Amtsperson oder der »Anteilnehmer«? – Ehrlich gesagt: Beide sind eigentlich nicht gefragt – aber kommen ungefragt daher. Die Amtsperson, die sich hinter der Würde des Amtes, dem Auftrag der Kirche und manchmal (ziemlich unberechtigt) als Verkündiger des Evangeliums aufspielt – komme, was da wolle. Und auch der »Anteilnehmer« (es klingt bitter: Es nimmt jemandem den Anteil, der ihm nicht gehört) kommt, ohne zuzuhören, abzuwarten, nachzuempfinden. Ich mag die Frage nicht einfach ins Absurde abschieben. Natürlich gibt es das, die Rolle, die ich habe, das Amt, das ich verkörpere. Mehr noch: Sie kann mich tragen und schützen, diese Rolle. Aber sie kann mir auch Zugänge erschweren, unmöglich machen. Und darum bleibt die Frage: Wie persönlich und aufrichtig kann ich eigentlich bleiben, gerade auch, wenn mir ganz anders zumute ist?

● Wie kommt eigentlich der Kontakt zu Trauernden oder Sterbenden zustande? Natürlich ließe sich hier ganz praktisch antworten: durch das Telefon oder durch einen Besuch. Im Zusammenhang mit meinen eigenen Befürchtungen vor einem Trauergespräch bringe ich genauer zur Sprache, was mit dieser Frage angesprochen ist. Es gibt die

Furcht: Werde ich eigentlich als Gesprächspartner akzeptiert? Trauen mir die Menschen etwas zu in dieser Situation? Und was Sterbende angeht, die traurige Ernüchterung: Wie selten nur wird eigentlich heute noch »nach dem Pfarrer gerufen«. Und weil nach dem Pfarrer oft erst gerufen wird, wenn alles zu spät ist, was soll er dann noch? Eine gute Beerdigung machen!? Die Krankenhausseelsorge zeigt am deutlichsten, daß der Weg anders geht. Erst, wenn ich den Menschen zu Lebzeiten, dann, wenn sie ihren Alltag ganz normal leben, wenn ich ihnen da nah bin, werden sie mich auch im Sterben als Begleiter ansprechen können. Wenn sie mich erst rufen müssen, kann wirklich alles zu spät sein. Und es gehört zu den bitteren Erfahrungen des Gemeindepfarramtes, daß solche Nähe nur selten möglich ist. Daß oftmals die Anonymisierung auch uns selbst gepackt hat.

## 3.4. HELFENDE BERUFE AN DER GRENZE

Zwei weitere Fragen gehen direkt ins Zentrum der Arbeit: Wie rede ich mit Sterbenden? Oder: Was braucht der Sterbende von mir? Ich will erst einmal die Befürchtungen benennen, die diesen Fragen offensichtlich zugrunde liegen: das Gespräch mit einem Sterbenden habe nichts vergleichbar mit einem Gespräch mit Lebenden. Wenn ich nicht die richtigen Worte finde, kann ich mit dem Sterbenden nicht sprechen. Und die andere Befürchtung: Ich habe nichts anzubieten, was dem Sterbenden in seiner Lage hilft: Ich kann ihn auch nicht wieder zum Leben zurückbringen. Und das eigentlich ist es, was der Sterbende von mir verlangen könnte. Und dann stehe ich ganz dumm da.

Wenn wir hinter unseren Fragen die Befürchtungen zur Sprache kommen lassen, sind wir bereits einen Schritt weiter. Zuerst einmal: Das Gespräch mit dem Sterbenden ist das Gespräch mit einem lebendigen Menschen, der in vielem die gleichen Empfindungen, Sorgen und Befürchtungen hat wie ich. Und doch gibt es einen wichtigen Unterschied zwischen uns beiden. Ich werde – jedenfalls vorläufig – weiterleben. Für ihn aber ist das Ende unmittelbar absehbar. Unsere Perspektive, unsere Zukunftserwartung unterscheiden uns. Und das macht uns Angst.

● Wie ist eigentlich früher gestorben worden? Neben einem historisch wissenschaftlichen Interesse liegt der Frage sicherlich auch die Vermutung zugrunde: Frühere Generationen sind mit dem Sterben anders umgegangen. Wahrscheinlich haben wir bestimmte Fähigkeiten in der Begegnung mit dem Sterben verlernt. Anders gefragt: Welche Erfahrungen früherer Generationen müßten wir wieder in Erinnerung rufen und für unser eigenes Lernen einsetzen? Neben diesen stärker vom künftigen Berufsbild geprägten Fragen gibt es aber auch die andere Seite, die persönlichen Fragen, die mit unserem eigenen Leben, mit unserem eigenen Sterben zu tun haben:

• Wie kann ich mich mit meinem eigenen Tod auseinandersetzen? Gibt es Wege und Möglichkeiten, sich selber auf sein Sterben schon mitten im Leben vorzubereiten? Und wie gelingt das eigentlich in einer Umgebung, in der das Thema Tod so intensiv verdrängt und abgelehnt wird? Lassen sich aus Todeserfahrungen Lebensperspektiven entfalten? Wie kann ich eigentlich mein eigenes Bewußtsein verändern – eine größere Bereitschaft gewinnen, mich auch persönlich dieser Herausforderung zu stellen?

Solche persönlichen Fragen haben sich in späteren Gesprächen deutlich zugespitzt. Dem möchte ich jetzt noch nicht vorgreifen. Aber eines ist deutlich: Es fehlen uns gerade bei diesem lebenswichtigen Erfahrungsbereich die verläßlichen Beispiele, die tragfähigen Wege, die zuverlässigen Begleiter, die hilfreichen Beispiele. Und deshalb wird manchmal der Sterbende bereits mit der Trauer eingehüllt, die eigentlich erst später an der Zeit wäre; Vorsorgetrauer – die uns doch nicht wirklich hilft im Sterben. Als könnten wir, wenn wir schon »vorsorglich« trauern, uns spätere Schmerzen ersparen. Gerade die Ideologie, Schmerzen auf jeden Fall zu vermeiden, führt oft zu unsagbaren Schmerzen des Gemüts.

Soweit erste Fragen, die uns beunruhigen, aber auch bewegen: Mut fassen, das »Sterben zu leben«; Trauernden nicht ausweichen, sie aber auch nicht bedrängen; eigener Trauer auf der Spur bleiben, auf Heilung vertrauen, die stärker ist als unsere Vernunft.

Auch diese Vorfragen, die Fragen von Berufsanfängern, die Fragen von Menschen, die sich auf die schwere Aufgabe einlassen, andere Menschen auf Trauerwegen zu begleiten, auch diese Fragen gehören selber mit zur Trauerarbeit. Wenn wir sie zusammenfassend in einer Übersichts-Grafik darstellen, merken wir sehr schnell: Es sind genau die Grundfragen, die sich immer dann stellen, wenn es um abschiedliches Leben geht:

– die Frage nach Gott;
– die Frage nach unserer Betroffenheit, unseren Gefühlen;
– die Frage nach den Schritten der Trauer.

37

Aber dann auch, noch stärker auf Personen bezogen, die Fragen:
– wer trauert hier eigentlich (Das Du);
– wo stehe ich mit meiner eigenen Person (Das Ich);
– wie ist es mit der Lebensgeschichte (Gesellschaft/Geschichte)?

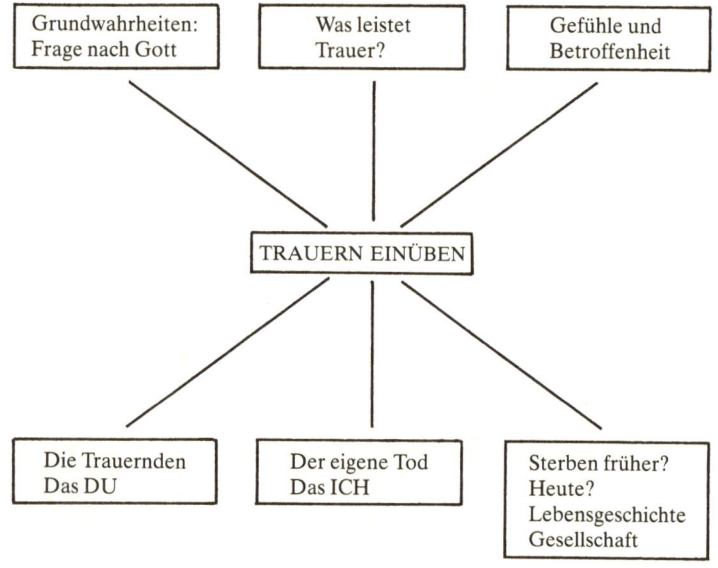

Anders gesagt: Einüben von Trauerbegleitung geschieht nicht allein in meiner eigenen Person, nicht allein in Auseinandersetzung mit meiner eigenen Lebensgeschichte. Es kommen jetzt ganz andere Dimensionen und Personen in den Blick: Grundwahrheiten des Lebens, Grundwahrheiten, die früheren Generationen geholfen haben, diese Schritte zu gehen, Lebensgeschichten, die ich vorher nicht gekannt habe, aber auch die Begegnung mit meinen eigenen Trauer-Gefühlen.

Eine gründliche Vorbereitung auf Trauerbegleitung darf diese vielfältigen Dimensionen nicht ignorieren. Wir selber müssen uns den Fragen aussetzen – und warten können, zuhören können, mitempfinden lernen, Nähe erfahren, Abstand zulassen und sich selber Vertrauen schenken lassen. Das heißt: Glauben.

38

## 3.5. VERSTEHEN LERNEN IN HELFENDEN BERUFEN

In allen helfenden Berufen taucht die Aufgabe unvermittelt und zugleich unabweisbar auf, Trauernde zu begleiten und Sterbenden beizustehen. Weil aber diese Aufgabenstellung nur selten gründlich bedacht oder gar geübt worden ist, verfügen MitarbeiterInnen aus helfenden Berufen (Ärzte, Krankenpfleger, Sozialarbeiter, Sozialpädagogen, Heilpädagogen) über ein bemerkenswertes Kommunikations-Repertoire, solche Herausforderungen abzuweisen. Sie fühlen sich zu Recht mangels Ausbildung inkompetent – können jedoch nicht vermeiden, daß sie von den Betroffenen um Hilfestellung und Verständnis gebeten werden. Das *Abweisungs-Repertoire* taucht in vielen Variationen auf. Das am weitesten verbreitete Kommunikations-Muster heißt:
– *Beschwichtigung:*»Ach, ich glaube, bei mir wird das nie mehr was!«
Darauf der inkompetente Helfer:»So schlimm ist es wirklich nicht.«
Oder:»Das dürfen Sie aber nicht sagen!« Oder:»Warten Sie mal ab, morgen sieht die Welt schon wieder ganz anders aus.« Damit signalisiert der Helfer dem Betroffenen unmißverständlich: Ich will mich auf diese Frage nicht einlassen.
  Ein anderes Kommunikations-Muster der Abweisung bezeichne ich als:
– *Gegensteuerung:*»Mir geht es wieder so schlecht. Es wird mir alles einfach zu viel.« Darauf der abweisende Helfer:»Sie sehen aber gar nicht so schlecht aus!« Oder:»Anderen Menschen geht es noch viel schlechter!« Oder:»Ich werde Sie jetzt erst einmal untersuchen und Ihnen dann die richtigen Medikamente aufschreiben. Sie sollen mal sehen, dann sieht alles bald wieder ganz anders aus.«
  Beliebt ist besonders bei medizinischen Fachleuten ein anderes Muster:
– *Nicht-zu-Wort-kommen-lassen:* Der Patient kommt leidend zum Arzt oder liegt erwartungsvoll-leidend im Bett; der Arzt kommt, ahnt schon, was der Patient auf die routinisierte Frage»Wie geht es Ihnen denn heute?« antworten würde, nämlich:»Ach, ganz schlecht, Herr Doktor!« – und übergeht deshalb die Frage, flüchtet sich in medizinische Geschäftigkeit und beschäftigt sich mit Daten statt mit der Person. Nach Abschluß dieser Beschäftigung trifft er seine Anordnung und verläßt kommunikationslos gegenüber dem Patienten das Zimmer. Im besten Fall bleibt beim Patienten der Eindruck zurück: Der

Arzt versteht sein Handwerk; er ist schließlich vielbeschäftigt. Im schlechteren Fall sieht der Eindruck so aus: Er wird schon wissen, was mit mir los ist. Aber unhöflich war er doch. Und im schlechtesten Fall wendet der Patient seine Aggression gegen sich selber: Ich bin halt kein ebenbürtiger Gesprächspartner. Er hat mich ja keines Wortes gewürdigt. Nur wenige Patienten ahnen, daß es schlichte Unbeholfenheit ist, die insbesondere die Ärzteschaft zu solchen verfehlten Kommunikationsritualen greifen läßt.

Die medizinische Ausbildung hat sich von ihrer eigenen geisteswissenschaftlichen Verwurzelung gelöst. Es gibt kaum einen interdisziplinären Dialog mit Methoden und Erkenntnissen anderer humanwissenschaftlicher Disziplinen. Solcher Dialog-Abbruch erleichtert es der Medizin zwar, sich in ihrer eigenen Disziplin zu spezialisieren. Er verhindert aber gleichzeitig die Fähigkeit, das eigene Instrumentarium in Auseinandersetzung mit anderen Traditionen weiterzuentwickeln und zu überprüfen. Die Leidtragenden sind – die Leidtragenden. Sie kommen in diesem Bild vom Menschen, in diesem Ansatz der Medizin nicht genügend vor.

Der in den Humanwissenschaften – insbesondere in der Soziologie, in der Sozialpsychologie und in der Pastoraltheologie – entwickelte »lebensgeschichtlich orientierte Ansatz« ist für alle helfenden Berufe von großer Bedeutung. Die Lebensgeschichte ist ein diagnostisches Instrumentarium erster Ordnung. Es ist längst an der Zeit, diese Perspektive auch in die Ausbildung anderer helfender Berufe einzuführen. An dieser Stelle begnüge ich mich mit den notwendigen Vorfragen, die uns dann zur »Theorie der Lebensgeschichte« im vierten Kapitel führen werden.

Die Vorfragen helfender Berufe spitze ich zu auf den Bereich Medizin, den ich hier pars pro toto stellvertretend für alle helfenden Berufe (außerhalb der theologischen Disziplinen) behandeln möchte.
– Warum legt die Ärzteschaft so wenig Wert auf die Fähigkeit zur Kommunikation mit Trauernden und Sterbenden? Die einfachste Antwort: Sie sind Personifizierungen der Grenze der ärztlichen Kompetenz. Eine gleichberechtigte Kommunikation zwischen Ärzteschaft und Trauernden oder Sterbenden würde den Kompetenzvorsprung des Arztes aufheben – ihn gar umkehren. Denn in den Fragen, die hier zu besprechen sind, da sind nun einmal die Betroffenen weit kompetenter als die Ärzteschaft. Das sind ÄrztInnen nicht gewöhnt.
Eine gründlichere Antwort auf diese Frage stammt von dem Bielefelder Soziologen Niklas Luhmann: Es handelt sich im Kern um ein

Reflexionsdefizit der Medizin (*Luhmann*, 1983, 173). Im Unterschied zu vielen anderen Disziplinen ist es der Medizin bislang nicht gelungen, eine wirkliche Theorie über sich selbst zu entwickeln. Was in der Wissenschaft die Wissenschaftstheorie, in der Rechtswissenschaft die Rechtstheorie, in der Pädagogik die Theorie der Bildung, in der Theologie die Systematische Theologie oder in der Philosophie die Erkenntnistheorie leisten, das findet im System der Krankenbehandlung einfach nicht statt. Luhmann spitzt diese Beobachtung in der Behauptung zu:»Im System der Krankenbehandlung muß dagegen Selbstreflexion als solche, und speziell Reflexion in der Form von Theorie, erst einmal etabliert werden« (ebd., 172). Es ist im Kern also ein Theorie-Defizit, das die Medizin so unfähig zur Kommunikation hat werden lassen. Und das zeigt sich am schärfsten in der Gesprächs-Unfähigkeit gegenüber Sterbenden und Trauernden. Der Arzt geht von der irrigen Annahme aus: Er weiß einfach alles besser – und vor allem weiß er, daß er es besser weiß als der Patient. Was soll dann noch Reflexion?

Krankenbehandlung hat es zu tun mit dem Verhältnis von Körper und Bewußtsein. Im Rahmen einer solchen Theorie lassen sich Schmerzen als »Kommunikation des Körpers an das Bewußtsein« beschreiben. Eine wissenschaftlich dialogfähige, selbstreflexive Medizin müßte deshalb ein vitales Interesse an Grundformen der Kommunikation haben. Sie müßte lernen, Kommunikation selber einzusetzen und verstärkt selbst kommunikativ tätig zu werden.

Da kaum zu erwarten ist, daß solche Einsicht sich gleichsam von selber in der Medizin Raum greift, bleibt nur ein einfacher Weg: Die Aufklärungspflicht des Arztes muß von den Patienten konsequenter eingefordert und gesetzlich durchgesetzt werden. Kommunikation wird auf diese Weise eine notwendige Grundform ärztlichen Handelns.

Erich Lindemann, der Vertreter der amerikanischen »Mental Health-Bewegung« und Begründer einer sozialen Psychiatrie, weist bereits Ende der sechziger Jahre nachdrücklich darauf hin, »daß eine offene Kommunikation für alle Beteiligten in einer kritischen Situation außerordentlich wichtig ist« (*Lindemann*, 1985, 177). Sein Konzept von der »therapeutischen Gemeinschaft« hat auch für die Allgemeinmedizin unabsehbare Folgen. Als medizinischer Fachmann setzt er sich mit den Forderungen auseinander, denen sich helfende Berufe, insbesondere die Ärzteschaft in Zukunft zu stellen haben. Er formuliert seine Einsichten nicht nur als medizinischer Fachmann, sondern als Betroffener: Er selber litt an einer unheilbaren Krankheit, lebte sechs Jahre mit einer Chordom am Sakralwirbel – und äußerte sich zu diesen Fragen, als er bereits wußte, daß er an Krebs sterben würde.

»Nun, es kommt wahrscheinlich nicht oft vor, daß Sie einen Patienten haben, der sowohl Arzt als auch Psychiater ist und der dies durchgemacht hat, und deshalb werde ich ein bißchen über einige Einzelheiten dieser Aufgabe erzählen, die ich tatsächlich irgendwie hinter mich gebracht habe, sonst könnte ich nicht so leicht darüber reden. Die einzelnen Schritte dieses Prozesses reihten sich bei mir in der inneren Auseinandersetzung mit einem Chordom aneinander, einem der schlimmsten Tumorformen, das bei einer Abklärungsoperation drei Jahre zu spät entdeckt wurde, nachdem man es drei Jahre lang als Virus oder Bandscheibenschaden falsch diagnostiziert hatte. Der Chirurg, der mich zur Bestrahlung schickte und mir sagte, daß er die bösartige Geschwulst nicht entfernen könne, war darüber so unglücklich, daß ich ihn trösten mußte, weil er den Zug verpaßt hatte. Und er sagte: ›Sie haben jetzt drei oder vier Jahre, reichen Ihnen drei oder vier Jahre?‹ In diesem Augenblick haut es einen wirklich um, und was einen umwirft, ist, daß man nicht unsterblich ist. Denn jedermann hat irgendwie die seltsame Überzeugung, unsterblich zu sein. Wir können uns selbst nicht wirklich tot vorstellen« (*Lindemann*, 1985, 191).

Wie verhalten sich Menschen in einem akuten Trauerzustand? »Die Konfrontation mit dem Tod bedeutet, daß Wut ausgelöst wird: ›Wer war der Übeltäter?‹... Also: erhöhte Feindseligkeit. Zweitens: Wellen des Schmerzes und Beschäftigung mit dem Bild des Verstorbenen.« Trauerarbeit bedeutet, »daß der Überlebende die gemeinsamen früheren Erfahrungen mit dem Verstorbenen in kleinen Schritten noch einmal nacherlebt und durcharbeitet: Dinge, die man zusammen unternommen hat, die sozialen Rollen, die für die Beziehung ausschlaggebend waren, die sich komplementär ergänzten und die Tag für Tag in der täglichen Routine gelebt wurden. Jeder kleine Teil dieser geteilten Rollen muß durchdacht, ja sozusagen durchlitten werden« (ebd., 185).

Trauerarbeit geschieht aber manchmal schon vor dem Tod. Lindemann nennt das »antizipatorische Trauerarbeit« – die Auseinandersetzung mit dem Verlust der eigenen Person angesichts des drohenden Todes. Wieviel Zeit bleibt einem noch, nur eine kurze Weile oder viel Zeit? »Ich habe bei meiner Erkrankung und Bedrohung meines Körpers diese Unsicherheit selbst sehr gründlich durchgemacht. So kommt es also auf das Bescheidwissen an: Sich Informationen zu beschaffen, ist ein wichtiger Teil der psychisch gesunden Anstrengung zur Bewältigung einer Krisensituation« (ebd., 187). Das zweite ist:»Was macht man mit der Traurigkeit, mit den bösen Gefühlen?« Wie geht man mit der Flut von Emotionen um?«»Nun, das Entscheidende ist, daß man Gefühle zum Ausdruck bringen und mit anderen teilen kann. Oft sind es die Krankenschwestern, die damit am besten umgehen können, wenn es um das Mit(einander)-Teilen der Gefühle geht, die dann allerdings von ihren Freunden in ihrem Sozialsystem etwas Rückhalt brauchen, wenn es zuviel für sie wird. Vor allem die Krankenschwestern der Intensivstationen sind in dieser Hinsicht besonders gefährdet dadurch, daß der Tod hier so schnell droht. Und all dies geschieht so rasch und immer wieder, daß sie wirklich Hilfe brauchen. Auf einigen Intensivstationen gibt es inzwischen Gruppen, in denen Schwestern miteinander über ihre Gefühle reden wie zum Beispiel: ›Ich habe diesen Patienten getötet – ich habe nicht im richtigen Moment aufgepaßt‹ und ähnliche Dinge, über diese Schuldgefühle, nicht im richtigen Moment dagewesen zu sein oder die Situation falsch eingeschätzt zu haben« (ebd.). Die Bewältigung solcher»emotionalen Last« braucht Zeit.

Erich Lindemann, der sich seinem eigenen Sterben ausgeliefert sah, hat versucht, von Leidenden zu lernen.»Von den Leidenden lernen und neuen Leidenden davon mitteilen, ist heute zu einem Zweig der Psychiatrie geworden, den wir Erforschung der Bewältigungsmechanismen (Coping) nennen.« Er selber ist die gleichen Wege gegangen. So hat er ein Buch von Hans Zinsser, der relativ jung an Leukämie starb, gelesen.»Er mußte um sich selber trauern« – denn er starb, als er erst ein Drittel von dem geschafft hatte, was er sich vorgenommen hatte. Deshalb beginnt er, sich selber zu betrauern – ganz so, wie das sonst in der Trauer um andere geschieht. Sein Buch heißt:»As I remember him« (Meine Erinnerungen an ihn). Zinsser beschreibt darin das Leben mit sich selbst. Indem er ihm – sich selbst – einen Platz zu»schreibt« und liebevoll an ihn – sich selbst – denkt, versöhnt er sich damit, daß diese Geschichten einmal waren, in der Zukunft aber nur noch Geschichten sein werden. Aber immerhin: Geschichten!

Von Hans Zinsser übernimmt Erich Lindemann das Modell:»Existenz ist die Erinnerung an die Person, die war« (192). Das hieß für ihn persönlich:»Und man denkt wie besessen über die Vergangenheit nach! All die Kindheitserlebnisse, die Erlebnisse als Junge.«

Der nächste Schritt seiner antizipatorischen Trauer bestand darin,

43

die Orte seiner Vergangenheit aufzusuchen. »Ich fuhr nach Deutschland und besuchte all die Plätze, wo ich aufgewachsen war, und mein Geburtshaus; ich versuchte, Menschen zu finden, die ich damals gekannt hatte; ging zurück nach Heidelberg, wo meine Karriere begonnen hatte; und ich tat etwas, was ich gemacht hätte, wenn ich in Heidelberg geblieben wäre, statt in die Vereinigten Staaten zu kommen: Ich hielt eine Vorlesung vor Medizinstudenten. Es war wichtig für mich, diese Gelegenheit nachzuholen, die versäumt worden war und vielleicht nie wiederkommen würde. Dieses Nachholen versäumter Gelegenheiten ist ein sehr wichtiges Element, auf das im voraus Trauernde nicht zurückgreifen können, wenn sie nicht wissen, daß sie sterben werden.« Und es ist wichtig, Streitigkeiten beizulegen, nicht nur für einen selbst, wenn man geht, sondern auch für diejenigen, die bleiben.

Die Trauerarbeit Sterbender bringt *Erich Lindemann* auf einen knappen Nenner: Es muß eine Gelegenheit geben, all das, was im Leben noch nicht zu Ende geführt wurde, zu durchdenken, es zusammenzubringen und dann in die Tat umzusetzen. »Ich wurde geradezu hypomanisch, indem ich z. B. herumjagte und all die Dinge tun wollte, von denen ich dachte, daß es wunderbar sein würde, sie noch einmal zu tun. Mit anderen Worten: Achten Sie darauf, daß Menschen, die den Tod vor Augen haben, nicht in einer Umgebung leben müssen, die ihren Tatendrang einschränkt; daß sie immer noch so mobil sein können, wie es ihre Krankheit erlaubt, und immer noch so reich an neuen Erfahrungen, solange es eben geht« (ebd., 193).

Die meisten Menschen, die um sich selber trauern – weil sie um ihre unheilbare Krankheit wissen –, schreiben keine Bücher. Aber sie vertrauen ihre Geschichten den Angehörigen oder der Krankenschwester, dem Pfleger an, denen sie viele Kapitel ihrer Lebensgeschichten erzählen. Manches mit Nachdruck und großer Bestimmtheit. Sie schaffen darin ein »kollektives Überlebensbildnis« von sich selbst. Ein Bild, Geschichten, die auch noch sein werden, wenn sie selber nicht mehr leibhaftig da sind – das ist ein Kernstück des Trauerns.

Wer mit biblischen Geschichten vertraut ist, wird hier viele Ähnlichkeiten wiederentdecken: Der Segen des Vaters als Übergabe der Lebensgeschichte an den Sohn (Abrahams Segen; der Kampf um den Segen des Isaak) – die Geschichte Gottes wird fortgesetzt, in der nächsten Generation. Die Abschiedsreden Jesu, die Deuteworte der Abendmahls-Tradition (»Das tut, so oft ihr es trinket, zu meinem Gedächtnis«) – all das sind Geschichten, die noch sein werden, wenn sie selber nicht mehr leibhaftig da sind – ein Kernstück des Glaubens.

Das ist ein wichtiger Grund dafür, warum Menschen in ihrer abschiedlichen Lebenszeit vertraute Menschen um sich brauchen. Sie brauchen das Gegenüber, den konkreten Adressaten ihrer Lebensgeschichte. Aber auch diese Konstruktion und Rekonstruktion der Lebensgeschichte hat ihre Zeit. Auch *Lindemann* beobachtet: »Manchmal sind Patienten, die unheilbar krank sind, schon versöhnt mit ihrem Schicksal und haben ihr Leben abgeschlossen; und wenn dann noch Besuch kommt, wollen sie ihn nicht mehr sehen. Man wundert sich, was mit ihnen los ist, es sei denn, man erkennt, daß ein bestimmter Prozeß stattgefunden hat und daß man an die Phase anknüpfen muß, in der sich ein solcher Prozeß gerade befindet« (*Lindemann*, 1985, 190).

Als Betroffener eröffnet *Erich Lindemann* allen helfenden Begleitern eine Einsicht in die Notwendigkeit, die Lebensgeschichte anderer verstehen zu lernen: »Man kann als Arzt, Krankenschwester und Sozialarbeiter dabei ein wissender Begleiter sein oder danebenstehen und völlig perplex sein: Warum ist das Verhalten des Patienten bloß so unbegreiflich? Wenn der Patient merkt, daß Sie ihn nicht verstehen, dann wird er natürlich in der Behandlung oft nicht kooperieren.«

Die häufigsten Einwände von Ärzten, Krankenschwestern und Sozialarbeitern heißen: Das kostet viel zu viel Zeit. Und: Das ist nicht unsere Aufgabe.

Beide Einwände sind vorgeschoben – und sie selber wissen das am besten. Denn tatsächlich kostet dieses Verstehen nicht viel Zeit, sondern kommunikative Kompetenz. Und das Verstehen der Lebensgeschichte gehört deshalb mit zur Aufgabe helfender Berufe, weil sie aus berufsethischen Gründen den Patienten nicht zum Objekt seiner eigenen Lebensgeschichte machen dürfen.

Der Arzt müßte insbesondere in dieser Situation dafür Verständnis haben, daß der Patient in hohem Maß narzißtisch mit sich selbst beschäftigt ist. Durch verweigerte »verstehende Kommunikation« zwingt er den Patienten dazu, sich mit dem Arzt zu beschäftigen, der seinerseits aber lediglich ein partielles Interesse an seiner Lebensgeschichte hat – nur an dem Kapitel »Krankengeschichte«. Der Arzt verlangt von dem Patienten in einem geradezu ungeheuren Ausmaß Altruismus (etwa, wenn gesagt wird, daß diese Untersuchungen der Wissenschaft und der Forschung dienen!).

Die verstehende Auseinandersetzung mit der Lebensgeschichte

des Patienten wird hoffentlich schon in wenigen Jahren zur Grundlagen-Kunde in Diagnostik gehören. Erich Lindemann zur Idee des »therapeutischen Bündnisses mit dem Patienten« statt der sogenannten »Arzt-Patienten-Beziehung«: »Aber ich glaube, daß man, wenn man diesen Prozeß erst einmal verstanden hat, überrascht sein wird, wie wenig Zeitaufwand wirklich nötig ist, um das richtige Wort zur rechten Zeit und nicht zuviel zu sagen; dem Patienten die richtige Art von Bestätigung zu geben, daß man ihn mit dieser ihm eigenen Art der Bewältigung (Coping) akzeptiert; und indem man dies tut, schafft man das, was wir ein therapeutisches Bündnis mit dem Patienten nennen: dem Patienten zur Seite stehen und ihn begleiten, statt ihn zum Objekt unserer Dienstleistungen zu machen« (ebd., 193f.).

## 3.6. ANTIZIPATORISCHES TRAUERN

Während wir zu Beginn des Kapitels »Vorsorgliches Trauern« als Ausgangsmotivation in helfenden Berufen beschrieben haben, sich mit Tod und Trauern zu beschäftigen, können wir jetzt am Schluß auch die andere Seite des vorsorglichen Trauerns darstellen. Erich Lindemann nennt »antizipatorisches Trauern« diejenige Trauer, die ein Mensch durchlebt, der sich seines eigenen Todes bewußt wird. Erich Lindemann beschreibt das nicht akademisch-abstrakt, sondern in persönlicher Betroffenheit. Welche Schritte er selber in diesem antizipatorischen Trauern gegangen ist, haben wir bereits angedeutet. Ich möchte sie übertragen auf diejenigen, die sich als Begleiter Trauernden zur Verfügung stellen. Denn darin liegt das größte Hindernis zur aufrichtigen Trauerarbeit, daß wir uns so schwertun, uns mit unserem eigenen Tod auseinanderzusetzen.

Ich behaupte deshalb: Jeder, der einen helfenden Beruf ergreifen möchte, muß antizipatorisches Trauern üben. Im Kern geht diese Aussage weiter: Jeder Mensch sollte das üben. Nicht – weil Tod und Trauer dann »erträglicher« würden, der Tod bleibt »unerträglich«. Und auch unsere persönliche Betroffenheit bleibt, wenn der Tod uns einen Menschen nimmt, den wir sehr geliebt haben.

Aber dieser Tod wird nicht unser eigenes Leben lähmen. Er wird uns verletzen. Er wird uns erschüttern. Doch er wird uns nicht besiegen. Wir werden vielmehr klarer und intensiver als zuvor verstehen, welche Aufgabe uns in unserem Leben aufgegeben ist.

Antizipatorisches Trauern möchte ich deshalb bezeichnen als »Lebens-Bilanz-Arbeit«. Nach *Erich Lindemann* bedeutet antizipatorisches Trauern, beispielsweise: sich die Orte seiner Vergangenheit anschauen; Versäumtes nachholen; Unabgeschlossenes zum Abschluß bringen.

Grafik: Grundprobleme helfender Berufe

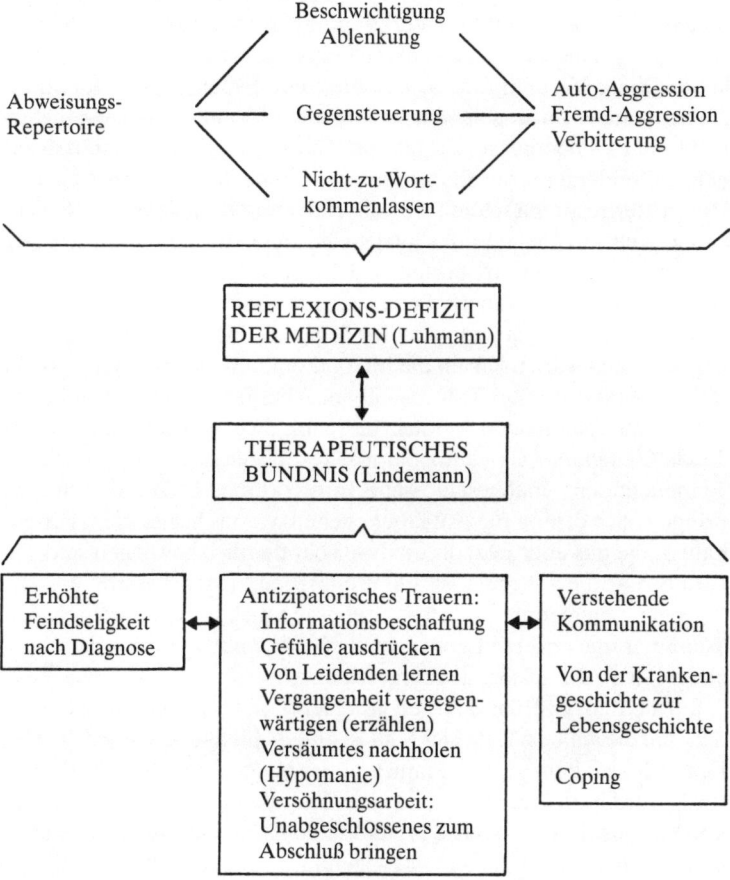

Zur Ausbildung von Studentinnen und Studenten in helfenden Berufen gehört somit für mich unabdingbar zum Curriculum das persönliche Gespräch, die»Lebens-Bilanz-Arbeit«. Seit zwei Jahren habe ich solche Arbeit an unserer Hochschule begonnen. Die Meldungen sind zaghaft – die Gespräche jedoch sehr bewegend. Sie verlaufen äußerlich gesehen nach einem einfachen Grund-Schema. Die Lebens-Bilanz-Arbeit besteht aus drei Gesprächen. Das erste Gespräch ist ausschließlich der unmittelbaren Gegenwart gewidmet. Dafür nehmen wir uns viel Zeit. Und wir merken, oft erst am Ende des Gesprächs, wie wichtig es ist, sich seiner Gegenwart bewußt zu werden. Das zweite Gespräch gehört der Vergangenheit, der Lebensgeschichte. Natürlich gibt es Verknüpfungen zwischen beiden Bereichen. Diese sind es, die uns unsere Lebensgeschichte präsent werden lassen, diese Verknüpfungen sind die roten Fäden unserer Identität. Dabei geht es in den lebensgeschichtlich orientierten Gesprächen nicht um Psychoanalyse. Es geht um Selbst- und Fremdverstehen auf einer sehr elementaren Ebene, auf der Ebene der Lebensgeschichte. Das dritte Gespräch schließlich gehört der unmittelbar vor uns liegenden Zukunft. »Wie geht das jetzt so bei Ihnen weiter?« Je intensiver wir uns der Gegenwart gestellt haben, je gründlicher wir auch der eigenen Lebensgeschichte nachgegangen sind, um so klarer stellen sich die Aufgaben, die jetzt vor uns liegen. Keiner meiner GesprächspartnerInnen wäre wohl auf die Idee gekommen, daß wir hier gemeinsam »antizipatorisches Trauern« üben. Aber fast immer entwickelten sich Zukunftsaufgaben heraus, die ganz dicht bei dem lagen, was *Erich Lindemann* als »antizipatorisches Trauern« beschreibt: Gelegenheit finden, unabgeschlossene Entwicklungen zum Abschluß zu bringen; sich öffnen für Aufgaben, denen wir uns bisher nicht gestellt haben, die uns aber jetzt als unabweisbar deutlich geworden sind.

Lebens-Bilanz-Arbeit ist Identitätsarbeit. Dazu verhilft uns die Auseinandersetzung mit der Lebensgeschichte. Und umgekehrt: Wenn wir uns unserer Lebensgeschichte bewußt werden – dann verändert sich auch unsere Trauergeschichte.

Solche Lebens-Bilanz-Arbeit geschieht – so berichten es die Legenden und die wahren Geschichten – in unterschiedlichster Gestalt. Von Dinu Lipatti, dem großen Pianisten, der im Alter von 33 Jahren 1950 starb, wird berichtet: Während eines Rundfunkkonzertes – er spielte Werke von Chopin – spürte er, daß seine Kräfte versagten. Er unterbrach sein Konzert für einen Augenblick und spielte dann, abweichend vom Programm, sein musikalisches Vermächtnis, den Bach-Choral »Jesus bleibet meine Freude«. Nie wieder habe ich eine so intensive und zugleich so schlichte Klavier-Interpretation dieses Bach-Chorals gehört – abschiedliches Leben in musikalischer Schlichtheit und Klarheit.

Aber nicht erst am Ende des Lebens vollzieht sich Lebens-Bilanz-Arbeit. Die natürlichen Zäsuren unseres Lebens sind es, die insgeheim die Einladung, die Aufforderung zur Lebens-Bilanz-Arbeit anbieten, insbesondere der Jahreswechsel. In diesen Augenblicken begegnet uns die Aufforderung, dem Kern des Lebens nahezukommen. Das bedeutet: Lebens-Bilanz-Arbeit. *Helmut Gollwitzer* sagt das so: »Gottes neue Wirklichkeit meint nicht ein Leben von Engeln und Seligen im Jenseits, sie meint die Veränderung unseres jetzigen Lebens aus der Todesrichtung in die Lebensrichtung. Diese Veränderung vollzieht sich nicht in pauschaler Negation von Umwelt und bisheriger Lebensführung, sondern in selektierender Bejahung und Verneinung, in der Veränderung der Prioritäten, im Austritt aus bisherigen Bündnissen und Eintritt in neue Bündnisse.« So wächst im abschiedlichen Leben neue Lebensverantwortung: daß wir wichtiger nehmen, was Menschen glücklicher macht, und unwichtiger nehmen, was Menschen mächtiger macht. Daß wir wichtiger nehmen, was Menschen sind, als das, was sie haben; daß wir wichtiger nehmen, daß wir uns in Liebe einander zuwenden, als uns in Korrektheit voneinander abzuschirmen; daß wir wachsam werden, wie die wachsamen Knechte Gottes (Lk 12,37f.).

Lebens-Bilanz-Arbeit, das weckt in uns Josua-Erfahrungen: »Nach dem Tode Moses, des Knechtes des Herrn, sprach der Herr zu Josua, dem Sohn Nuns, dem Diener Moses: Mein Knecht Mose ist gestorben; so mache dich nun auf, ziehe über den Jordan hier, du und dieses ganze Volk, in das Land, das ich ihnen, den Israeliten, gebe. Jeden Ort, darauf eure Fußsohle treten wird, gebe ich euch, wie ich Mose versprochen habe. Von der Wüste an und dem Libanon dort bis an den großen Strom, den Euphratstrom, das ganze Land der Hethiter, und bis an das große Meer im Westen soll euer Gebiet reichen. Niemand soll vor dir standhalten können dein ganzes Leben lang. Wie ich mit Mose gewesen bin, so will ich mit dir sein. Ich will dich nicht verlassen noch preisgeben. Sei fest und unentwegt; denn du sollst diesem Volk das Land zu Erde austeilen, das ich ihnen geben will, wie ich ihren Vätern geschworen habe. Nun seid recht fest und unentwegt, genau zu tun nach allem, was dir mein Knecht Mose geboten hat. Weiche nicht davon, weder zur Rechten noch zur Linken, auf daß du Glück habest auf allen deinen Wegen. Von diesem Gesetzbuch sollst du allzeit reden und darüber nachsinnen Tag und Nacht, daß du genau tust nach allem, was darin geschrieben steht; denn alsdann wird es dir auf deinen Wegen gelingen und wirst du Glück haben. Habe ich dir nicht geboten: Sei fest und unverzagt. So laß dir nicht grauen und entsetze dich nicht, denn der Herr, dein Gott, ist mit dir auf allen deinen Wegen« (Jos 1,1–9). Noch spüre ich das alte Leben im Nakken, es will mich einholen, wie die Ägypter das wandernde Volk einholen wollten, nicht mit Überredung, sondern mit Gewalt. Und über dem alten Leben bricht das Meer zusammen, das sich mir geöffnet hat. Die Brücken sind abgebrochen – kein Zurück! Der Weg geht weiter, keine Vergangenheit, nur noch Zukunft.

Dann wird der Weg immer weiter, wir verlieren uns auf dem Weg. Solange noch ein Feind uns verfolgt, wissen wir, warum wir fliehen. Aber den Feind im Nacken gibt es jetzt nicht mehr – und das Ziel haben wir nicht vor Augen. Wir gehen im Kreis, wiederholen uns, probieren neue Wege aus, erfahren Enttäuschungen, leiden aneinander. Und bekommen dann eine Lebensordnung geschenkt. Wir haben einen verläßlichen Gott gefunden.

Wie Josua stehen wir an diesem Ufer, hinter uns die Wüste, die verschlungenen Pfade von Traurigkeit. Was liegt vor uns? Die Verheißung an Josua ist beeindruckend klar: Das Land deiner Zukunft reicht vom Gebirge bis zum Meer. Da wirst du wohnen.

Das verheißene Land, ich sehe es drüben am anderen Ufer. Die Arbeit wird mich nicht mehr fesseln. Die Zeit wird mich nicht mehr treiben. Der Schritt über die Grenze, sich nicht im Fluß verlieren. Ein neues Ufer betreten. Drei Geschenke erhalten wir, wie damals Josua und sein Volk: Mut wirst du brauchen. Sei fest und unentwegt. Denn du kommst in ein Gebiet, das schon seinen Namen hat. Und Gehorsam wirst du brauchen: nicht den Gehorsam, der mich zum Spielball menschlicher Interessen macht, sondern ein Gehorsam der Auflehnung gegen alles, was dem Leben des Menschen seine Würde zu nehmen droht. Und ein Ziel erhalten wir, das dritte Geschenk Gottes an Josua. Ein Ziel! Weiche nicht aus, wo du herausgefordert bist. Siehe, das Ziel – es liegt vor dir.

Ich selber habe mich bei meiner Lebens-Bilanz-Arbeit einmal erlebt wie ein Brunnen. Vielleicht hat er einmal gesprudelt. Vielleicht hat er einmal frisches Wasser gespendet. Vielleicht hat er einmal Menschen erfrischt. Aber dann hatte ich den Eindruck: Dieser Brunnen ist von innen verschlammt und überwuchert. Das Grundwasser kann nicht mehr richtig durchdringen, der Brunnen droht zu versumpfen, mehr noch: auszutrocknen.

Ich habe erst etwas gescheut, mich auf diesen dunklen Grund einzulassen, wäre ihm lieber ausgewichen. Aber ich spüre: Da unten muß ich beginnen, wenn es wieder in Ordnung kommen soll mit dem Brunnen, mit dem Wasser, mit dem eigentlichen Sinn dieses Brunnens.

Mich packten zugleich Wehmut und Tatendurst, Erinnerung an die Zeiten frischen Wassers und der Wunsch, wieder nach Grundwasser zu suchen. Sehnsucht nach solchem frischen Wasser: Das Wasser spendet nicht der Brunnen selber, nein, er hält nur den Weg zum Grundwasser offen. Er ist selber voller Wasser und kann Wasser weitergeben, ohne ärmer zu werden.

Lebens-Bilanz-Augenblicke werden uns vom Lebenslauf angeboten: Jahreswechsel sind solche Augenblicke; Umzüge, Wohnungswechsel sind solche Augenblicke; Berufswechsel sind solche Augenblicke; Partnerkrisen sind solche Augenblicke; Geburt von Kindern sind solche Augenblicke – und wenn die Kinder aus dem Haus gehen; Pensionierungen sind solche Augenblicke. Nicht mitten in diesen Situationen, aber doch vorher und oft genug auch nachher ist Lebens-Bilanz-Arbeit unausweichlich, wenn wir uns dieser Herausforderung stellen, wenn wir beginnen, abschiedlich leben zu lernen. Dann kann aus einer Krise das werden, was sie immer im Kern ist: »Vertiefung«.

# 4. DIE TRAUERGESCHICHTE ALS EIN KAPITEL LEBENSGESCHICHTE

*»Diese Nächte, diese Angst und mein Grübeln über die Ärzte und ihre Unsicherheit, ihr Tappen im Dunkeln. Vielleicht müssen sie die Kranken belügen, nicht jeder verträgt die Wahrheit. Aber dann sollten sie sich zusammensetzen und sich darüber einigen, was sie sagen. So erfährt der Patient, der beobachtet und nachdenkt und Fragen stellt, bohrende Fragen, erfährt er nur ein Mischmasch von Andeutungen, halben Lügen und Widersprüchen, aus denen die Hilflosigkeit und oft auch die menschliche Unreife der Ärzte spricht. Und dann ist der Kranke verunsichert und versinkt in Angst. Angst, hab ich einmal gelesen, kommt aus Nichtwissen. Gewiß, Angst kann auch aus Wissen kommen. Aber wann und was ein Kranker wissen soll, das müßten die Ärzte sorgfältig bestimmen und verantworten können. Aber sie interessiert nur der Tumor und das ist niederschmetternd. Die gute Schwester Christiane ermuntert mich: ›Aber Sie haben doch einen prächtigen Befund, Krebszellen sind nirgendwo unterwegs, sonst hätte der Histologe die Austrittswege gefunden.‹ Gott, wie herzerfrischend sie lügt und wie treuherzig ich ihr zuhöre!«*

*Maxie Wander, etwa ein Jahr vor ihrem Tod.*
*(Leben wär' eine prima Alternative, 26f.)*

## 4.1. DER BIOGRAPHISCHE ANSATZ

»Am 11. Februar 1974 nahm der einundachtzigjährige Amerikaner Frank Tugend – geistig zweifellos verwirrt, körperlich jedoch völlig gesund – sein künstliches Gebiß aus dem Mund und erklärte, daß er nichts mehr essen oder trinken wolle. Er starb drei Wochen später auf den Tag genau.«

Mit diesen spärlichen Sätzen beginnt ein Buch, in dem Mark und Dan Jury (*Jury*, 1982, 7) in Texten und Fotos die Lebens- und Sterbegeschichte ihres »Gramp« dokumentieren. Sie erzählen jedoch nicht nur eine Sterbegeschichte, sondern entfalten daraus eine Lebensgeschichte. In ehrlicher und ungeschnörkelter Beschreibung erzählen sie die Begegnung einer Familie mit der Wirklichkeit des Todes. Und sie leisten Trauerarbeit auch in Bildern. Fotos sind ein Medium der Lebensgeschichte – wie das Fotoalbum einer Familie. In diesen Fotos vollzieht sich die Trauerarbeit der Familie, die ihren altersverwirrten Großvater bis zur letzten Minute pflegt und begleitet.

Im November 1977 starb die DDR-Schriftstellerin Maxie Wander,

1933 in Wien geboren. Wenige Monate vor ihrem Tod, 1977, veröffentlichte sie die Sammlung »Guten Morgen, du Schöne«, Protokolle von Frauen. Sie erlebte noch den ersten Widerhall ihres Buches und war verblüfft davon. Tausende hatten es in kurzer Zeit gelesen, von einigen Hundert erhielt sie Nachrichten über die Erregung, die sie bei ihnen erzeugt hatte. Im April veröffentlichte ihr Mann die Tagebuchaufzeichnungen und Briefe von Maxie Wander aus dem Zeitraum von 1972 bis zu ihrem Tod. Auch dieses Buch ist eine erzählt-geschriebene Lebensgeschichte, die sich nicht mit dem Kapitel Trauer- oder Sterbegeschichte begnügt.

Am 19. Juli 1984 stirbt das Kind Karsten Wölfing. Seine Mutter, Marie-Luise Wölfing, hat versucht, in persönlichen Briefen an ihren Sohn ihrer eigenen Trauer Worte zu verleihen. Und sie hat über ihre persönlichen Erfahrungen in der Trauerzeit berichtet (*Wölfing*, 1985, 1987).

Jede Lebenskrise zwingt den Menschen in eine Distanz zu seiner bisherigen Lebensgeschichte. Bewältigung der Gegenwart und Gestaltung der Zukunft sind nur möglich, wenn es uns gelingt, die Krise in unsere Lebensgeschichte einzubeziehen: Die Trauergeschichte wird so zu einem Teil der eigenen Lebensgeschichte.

Das ist der entscheidende Grund dafür, warum die Begleitung Trauernder uns zur Auseinandersetzung mit der eigenen Lebensgeschichte nötigt. Dies beherbergt gleichzeitig eine Chance: Wer sich mit der Lebensgeschichte beschäftigt, beschäftigt sich im Kern mit der Frage nach sinnhafter Lebensführung.

## 4.2. DER ARZT ALS REGISSEUR DER KRANKENGESCHICHTE

Ich setze dort an, wo wir beim vorigen Kapitel aufgehört haben: beim Arzt, bei der Ärztin. Bezogen auf das Konzept der Lebensgeschichte läßt sich sagen:

Der Arzt ist der geheime Regisseur der Krankengeschichte. Er kennt sich in der Dramaturgie dieser Geschichte aus. Er schreibt die Rollen, denen sich der Patient unterzuordnen hat. Er insinuiert die Kompetenz, über den tragischen oder glücklichen Ausgang dieser Krankengeschichte »Bescheid« zu wissen. Er organisiert die Kulisse, verfügt über die MitspielerInnen (Mit-Patienten, Krankenschwestern und Pfleger), legt dramaturgische Zeitabläufe fest (Untersuchungs-

und Behandlungstermine, Entlassungstermine, Behandlungsfristen), bestimmt die Bühne (Behandlungszimmer, Labor). Das alles sind hoch-kommunikative Akte – nur er selber kommuniziert nicht oder kaum. Der Hintergrund ist schnell erklärt.

Die Krankengeschichte hat eine eigenartige Gesetzmäßigkeit: Je bedrohlicher die Erkrankung, desto ausschließlicher wird die Krankengeschichte selber zur aktualen Lebensgeschichte. Hinter der Krankengeschichte treten alle anderen Bezüge und lebensgeschichtlichen Zusammenhänge zurück. Das gibt dem Arzt seinerseits die Berechtigung, vorrangig oder ausschließlich die Krankengeschichte zu behandeln und nach bestem fachlichen Können mitzugestalten.

Über weite Strecken sind auch Trauergeschichten Krankengeschichten in veränderter Form, »finale Krankengeschichten«, Krankengeschichten mit tödlichem Ausgang. Während jedoch bis zum Ende der ärztlichen Behandlung, genauer gesagt, bis zum Eintritt des Todes der Arzt eine dominierende Rolle in dieser Geschichte spielt, verschwindet er anschließend mit geradezu beängstigender Endgültigkeit von der Bildfläche – allenfalls noch die Todesmitteilung an die Angehörigen, das war's dann auch.

Der Trauerarbeit der Angehörigen jedoch würde es erheblich weiterhelfen, wenn der Arzt / die Ärztin schon früher eine Verknüpfung von Krankengeschichte und Lebensgeschichte ermöglicht hätten. So, wie landläufig die Lage ist, verbleibt solche Verknüpfungsleistung bei den Angehörigen.

Die Aufgabe, die sich dem Arzt in Zukunft stellt – vorausgesetzt, er ist bereit, das Reflexionsdefizit der Medizin zu durchbrechen –, ist scheinbar widersprüchlich: Einerseits muß er sich zurücknehmen und respektieren, daß die Krankengeschichte eingebunden ist in die Lebensgeschichte des Patienten. Hier kommt dem Patienten selbst höhere Kompetenz zu als dem Arzt. Gleichzeitig muß er sein Handlungsspektrum erweitern: Im Rahmen seiner diagnostischen Arbeit muß er lernen, den Patienten mit und in seiner Lebensgeschichte zu verstehen. Eine scheinbar paradoxe Aufgabe: Der Arzt müßte mehr können und leisten als bisher – und gleichzeitig müßte er sich als Regisseur und allgewaltiger Gestalter zurücknehmen lernen, um die von Erich Lindemann geforderte Praxis des »therapeutischen Bündnisses« zu ermöglichen.

Das ist schwierig, aber unerläßlich. Nur durch Ignorieren kann der Arzt seine zweifelhafte Rolle in der Krankengeschichte aufrechterhalten. Wer als Arzt die Zeugnisse der Maxie Wander, die fachlichen Anforderungen seines medizinischen Kollegen Erich Lindemann liest, der kann sich guten Gewissens mit der bisherigen Rollen- und Geschichten-Zuschreibung nicht einverstanden erklären.

## 4.3. KONFLIKT DER REGISSEURE

Neben der Krankengeschichte gibt es – im Grunde übergeordnet – die Lebensgeschichte des Patienten. Und hier ist jemand anders Regisseur und Hauptakteur: der Patient selbst. Die Krankengeschichte ist ein Teil der Lebensgeschichte. Und das hat Folgen. In der Lebensgeschichte verbleibt die oberste Kompetenz beim Subjekt selbst. Der Patient muß Krankengeschichte und Lebensgeschichte integrieren – denn die Krankengeschichte ist ein Teil seiner Lebensgeschichte. Dagegen lösen der Arzt / die Ärztin diesen Zusammenhang willkürlich auf, isolieren die Krankengeschichte von der Lebensgeschichte.

Damit wird der Patient in einem wesentlichen – manchmal lebensentscheidenden – Teil seiner Lebensgeschichte entmündigt, nämlich in der Krankengeschichte. Das hat auch medizinisch verhängnisvolle Folgen: Der Patient wird zum Objekt seiner eigenen Lebensgeschichte im Kapitel der Krankengeschichte. Bisweilen hat das dramatische Auswirkungen auf das Gesamt der Lebensgeschichte. Erfolg oder Mißerfolg, Gesundung oder Verschlimmerung der Krankheit entziehen sich seiner eigenen Mitgestaltbarkeit. Der Patient wird hospitalisiert. Damit ist nicht allein das weithin bekannte klinische Syndrom gemeint – es gilt im übertragenen Sinn auch für das Konzept der Lebensgeschichte.

Nicht nur für den Arzt, auch für den Pfarrer und für die anderen helfenden Berufe gilt, daß der Lebensgeschichte in der Begleitung Trauernder zentrale Bedeutung zukommt.

## 4.4. LEBENSGESCHICHTE KONSTITUIERT SINN

Persönliche Identität wird vergewissert durch die erzählte Lebensgeschichte. Das geschieht ein Leben lang. Lebensgeschichtliche Erzählungen gibt es in verschiedenster Gestalt: als beiläufige Erzählung eines bedeutsamen Ereignisses der eigenen Lebensgeschichte; als selbsterlebter Schwank, als tiefgründige Lebensbeichte; als Präsentation der eigenen Person; als Vergewisserung von Erinnerungen; als spröde und karge biographische Daten; als handgeschriebener Lebenslauf bei Bewerbungen; als Flirt-Geschichte; als persönliches Tagebuch; als voluminöse Memoiren; als Kurzweil-Geschichten aus einem scheinbar unerschöpflichen Repertoire eigener Lebenserfahrungen. All diesen erzählten oder geschriebenen Lebensgeschichten kommt eine Aufgabe zu, die sich erst bei genauerem Hinsehen erschließt: Der Erzähler, der Autor konstituiert in seiner Lebensgeschichte den Sinn seines Lebens. Im Kontext der Lebensgeschichte entfaltet er den roten Faden seines eigenen Lebens. Im Kontext der Lebensgeschichte verarbeitet er Brüche und Diskontinuitäten des eigenen Lebens.

Dabei bedarf es der basalen Eigenschaft, die Einheit der Lebensgeschichte trotz des Wandels, trotz der Brüche und Diskontinuitäten herzustellen. Es bedarf der anderen basalen Eigenschaft, gleichzeitig Subjekt und Objekt von Erzählungen sein zu können (*Michael von Engelhardt*, 1988). Derjenige, der seine Lebensgeschichte erzählt, berichtet über sich selbst und stellt Zusammenhänge zwischen verschiedenen Ereignissen her.

Erzählte Lebensgeschichte ist Rekonstruktion und Präsentation von Identität. Nirgendwo entfaltet sich Sinngebung des Lebens so konkret und unmittelbar wie in der erzählten Lebensgeschichte. In ihr setzt sich der Betroffene auch mit Identitäts-Zuschreibungen auseinander. Der Erzähler unterscheidet zwischen dem, was erzählwürdig und was gleichsam selbstverständlich und deshalb nicht erzählwürdig ist. Er entscheidet, was erzählbar ist und was sich der Erzählbarkeit entzieht. Im Bereich der Nicht-Erzählbarkeit liegt beides dicht nebeneinander: das, was zu selbstverständlich ist, als daß es sonderlich erzählt zu werden verdiente – und das, was so außergewöhnlich ist, daß es von Tabugrenzen umgeben wird.

In mündlichen lebensgeschichtlichen Erzählungen vollziehen sich Sinn- und Identitätsbildung. Und das schon mitten in einer ganz normalen Lebensgeschichte. Um wieviel mehr kommt solchen lebensgeschichtlichen Erzählungen Bedeutung zu, wenn es um die Sinngebung dort geht, wo sich Sinn am schwersten erschließt: im Sterben, in der Begegnung mit Trauer.

Jede erzählte Lebensgeschichte umgreift Stationen eines Lebensweges, manchmal sogar den ganzen Lebensweg. In ihr erhält der Erzähler seinen Platz in sinnhafter Lebensführung. In ihr ordnet er allen anderen Menschen, die ihm begegnet sind, ihn begleitet haben, ihm Mühe gemacht haben, ihren Platz zu. Mehr noch: In dieser Lebensgeschichte vergewissert sich der Erzähler seines eigenen Ichs. Erzählte Lebensgeschichte ist komplexe Identitätsarbeit. Die Lebensereignisse werden nicht emotionslos erzählt. Vielmehr liefert der Erzähler mit seinen ausformulierten Emotionen zugleich die Relevanzen für sein eigenes Selbstvertrauen. Die erzählte Lebensgeschichte ist *das* Instrument zur Herstellung und Konkretisierung von Identität. In ihr wird personale Identität vergewissert. Trauer ist der Augenblick, in dem Sinn in Frage gestellt ist. Bisherige Identität ist bedroht, weil ein Mensch gestorben ist, der in diesem Leben eine bedeutsame Aufgabe gehabt hat.

## 4.5. INFLATION DES WISSENS

Der biographische Zugang hat sich parallel auf zwei Ebenen entwikkelt:
– In der Religionssoziologie und in der verstehenden Soziologie hat sich in den vergangenen zwanzig Jahren zunehmend ein Interesse an der biographischen Erzählung entwickelt. Inzwischen liegen zahlreiche Untersuchungen, eine ausgearbeitete Methodologie und eine grundlegende Theorie zu diesem Ansatz innerhalb des sogenannten Interaktionismus vor. (Um nur einige Namen aus dem deutschsprachigen Bereich zu nennen: Joachim Matthes, Fritz Schütze, Thomas Luckmann, Martin Kohli, Werner Fuchs, Gabriele Rosenthal, Wolfram Fischer-Rosenthal). Bereits Anfang der Siebziger Jahre sind aus dem Institut für Christliche Gesellschaftswissenschaften in Münster drei Untersuchungen entstanden, in denen mit der biographischen Methode gearbeitet worden ist: Interviews mit Theologen, ehemaligen Theologen und Jugendlichen aus der religiösen Subkultur.
– Unabhängig davon haben die Betroffenen selbst sich zu Wort gemeldet, haben ihre »Geschichten« erzählt, aufgeschrieben. Die Betroffenen haben entdeckt, wie bedeutsam es ist, die eigene Geschichte zu erzählen – anderen über das eigene Erzählen zu helfen. Berühmt geworden ist das Buch von Peter Noll, Diktate über Sterben & Tod. Mit dem Teil-Ausschnitt von Traum-Geschichten hat Verena Kast über Wege des Trauerns gearbeitet. Maxie Wanders Buch wurde bereits erwähnt, ebenso die Bücher von Marie-Luise Wölfing. Willy Kramp hat seine eigene Kranken- und Lebensgeschichte als Dichter erzählt. Frauen, die ihren Ehemann verloren haben, sind mit ihren Erfahrungen an die Öffentlichkeit getreten (*Marlene Lohner*, Plötzlich allein, 1984).

57

Woher kommt das Interesse an der Lebensgeschichte? Es läßt sich am besten erklären, wenn man sich bemüht, Trauernde zu verstehen. Trauernde erleben die denkbar größte Lebenskrise – Begegnung mit der Lebensgrenze. Krisenerfahrungen drängen nach Sinnbewältigung. Die meisten Untersuchungen, die sich dem biographischen Ansatz verpflichtet wissen, beschäftigen sich mit Menschen in Krisen, in Übergangs-, in Außenseiter-Situationen.

Das Interesse an der Lebensgeschichte läßt sich theoretisch so beschreiben:
– Die gesellschaftliche Komplexität hat in einem nie gekannten Maß zugenommen. Dem einzelnen stehen Informationen in einem früher nicht gekannten Ausmaß zur Verfügung. Die Summe der möglichen Informationen übersteigt das Auffassungsvermögen des einzelnen. Den Gebildeten vergangener Generationen kann es heute per definitionem nicht mehr geben. Bildung ist heutzutage immer Ausbildung in Teilbereichen – oder generalisierte Bildung mit dem Risiko, in Detailfragen Dilettant zu sein. Der einzelne ist deshalb in einem Maß genötigt, subjektive Entscheidungen zu treffen, wie das vorhergehenden Generationen unbekannt gewesen ist. (*Peter L. Berger*, beschreibt das als den »Zwang zur Häresie«, den Zwang zur Wahl.)

Das bedeutet: Der einzelne fühlt sich den Spezialkenntnissen der Fachleute fast hilflos ausgeliefert. Er selbst verfügt nicht über die Möglichkeiten und Kenntnisse, begründete Entscheidungen zu treffen. Das gilt insbesondere für den Bereich von Krankheit und Gesundheit. Das war für frühere Generationen bedeutsam anders: Es standen weniger Informationen zur Verfügung, die gesellschaftliche Vielfältigkeit war geringer, die Auswahl-Notwendigkeit geringer, das Lebens-Wissen »veraltete« nicht so schnell. Es gab wesentlich mehr gesellschaftliche Plausibilitäten, also Situationen und Konstellationen, die gesellschaftlich eindeutig geregelt waren. Ein einfaches Beispiel: Wenn ein Mensch früherer Generationen in einer Kleinstadt erkrankte, gab es den Hausarzt, der zu helfen wußte – oder auch nicht. Er war die einzige relevante Entscheidungs-Figur in Sachen Krankheit. Mangels Alternativen galt ihm das vollständige Vertrauen. Es gab innerhalb der möglichen Reichweite keinerlei alternative Behandlungsmöglichkeit. So entstand nicht der Zwang zur Wahl – sondern vielmehr die Aufgabe, sich mit dem Behandlungs-Konzept innerlich einverstanden zu erklären. Heute dagegen sieht sich jeder Kleinstadt-Hausarzt einer Fülle rivalisierenden und konkurrierenden ärztlichen Könnens gegenüber. Der Patient muß wählen – ob er beim

Hausarzt und seinen Behandlungsmethoden verbleibt oder sich Rat und Hilfe vom Facharzt holt, um sich von diesem wiederum an Fachkliniken überweisen zu lassen.

– Gleichzeitig hat der Bereich der persönlichen Bedeutsamkeit einen Relevanz-Verlust unübersehbaren Ausmaßes erlebt. Der einzelne fühlt sich allenfalls im engen Raum seiner sozialen Bezüge von Bedeutung. Aber diese Bedeutsamkeiten sind nicht von lebenslanger Dauer, sondern sind flüchtig – zeitlich begrenzt, von Rollen abhängig. Der Manager, dem gekündigt worden ist, der Betriebsleiter, der in den Ruhestand getreten ist, sie erfahren sich plötzlich als funktions- und einflußlos. Innerhalb seiner Nachbarschaft etwa haben sie – aus Zeitgründen – sich vorher nie engagiert und erleben nun, daß sie im engen Kontext ihres Alltagslebens einen sozialen Bedeutungsverlust erleiden, der früher unvorstellbar gewesen wäre. In früheren Generationen war ein solcher Bedeutungsverlust (verbunden mit Rollen-Wechsel) seltener. Soweit die beruflichen Tätigkeiten sich im sozialen Nahraum abspielten, blieben soziale Bedeutsamkeit und sozialer Einfluß innerhalb bestimmter Grenzen erhalten.

Ein einfaches Beispiel: Ein Lehrer unserer Tage, der in einer Stadtrand-Siedlung wohnt und in der Nachbarstadt an einer Gesamt-Schule Lehrer ist, wird nach der Pensionierung in seiner Siedlung auf die Rolle des Nachbarn reduziert. Der Lehrer einer Kleinstadt früherer Generationen blieb auch nach seiner Pensionierung der »Herr Lehrer«, mit dem Respekt, den er sich in seiner aktiven Berufstätigkeit erworben hatte.

Diese beiden Grundmerkmale: Komplexitäts-Zuwachs (Informationsgewinn) und personaler Relevanz-Verlust (Bedeutsamkeit schärfer rollenbezogen) haben für die Identität des einzelnen besondere Folgen: Auch früher wurden natürlich Lebensgeschichten erzählt – und nicht zu knapp. Und sie wurden gern erzählt und gern gehört. Sie waren die zu der Zeit verfügbaren »relevanten Informationen«, waren Lebenswissen und Orientierungswissen der nachfolgenden Generation. In dem Maß, in dem das personen-unabhängige Fachwissen zugenommen hat, ist die Bedeutsamkeit der erzählten Lebensgeschichte zurückgegangen. Die erzählte Lebensgeschichte hat ihren Bildungswert verloren und damit auch gleichzeitig ihren Unterhaltungswert. Unterhaltung wird professionell geliefert.

## 4.6. »DAS HAST DU SCHON ZEHNMAL ERZÄHLT!«

Es bestehen zwei Welten: die Welt der relevanten Persönlichkeiten, der Spitzen-Politiker, Spitzen-Schauspieler, Spitzen-Stars. Von ihnen ist jede Bagatelle berichtenswert – solange sie Stars sind. Und daneben die alltägliche Lebenswelt, der kleine Kreis der Verwandtschaft, Freunde und Bekannten. Hier gibt es auch berichtenswerte Bagatellen – sie werden über Klatsch-Kommunikation vermittelt. Aber ihre Relevanz ist reduziert – und das führt zu den merkwürdigsten Possen, zu Wichtigtuerei, einer hilflosen Geste sozialen Relevanzverlustes. Die erzählte Lebensgeschichte (etwa älterer Menschen) hat ihren Sinn verloren:»Was du schon erzählst! Das ist heute sowieso alles ganz anders!« Die erzählte Lebensgeschichte hat ihren Adressaten verloren. Die Folgegeneration bezieht ihr Wissen nicht aus erzählter Lebensgeschichte, sondern aus Sachbüchern, von Schallplatten, Video-Filmen oder Disketten.

Wenn es aber stimmt, daß in erzählter Lebensgeschichte Sinn und Identität konstituiert werden, dann drohen mit dem Verlust von Erzähl-Kompetenz und Erzähl-Möglichkeit gleichzeitig ein Sinn- und Bedeutungs-Verlust.

In alltäglichen Situationen kommt dieser Bedeutungswandel nicht so deutlich zum Ausdruck. In Krisen jedoch spitzt er sich krisenhaft zu. Ältere Menschen, die um ihren Partner trauern, müssen erzählen, wenn sie ihr Leben wieder neu ordnen und verstehen lernen wollen. Sie fühlen sich aber nicht verstanden und am Erzählen gehindert (»Das hast du schon zehnmal erzählt!« – »Nun gib doch endlich Ruhe!«). In Wahrheit werden sie daran gehindert, ihre Lebenskrise sinnhaft zu bewältigen.

Das trifft nicht nur ältere Menschen. Es trifft alle Trauernden, alle Menschen, die eine Krise durchleben müssen. Die einzige Chance, die ihnen bliebe, ihre Lebenskrise sinnhaft zu bewältigen, wäre die wiederholte Erzählung ihrer Lebensgeschichte. Denn in dieser Erzählung würden sie Schritte gehen, sich selber neu verstehen lernen, beklagen, was vergangen ist – aber schließlich auch Perspektiven entfalten, die sich jetzt erschließen könnten. Nur – auch ihnen gegenüber bleiben die Zuhörer taub. Und so schrumpft ihre Erzählung auf den enttäuschenden Satz:»Ich verstehe die Welt nicht mehr!« Das heißt zweierlei: Die Welt, die anderen wollen mich nicht verstehen, sie hören mir ja nicht einmal mehr zu! Und: Ich fühle mich unverstanden – und werde deshalb zusehends unverständlich.

# 4.7. DIE LEBENSGESCHICHTE – EIN KUNSTWERK

So bilden sich schließlich Teilwelten quer zur bisherigen Struktur der Lebenswelt, mit anderen Worten: Selbsthilfegruppen in gleicher Betroffenheit. In diesen Gruppen wird dann erzählt – bis sie gegenseitig entdecken, daß nur sie selber sich zuhören, nicht aber der »signifikante andere« (significant other), also die sie umgebende Gesellschaft. Arzt, Seelsorger, Sozialarbeiter, Pädagogen – sie alle sind Repräsentanten der Gesellschaft, sind personifizierte »signifikante andere« (*G. H. Mead*). Sie sind deshalb bevorzugter und gesuchter Adressat für die erzählte Lebensgeschichte. Aber auch sie haben nicht immer gelernt zuzuhören. Dabei wäre es ihre erste, ihre vornehmste Pflicht. Denn sie stehen für Sinn in der Gesellschaft – und dürfen sich nicht verweigern, wenn ein Betroffener darum ringt, wieder Sinn in seinem Leben zu finden. Verhängnisvoll sind die nicht zuhörenden »signifikanten anderen«, die ständig verkündigenden Prediger, die ständig diagnostizierenden Ärzte, die ständig agierenden Sozialarbeiter, die ständig erziehenden Pädagogen. Sie verunmöglichen das, was sie eigentlich erreichen wollen: zu heilen, was verwundet ist. Das Interesse an der Lebensgeschichte bildet also einen gesellschaftlichen Notstand in Sachen Identitätsbildung und Sinnfindung ab.

Trauergeschichten sind Lebensgeschichten. Wer das entdeckt, wird behutsam und zuhörend, wird bescheiden und zugleich aufmerksam. Wird einfühlsam und interessiert. Er kommt dem Leben näher. Denn tatsächlich sind Trauernde den gleichförmig dahinlebenden, krisenarmen Zeitgenossen um vieles voraus.

Inzwischen beginnen die Betroffenen, sich zu wehren. Sie äußern sich, suchen sich Erzählgruppen, schreiben Bücher. Und das ist gut so. Noch besser aber wäre es, wenn endlich MitarbeiterInnen in helfenden Berufen die Kunst des Zuhörens erlernten. Sie würden entdecken: Die Lebensgeschichte ist ein Kunstwerk.

Das Erzählen der Trauergeschichte hat eine zwingende Veranlassung. Die durch den Tod verursachte Lebenskrise nötigt die Betroffenen, sich ihrer veränderten Situation zu vergewissern. Das geschieht in erzählter Trauergeschichte, die einmündet in reformulierter Lebensgeschichte. Denn tatsächlich ist ja nach diesem Tod alles anders. Was vorher etwa ein alltäglich-beiläufiger Streit war, erhält durch die Endgültigkeit des Todes ein dramatisches Gewicht. Viele andere Alltäglichkeiten gehören nun plötzlich nicht mehr zum Bereich des

Selbstverständlichen, des Vertrauten. Durch den Tod verändern sich die eigene Ortsbestimmung, die soziale Definition, das Kind wird zum Halbwaisen, die Ehefrau zur Witwe. In der Trauergeschichte geschieht die Vergewisserung des Unfaßbaren. Trauer bedarf der Trauergeschichte. Und diese Trauergeschichte muß wiederum überführt werden in den Gesamt-Kontext der Lebensgeschichte. Nur so gelingt es in vielen schweren Schritten, eine veränderte Lebensperspektive zu entwickeln. Das von Erich Lindemann dargestellte Ausdrucksbild der Trauer (*Lindemann*, 1985, S. 46) umfaßt fünf Faktoren: körperliche Beschwerden, übermäßige Beschäftigung mit dem Bild des Verstorbenen, Schuldgefühle, feindselige Reaktionen und Verlust von gewohnten Verhaltensmustern. Die Beschäftigung mit dem Verstorbenen führt gelegentlich (sechstens) dahin, daß Hinterbliebene in ihrem Verhalten Züge des Verstorbenen annehmen, auch Symptome seiner letzten Krankheit. Die Dauer der Trauer hängt offenbar davon ab, ob es in der Bewältigung der Trauergeschichte gelingt, sich von den Bindungen an den Verstorbenen zu lösen, sich im sozialen Beziehungsfeld neu zu orientieren und neue Beziehungen anzuknüpfen (47).

All diese Momente äußern sich in der Trauergeschichte, haben dort ihren Ort der Vergewisserung und der Weiterentwicklung.


## 4.8. EIN PAAR TAGE LEBEN PROBIEREN

Die Unterscheidung von Krankengeschichte, Trauergeschichte und Lebensgeschichte ist sicherlich willkürlich. In erzählter Lebensgeschichte sind gewöhnlich Krankengeschichte und Trauergeschichte mitaufgehoben. Übergeordnet ist die Lebensgeschichte. Und doch stehen diese Teilgeschichten oft nebeneinander, unvermittelt.

Das Buch von Maxie Wander »Leben wär' eine prima Alternative« ist die unerhört offene und rückhaltlos ehrliche Lebensgeschichte der Maxie Wander; nicht erzählt, sondern geschrieben – aber doch geschrieben wie erzählt. Dem Buch kommt beispielhafte Bedeutung auch bei der Veranschaulichung von Trauergeschichte und Lebensgeschichte zu. Es ist gewiß kein Zufall, daß sich Maxie Wander in erzählter Lebensgeschichte wie zu Hause fühlt. Ihr Buch »Guten Morgen, du Schöne«, das sie auch im Westen über Nacht berühmt machte, damals, wenige Wochen vor ihrem Tod, ist eine Sammlung von Lebensgeschichten.

An Maxie Wanders Briefen und Tagebuchnotizen können wir entfaltete Lebensgeschichte erfahren und erlesen. *Lebensgeschichte als Krankengeschichte*: »9. September 1976. Einzug in die Frauenklinik der Charité. Eine Stunde im Keller warten (...) Ich werde übermorgen operiert. Hier eine Kurzfassung meiner Situation: Die Frauenärztin, die ich im Juli konsultierte, sagte: ›Das müssen wir im Auge behalten.‹ Aber ich müßte mich einem Chirurgen vorstellen. Und Chirurgen seien zur Hälfte auf Urlaub und die andere Hälfte mit Unfällen überlastet (...) Dann hatte ich sofort nach den Ferien einen Termin, diesmal untersuchte mich eine andere Ärztin, auf deren Station ich kommen sollte. Die sagte: ›Warum kommen Sie erst jetzt?‹ Natürlich hat keiner der Ärzte meine Frage beantworten können, ob's Krebs is oder net.« (7–10)

10. September »Am Nachmittag darf ich nach Hause fahren, übers Wochenende. Und glaubte, ich würde es bis Sonntag hinter mir haben. Es ist zum Verrücktwerden, diese Warterei, wann geht man meinem Krebs endlich an den Kragen? Zu Hause entspann ich mich endlich und heule, heule, weil Fred so abwesend erscheint und von einem Auto redet, das er kriegen kann, während mir der Kopf zerspringt vor Angst. Nachts finden wir dann endlich Liebe und Stille.« (14)

Sonntag, 12. September: »Morgen ist also mein großer Tag (...) An Krebs zu denken ist, als wär man in einem dunklen Zimmer mit einem Mörder eingesperrt. Man weiß nicht wo und wie und ob er angreifen wird!« (15)

Freitag, 17. September: »Was die Ärzte sagen in den nächsten Tagen, deutet nicht nur auf Krebs hin, das ist jetzt sowieso eindeutig, sondern daß sie offenbar nicht alles erwischt haben. Ich entnehme es ihren wortkargen Sätzen, die ich ihnen nach und nach entreiße. Ich löchere sie mit Fragen, vielleicht sind sie das nicht gewöhnt. Vielleicht ertragen andere Patienten ihr Los apathisch. Warum schauen sie sich die Menschen nicht an? Warum kann man dem Kranken nicht seine Lage besser erklären? Vergeblich warte ich auf einen Trost, daß einer kommt und sagt: ›Sie haben's jetzt schwer, aber es ist überstanden!‹ Ich höre nur: ›Befunde erst in acht Tagen!‹ ›Wir hoffen.‹ ›Bestrahlung auf alle Fälle.‹ Also sterben...«

»Zum Weinen war ich zu erschöpft. Und als mir später die Tränen kamen, drängte ich sie zurück. Wenn du Theater machst, sagen sie dir nie die Wahrheit. Also Mut vortäuschen, Ausgeglichenheit, Heiterkeit (...) Noch immer hat mein Chirurg nicht nach mir geschaut.

Und immer neue Ärzte und Schwestern. Wer ist eigentlich verantwortlich für mich? Wer setzt sich einmal an mein Bett?« (19–21)

In einem Brief:»Aber ich will Dir nun mein Schweigen erklären: Ich hab Pech gehabt, hab das Glück zu lange beansprucht. Man hat mir vor ein paar Tagen eine Brust abgenommen, weil's doch Krebs war (...) Man hat uns gesagt, mein Befund wäre ›prächtig‹, aber das sagen sie allen Frauen, also hab ich Grund zum Zweifeln (...) Was wirklich mit einem los ist, sagt dir kein Arzt, auf dem Gebiet wird alles mit Schweigen bedeckt.« (28 f.)

»Krebskranke sind stolz und mißtrauisch, als Kompensation, andere müssen um sie werben, müssen sich Mühe geben. Ich bin zwei Menschen: nachts verzweifelt, tags, wenn die Sonne scheint, glücklich, glücklich!« (30)

7. Oktober 1976, Brief an Ernst:»Man müßte über alles reden können. Wenn man drinsteckt wie ich, erwartet man, daß man es kann, weil es für mich alltäglich geworden ist. Aber hier beginnt der Graben, der mich von den Menschen trennt, die lieber auf der anderen Seite bleiben wollen. Die nicht wissen wollen! Aber vielleicht bin ich ungerecht.« 8. Oktober:»Brief an Ernst nicht abgeschickt. Was soll's. Was fängt er damit an. Kann ich meinen Freunden diese Ausbrüche zumuten?« (43)

21. September 1977, Brief an Erika:»Willst Du wissen, wie ich jetzt mit meinem Alten lebe? Vor ein paar Jahren hast Du meine Bemühungen um diese Ehe nicht verstanden (...) Irgendwie hat also die verflixte Gruppentherapie doch was genützt, glaube ich, denn unser Zusammenleben ist viel lockerer und ehrlicher geworden (...) Meine Krankheit hat uns noch mehr zusammengebracht. Mensch, Erika, wenn man weiß oder denkt, daß man bald sterben wird! In so einer Situation warst Du hoffentlich noch nicht. Ich möchte sie aber nicht missen, ich hab seit dieser Zeit neue Augen. Das zu erklären würde zu weit führen. Vielleicht ein anderes Mal, nicht?«

30. September 1977, Brief an Barbe Linke:»Ich hab's genau wie Du empfunden: Warum kommt denn keiner und streichelt mich, wischt mir das Gebrochene vom Hals und aus den Haaren, tropft mir ein bissl Tee in den Mund, schaut mir in die Augen und sagt: ›Ich weiß, wie Sie sich fühlen, aber das vergeht, die Stimme kommt auch wieder, und die Schmerzen in der Brust sind nur von der Narkose, Sie haben keinen Grund, Angst zu haben!‹ – Niemand hat mir aber so was gesagt, und ich frage mich, wie man das den Ärzten bewußtmachen kann. Sie können doch nicht Körperteile heilen, ohne an den ganzen Menschen

zu denken, das ist doch absurd.« (217) Zwei Monate später ist Maxie Wander tot.

## 4.9. »EINE KITTY WIRD ES NIE WIEDER GEBEN«

Neun Jahre vorher, am 7. Mai 1968, ist ihr Kind Kitty gestorben. »Am 6. Mai stürzte Kitty in die Grube vor unserem Haus, die nicht abgesichert war, nicht gepölzt, vor der niemand gewarnt worden war! Stümperhaft, verantwortungslose Arbeit. Am 7. Mai, 8 Uhr früh ist Kitty gestorben. Um zehn kam Fred von seiner Reise zurück.« (121)
Immer wieder taucht auch noch in ihrer eigenen Krankengeschichte diese *Trauergeschichte* auf. Neun Jahre, bis zu ihrem eigenen Tod, hat diese Trauergeschichte sie begleitet.

21. 9. 1968: »Was für bedrückende, leere Abende in dem neuen schönen Haus. Die Kinder schlafen, und wir sind allein mit dem Entsetzen. Die ganze Trostlosigkeit der Jahre liegt vor uns. Wie werden wir sie bewältigen? Durch welche Wunderkräfte? Es ist mir klargeworden, daß diese Kraft nur aus uns selbst kommen kann, von nirgendwo sonst. Fred sucht noch manchmal eine Zuflucht, einen Ausweg, träumt von großen Reisen, die uns vielleicht befreien könnten, denn unterwegs, sagt er, unterwegs sein lindert jeden Schmerz (...) Eine Kitty wird es nie wieder geben. Unsere besten Möglichkeiten, unser ganzes Vermögen, das einzige, unverbildete, gesunde Wesen in unserer Familie – vorbei, für immer.«

22. 9. 1968: »Immer wieder die gleichen verzweifelten, aufwühlenden Träume. Die Sehnsucht ist zu groß. Bald fünf Monate ohne sie! Unbegreiflich, daß diese Trennung kein Ende haben wird. Ich träume immer wieder, daß sie bald sterben wird, aber noch lebt sie, zerbrechlich, totkrank, ganz leicht in meinen Armen, die sie herumtragen, beschützen, sie nicht einen Augenblick freigeben.«

23. 9. 1968: »Ich muß wählen: Mich der Trauer hingeben, der Vergangenheit mit Kitty... Und nicht mehr lebensfähig sein für die Zukunft, für Dani? In der Welt der Toten zu Hause sein, mich mit dem eigenen Tod befreunden, mit der Einsamkeit. Oder den Schmerz ›disziplinieren‹ (...) Wieder lebensfähig werden, aufgeschlossen und interessiert an anderen Menschen und Schicksalen, mich ›meinem Unglück würdig erweisen‹, mit Kitty leben, mit Kitty in mir und so, wie sie sich unser weiteres Leben vorgestellt hätte! Dieser Weg ist weniger verlockend und viel schwerer.« (121 f.)

Zwei Tage später:»Man lernt, mit dem Kummer zu leben, man bekämpft ihn nicht mehr, lebt mit ihm als einem Gefährten.«(123) Aber am gleichen Tag auch:»Ja, ich rede nicht darüber, bin nicht einmal so ehrlich, es dem Tagebuch anzuvertrauen, nicht einmal meine Gedanken wagen sich an das Schreckliche heran: Aber ich bin schuld am Tod meiner Tochter! Hab im Garten ein Buch gelesen, hab mich auf diese blöde London-Reise vorbereitet, anstatt auf das Kind zu achten, das begierig war, zu dieser schrecklichen Grube zu kommen, zu seinen waghalsigen Kletterübungen. Und ich wußte doch, ich mußte doch wissen, daß sie hingehen würde. Wußte ich wirklich nicht, daß es so gefährlich war? Nein. Ich kalkulierte aber ›kleinere Verletzungen‹ ein. So eine Mutter bin ich!«(124)

19.11.1968:»Es ist alles unwichtig geworden.«

6.6.1969:»Ich gewinne eine neue Einstellung zu den Menschen(...) Muß man also das Schlimmste erfahren, um die Möglichkeit zu gewinnen, ein Mensch zu werden?(...) Die Gedanken, die um Kitty kreisen, sind schwer und nutzlos; ich werde sie nicht mehr aufschreiben.« (125 f.)

7.5.1972:»Vor vier Jahren hatte Kitty ausgelitten. Ich erlebte den Tag und die Nacht noch einmal, litt darunter, daß wir keine ›Primitiven‹ mehr sein dürfen, um unseren Schmerz hinauszuschreien (...) Zuweilen sage ich mir streng und zuweilen nachsichtig resigniert: Du verkraftest den Tod deines Kindes großartig, du verschwendest keine Kraft, weder geistige noch seelische, um diesen Tod wirklich zu begreifen, zu erleben, zu durchstehen (...) Ich weine nicht mehr. Darüber war ich entsetzt (...) (Ich habe mich entschlossen, von Kittys Sterben zu erzählen. Wie Menschen sich in bestimmten Situationen verhalten, erscheint mir wesentlich und vielleicht lehrreich.).« (128–130)

## 4.10. »VERSUCH EINER ABRECHNUNG MIT MIR SELBST«

Maxie Wanders Aufzeichnungen sind *erzählt-geschriebene Lebensgeschichten*.

13. Jänner 1972:»Meine Situation. Eine neununddreißigjährige Wienerin (bin ich die wirklich noch, bin ich nicht schon eine Deutsche geworden?), die ihre große Liebe gefunden und geheiratet hat, einen schwer vorbelasteten, sechzehn Jahre älteren, gut aussehenden, liebesfähigen, schwermütigen, feinfühlenden, zu Depressionen neigen-

den jüdischen Mann. Sie hat zwei Kinder geboren, eines wieder verloren, hat niemals einen Beruf erlernt, einige aber ausgeübt, sie hat
ein Kind aus einem Heim zu sich genommen, hat ihre Heimat verlassen und sie erst danach, viel später, als Heimat begriffen. Hat das
Wort Heimweh kennengelernt, das sie früher verleugnete – hat einige
Male erfolglos versucht, noch ein Kind auszutragen, als Wiedergeburt
der verlorenen Tochter. Sie hat mit einem Schlag das Altern begriffen,
das andere Leute vielleicht als Prozeß erleben, der nichts Erschrek-
kendes hat, sie mußte begreifen lernen, wie wenig sie sich vorbereiten
konnte, allein vertrauend auf ihren hübschen, noch immer jugendlichen Körper. Was nun? Ja, was nun?« (81)

Dezember 1976:»Beim Blättern in alten Tagebüchern: Was
schreibe ich, welchen Unsinn, welche Banalität! Das kommt davon,
wenn man sich pedantisch an die ›Wahrheit‹ hält (...) Mir scheint, das
Jahr 1972 war ein Schlüsseljahr für meine Entwicklung; wo ich auch
mein Tagebuch aufschlage, überall spüre ich Morgenluft, Unruhe,
blitzartige Gedanken, Ausblicke in Neuland (...) Ich werde aufhören, in meinem Leben zu blättern wie in einem Buch. Aber es ist
offenbar ein Buch, ich lebe nicht wirklich, und wie soll man leben, ich
schreibe meine Erlebnisse (...) Und ich glaube, ich bin auf der Spur:
Im Jänner 1972, vier Jahre nach Kittys Tod (und vier Jahre vor dem
Ausbruch meiner Krankheit), finde ich den Versuch einer Abrech-
nung mit mir selbst.« (78)

Februar 1972:»Wo bin ich hingeraten? Wo sind die Jahre geblieben. Ich sitze in Deutschland, bin bequem geworden, bequem, seß-
haft, untätig – und doch ruhelos, als sagten meine ungenützten Quel-
len in mir: Was hast du getan? Hast gelebt, als hättest du tausend
Jahre Zeit. Wozu war dein Leben gut, und wie wird es weitergehen?
Ich weiß nicht viel (...) Wenn ich auf mein Leben schaue, erscheint es
mir uninteressant und mir selber unverständlich.« (93f.)

März 1972:»Ich bin ein Stück weitergekommen. Ein Mensch, der
sich sucht, wird sich finden oder sich wenigstens näherkommen. Und
er wird auch die Menschen finden, die ihm auf diesem Weg helfen
können (...) Aus meinem Tagebuch ist nach und nach eine Selbst-
analyse geworden.« (101)

7. Mai 1977, Brief an Christa Wolf:»Du, heute vor neun Jahren
starb Kitty. Aber der Schmerz ist ganz anders als früher, nicht mehr so
nahe bei mir, seitdem ich weiß, daß für jeden von uns nicht mehr viel
Zeit bleibt (...) Ja, Christa, das ist es schon gewesen, unser einma-
liges Leben, viel mehr und Besseres ist wohl nicht zu erwarten, aber wir

wollen nicht hochmütig sein und neugierig bleiben auf die wunderbaren kleinen Dinge, die die wahrhaft großen sind! Auf Bäume, die wieder grün werden und wachsen, auf Wolken und Musik, auf unsere Kinder... Deine Maxie.« (169f.)

Die Lebensgeschichte ist ein Kunstwerk. Das gilt nicht nur für Maxie Wanders Aufzeichnungen.»Mein Thema sind immer die kleinen, zu kurz gekommenen, zugegeben ein wenig spleenigen Leute.« (87) In ihren Lebensgeschichten entdeckt sie ihr Leben, überführt die Trauergeschichte in ihre Lebensgeschichte, und läßt sich von der Krankengeschichte nicht davon abbringen – Treue zur Lebensgeschichte. Das können wir bei Maxie Wander lieben lernen.

# 5. VERDINGLICHUNG DES TODES

*Angst vor dem Tod ist Angst vor Verhältnislosigkeit. Sorge für das Leben ist Sorge für Verhältnisse, in denen man ehrenvoll leben kann. Der Glaube geht auf die Angst vor dem Tod ein, indem er Sorge trägt für das Gottesverhältnis des Menschen. Man kann aber nicht gut für das Verhältnis von Gott und Mensch Sorge tragen, ohne zugleich für das Verhältnis von Mensch und Mensch zu sorgen. Auch wenn die letzte Stunde geschlagen hat und sich die Hoffnung eines Menschen nur noch auf den richten kann, der allein sich eines gelebten Lebens annehmen kann, auch dann ist das Verhältnis zu den Mitmenschen, von denen man scheidet, Bestandteil des Gottesverhältnisses. Im Frieden sterben kann man nur dann, wenn man auch in Frieden weiter leben könnte. Wer sich selber nicht loslassen kann, kommt nicht dazu, sich auf die Wirklichkeit mit ihren zeitlichen Ereignissen und geschichtlichen Begebenheiten wirklich einzulassen, geschweige denn auf andere Menschen einzugehen.*

*Eberhard Jüngel*

## 5.1. AUSEINANDERSETZUNG MIT DEM »NATÜRLICHEN TOD«

Theorie bedeutet immer auch Distanz, Betrachtung aus dem Abstand, in dem Betroffenheit nur bedingt als erkenntnisleitendes Interesse auftritt, persönliche Besonderheiten hinter Denkfiguren und den Fassaden der Traditionsgebäude verschwinden. Im Gespräch mit jungen Theologinnen und Theologen, die – mitten im Beton-Turm der Wissenschaften (der Ruhr-Universität Bochum) – Theorie als tägliches Brot kennen – und hoffentlich auch lieben gelernt haben, gab es deutliche Widerstände und Abneigungen, sich mit den Fragen von Sterben und Tod unpersönlich, nüchtern, theoretisch, sachlich auseinanderzusetzen. Außer den ganz wenigen, die bei jeder persönlichen Fragestellung noch ein theoretisches Schlupfloch finden, wollte sich die Mehrheit der Gesprächsteilnehmer unmittelbar persönlich, ja oft genug sogar seelsorgerlich-beratend mit den anstehenden Fragen auseinandersetzen.

Da ist der Ansatz von *Werner Fuchs* wie eine kalte Dusche, seine schonungslose und grenzenlose Kritik: Christlicher Auferstehungsglaube wird als »Relikt aus Ordnungssystemen vergangener Gesellschaftsbilder«, also als archaisches Bild auf dem Müllhaufen der Ideengeschichte abgeladen. Gleichzeitig bemächtigt sich der Autor scheinbar ohne dogmatischen Ballast der Aufgabe, den Tod zu deuten oder ihm einen Sinn zu geben. Das muß für Christen eine Herausforderung zur Auseinandersetzung sein. Es geht nicht nur um ein zentrales Motiv des Glaubens, es geht um ethische Grundfragen. Dabei erleben wir bei diesem Thema, daß die herkömmlichen Unterscheidungen theologischer Disziplinen hier wenig austragen – es ist ein wahrhaft interdisziplinäres Thema.

Von *Wolfgang Trillhaas* stammt die grundlegende Aussage:»Alle Ethik beginnt damit, daß sich der Mensch selbst als eine Aufgabe versteht« (vgl. *Rendtorff*, Ethik, 9). An keiner anderen Stelle erfährt der Mensch solche Nötigung so unabweisbar wie angesichts von Tod und Sterben. Und allzu oft ist gerade an dieser Stelle im herkömmlichen sozialethischen Konzert eine Pause zu verzeichnen. Das Thema Sterben oder Sterbebegleitung kam nur selten vor – während sonst nahezu alle Handlungs- und Gestaltungsfelder der modernen Gesellschaft wissenschaftlich durchgearbeitet waren. Das spiegelt eine Erfahrung wider, die mit dem Thema selber in unmittelbarem Zusammenhang steht: nämlich daß sich Sterben und Tod unseren eigenen Handlungsmöglichkeiten und Gestaltungsfähigkeiten weitgehend entziehen.

## 5.2. SOZIALETHISCHE ASPEKTE

Die Grundfragen des Lebens sind in unserer Gesellschaft immer noch der Religion zugeordnet und vorbehalten. Im wissenschaftlichen Kontext geht es also um Theologie, insbesondere um Ethik und Sozialphilosophie. Daneben haben sich – unabhängig von dogmatischen Vorgaben und Vorentscheidungen – andere Entwürfe, oft genug konkurrierend und rivalisierend mit theologischen Konzeptionen, herausgebildet. So erscheinen manche soziologische Entwürfe der Neuzeit – insbesondere, soweit es um theoretische Soziologie geht – als profane Ethik im Wissenschaftskonzert. Ihre Abstraktionsfähigkeit, ihr theoretisches Niveau, ihr sprachliches Instrumentarium und ihre Generalisierungskunst sind der traditionell christlichen Ethik gleichrangig, manchmal sogar überlegen. Die moderne Soziologie nutzt ihre Vorteile: Sie kann sich ihre Theorie-Sprache selber konstruieren, ist gegenüber Innovationen und wissenschaftlichen Erkenntnissen offener und beweglicher, in ihrer Fähigkeit zur Deskription bestechend und unnachgiebig in ihrer Kritikfähigkeit. In ihrer Wissenschaftlichkeit ist sie schwer angreifbar. Aber läßt sich mit ihren Erkenntnissen wirklich leben – und getrost sterben? Vielleicht ist das ja eine falsche Erwartung. Aber eine Verantwortung gegenüber konkreten Lebensentwürfen trägt jeder wissenschaftliche Entwurf. Hinzu kommen für die Soziologie erhebliche Nachteile: Ihre Traditionsbestände sind begrenzt und oft genug lediglich durch Analogien rekonstruierbar; sie ist kognitive Wissenschaft, ohne Verankerung in den Herzen der Menschen, in den Mythen der Völker, in den zentralen Augenblicken des biographischen Lebens. Und sie ist weitgehend ohne Praxis. Denn die Praxis des Soziologen ist und bleibt Soziologie. Dieses Defizit an Partizipation, an unmittelbarer Lebensbegleitung macht sie so freischwebend und ohne Erdung, entläßt sie aus der Aufgabe, verläßliche Lebensentwürfe zu untermauern. Das aber enbindet den Theologen nicht von der Pflicht, den Dialog mit den Sozialwissenschaften fortzusetzen – und manchmal auch die Sprache der Soziologen zu lernen.

Es gab Zeiten, da haben mich solche Grundfragen gelangweilt, hatten sie doch so wenig mit dem tatsächlichen Leben zu tun. Ein Einzel-Schicksal, eine ganze Lebensgeschichte, konkrete Konflikte, verstehbare Sorgen beschäftigten mich viel stärker. Es hat einige Zeit gedauert, bis ich verstanden habe, welche Bedeutung diese Grundfragen des Lebens haben – daß sie im besten Fall der Ort sind, an denen komprimierte Erfahrungen des Lebens auf einen Nenner gebracht werden, Durchblicke gelingen, Zusammenhänge in einem sonst bruchstückhaften Leben aufleuchten. Auch der Ort, wo gegen den Augenschein festgehalten oder wieder wachgerufen wird, was in der Flüchtigkeit des Augenblicks übersehen wird oder verlorengeht. Auch Theorie-Arbeit kann also Wurzel-Arbeit sein.

Deshalb haben wir als Theologen gründlich und gewissenhaft Sozialethik zu betreiben, wenn es um Grundfragen geht. Deshalb haben wir uns dem Dialog mit biblischen Traditionen und mit humanwissenschaftlichen Erkenntnissen zu stellen. Christliche Sozialethik muß sich ihrer Grenzen und Chancen bewußt sein: Sie bleibt der Botschaft Jesu Christi gegenüber verantwortlich.

Darin ist sie gebunden und begrenzt. Aber gerade in der Botschaft Jesu Christi findet sie ihre eigentlichen Impulse und Entdeckungen. Hier beginnt ihre wirkliche Entfaltung. Die Traditionsbestände reichen weit zurück, dürfen aber nicht blind machen für neue Entwicklungen und Erkenntnisse. Es geht um einen dialektischen Prozeß der Aneignung und ethischen Urteilsbildung. Sozialethik besitzt eine hohe Affinität zur Praxis, zur Praxis der Christen, zur Praxis der Kirche. Sie wird vorhandene Praxis kritisch begleiten und selber auf praktische Verwirklichung ausgerichtet sein. Sie wird die Konkurrenz zur Soziologie konstruktiv nutzen, das Gespräch mit der Soziologie und anderen Humanwissenschaften suchen, ohne sich in Soziologie aufzulösen. Sie ist und bleibt Theologie. Und das heißt mit *Wolf-Dieter Marsch*: »Darum ist sie nunmehr Tendenzwissenschaft der humanen Hoffnungen, die aus der gesellschaftlichen Situation entspringen. Nun nicht, um all diese Hoffnungen – auf Humanisierung der Verhältnisse – kritiklos nachzubeten, sondern um sie kritisch zurechtzurücken, zu prüfen: im Lichte des Kreuzes Christi. Denn unter den Bedingungen, unter denen Christus einst gekreuzigt wurde, soll ja das Zu-Kommen Gottes, des Hoffnung-Gebenden, erst ermöglicht werden, wie es einst in den urchristlichen Verhältnissen geglaubt und praktiziert wurde – in der Hoffnung auf den auferweckten, kommenden Christus, aber zugleich im Rückverweis, daß dieser ein gekreuzigter Mensch war« (Folgen der Freiheit, 24). Und weiter: »Ethik wird hier zu einer Theorie-Praxis des sozialen Wandels, die nicht wenig aus der marxistischen Tradition, insbesondere der Philosophie Ernst Blochs, gelernt hat. Das Handeln des Christen ist jedenfalls nicht nur darauf beschränkt, bestimmte, meist vorgestrige ›Ordnungen‹ als gottgemäß zu erhalten, auch nicht darauf, dem einzelnen seine unbedingte Verantwortung zur Nächstenliebe und vernünftigen Mündigkeit einzuschärfen, sondern es richtet sich darauf, den aus der Bibel nicht wegdiskutierbaren Entwurf einer ›neuen Menschheit‹, eines Reichs der vollkommenen, heilen, gerechten und friedlichen, in Christi Auferweckung antecipierten Schöpfung zu verwirklichen – allerdings nicht absehend von den Bedingungen, unter denen einst Christus gekreuzigt wurde und die seither auch dem Christen aufgegeben sind: ›eschatologia crucis‹. In der zum Leiden bereiten, an den Enttäuschungen nicht irre werdenden, gesellschaftlich aktiven Hoffnung, die das Unveränderbare veränderlich, das Erstarrte flüssig werden läßt, wird das christliche Ethos bewährt« (ebd., 25).

Ethik ist nach *Trutz Rendtorff* »die Theorie der menschlichen Lebensführung. Von Ethik sprechen wir, um der Erfahrung Ausdruck zu geben, daß die Welt des Menschen in allen ihren Beziehungen zur Stellungnahme auffordert. Ethische Fragen sind Lebensfragen, die dem Menschen im Vollzug des Lebens begegnen und zu denen er in der Realität der eigenen Lebensführung Stellung nehmen muß (...) Das Bewußtsein für diese innere Verbindlichkeit menschlicher Lebenswirklichkeit verschafft sich in der ethischen Frage Ausdruck. In diesem Sinn kann Ethik als eine Steigerungsform der Wirklichkeitserfahrung des Menschen bezeichnet werden, sofern als Ethik der Anteil der eigenen Lebensführung an dem, was uns als Wirklichkeit beansprucht, zum Thema wird« (Ethik, 11).

Es ist also eine Frage der intellektuellen Redlichkeit, sich den theoretischen Konfliktpunkten des Themas zu stellen. Und es entspricht guter seelsorgerlicher Erfahrung, daß zur Trauerarbeit immer auch die Fähigkeit gehört, Abstand zu gewinnen, über den eigenen Horizont wieder hinauszublicken. Gleiches gilt für tiefgreifende Erlebnisse im Sterben. Zudem würde eine ausschließlich pragmatische Darstellung der anstehenden Fragen und Handlungsmöglichkeiten dem Ernst und der Letztgültigkeit des angesprochenen Fragehorizontes widersprechen. »Ethik als Theorie der menschlichen Lebensführung gilt darum dem ethischen Sinn der Wirklichkeit, in der das Leben der handelnden Menschen steht und an der sie teilhaben. Sie gilt dem Umgang mit der ethischen Frage, den Voraussetzungen und Zielen, denen die Stellungnahme des Menschen verpflichtet ist. Sie gilt der Frage nach dem guten Leben (und ich ergänze, nicht ganz willkürlich: und dem menschenwürdigen Sterben, Verf.), (eine Frage), die mit dem tatsächlichen Lebensvollzug nicht schon beantwortet ist, sondern aufgeworfen wird, wo die Lebensführung des Menschen zur Stellungnahme veranlaßt ist.«

Ich komme nach diesen grundsätzlichen Feststellungen zur ethischen Einbettung unseres Themas auf den Ansatz von Werner Fuchs zurück, weil er uns grundsätzlich und radikal nötigt, Abstand zu gewinnen von dem, was uns persönlich und unmittelbar am Thema und an unserer eigenen Erfahrung berührt. Gleichzeitig skizziert er – manchmal oberflächlich, manchmal akribisch und umständlich – ein Grundwissen, das zum Thema unentbehrlich ist.

## 5.3. TODESBILDER IN DER MODERNEN GESELLSCHAFT

Das Buch von Werner Fuchs »Todesbilder in der modernen Gesellschaft« atmet den Geist und die Sprache der ausgehenden sechziger

Jahre. Inzwischen feiert die Studentenbewegung dieser Jahre bereits ihr zwanzigjähriges Betriebsjubiläum. So stehen wir kaum in der Versuchung, die Grundthesen des Autors unkritisch übernehmen zu müssen. Zum Abstand, den dieses Buch uns von der eigenen Betroffenheit verschafft, kommt der Abstand der vergangenen Jahre: Wir können genauer abschätzen, was als unverzichtbarer Gewinn eines solchen Ansatzes sich durchgehalten hat, aber auch feststellen, wo zeitbedingte Schwächen unverkennbar sind. Fuchs versteht seinen Ansatz, ohne daß das explizit unterstrichen wird, als marxistischen, der von einem nahezu ungebrochenen Fortschrittsglauben getragen wird, der sich auch des ohnmächtigen Themas bemächtigt: des Todes. Seine Absicht ist klar: Es geht um ein rationales Verhältnis zum Tod. »Die hauptsächliche Intention dieser Arbeit (aber) ist gerade die Differenzierung der Vorstellung vom Tod in der modernen Gesellschaft unter der Polarität von Archaik und Rationalität« (156f.). Und ich ergänze: Es ging um die Überwindung der Archaik zugunsten der Rationalität. Daß aber das Buch selber in der Polarität zwischen Archaik und Rationalität steckenbleibt, das ist seine bemerkenswerte Tragik. Und zu fragen ist, wer denn die Macht zu Definition und Etikettierung ausübt, wenn etwa Traditionszusammenhänge einfach als Archaik umdefiniert und damit dem Verfall ausgesetzt werden sollen. Der Autor konzidiert an gleicher Stelle: »Daß dabei Rationalität ihre gesellschaftliche Schwäche nicht verleugnen konnte, ist gewiß deutlich geworden. Die aktuelle Übermacht der Atavismen (Rückschläge, Wiederauftreten ursprünglicher Muster, Verf.) zu deuten, wird vorerst nicht einfach sein« (157).

In theologischer Sprache würde man das als Versuch bewerten, Generalabsolution für Sündenfälle der Rationalität zu erlangen. Die intellektuelle Redlichkeit des Autors nötigt ihn, selbst das Problem der Umdefinitionen und Etikettierungen zu problematisieren: »Nachdem in vielen Beispielen auf das Fortleben von Archaik in Institutionen der modernen Gesellschaft hingewiesen worden ist (hier geht es wohlgemerkt um Bestattung und Trauer, Verf.), muß der Einseitigkeit dieses Aspektes doch begegnet werden. Die undifferenzierte Interpretation primitiver und moderner Einrichtungen als Äquivalente birgt einige Gefahren (...) Der Nachweis, diese oder jene moderne Institution sei archaisch entstanden, tendiert allzuleicht zur Unterschlagung des historischen Fortschritts, behauptet zugrundeliegende Immergleichheit, nimmt Kultur am Ende als kaschierte Barbarei« (156). So begegnet der Autor in gewisser Weise selbstkritisch seinen eigenen Gestaltungs- und Interpretationsmustern. Unhinterfragt, weil ihm selbst nicht fragwürdig, bleibt der ungebrochene Fortschrittsglaube – die Gewißheit, daß sich auch das letzte Thema des Lebens erobern läßt, rational bewältigt werden kann. Solche kritischen Bemerkungen entheben uns aber nicht der Notwendigkeit, das dargestellte Material auch im einzelnen nachzuzeichnen und zur Kenntnis zu nehmen.

Bereits in der Einleitung hebt sich Fuchs deutlich von einer zurecht beobachteten Bewegung ab: mit allgemeiner Kulturkritik in ein undifferenziertes Lamentieren über die Verdrängung der Todesproblematik in der modernen Gesellschaft zu verfallen.»Diese Arbeit über die Todesbilder in der modernen Gesellschaft will die These von der Todesverdrängung zurückweisen« (7). Er kritisiert diese These von der Todesverdrängung als relativ unausgeführt und pauschal und unterstellt ihr ideologische Handlungsmuster.»Die Argumentationsstruktur der These, daß der Tod in der modernen Gesellschaft verdrängt sei (...), (läßt sich) kurz zusammenfassen: der Tod gilt als Konstante, der Geschichte und Gesellschaft nichts anhaben können. Heute aber sind die Individuen verblendet oder durch soziale Normen angehalten, diese immer gleichbleibende Bedeutung des Todes zu leugnen oder zu verdrängen. Das gerät ihnen zum Nachteil, weil sie dadurch den Zwängen der Gesellschaft allzustark ausgeliefert sind. Die Individuen gewinnen Distanz gegenüber den sozialen Ansprüchen und Zugriffen, indem sie sich erinnern, daß jedem die gleiche Vernichtung bevorsteht. Zur Erfüllung der beiden Absichten dieser Arbeit, der kritischen Auflösung der Verdrängungsthese als Diagnose und der Ablösung des Themas von konservativer Kulturkritik, wird sich unser Interesse primär auf den Bereich der sozio-kulturellen Orientierungen richten. Sozio-kulturelle Orientierungen über den Tod oder Todesbilder sind all das, was unter dem Tod verstanden wird, wie er heißt und aussieht, was er bringt und wohin er bringt (...) Vom Tode wird hier also immer in Gestalt sozialer Definitionen des Todes die Rede sein« (21). An die Stelle der Verdrängungsthese tritt also nun das Modell des historisch fortschreitenden Wissens.»Die Todesbilder, die den Tod als Ende leugnen oder in anderer Weise entwerten (damit sind wohl wir Christen gemeint, Verf.), sollen hier interpretiert werden als Relikte aus Ordnungssystemen vergangener Gesellschaftsbilder, als archaische Bilder« (ebd.).»Diejenigen dagegen, die den Tod als Endpunkt des Lebens realistisch beschreiben und dem modernen Stand der Naturerkenntnis angemessen sind, werden als mit der modernen Gesellschaft interpretiert werden.« Fuchs benennt nun seine Eckdaten: Endlichkeit des Todes, Übereinstimmung mit wissenschaftlichen Naturerkenntnissen; also ein naturwissenschaftliches Verhältnis zum Tod.

Sein Zentralbegriff vom »natürlichen Tod« (22 u. a.), den er als Gegenposition zu magisch-archaischen Bildern festhält, wird so eingeführt und legitimiert: »Wir setzen ihn als angenommenen Zielzustand des Systems der sozio-kulturellen Orientierungen über den Tod und untersuchen dann die Möglichkeiten zur Erreichung dieses Zielzustandes.« Irritationen im Verlauf der Untersuchung sind demnach bereits durch seine theoretische Anlage ausgeschlossen. Fragen, die dem Zielzustand selber gelten, aus anthropologischen, soziologischen oder theologischen Gründen etwa, werden erst gar nicht reflektiert. Das nimmt der Untersuchung einen gewissen Reiz – und ihre Wissenschaftlichkeit.

## 5.4. ARCHAIK UND RATIONALITÄT

Dennoch bleibt wichtig, was der Autor in der Durcharbeitung der Polarität von Archaik und Rationalität an Erkenntnissen aufdeckt und zusammenfaßt: Zuerst einmal warnt er überzeugend vor dem Trugschluß, zeitgenössische primitive Gesellschaften unbesehen als Stadien der Entwicklung identifizieren zu können. »Die vorgefundene Realität primitiver Gesellschaften repräsentiert in jedem Fall das neueste Stadium ihrer Geschichte.« Man kann sie also nicht einfach als Belege für vermutete Frühformen der Todesbilder veranschlagen, allenfalls ein Analogieverfahren wäre zulässig. In seiner Darstellung berücksichtigt er vor allem die Arbeiten von *Levy-Bruhl* »Die Seele der Primitiven«, von *Bronislaw Malinowski* das Standardwerk »Magie« und Arbeiten von *Robert Hertz*.

So greift Fuchs die Beobachtung auf, daß das Verhalten der Primitiven beim Todesfall durch starke Beunruhigung und Verstörtheit gekennzeichnet ist. Die Kohäsion, der Zusammenhalt der Gruppe, ist an einem bestimmten Punkt unterbrochen. Das bedeutet: Der Tod trifft nicht nur oder primär den Einzelmenschen, sondern in diesem die Gruppe insgesamt. Auch Malinowski weist in seinem genannten Buch nach, daß der Verlust eines Mitglieds in einer zahlenmäßig kleinen Gesellschaft Todesangst und Abwehrmechanismen freisetzt und die moralischen und materiellen Fundamente gefährdet sieht. In Anknüpfung an diese Beobachtungen kann dann Trauer als Vergesellschaftungsversuch bezeichnet werden, in dem aus dem natürlichen Ereignis ein soziales gemacht wird. Durch Trauer wird die Zusammengehörigkeit der jeweiligen Gruppe wieder gerettet. Das deutet darauf hin, daß bereits in primitiven Gesellschaften der Tod ein soziales Ereignis war. Belegt wird es auch dadurch, daß wesentlich für den Grad der Trauer die jeweilige soziale Position, der soziale Status ist. Denn durch den Tod eines Vollmitglieds der Gruppe ist diese in ihrer Macht und Verfügungsgewalt betroffen, in ihrer Verfügungsgewalt über Zugehörigkeit und sozialen Status. Deshalb ist es nicht überraschend, daß in solchen primitiven Kulturen der Tod eines Kindes nahezu unbeachtet bleibt und ohne rituelle Zusammenhänge bedacht wird. Das Kind gilt nicht als rechtliches Vollmitglied der Gruppe.

Es lohnt sich, gegenwärtige Beobachtungen in unserer eigenen Gesellschaft in Beziehung zu diesen Eindrücken zu stellen: Das schlichte Faktum der Rentenversicherung und Hinterbliebenen-Versorgung ist in den meisten Fällen ein Garant dafür, daß mit dem Tod eines »Vollmitglieds einer Versorgungsgemeinschaft«, etwa einer größeren Familie, neben seelischer Trauer nicht auch materielle Verlustängste hinzutreten. Dennoch erlebe ich es oft, daß auch materielle Folgen nahezu instinktiv und unvermittelt durch die Krise eines Todesfalls aktualisiert werden – selbst wenn die materiellen Fakten dafür keinen Anhalt geben. Wenn etwa gesagt wird: »Was soll ich noch mit dieser großen Wohnung, für mich allein ist das doch alles viel zu groß, das kann ich doch gar nicht mehr bezahlen!«, dann werden sozialer Status und häusliche Geborgenheit plötzlich als zur Disposition gestellt erfahren. In der Regel ist auch heute noch durch einen Todesfall oft genug der Zusammenhalt von sozialen Gefügen in Frage gestellt. Und es ist wichtig, dies auch auszusprechen und bewußtzumachen. In meiner Gemeinde, in der häufig genug Großmütter den inneren Mittelpunkt größerer Familienverbände darstellen, gewährleisten sie die regelmäßigen sozialen Kontakte, reglementieren persönliche, familiäre, berufliche und oft genug auch religiöse Entscheidungen bis ins hohe Alter, gewährleisten den Zusammenhalt als familiäre Kommunikations- und Hilfsgemeinschaft. Hier traf man sich, sei es wöchentlich jeden Sonntag oder zu bestimmten Tagen; auf informellen Kanälen gewährleisten sie den Informationsfluß über Kleinfamiliengrenzen hinaus. Der Tod so mancher Großmutter bedeutet auch im gegenwärtigen sozialen Kontext noch die Auflösung großfamiliärer Kommunikationsgeflechte zugunsten kleinfamiliärer Isoliertheit.

Bis in Einzelheiten der Trauerarbeit, der öffentlichen Anteilnahme und Trauerartikulation hinein trägt auch heute der soziale Status des Verstorbenen zu erheblichen Unterschieden bei. So vollziehen sich der Tod und die Beerdigung eines alleinstehenden Rentners ohne Familie und Bekannte häufig in trostloser Einsamkeit – manchmal bildete ich mit den sechs Sargträgern und zwei oder drei höflich stillen Nachbarn die sogenannte Trauergemeinde. Der Tod eines Vereinsvorsitzenden, eines Kommunalpolitikers oder eines früheren Schulleiters etwa, nicht weniger natürlich auch der Tod eines Pfarrers dagegen, mobilisiert Trauerformen und Formen der Anteilnahme, die den Tod als öffentliche Begebenheit erfahren lassen.

Ein entscheidender Unterschied zu primitiven Kulturen ist jedoch beim Tod von Kindern wahrzunehmen. Kinder werden als schutzbedürftig erfahren, sie haben ein Recht auf private und öffentliche Rücksichtnahme und werden als »Generation der Zukunft« oft der Inbegriff lebensgeschichtlicher Hoffnungen und Projektionen. Wenn durch einen tragischen Unglücksfall diese Hoffnungen zerstört werden und das Gebot der Rücksichtnahme radikal durchbrochen worden ist, dann stellt sich eine Betroffenheit ein, die alle erfaßt, die auch nur indirekt mit dem Todesfall in Verbindung stehen: Kommunalverwaltung und ihre Verpflichtung, öffentliche Wege kindersicher zu machen; Lehrer und Erzieher in ihrer Fürsorgepflicht. Die Schuldfrage tritt massiv in den Vordergrund, wobei schuldhaftes Versagen des Opfers selber als kindgemäßes Verhalten betrachtet wird, dagegen (ich unterstelle in diesem Beispiel einen Verkehrsunfall) das Verhalten der Erwachsenen – und sei es noch so rücksichtsvoll gewesen – wird als fahrlässig und unverantwortlich bezeichnet. Hier haben die sozialen Werte sich entscheidend verändert: Schutzbedürftigkeit der Kinder und der Schwachen in der Gesellschaft hat gesellschaftlich einen hohen Rang eingenommen. (Allerdings nicht hoch genug, um alle anderen Interessen wie Mobilität, reibungslosen und zügigen Verkehrsfluß auch in Wohngebieten dahinter zurückstehen zu lassen.)

Wir kommen zurück zu den Beobachtungen bei primitiven Kulturen. Robert Hertz hat herausgearbeitet, daß der Tod bei den Primitiven nirgendwo als natürliches Ereignis, sondern immer als soziales Ereignis angesehen wird. Der Kern dieses Motivs primitiver Todesvorstellungen besagt: Der Tod ist eine Folge von Gewalttätigkeiten und sozial vermittelter Macht, die von außen auf die Sterbenden zukommen. Daher muß eine Persönlichkeit für dieses Ereignis verantwortlich gemacht werden – ein Tier oder ein böse gesinnter Mensch, ein Zauberer oder ein böser Geist. »In jedem Fall (...) ist der Tod Mord, verübt von welcher sozialen oder imaginär-sozialen Macht auch immer« (33). Das fordert strenge Untersuchungen und Nachforschungen nach einem möglichen Täter heraus, die häufig mit höchster Beliebigkeit zu einer Namensnennung führen.

## 5.5. SCHULDGEFÜHLE

Wenngleich nicht in dieser Klarheit, hat sich das Motiv der schuldhaften Verwicklung in den Tod eines Angehörigen bis heute durchgehalten. Die Suche nach dem Schuldigen ist bis heute geblieben, selbst bei einem Tod durch Altersschwäche. Und sie bewegt sich auf drei Ebenen: der medizinischen, der sozialen und der psychologischen.

Auf der medizinischen Ebene wird die jeweils bestmögliche medizinische Leistung zum Maßstab genommen – und sollte sie nicht nachweislich erbracht worden sein, werden der Arzt und das Pflegepersonal oft direkt und aggressiv für den Tod mitverantwortlich gemacht. Mehr noch: Gemäß dem Berufsethos der Medizin stellen sich die betroffenen Mitarbeiter/innen aus dem Pflegebereich selbst die Frage der Vermeidbarkeit bei optimaler medizinischer Versorgung. Auf der sozialen Ebene sind gleich mehrere Personengruppen angesprochen, zuerst der unmittelbare familiäre Bereich, sodann die weiteren Angehörigen und Bekannten, aber auch die beruflich mit Fragen der Altersversorgung Betrauten, also etwa Gemeinde und Pastorinnen und Pastoren. Sie alle sind der Frage ausgesetzt, ob der biologische Tod eine Folge von Vereinsamung, also gleichsam die Folge eines schon viel früher eingetretenen sozialen Todes gewesen ist. Zugespitzt wird solches Schuldgefühl an der Frage, wer in der Todesstunde beim Sterbenden gewesen ist oder aus welchen vordergründigen Motiven auch immer daran gehindert war oder sich entzogen hat. Und bekannt ist auch der eigentümliche Reflex des Unterbewußtseins, daß geheime Todeswünsche, die in jeder engen Beziehung irgendwann einmal gefühlt oder gar artikuliert worden sind, die Ursache des Todes waren. Diese Schuld ist oft genug so bedrückend, daß sie kaum aussprechbar ist und oft erst nach langer Zeit der Trauer ans Tageslicht kommt. Versteckt wird sie häufig in Formulierungen wie: »Das hätte ich ihr aber wirklich nicht gewünscht.« Oder: »Aber wir haben uns doch sonst immer so gut verstanden.«

Als nächstes Moment des Todesbildes primitiver Gesellschaften ist festzuhalten: Der Tod wird als Übergang betrachtet. »Ohne jede Finalität neuerer Vorstellungskomplexe wird der Tod konzipiert nicht als Einschnitt, sondern als Ablauf, als Wechsel von der Gruppe der Lebenden zur Gruppe der Toten (...) Der Gestorbene behält auf längere Zeit noch bestimmte Gewalten und Rechte in dieser Welt. Der Ablauf dieses Übergangs ist markiert durch Riten« (35). Hier besteht unverkennbar eine gewisse Nähe zu anderen Übergangsriten wie etwa Initiationsriten.

Zusammenfassend lassen sich die drei wichtigsten Momente primitiver Todesbilder festhalten: 1. Der Eintritt des Todes geht zurück auf den gewalttätigen Eingriff sozialer oder imaginär-sozialer Macht. 2. Das Sterben ist nicht Todesmoment, sondern Ablauf, also sozial definierter Übergang. 3. Dieser Übergang zielt nicht auf Negierung des Lebens, sondern auf neues, anderes Leben. Dabei ist zu ergänzen, daß nicht für alle Sterbenden der Tod in gleicher Weise Initiation zu neuem Leben ist. Der soziale Status und auch die Todesart definieren das Schicksal des Betreffenden im neuen Leben. Hinzuweisen ist etwa auf den Extremfall, in dem jegliche Totenehrung verweigert wird, um dem Verstorbenen den Zugang zum Totenreich zu versperren. Nur Vollmitglieder einer Gruppe sterben richtig.

Dies macht auf einen Zusammenhang aufmerksam, den wir selbst manchmal unmittelbar erfahren: daß nämlich Beerdigung sozial und psychologisch oft als Bestandteil des Sterbens, gleichsam als zweiter Akt im Sterbeprozeß erfahren wird. Alles, was beim biologischen Sterben nicht möglich war oder unterblieben ist, etwa Unausgesprochenes noch anzusprechen, Dankbarkeit auszudrücken, die der Verstorbene eigentlich noch zu Lebzeiten hatte erfahren sollen – alles das wird in diesem zweiten Sterben aktualisiert und oft genug realisiert. So bat mich etwa einer der Angehörigen, dem Verstorbenen einen versiegelten und offensichtlich sehr persönlichen Abschiedsbrief in die Hände zu legen, bevor der Sarg endgültig geschlossen wurde. Für den Betroffenen galt das im Brief Geschriebene damit als vollgültig gesagt. Ich muß gestehen, daß ich über diese Form der Kommunikation im Sterben überrascht und betroffen war – es aber gleichzeitig sinnvoll und gut fand.

Trauer und Begräbnis haben trotz aller Vielfältigkeit und Unüberschaubarkeit im Pluralismus primitiver Gesellschaften gemeinsam, daß zwei zentrale Aufgaben wahrgenommen werden: Der Tote muß, da er offensichtlich zur sozialen Gruppe der Lebenden nicht mehr voll gehört, von ihr gelöst werden, die Gruppe muß sich von ihm befreien, um mögliche negative Folgen für die Gruppe zu vermeiden. Das Begräbnis wird damit auch ein Lösungsritual, durch das der Tote seiner sozialen Rechte und Pflichten enthoben wird. Von Robert Hertz stammt dazu eine interessante Beobachtung: das sogenannte zweite Begräbnis. Dabei wird der Leichnam beim ersten Begräbnis gleichsam nur vorläufig beigesetzt. Die Zeit zwischen provisorischer und endgültiger Bestattung entspricht dem Übergang des Gestorbenen aus der realen Gesellschaft der Lebenden in die imaginäre Gemeinschaft der Toten.

Eine Zwischenbemerkung sei erlaubt: Bliebe Werner Fuchs nicht geradezu zwanghaft seiner Darstellungsabsicht treu, wäre gerade an dieser Stelle ein bedeutsamer Aspekt für Trauerarbeit zu erschließen. Ließe sich nicht auch vermuten, daß der Zeitraum zwischen erstem und zweitem Begräbnis der Dauer der jeweiligen Trauerarbeit dient – das zweite Begräbnis also gleichsam als sozial verankerter Abschluß von gelungener oder zumindest vorläufig abgeschlossener Schockbewältigung? Da jedoch bei Fuchs die Kategorie der Trauer als Form individueller und sozialer Lebensbewältigung fehlt, finden wir auch zu diesem Aspekt keine Hinweise, lediglich die Bemerkung:»Die Trauerzeit korreliert häufig mit der Zeit zwischen provisorischer und endgültiger Bestattung.« Modifizierte Formen solcher öffentlichen Wiederholung von Bestattungselementen finden sich in der katholischen Kirche stärker als im Protestantismus durchgehalten. Das Sechs-Wochen-Seelenamt und das Jahres-Seelenamt lassen deutliche Hinweise darauf zu, wann in der Trauerarbeit Einschnitte erfahrbar sind, die der seelsorgerlichen Begleitung bedürfen. Nur ist leider dieses Seelenamt zur reinen Liturgie reduziert – ohne seelsorgerliche Begleitung. Immerhin fände ich es bemerkenswert, solche Gottesdienstformen – jeweils verbunden mit einem vorhergehenden Seelsorgegespräch mit den unmittelbaren Angehörigen – zu institutionalisieren, um so Möglichkeiten zu eröffnen, Trauerarbeit seelsorgerlich zu begleiten.

Für Fuchs verbleibt die Feststellung: Alle Riten, die im Zusammenhang mit dem Tod durchgeführt werden, erweisen sich als durch Angst bestimmt (42).»Sie sind Versuche der Abwehr der ungünstigen Kräfte des Toten, Versuche, sich von der ansteckenden Macht des Todesfalles zu reinigen, den Toten daran zu hindern, andere Mitglieder der Gesellschaft nach sich zu ziehen.« Exakt müssen die Totenriten befolgt werden, damit dem Verstorbenen kein Anlaß zur Beschwerde und damit ein Vorwand zur Rückkehr gegeben werde. Bestattungen sind daher in primitiven Gesellschaften häufig verbunden mit Handlungen, die eine solche befürchtete Rückkehr verhindern sollen: Leichenfesselung, -verstümmelung, -verbrennung, Erdbegräbnis. Fuchs begreift diese Handlungen nicht als Ausdruck von Menschenwürde, sondern als magische Akte der Abwehr, als Versicherung und Vergewisserung, daß der Tote den Übergang in seinen neuen Status auch wirklich vollzieht und nicht wiederkehrt und anderen schadet (42). Auch die Hinterbliebenen sind zahlreichen Einschränkungen unterworfen: Es gelten Speise- und Kommunikations-Tabus, es bedarf ritueller Reinigungen.

Wir kommen zum Abschluß der Darstellung archaischer Todesbilder: Die Momente primitiver Todesauffassungen lassen sich begründen und beziehen auf den geringen Grad der tatsächlichen Naturbeherrschung. »Natur ist vergesellschaftet fast nur durch Magie, durch Deutung« (46 f.). So wenig es Möglichkeiten gab, den Tod durch Naturbeherrschung zu verhindern oder doch zu verzögern, so gering war auch die Möglichkeit, den Tod sicher festzustellen. In diesem Zusammenhang nennt Fuchs Beobachtungen in primitiven Gesellschaften, Alte, Kranke und Sterbende gewaltsam zu töten. Dafür gab es unterschiedliche Motive: Zum einen galt bei manchen Primitivkulturen nur der gewaltsame Tod als ehrenvoll und garantierte den Eingang ins Jenseits. Zum anderen existierte das Unvermögen, den Tod im Sinn des Todesmomentes zu realisieren. »Eine Gesellschaft, in der niemand stirbt, weil er biologisch am Ende ist, in der die Alten und Sterbenden unter mehr oder weniger Aufwand an Riten getötet werden, wird sich den Tod nicht anders als gewaltsam vorstellen können. Tod und Tötung erscheinen so identisch« (48 f.). (Ich übergehe an dieser Stelle die Hinweise auf den Tabu-Tod, auf Todeseintritt ohne somatisch feststellbare Ursache, verursacht durch eine soziale Todeserklärung bzw. durch Ausschluß aus dem sozialen Verband. Anhaltspunkte jedoch für einen psycho-sozial verursachten Tod ohne somatisch feststellbare Ursachen lassen sich bis heute häufiger finden – etwa in einer Zeitungsmeldung der vergangenen Tage: Ein Junge, der in ein schwer herzkrankes Mädchen verliebt war, will sich als Organspender für seine Freundin zur Verfügung stellen, kündigt seinen baldigen Tod an – und stirbt tatsächlich, buchstäblich in letzter Minute, um seiner kranken Freundin mit seinem eigenen Herz das Weiterleben zu ermöglichen. Diagnose: Gehirnschlag. Abschließend hält Fuchs fest: Die Todesbilder hängen von bestimmten Elementen der

Gesellschaftsverfassung wie dem Grad der Naturbeherrschung ab. Sozio-kulturelle Orientierungen strukturieren den faktischen Verlauf der Sterbeprozesse.

## 5.6. GENESE MODERNER TODESBILDER

Wir kommen zur Genese moderner Todesbilder. Für Fuchs ist kein konsistentes und historisch eindeutig zu verortendes Todesbild feststellbar. Deshalb seine Frage: Warum haben Todesbegriffe der Profanität und ausschließlichen Immanenz heute noch keine eindeutige und widerspruchslose Geltung gewonnen? Die inhaltliche Nähe zu primitiven Todesbildern ist unübersehbar – und auch für Fuchs eine Anfechtung. Und der Schuldige – darin ist Fuchs ganz archaisch – ist schnell gefunden: Die christliche Religion hat die wichtigsten Themen primitiver Todesvorstellungen in sich aufgenommen und bis heute fortgeführt, aber gleichzeitig in einigen Punkten der Ausbildung eines profanen Todesverständnisses Vorschub geleistet. Zwar eröffne sich nach dem Tod – diesen Vorstellungen zufolge – neues Leben, aber die Erlangung neuen Lebens dergestalt hängt nicht mehr ab von der rituellen Bestattung oder von anderen sozialen Dispositionen, sondern vielmehr vom Verhältnis des Sterbenden zu seinem Gott – zur den Tod verursachenden Macht selber also. Zudem schiebt sich zwischen Tod und neues Leben eine Zeitspanne »wirklichen Todseins«, die Zeit nämlich bis zum jüngsten Gericht (53). Auch Fuchs hat realisiert, daß dem gewöhnlich für christlich gehaltene Dualismus von verfallendem Körper und ewiger Seele in der modernen Theologie zunehmend widersprochen wird und katholische wie protestantische Theologen diesen Dualismus als aus griechischer Philosophie stammend betrachten und darauf bestehen, daß der Christ ganz und gar stirbt, um durch die Macht Gottes ganz und gar neues Leben zu erhalten.

Eine zweite Wurzel der Entstehung moderner Todesbilder sieht Fuchs in der Geschichte des sozialen Bewußtseins, beginnend mit stoischer Philosophie: Der Tod als Geschehen, nicht als Aktus, gehört auf gleiche Weise zu den allgemeinen Gesetzen der natürlichen Ordnung. Er soll von dieser normalisierenden Kategorie her sein Grauen verlieren. Am Übergang vom Mittelalter zur Neuzeit, verbunden mit dem Aufkommen bürgerlich-kapitalistischer Produktions- und Lebensformen, erhalte das Todesthema eine deutliche Aufwertung (57). Traktate zur Kunst des Sterbens, ars moriendi-Literatur entsteht in

Hülle und Fülle. Das Sterben sei lernbar, so heißt die These, die dieser Entwicklung zugrunde liege. Daneben erhalte der Tod egalitäre Züge bis hinein in christliche Muster:»Daß also der Tod gleichmacht, daß er für alle grundsätzlich die gleichen Wege eröffnet, hat die christliche Religion durchsetzt mit der Instanz des Jüngsten Gerichts und einer Reihe weiterer egalitärer Züge«(59).

Jede Gesellschaft hat offensichtlich die Todesbilder, die sie verdient. Anders und höflicher gesagt: Die Todesbilder sind Abbilder der Verhältnisse zum Leben – in letzter Konsequenz. Deshalb geht es bei der Frage nach Sterben, Tod und Trauern immer zentral um die Frage der Humanität einer Gesellschaft. Und gerade darum ist eine gründliche Darstellung und Auseinandersetzung mit einer so pointierten Position wie der von Werner Fuchs vonnöten. Die Todesbilder der modernen Gesellschaft, industriell bis nachindustriell (vielleicht würden manche sagen: vor-endzeitlich), sind vor allem durch Diffusität und Versachlichung gekennzeichnet.

Die Anonymität des Lebens hat längst übergegriffen auf die Sachlichkeit und Verdinglichung der Todesbilder. Dies jedoch als gesellschaftlichen Fortschritt zu feiern – wie Fuchs es wohl tun würde – hieße, Totentänze am Scheiterhaufen der Humanität veranstalten. Es muß festgehalten werden, daß mit Fuchs auch andere bis in die späten siebziger Jahre hinein von einem zwar gesellschaftskritisch orientierten, aber ungebrochenen Fortschrittsglauben geprägt waren, der Anlaß zu der Hoffnung gab: Schließlich werden wir auch noch mit dem Tod fertig. Der»natürliche Tod« wird dabei zum Ziel gesellschaftlicher Entwicklungen, soll normativ für die ganze Gesellschaft wirken. Er wird als erstrebenswerter Zielzustand bezeichnet, und es werden Wege zu diesem Ziel aufgewiesen. Dem Wunsch, daß jeder Mensch erst dann sterben müsse, wenn die natürlichen Lebenskräfte aufgezehrt und verbraucht sind, ist in keinem Fall zu widersprechen – wohl aber der Illusion, daß sich damit die Todesproblematik in einer postmodernen Gesellschaft gelöst habe; daß Trauer etwa überflüssig werde; daß christliche Hoffnung über den Tod hinaus absurd sei. Es geht dem Autor in erster Linie um einen Todesbegriff, der in Übereinstimmung mit neuzeitlicher Naturerkenntnis steht. Er entwickelt dafür in Konkurrenz zur neuzeitlichen Verdrängungsthese ein Modell des historisch fortschreitenden Wissens, dessen Eckdaten heißen: Endlichkeit des Todes und Übereinstimmung mit wissenschaftlicher Naturerkenntnis. So wird explizit ein christlich geprägtes Todesbild als Prolongierung von archaischen Todesbildern verstanden und kritisiert. Fuchs kommt jedoch über ein Beklagen der Archaik neuzeitlicher Todesbilder (undank des christlichen Verkündigungs-Unwesens offenbar) nicht hinaus zu eigenständigen konsistenten Todesbildern. Was jedenfalls in knappen Umrissen entsteht, das ist im wahrsten Sinn des Wortes schrecklich: In seinem Bemühen, die Angst vor dem Tod zu verringern, bleibt ihm nur der Weg, den Tod zu neutralisieren. Der ausführlich explizierte »Begriff des natürlichen Todes, der seiner historischen Genese nach aus einer Vielzahl von Gründen nicht datiert werden kann, meint also: Tod kommt aus natürlichen Ursachen, bedeutet Aufhören der biologischen Lebensprozesse, mit denen als ihrer Voraussetzung alle anderen Lebensprozesse gleichfalls enden. Was bleibt, ist ein Ding, die Leiche« (71). Von entscheidender – letztentscheidender – Bedeutung ist daher das Leben vor dem Tod. Diese Lebensspanne herzustellen und zu gewährleisten ist die Aufgabe gesellschaftlicher Praxis, »die Natürlichkeit des Todes ist nur als eine sozial produzierte zu denken« (72).

Anders ausgedrückt: Der Mensch verdankt sein Leben der Gesellschaft (im Plural gesprochen: Die Menschen verdanken sich – sich selbst!). Die Gesellschaft kann aber den Tod nicht verhindern, sie kann lediglich die äußerst erreichbare Position benennen und anstreben: den natürlichen Tod als ein Verlöschen der Lebenskräfte nach einem befriedigend und gesellschaftlich erfüllten Leben. »Jedem muß es möglich sein, am Ende seiner Kräfte zu verlöschen, ohne Gewalt und Krankheit oder vorzeitigen Tod seine biologischen Lebenskräfte bis an ihre Grenze auszuleben. Wie anders könnte man von natürlichem Tod reden!« (Ebd.) Wenn dieses Ziel erreicht ist – und natürlich sind wir von diesem Ziel vorerst noch weit entfernt –, dann ist es leichter zu sterben, gleichsam: natürlich! Ob dann auch Trauer sich erübrigt hat, oder ob sich die Angst vor dem Sterben damit von selber erledigt, das alles sind Fragen, die Werner Fuchs eher späteren Zeiten des gesellschaftlichen Fortschritts vorbehalten wissen will.

Zwanzig Jahre nach dieser Schrift wundert der Fortschrittsoptimismus – die Verdinglichung von Leben und Sterben erschreckt. Andere und umsichtigere marxistische Denker sind in ihrem Umgang mit den Todesbildern behutsamer und bescheidener geblieben.

Die Widersprüche sind an dieser Stelle zu benennen und zusammenzufassen: Wir verdanken als Christen unser Leben nicht der Gesellschaft, sondern Gott. Die Gesellschaft ist das Spielfeld unseres Lebens, mit allen Regelungen, die dazu notwendig sind – sie ist aber nicht unser Existenzgrund. Im Ziel, allen Menschen ein menschenwürdiges und sinnerfülltes Leben vor (!) dem Tod zu ermöglichen, sind Christen und Marxisten sich einig. Und deshalb werden sie sich dort, wo es um Herstellung oder Wiederherstellung gerechter, sozialer und gesunder Lebensbedingungen geht, hoffentlich gemeinsam wiederfinden. Christen aber werden auch dort, wo Menschen nach einem langen und erfüllten Leben im wahrsten Sinn des Wortes »natürlich sterben«, Angst, die dennoch entsteht, mittragen, Unbewältigtes, was dennoch verbleibt, beklagen und die Ewigkeit nicht als perfektionierte irdische Gesellschaft, sondern als Reich Gottes verkündigen: »Da wird Gott bei ihnen wohnen, und sie werden sein Volk sein, und er selbst, Gott, wird mit ihnen sein; und Gott wird abwischen alle Tränen von ihren Augen, und der Tod wird nicht mehr sein, noch Leid, noch Geschrei noch Schmerz wird mehr sein; denn das Erste ist vergangen. Und der auf dem Thron saß, sprach: Siehe, ich mache alles neu!« (Offb 21)

Das schreckliche Wort von der »Leiche, dem Ding« – es ist deshalb so schrecklich, weil die Verdinglichung sehr bald auf's Leben selber übergreift, mehr noch, längst übergegriffen hat. Als Christen werden wir keinen Leichenkult betreiben, aber doch angesichts des Verstorbenen verstehen, daß am Sarg eines Verstorbenen beides aktualisiert wird: die Endgültigkeit des Abschieds und gleichzeitig die Unendlichkeit der Liebe und Zuwendung, die wir durch Menschen, die wir in unserem eigenen Leben als Liebe Gottes erfahren haben.

## 5.7. ILLUSIONSVERDIKT

In der jüngeren theologischen Literatur finden sich immer wieder Anknüpfungspunkte an die von Werner Fuchs behauptete Position. Die gesellschaftliche Zielperspektive des »natürlichen Todes« wird selbst von *Eberhard Jüngel* positiv aufgegriffen: »Zwischen der Ver-Kündigung des Todes Jesu Christi und der Fürsorge für einen natürlichen Tod besteht ein unmittelbarer Zusammenhang. Das bedeutet allerdings eine sehr bestimmte Arbeit an den unser Leben regulierenden Weltverhältnissen. Der natürliche Tod muß erarbeitet werden – politisch, sozial, medizinisch. Darin stimmen wir mit Werner Fuchs überein, sofern er den Zielbegriff des natürlichen Todes, mit dem er die Erklärung des Todes aus übernatürlichen Ursachen eines gewaltsamen Todes zur Geltung bringt. Der Begriff des natürlichen Todes impliziert aber das Postulat einer den Tod auf das Ende durch Altersschwäche einschränkenden Medizin und das Postulat einer in gleicher Richtung zielenden Politik. Insofern ist dieser Begriff ›mit gesellschaftlicher Potenz‹ ausgestattet. Er verlangt eine gesellschaftliche Verfassung, in der ein solcher natürlicher Tod die Regel ist oder mindestens zur Regel werden kann. Wo man den Tod in diesem Sinne als natürlich denkt, ›erhebt sich das Postulat, den natürlichen Tod allererst zu ermöglichen‹. Den natürlichen Tod für jeden Menschen möglich zu machen, das heißt: den Tod ›weltlich verspotten und bedrohen‹. Den Tod verspotten heißt auf jeden Fall: das Leben nicht verspotten. Den Tod bedroht man, indem man das Leben zu bedrohen verwehrt. Hier ist der Glaube sozial gegen den Tod engagiert, gerade weil er Gott und nur Gott als die Begrenzung des menschlichen Lebens kennt« (zit. nach Almanach, 43).

Während Jüngel zumindest an dieser Stelle einer direkten Auseinandersetzung mit den Implikationen des genannten Ansatzes ausweicht, geht *Helmut Gollwitzer* in seinem Exkurs über das Todesproblem im Marxismus auf den Kern der Auseinandersetzung ein. In der »Entlarvung der Ausnützung jenes ›archaischen‹ Bildes durch die Herrschenden und der Projektion sozialer Ängste und Beschädigungen in der Todesvorstellung« (50) gibt er Fuchs uneingeschränkt recht. »Aber die gesellschaftskritische Wahrheit wird auch von ihm wie von Bebel ergänzt durch die Vorstellung, wenn alle ›nicht-natürlichen‹ Todesursachen ausgeräumt seien und die Gesellschaft eine befriedigende innerzeitliche Lebenserfüllung anbiete, sei dem ›natürlichen Tod‹ aller Widerspruchscharakter genommen« (ebd.).

Hier setzt Gollwitzers zutreffende Kritik ein: »Solche Vision eines künftigen gesellschaftlichen Jenseits dürfte dem Illusionsverdikt, das von dieser Seite über andere Jenseitshoffnungen so unbesehen gefällt wird, wahrhaftig nicht weniger ausgesetzt sein (...) Denn der Tod ist ja gerade nicht, wie der junge Marx, Hegel nachsprechend, schrieb, ›der harte Sieg der Gattung über das Individuum‹ (Frühschriften, 239), sondern der harte Sieg der Natur über das Individuum und schließlich auch über die Gattung« (51).

Stärker verpflichtet weiß er sich dagegen *Ernst Bloch*, der sich dem Todesproblem gestellt hat als »dem letzten Widerstand gegen das Heimatlich-Werden der Welt« (52). Außer dem Tod, so Bloch, »ist kein Feind (...) zentraler, keiner so unausweichlich postiert, keine Gewißheit in dem durchaus ungewissen Leben und seinen Zweckbildungen ist mit der des Todes auch nur vergleichbar« (Prinzip Hoffnung II, 1301). Das Prinzip Hoffnung endet noch mit einem zuversichtlichen Ausblick auf eine im Lauf des Fortschritts der Naturbeherrschung sich ergebende Überwindbarkeit des Todes, die späteren Arbeiten sind zurückhaltender. Und der Schlußteil von »Atheismus im Christentum« (1968) ist ein beeindruckendes Ringen mit dem Todesproblem. Was die Kernfrage angeht, die Frage nach der Teilhabe des einzelnen an der Endvorstellung, da bleibt Bloch undeutlich – und Gollwitzer kommentiert: ». . . was ihn ehrt, weil es ein Zeichen dafür ist, daß er es sich nicht leichtmachte.«

Der geschichtliche Weg des Menschen ist für Bloch voller Hoffnungen. »Wieweit aber deren Erfüllung auch die Erfüllung derer sein soll, die an den Rändern dieses Weges vorher verscharrt worden sind, vermag er, so deutlich ihm diese Frage als eine alles andere in Frage stellende vor Augen steht, nicht zu sagen.« So weiß Gollwitzer an Bloch zu schätzen, daß er »nicht mehr zu sagen versuchte, als er atheistisch zu sagen vermag, und dennoch die verbleibende Frage nicht wegredet, sondern offenhält«, das gehört für Gollwitzer zur Größe und Radikalität im Denken von Ernst Bloch.

Denn Bloch weiß selber: Wenn die gewalttätigen Abkürzungen des Lebens abgeschafft sein werden, dann »bleibt der naturhafte Tod, als der durch keine gesellschaftliche Befreiung berührbare (. . .) nun gerade für die befreite, solidarisch gewordene Menschheit ein spezifisch welthaftes, weltanschauliches Problem. Desto mehr, als nach abgeschaffter Armut und Lebenssorge sich die Todessorge besonders hart abhebt, gleichsam ohne das Unterholz übriger, banaler Depressionen« (Prinzip Hoffnung, III, 270f.).

Und dazu abschließend noch einmal Helmut Gollwitzer in seiner markanten Sprache: »Indem ein dem Sozialismus verpflichtetes Denken an der vorgetriebensten Stelle dies gesteht: ›Totentanz ist noch am schönsten Ort‹, hält es die Wunde offen. Wo man sie voreilig zu schließen versucht mit Gerede, mit moralischer Forderung, mit kollektivistischer Mißachtung des einzelnen, mit der Fabel vom ›natürlichen Tod‹, mit der Empfehlung vom genügsamen Sich-Abfinden mit dem biologischen Schicksal, da enthüllt sich, was herauskommt, wenn der Marxismus mehr sein will, wenn er mehr sein will als eine ›Anleitung zu Handeln‹ (Lenin), wenn er sich als Weltanschauung etabliert und, indem er die Religion und das Christentum ersetzen will, selbst zur Religion sich macht, selbst die Sinnfrage beantworten will: Im offenen Todesproblem trägt er dann den Nihilismus, den er hinter sich gelassen zu haben meint, in sich und hat ihn deshalb, von ihm zersetzt, als seinen überholenden Feind vor sich« (53f.).

# 6. GRENZSTEINE IN DER LEBENSGESCHICHTE

*Ich werde sterben! Das ist ein Faktum, auch wenn ich mir das Totsein schlechterdings nicht vorstellen kann. Die Frage ist, wieweit ich mich von diesem Faktum, dem gewissesten Faktum meines Lebens bestimmen und beherrschen lassen muß. Was für ein Gewicht hat die Gewißheit meines Todes für mein Leben? Wir haben ein ganz unklares Verhältnis zum Tod. Das Ignorieren des Sterbens will uns nicht gelingen. Ebensowenig gelingt es uns, die Tatsache des Todes nüchtern ins Auge zu fassen, ohne Gerede, ohne Entsetzen, ohne kranke Faszination.*     *Ernst Lange*

## 6.1. SOZIOLOGISCHE EINDRÜCKE

Nicht erst am Lebensende stehen Steine, da sind es Gedenksteine, Grabsteine, die doch auch Grenzsteine sind; Grenzen sind auf ihnen eingemeißelt, der Beginn, die Geburt, das Todesdatum, die elementaren Grenzen meines Lebens. Aber auf meinem eigenen Lebensweg, auf jedem Weg stehen viele unsichtbare Grenzsteine, die Übergänge signalisieren, Veränderungen anzeigen, die manchmal mit konkreten Daten, Erinnerungsdaten meiner Lebensgeschichte, manchmal mit Menschen, die mich ein Stück weit begleitet haben, die manchmal mit Landschaften, Straßennamen und Hausnummern verbunden sind.

Damit sind wir schon mitten in einem soziologischen Denkmodell, das solche Übergänge in der Lebensgeschichte zum Inhalt hat und auch Sterben und Trauern als solche Übergänge erfährt und deutet. So werden Sterben und auch Trauern als Passageritus behandelt. Dabei geht es um einen doppelten Übergang (*Yorick Spiegel* hat diese soziologische Sichtweise zum Kernpunkt seiner Arbeit über Trauern gemacht): Bezogen auf den Trauernden handelt es sich um einen Passageritus, der den Übergang in ein Leben ohne den Verstorbenen signalisiert und einleitet. Bezogen auf den Verstorbenen wird mit dem Stichwort Passageritus der Übergang vom Verstorbenen zum Toten markiert. Die Statusveränderungen, die unmittelbar mit dem Tod verbunden sind, stehen also hier im Mittelpunkt.

In diesem Zusammenhang wird auch der Ritus bedeutsam. Also

eine gleichförmige Abfolge von Handlungen, die mit der Verallgemeinerbarkeit des persönlichen Lebensschicksals in Zusammenhang steht, gleichzeitig aber auch wechselnde inhaltliche Akzentuierungen, die mit den biographischen Besonderheiten des Verstorbenen wie der Trauernden in Zusammenhang stehen. Es geht außerdem bei diesen soziologisch geprägten Aspekten um die Frage nach gesellschaftlichen Typen der Trauer, um ihre Entstehung und Bedeutung. Soziologische Fragestellungen richten sich außerdem auf den Prozeß der Institutionalisierung der Trauer in hochkomplexen Gesellschaften, auf Fragen der Legitimationsproblematik im Zusammenhang mit dem Tod. Im stärker religionssoziologisch geprägten Teil wird es schließlich um die Darstellung symbolischer Sinnwelten gehen – anders gesagt, um die Frage nach der Funktion der Religion in der Gesellschaft, zugespitzt auf die Zusammenhänge von Sterben und Trauern.

## 6.2. RITES DE PASSAGE

Das Bild des Weges, stärker noch das Motiv des Übergangs ist uns aus verschiedenen Ansätzen heraus geläufig und hält sich bis heute in vielen Traueranzeigen und Formulierungen im Zusammenhang mit dem Sterben durch. Das soziologische Konzept der »Rites de passage«, ein Ansatz, der besonders Status-Übergänge beobachtet und beschreibt, greift dieses Motiv auch im Zusammenhang mit der Todesproblematik auf.

Ursprünge dieses Konzeptes liegen in der soziologischen Schule *Emile Durkheims*, stammen also bereits aus dem Beginn des 20. Jahrhunderts. Dabei handelt es sich primär um Status-Übergänge inmitten der Lebensgeschichte, etwa um den Übergang vom Jugendalter zum Erwachsenenalter, der in früheren Gesellschaftsformen noch deutlicher als heute mit klar markierten Initiationsriten verbunden war. All diese Übergänge, die den Wechsel des einzelnen von einer sozialen Gruppe zur anderen, von der einen sozialen Situation in eine andere anzeigen und begleiten, beinhalten verschiedene Stationen, die gleichzeitig anzeigen, welche Aufgaben bei solchen Übergängen durchlaufen werden müssen: Es geht um Rituale der Trennung (»séperation«, des eigentlichen Übergangs [»marge«] und der Eingliederung [»agrégation«] in die neue Gruppe bzw. soziale Situation. *Arnold van Gennep* hat 1909 zuerst diesen Begriff formuliert und unter-

90

schieden in Übergänge im Verlauf des menschlichen Lebens [»les passages humaines«] und in Übergänge im Verlauf des Jahreszyklus [»le passage cosmique«]), wozu etwa auch Totengedenken und Jahreswechsel gehören. Fortgesetzt worden ist dieser Ansatz in der jüngeren soziologischen Literatur besonders in der Tradition des symbolischen Interaktionismus (ich nenne *Georg Herbert Mead*, *Anselm Strauss* und *Thomas Luckmann*, später auch *Joachim Matthes* und die *Bielefelder Soziologen*), die das Konzept theoretisch zugespitzt und differenziert hat.

In dem Maß, in dem Status-Übergänge im Zusammenhang mit dem Tod herausgearbeitet wurden, ließ sich dieses Konzept eben nicht nur auf einzelne Stationen der Lebensgeschichte übertragen und anwenden, unterteilt in einzelne Lebenszyklen, sondern die gesamte Lebensgeschichte ließ sich in einem theoretischen Konzept begreifen. So vollzieht sich nach Strauss ein solcher Status-Übergang auch im Trauern:»Der Verstorbene wird zum Toten, in einem festgelegten Prozeß, in dem er geehrt wird. Dem Trauernden wird erlaubt, gewisse tägliche Verpflichtungen wie die Ausübung des Berufes zurückzustellen (...) Er darf sich zurückziehen, um zu einer neuen Orientierung zu finden« (vgl. Spiegel, Trauern, 96). So hat auch der Verlauf der Trauer gewisse regelhafte Phasen, die gesellschaftlich anerkannt und respektiert sind, deren Intensität und Dauer sich jedoch nach der jeweiligen Situation und Betroffenheit unterschiedlich gestalten. Es ist deshalb für Theologiestudenten vor dem Examen unsinnig, wenn sie die Phasen des Trauerns nach Yorick Spiegel etwa wie einen sozialen Automatismus auswendig lernen – und für die Prüfer ist es ermüdend und langweilig; denn dieser Regelhaftigkeit entzieht sich das Leben nur allzu gern. Dennoch bleibt zu beachten, daß ein Trauerprozeß eben nicht nur individuelle Besonderheiten besitzt, sondern auch sozialen Gesetzmäßigkeiten folgt – zum Glück, denn sonst folgte dem individuellen Chaos, den ein Todesfall auslöst, auch noch ein sozialer Orientierungs- und Handlungsverlust.

Innerhalb der Trauer ist es nämlich erforderlich, die gesamte unmittelbare und mittelbare soziale Lebenswelt neu zu strukturieren – nicht nur, weil ein Mensch gestorben ist, sondern weil auch die Lebenswelt, die mit ihm verbunden war, gleichsam mitgestorben ist. Und das bedeutet in der Regel eine Fülle von Beziehungsänderungen, die zu bearbeiten sind. Yorick Spiegel unterscheidet hier 1. die persönlichen Beziehungen mit ihren drei Ebenen des intimen, des vertrauten und des arbeitsteiligen Austausches; 2. die Beziehung zur unmittelbaren Umwelt, in der der Trauernde weiterlebt und in der der Verstorbene gelebt hat; und 3. die Beziehung zur Gesamtgesellschaft, die sich auch im Kosmos der jeweils einzelnen Lebensgeschichte niederschlägt.

Es wäre deshalb zu kurz gegriffen, Trauer nur als innerpsychischen Vorgang zu verstehen und zu betrachten. »Der Tod trifft (vielmehr) ein breites psychosoziales Umfeld, das bisher im allgemeinen geordnet war und dem Trauernden Sicherheit und Stabilität vermittelt hat (...) Es ist wie die Anmeldung eines völligen Konkurses, bei dem erst schrittweise bei der Aufklärung der verworrenen Situation erarbeitet und herausgefunden werden kann, was als Vermögen noch vorhanden ist (...) Im allgemeinen (...) ist die Erfahrung des Verlustes so unstrukturiert, daß der Trauernde weder zureichend erfassen kann, was er verloren hat, noch weiß, welche Verlustbereiche besonderer Bevorzugung in der Durcharbeitung bedürfen, und zumindest auch keinerlei Anleitung hat, wie die Trauerarbeit angesetzt und durchgeführt werden soll« (Spiegel, 100 f.).

## 6.3. BEZIEHUNGSÄNDERUNGEN

Ich will diese Ansätze durch Erfahrungen aus dem Gemeindepfarramt ergänzen. Vielleicht wird deutlich, wie bedeutsam es ist, sich als Seelsorger des sozialen Umfeldes und der sozialen Verknüpfungen bewußt zu sein, die im Trauern aktualisiert werden.

Irgendwann in einer langen Trauergeschichte wird dem Betroffenen deutlich, daß er selbst bereit sein muß, sich zu trennen, auch innerlich zu trennen vom Verstorbenen, um nicht in einer imaginären sozialen Lebenswelt, halb realistisch, halb träumend, weiterzuleben. Dabei werden manche Trennungen früher erforderlich sein, manche erst sehr viel später, und einige wenige werden wahrscheinlich nie erfolgen: etwa der unmittelbare Gesprächspartner – sich von ihm zu trennen, das dauert lange. Ich kenne Menschen, die noch über Jahre zu bestimmten Anlässen und in besonderen persönlichen Situationen zum Grab des Ehepartners gehen und dort Gespräche führen: »Das muß ich erst einmal mit meinem Mann besprechen.« Und das heißt, am Grab, in seiner vorgestellten Gegenwart bedacht werden.

Irgendwann werden dann andere Menschen an diese Stelle treten, und je besser diese realen Gespräche verlaufen, desto seltener werden dann wohl die Gespräche am verjährten Grab.

Auch die Trennung von den Gegenständen, die der Verstorbene benutzt oder getragen hat, seine Kleidung etwa – wieviele Tränen werden vergossen, wenn das alles ausgeräumt werden muß! An dieser Stelle werden wir als Gemeinde oft angesprochen,»damit die Sachen wenigstens noch einen guten Zweck erfüllen«, so werden uns die gebrauchten Kleidungsstücke anvertraut. Wer (nicht zuletzt durch diese soziologischen Beobachtungen) hellhörig geworden ist, wird wissen, daß hier ein wesentlicher Schritt der Trauerarbeit getan wird – und wir sollten die Gelegenheit nutzen, nicht nur die Kleidungsstücke abzuholen, sondern auch Zeit mitzubringen, diesen Trennungsschritt zu verkraften.

Die Prägungen, die guten und vielleicht auch bedrückenden Erinnerungen, die wir mit dem Verstorbenen verbinden, werden seltener einer solchen Trennung unterworfen, verlieren aber ihre beinahe magische Kraft in dem Maß, in dem wir uns auch neuen Prägungen und Erfahrungen nicht entziehen.

Der eigentliche Übergang in die neue soziale Gruppe vollzieht sich ebenfalls auf ganz verschiedenen Ebenen, etwa bei einer älteren Frau, die als Hinterbliebene sich als Witwe versteht und realisiert, daß sie auch sozial zu einer anderen Gruppe gehört, zur Gruppe der Witwen. Mit wieviel Widerstand, ja mit wieviel Verachtung wird dieser Übergang geleugnet oder hinausgezögert! Und es ist ja durchaus berechtigt, sich in seinem Lebensgefühl und in seiner sozialen Verortung nicht allein diesem persönlichen Definitionsmerkmal»Witwe« zu beugen.

Dabei spielen ja noch ganz andere soziale Rivalitäten eine Rolle. So läßt sich mit einigem sozialen Fingerspitzengefühl sehr schnell in jeder Gemeinde eine Gruppe von Kriegerwitwen ausmachen, die über Jahrzehnte allein blieben – und stolz darauf sind; gleichzeitig andere Kriegerwitwen, die einen erneuten Status-Wechsel vorgenommen haben (sich nämlich einen Lebensgefährten oder einen neuen Mann gesucht haben), mit Verachtung strafen.

Die Eingliederung in die neue soziale Gruppe muß nun nicht zwangsläufig bedeuten, sich dem Verhaltensmuster anderer anzupassen, die schon länger in dieser Lage sind. Dennoch erlebe ich es oft, daß es sogenannte Friedhofsbekanntschaften gibt, ältere Menschen, die sich auf ihren regelmäßigen Wegen zum Grab des Verstorbenen auf dem Friedhof treffen und auch Gespräche beginnen. Mit einiger Behutsamkeit bieten sich hier Möglichkeiten, eine Art Selbsthilfegruppe Hinterbliebener zu bilden, deren Gefahr jedoch darin besteht, daß diese Gruppe und die zu ihr gehörigen Mitglieder allzu stark über das gemeinsame Verlust- und Defizit-Merkmal definiert werden und möglicherweise erhebliche Schwierigkeiten haben, in anderen Bezugsgruppen Anschluß zu finden. So laden wir etwa in unserer Gemeinde einmal im Jahr in der Zeit des Spätherbstes die Hinterbliebenen eines Jahrgangs ein, um ihnen Möglichkeiten zum Übergang in andere Gemeindegruppen zu eröffnen.

Die Beziehungsänderungen im persönlichen Bereich haben bisweilen schon lange vor dem eigentlichen Tod begonnen, etwa bei einem langen Krankenhaus-Aufenthalt des Ehepartners. Dennoch besteht ein erheblicher Unterschied, wenn diese Veränderungen plötzlich als irreversibel anerkannt und akzeptiert werden müssen. Vertraut ist mir etwa, wenn ausgedrückt wird:»Ach ja, um diese Zeit bin ich sonst immer zum Krankenhaus gegangen.« So vielfältig und unterschiedlich wie das Lebensgefüge, in dem sich der einzelne befindet, ist auch die Notwendigkeit zur Beziehungsänderung in der unmittelbaren Umwelt, in der der Trauernde nun allein weiterlebt. Da brechen oft Kontakte, die der Verstorbene mit seiner Person und seinen Interessen ausgefüllt hat, oft schon nach wenigen Wochen ab; da fühlt sich der Hinterbliebene in der früheren Bezugsgruppe, in der etwa überwiegend Ehepaare vertreten waren, nun nicht mehr wohl, weil er sich »so unvollständig« vorkommt und deshalb diesen Begegnungen lieber ausweicht – auch weil er oder sie meint, allein könne man sich da nicht sehen lassen, falle ohnehin den anderen zur Last. Wie oft müssen Gruppen-Kontakte freiwillig oder unfreiwillig mitbegraben werden!

Die Veränderungen der Beziehung zur Gesamtgesellschaft, das klingt so abstrakt und richtig, daß man sich erst gar nichts darunter vorstellen kann. Nur wenige Beispiele seien deshalb angeführt: Ein wesentlicher Aspekt des sogenannten bürokratischen Teils einer Trauergeschichte gehört in diese Kapitel, Versorgungsfragen, rechtliche Fragen, steuerliche Veränderungen – ein Feld, das in den meisten Fällen vom Bestatter bearbeitet wird und deshalb den Betroffenen weniger deutlich ins Bewußtsein tritt. Und doch sind diese Veränderungen oft von einschneidender Bedeutung. (Auf diese Fragen komme ich im Gespräch mit der Arbeit des Bestatters gesondert zu sprechen; vgl. Kap. 8.)

Manchmal klingen solche Beziehungsänderungen schon in den ersten Gesprächskontakten Hinterbliebener mit einem Pfarrer oder einer Pfarrerin an – und nicht selten ist dann zu hören:»Ja, ja, eigentlich alles wird sich jetzt verändern.« Ein deutliches Signal, daß es in der ersten unmittelbaren Trauer nahezu unmöglich ist, Gewichtungen und Unterscheidungen vorzunehmen. Das braucht Zeit. Und eben diese Zeit ist Trauerzeit.

## 6.4. INTEGRALE PRAXIS

An dieser Stelle lohnt sich, ergänzend zu den Aspekten, die *Yorick Spiegel* festgehalten hat, ein Blick auf die Konzeption von *Joachim Matthes* im Zusammenhang mit kirchlichen Amtshandlungen, in dem er sich – übrigens auf dem identischen soziologischen Hintergrund – für eine »integrale Amtshandlungspraxis« einsetzt. Seine Ausgangsdefinition heißt: Volkskirchliche Amtshandlungen sollen der eindeutigen Markierung prominenter Übergänge im Lebenslauf zugeordnet werden.

Matthes unterscheidet zwischen Lebenszyklus, der gesamtgesellschaftlich geregelten und geltenden Bestimmung des »normalen Lebenslaufes« mit seinen typischen Einschnitten, Höhepunkten und Krisen und der Lebensgeschichte, also der biographischen Verarbeitung der lebenszyklischen Vorgaben in der konkreten Lebenserfahrung des einzelnen Gesellschaftsmitglieds (ebd., 88 f.). So ist es etwa für den Gemeindepfarrer, der ja auch bei Altenbesuchen viele Lebensgeschichten erzählt bekommt, bedeutsam, beides zu hören und im Blick zu haben: die Ähnlichkeiten (Lebenszyklus), die sich auch auf der Folie der historischen Gleichzeitigkeit der jeweiligen Generation ergeben und (!) die Unterschiedlichkeit und Vielfältigkeit (Lebensgeschichte), nämlich die Verarbeitung der lebenszyklischen Vorgaben in der Lebenserfahrung des einzelnen (oder eben in der Wahrnehmung der Angehörigen beim Trauerbesuch). Geradezu beiläufig schreibt Matthes: »Die Menschen gehen daran zugrunde, daß sie Ende und Anfang nicht zu verknüpfen verstehen« (96). Hier beginnt die eigentliche Herausforderung der Trauerarbeit – und der Lebensarbeit.

Wenn der Satz von Matthes stimmt, dann steht die Pfarrerin, der Pfarrer in allen Amtshandlungen und der damit verbundenen Seelsorge vor einer entscheidenden Aufgabe: die Gaben anderer (!) wiederentdecken und bestärken, eben diese Zusammenhänge in den Blick zu nehmen, auszudrücken, wahrzunehmen.

An einem Trauergespräch und an einer Beerdigung nehmen häufig unterschiedliche Generationen teil. Und natürlich ist dieser Tod auch aus dem Generationsunterschied den Beteiligten (neben der biographischen Nähe und jeweiligen Verbundenheit) unterschiedlich nah oder fern: bei älteren Menschen etwa die oft unausgesprochene Erfahrung:»Da ist schon wieder einer von meiner Generation gestorben«, oder:»Was soll ich jetzt eigentlich noch hier – sie sind ja alle schon gestorben«. Dagegen in der mittleren Generation:»Jetzt werden wir unabweisbar die ›älteren‹, die nächste Generation ist schon gestorben«. Der Generations-Puffer gegenüber dem »normalen« Sterbealter schwindet. Die jüngeren dagegen wohl eher so:»Das erste Mal, daß ich dem Sterben begegne«, aber auch:»Ob wir jemals so alt werden?« Und auch:»Hoffentlich bleibt unserer Generation erspart, was die ältere Generation durchmachen mußte«.

Und dazu noch der andere Aspekt: Jeder überträgt das Geschehen auf seine eigene Jetzt-Situation: die Jüngeren etwa:»Was habe ich eigentlich bis jetzt vom Leben gehabt – wenn das alles wäre«. Die mittlere Generation, vielleicht mit einer ähnlichen Frage, aber noch zugespitzt:»Viel Zeit bleibt mir nicht mehr – und dabei hatte ich mir alles ganz anders vorgestellt«. Und – vielleicht sogar als Summe dieser beiden Generationenfragen die Älteren:»Was ist es denn nun eigentlich gewesen, was wir da gemeinsam erlebt haben?«

Wie gesagt, das sind oft unausgesprochene, kaum bewußte Fragen, die aber doch ein Schlaglicht werfen auf die Verschiedenheit derer, die da jetzt gemeinsam trauern. Und noch eine heilsame Warnung von Matthes: Nicht irgendwo hinter (!), sondern in (!) ihren Konstruktionen und Rekonstruktionen lebt die menschliche Biographie (105). Es geht also nicht um die Frage,»wie es wirklich war«, sondern wie es jetzt erlebt, gedeutet, verarbeitet wird – die Lebensgeschichte. Dabei ist die Unterscheidung von »Ereigniszeit« (Strukturierungen von singulären und für den einzelnen hochbedeutsamen Lebensereignissen –»von-da-ab-war-ich-ein-anderer-Mensch«-Erlebnisse) und »Alltagszeit« (lebensgestaltende Rhythmen, die in hohem Maß routinisiert sind) hilfreich. Wie oft sind wir fixiert auf »Ereigniszeit« – und übersehen die Lebensleistung in der »Alltagszeit«! Wenn da, fast mit Verwunderung, gesagt wird:»Was Wichtiges gab es eigentlich nicht.« Das heißt noch lange nicht, daß dieses Leben nicht eben doch »gestaltet« war (vgl. Anhang:»Wert des Menschen«).

Matthes selbst leitet uns damit weiter zur Frage des Rituals, das in der Gefahr steht – jedenfalls, wenn es nicht seelsorgerlich und sozial eingebettet ist –, die Sinnfrage zu immunisieren. Denn:»Das Ritual der Amtshandlung selber, auf Objektivierung und Generalisierung der besonderen Erfahrung und darauf angelegt, vom unmittelbaren Erfahrungsdruck zu entlasten, kommt solcher Immunisierung (der Sinnfrage) zu Hilfe, wenn es nicht um eine ausgearbeitete Seelsorgepraxis ergänzt wird, in der im einzelnen – und nun durchaus um den Entlastungseffekt des Rituals bereichert – wieder aufgenommen wird, was im Ritual objektiviert erscheint.« Mehr noch:»eine reduzierte (!) Amtshandlungspraxis (im Unterschied zur integralen) ist mit an der Erzeugung jenes Ergebnisses beteiligt, über das sie klagt: am Formal- und Formelcharakter ihres Rituals für die, die an ihm teilnehmen« (102).

Es bleibt also zu unterscheiden zwischen der eigentlichen Amtshandlung, dem Ritual, und der geforderten integralen Amtshandlungspraxis, die sich folgender Konstellation bewußt ist: Es nehmen an der Amtshandlung Menschen verschiedener Generationen teil. Damit ist das Problem der Gleichzeitigkeit, genauer: der Ungleichzeitigkeit des Gleichzeitigen im Blick. In Aufnahme von Gedanken von Karl Mannheim macht Matthes deutlich: Jeder lebt mit Gleichaltrigen und Verschiedenaltrigen in einer Fülle gleichzeitiger Möglichkeiten und Ereignisse. Für jeden ist die gleiche Zeit aber eine andere Zeit, nämlich ein anderes Zeitalter seiner selbst, das er nur mit Gleichaltrigen teilt (108). Seelsorgerlich gefragt, heißt das: Wie kommen eigentlich die halbwüchsigen Enkelkinder der Verstorbenen in unseren Gesprächen und Ansprachen bei Trauerfeiern vor? Überdeckt die Trauer der älteren Gleichzeitigen nicht das, was eben diese andere Generation so völlig anders empfindet – und sie doch ebenso ratlos, manchmal sogar verzweifelt macht. Diese soziologischen Anmerkungen sind von erheblicher Bedeutung für das Seelsorgegespräch – und eben für die Verknüpfung von Amtshandlung und Seelsorge. Dabei muß ich zugeben, daß das Gespräch mit den oft kleineren Kindern oder Enkelkindern, aber auch mit den Heranwachsenden gerade im Zusammenhang von Trauer so schwer nur zu realisieren ist; nicht nur, daß sie dem Pfarrer vorenthalten werden als Gesprächspartner (oder sich durch Abwesenheit selbst entziehen), sondern auch wir selbst sind ungeübt, Gespräche über Sterben und Trauern mit jüngeren Menschen in ihrer Sprach- und Erlebniswelt angemessen zu führen.

Die hervorgehobene Bedeutung der Amtshandlung, also des Rituals, besteht unter anderem darin, die Besonderheit der eigenen Lebenswirklichkeit mit all ihren Erträgen und Krisen der Sinndeutung in eine höhere Form der Allgemeinheit zu überführen und dort zur Geltung zu bringen. *Yorick Spiegel* reduziert die soziologische Bedeutung einseitig auf den Aspekt des Status-Übergangs (110). Seine Bemerkungen zum »gesellschaftlichen Aspekt« des Trauerns sind deshalb ergänzungsbedürftig.

## 6.5. TYPEN DER TRAUER

Die gesellschaftlichen Typen der Trauer verdanken sich einer langen historischen Entwicklung. Das soll andeutungsweise am Beispiel der Bestattungen konkretisiert werden. Während etwa in Ägypten die Einbalsamierung der Leiche und die wirkliche oder abbildliche Fahrt auf dem Totenschiff mit vielen Beigaben üblich waren, kannten Griechenland und Rom Erd- und Feuerbestattungen; die Bekleidung der Verstorbenen mit Alltags- oder Standesgewändern, Beisetzungen mit Fackelschein in der Nacht oder in der Frühe des Morgens, Klage und Totengedächtnis. In Israel vorherrschend war die Erdbestattung – auch in Felsen- oder Höhlengräbern. Tote und Gräber galten als kultisch unrein; das Zeremoniell wurde zum Teil erheblich veräußerlicht und auch übersteigert; bei Felsengräbern wurde das Grab gegen unerwünschte Eindringlinge oder auch gegen Tiere mit schweren Steinen verschlossen (vgl. auch Mk 16,4); ansonsten wurde die Leiche mit Erde oder Asche bedeckt. Die Urgemeinde und Alte Kirche übernahm sowohl jüdische als auch heidnische Bräuche, jedoch ohne Gesetzlichkeit und unter dem Zeichen von Kreuz und Auferstehung, und kannte die Bekleidung des Toten mit dem weißen Gewand (im Hinweis auf die Taufe), die Beisetzung am Tag, später verbunden mit reicher Ausschmückung des Rituals, jedoch ohne Bestattungs-Reden. Augustinus etwa begründet die Pflicht zur Bestattung eines Christen damit, daß der Verstorbene ein durch Gott geschaffener und durch Christus erlöster Mensch sei, der der Totenauferstehung entgegengehe. Während in griechisch-römischer Zeit die Beisetzung weitgehend eine Angelegenheit der jeweiligen Familie war, verstand die christliche Kirche von alters her die Beerdigung als eine Aufgabe der Gemeinde. Sehr bald entstehen agendarische Gebete. Zum theologischen Problem wurden später die Darbietungen von Opfergaben (oblationes) für die Toten (vgl. den kenntnisreichen Art. »Bestattung« von *Friedemann Merkel*, in: TRE, Bd. 5, 744). Eine differenzierte Tradition für die erste Phase der Trauerarbeit in der Form des Rituals findet sich in den Apostolischen Konstitutionen: Am dritten Tag nach dem Tod findet ein Gottesdienst für den Toten statt, weil Christus am dritten Tag auferstanden ist; am neunten Tag findet eine Gedächtnisfeier statt, ebenso am vierzigsten Tag, weil Mose vierzig Tage betrauert wurde (Dtn 34,8). Am Jahrestag schließlich wird eine Eucharistiefeier gehalten, in der für das Heil des Toten gebetet wird (vgl. Merkel, ebd.).

Für das Mittelalter sind zwei Momente wesentlich: der Ausbau der Bestattungsordnung zum Leichenbegängnis mit Hausfeier, Kirchgang, Geleit zum Friedhof; außerdem die wachsende Bedeutung der Totenmesse, Aufbahrung in der Kirche, Weihe des Grabes. Bis zur Zeit der Reformation sind eine Vereinheitlichung der zahllosen Sonderformen der Bestattungsordnungen zu beobachten und die Aufnahme des Requiem-Formulars in das Meßbuch 1570. Ausgeführte Traueransprachen oder Leichenreden scheinen die Ausnahme zu sein. So bestimmt das Konzil von Rouen (1501), daß nur für »gloriosi, illustres und bene meriti«»sermones funebres« gehalten werden.

Nach Auffassung der Reformation gibt es keine Möglichkeit der Einflußnahme auf das Schicksal des Toten durch die Art der Bestattung selber. Zur Bestattung gehören ein ordentlicher Gemeindegottesdienst mit verkündigungsorientierter Predigt und ein kurzer Beisetzungsritus. Diese Tradition hat sich – bei aller regionaler Unterschiedlichkeit – bis heute durchgehalten (vgl. *Mezger*, PThH, 83). Die Bestattung ist keine kultische Handlung, von der das Heil des Verstorbenen abhängt; sie zählt vielmehr in frommer Volksüberlieferung zu den Werken der Barmherzigkeit, findet aber keine stringente Begründung im Neuen Testament. Im Gegenteil: Im Entscheidungsfall ist das Bekenntnis zu Jesus Christus wichtiger als die jeweilige Pietätspflicht (vgl. Mt 8,22). Damit ist in christlicher Tradition die Beerdigung ihres zwanghaften Charakters (Gewährleistung des Status-Übergangs für den Verstorbenen) überholt worden durch eine neue Auffassung: Beerdigung und Bestattungsordnung sind Formen der Verkündigung und der Seelsorge an den Hinterbliebenen.

Eine Institutionalisierung der Trauer ist nicht erst das Merkmal hochkomplexer neuzeitlicher Gesellschaftsformen. Gesellschaftlich bereitgestellte Handlungsformen (häufiger: Handlungsbegrenzungen) der Trauernden lassen sich, wie wir unter anderem auch bei den von *Fuchs* dargestellten archaischen Gesellschaftsformen gesehen haben, bereits sehr früh nachweisen. Institutionalisierung von Trauer und gesellschaftlich angebotene Verhaltensmuster entpflichten den jeweils Betroffenen von der Notwendigkeit, in einer völlig ungewohnten Situation eigene und individuell handhabbare Handlungsmuster entwickeln und praktizieren zu müssen. Gleichzeitig nehmen ihn diese gesellschaftlichen Handlungsmuster auch in Pflicht: Jenseits der gesellschaftlich akzeptierten Handlungsweisen der Trauer gibt es keine Trauer. Abweichende Verhaltensmuster setzen sich vielmehr der Notwendigkeit aus, gesondert legitimiert werden zu müssen. Das beginnt in unserer Gesellschaft mit den einfachsten Verhaltensweisen gegenüber dem Verstorbenen: Der Verstorbene unterliegt nicht der privaten Verfügungsgewalt, sondern unterliegt öffentlicher Verfügungsgewalt und amtlichen Vorschriften. Die Entstehung eigener Berufsgruppen im Zusammenhang mit Tod und Trauer hat sich zudem in dem Maß fortentwickelt, als nachbarschaftliche oder großfamiliäre Gruppenbeziehungen die erforderlichen Aufgaben nicht mehr übernehmen konnten oder wollten (Zerfall von Nachbarschaften und Großfamilien). Dabei ist jedoch überraschend, wie schwach die Institutionalisierung und Professionalisierung der Berufsgruppe der Bestatter bis heute ausgebildet ist: Ein klar umrissenes und rechtlich gesichertes Berufsbild gibt es nicht. Das führt bisweilen zu unglücklichen Begleiterscheinungen von Trauerfällen. Es ist jedoch zu beobachten, daß die genannte Berufsgruppe selber, soweit sie seriös ihre Aufgaben wahrnimmt, an einer rechtlichen Klärung von Ausbildungs- und Zulassungsbestimmungen interessiert ist, also an einer Entwicklung zur Professionalität.

Die soziologische Literatur hat sich ausführlich auch mit der Trauer selber beschäftigt. Sie wird als zugleich individuelle und kollektive Verlustreaktion beschrieben und untersucht. Wo die Soziologie das zwischenmenschliche Verhalten des Menschen – also das Interaktionsgeschehen – untersucht, macht sie eine oft formulierte anthropologische Voraussetzung: Der Mensch ist nicht selbstverständlich und fraglos in die Welt und ihre Grenzen eingebunden, sondern angewiesen auf personale und soziale Vermittlung. Trauerriten haben daher folgende Funktionen: Kennzeichnung der Trauernden und Aussonderung aus der übrigen Gruppe, Normalisierung einer Ausnahmesituation, in der die Brisanz und Gefährlichkeit des Übergangs von einer sozialen Identität zur anderen manifest werden und Sicherung der übrigen, nicht oder anders betroffenen Gruppenmitglieder (vgl. *Illhardt*, 273).

## 6.6. INSTITUTIONALISIERUNG DER TRAUER

Trauer läßt sich, anders gesagt, als Krise der sozialen Akte und Interaktionen begreifen. Krise bedeutet dabei nicht ein augenblickliches Ereignis, einen Moment, sondern deutet einen Prozeß an. Denn Trauer gefährdet potentiell das Selbstverständnis einer Gesellschaft, weil sie eine Bedrohung der gewachsenen gesellschaftlichen Ordnung darstellen kann.

Als umfassendes und gegenwärtig gängiges soziologisches Konzept zur Erfassung der mit Trauer und Tod verbundenen soziologisch bedeutsamen Problemstellungen bietet sich das Konzept der »Lebenswelt des Alltags« an, das *Thomas Luckmann* in Aufnahme von Arbeiten von *Alfred Schütz* weiterentwickelt hat (hier: Strukturen der Lebenswelt). Schütz hatte seine Studien an der Grenze zwischen Philosophie und Soziologie angesiedelt, sein erstes großes Werk, »Der sinnhafte Aufbau der sozialen Welt«, wurde 1923 in Österreich veröffentlicht. Vor Hitlers Einmarsch in Österreich ging Schütz nach Paris und emigrierte schließlich 1939 in die Vereinigten Staaten, wo er in New York an der New School of Social Research zu lehren begann. Er war davon überzeugt, daß »eine adäquate Lösung für methodologische Grundprobleme der Humanwissenschaften nur in einer exakten Beschreibung der spezifisch menschlichen Konstitution des Gegenstandsbereichs dieser Wissenschaft zu suchen sei. Seine frühe Überzeugung, daß in Husserls Phänomenologie eine konsequente Methode zur deskriptiven Analyse der Konstitution von Alltagswelt im menschlichen Erfahrungsbereich bereitgestellt worden war, bestätigte sich für Schütz in seinen späteren Arbeiten« (vgl. Luckmann 12). »Unter alltäglicher Lebenswelt soll jener Wirklichkeitsbereich verstanden werden, den der wache und normale Erwachsene in der Einstellung des gesunden Menschenverstandes als schlicht gegeben vorfindet. Mit schlicht gegeben bezeichnen wir alles, was wir als fraglos erleben, jeden Sachverhalt, der uns bis auf weiteres unproblematisch ist« (23). Der Tod stellt dem Grundsatz nach das Ende und damit eine unerhörte Bedrohung der fraglosen Gewißheit der alltäglichen Lebenswelt dar. Dieser Herausforderung wird mit gleichsam sozialen Gewißheiten und vertrauten gesellschaftlichen Reaktionsmustern begegnet: Formen der Trauer. Bedeutsam an diesem Konzept sind die jeweilige Reichweite (aktuelle, potentielle) als Begrenzung der Handlungsmöglichkeiten sowie die jeweilige Strukturiertheit der Zeit.

Als aktuelle Reichweite wird der Bereich bezeichnet, der meiner unmittelbaren Erfahrung zugänglich ist. Durch den Tod verläßt ein Gesellschaftsmitglied die aktuelle Reichweite (wobei nicht bestimmt werden kann, ob es gleichzeitig aus dem Bereich der potentiellen Reichweite entschwindet). Innerhalb der aktuellen Reichweite verbleibt nur der Trauernde.

Hinzu kommt das Moment der zeitlichen Struktur der alltäglichen Lebenswelt. Sie umfaßt nicht nur meine eigene Lebenszeit (und respektiert damit die Endlichkeit in der Zeit), sondern auch die Weltzeit (jenseits meiner persönlichen Existenz). Zur lebensweltlichen Zeit gehören wesentlich drei Aspekte: Fortdauer und Endlichkeit; Zwangsläufigkeit des Ablaufs der Zeit (Unumkehrbarkeit); und die Geschichtlichkeit und damit die Unwiederholbarkeit der jeweiligen Situation. Die Erwartung meines Todes als einer endgültigen Abkehr von der Lebenswelt entspringt meiner Existenz in der sozialen Welt. Ich erfahre in ihr: Andere werden älter, sterben, die Welt jedoch besteht weiter (und ich in ihr). Nun ist es aber eine meiner Grunderfahrungen, daß auch ich älter werde, also weiß, daß auch ich sterben werde und die Welt danach vermutlich fortdauern wird. Ich weiß somit, daß meiner Dauer Grenzen gesetzt sind.

In einem solchen Ansatz, wie ich ihn hier skizzenhaft nachgezeichnet habe, hat der Verstorbene Bedeutsamkeit in dem Maß, als er in die Jetzt-Zeit hinein bedeutsam ist; umgekehrt wird die Jetzt-Zeit als äußerst bedrohter Lebensraum erfahren. Um diese Bedrohung sozial zu meistern, bedarf es sowohl sozialer Ordnungsmuster als auch der Notwendigkeit, Gewißheiten jeweils neu zu aktualisieren. Anders gesagt: Es besteht die Notwendigkeit, trotz des Todes oder gerade im Angesicht des Todes erneut Sinn herzustellen, sowohl um das zu Ende gegangene Leben verstehen zu können, als auch um sein eigenes künftiges Weiterleben ohne den Verstorbenen angstfrei und mit einem Mindestmaß an Ungewißheit und Schuld ermöglichen zu können. Damit sind wir bereits mitten in der Religionssoziologie.

Bis in die Gegenwart hinein wird der Religion als entscheidender sozialer Leistung zugeordnet, subjektiv und intersubjektiv Sinn zu konstituieren. Die Religionssoziologie hat die Aufgabe, die enge Beziehung zwischen Religion und gesellschaftlichem Zusammenhang aufzuzeigen – mehr noch, den besonderen Ort, die besondere Aufgabe der Religion in der Gesellschaft zu markieren, nämlich Sinn zu vergewissern, der sich auch angesichts von Krise und Chaos zu erhalten vermag. Von *Peter L. Berger* stammt die Formulierung: »Jede menschliche Gesellschaft ist letzten Endes ein Bund von Menschen angesichts des Todes. Die Macht der Religion hängt von der Glaubwürdigkeit ihres Banner ab, die sie Menschen in die Hand gibt, die dem Tod entgegensehen oder ihm unweigerlich entgegengehen«(51).

Soziologisch betrachtet steht das Christentum als Religion vor dem Dilemma, innerhalb der eigenen Vorstellungen durchaus plausible Antworten auf Tod und Sterben geben zu können, gesamtgesellschaftlich jedoch keine allgemeine Verbindlichkeit mehr beanspruchen zu können. Verdeutlichen läßt sich dies am Beispiel des oben genannten Trauergottesdienstes: Nach christlichem Verständnis ist die Trauerfeier ein öffentlicher Gottesdienst. Im Unterschied zu solcher christlichen Selbstdefinition steht jedoch die Fremddefinition derer, die aus anderen Motiven an dieser Trauerfeier teilnehmen – und sie entweder als kultische Notwendigkeit dulden und hinnehmen oder aber eine Veranstaltung (nicht zu Ehren Gottes, sondern) zu Ehren des Verstorbenen halten, der darin gebührend öffentlich dargestellt und gelobt zu werden hat. Gerade das Selbstlob des Menschen über sich selbst im Angesicht Gottes ist aber nun christlicher Gemeinde aus zutiefst theologischen Gründen nicht möglich: Wir stehen vor Gott nicht als Helden, sondern als aus Gnade gerechtfertigte Sünder.

Pluralismus bedeutet gesamtgesellschaftlich die Beliebigkeit der angebotenen Sinndeutungen der Religion angesichts des Sterbens. Die Geschichte der Säkularisierung ist irreversibel. Gleichzeitig jedoch erfährt Religion an der wesentlichen Stelle, wo es um Leben und Tod geht, wo es um Sinndeutung angesichts des Todes geht, daß sie gleichsam konkurrenzlos Sinn auszudrücken und anzubieten hat, der in der unmittelbaren Trauersituation durchaus angenommen wird, jedoch nur geringe Auswirkungen auf die alltägliche Lebenswelt zu beanspruchen vermag. Zugespitzt: Christliche Sinndeutung angesichts des Todes gilt in erster Linie den Sterbenden und Trauernden – die Lebenden, die Überlebenden jedoch, die nicht unmittelbar betroffen sind, leben, als gäbe es solchen Sinn nicht.

Was wir sozialethisch als Trauerarbeit bezeichnen, sieht soziologisch so aus: Der Tod stellt die ärgste Bedrohung für die Gewißheit der Wirklichkeiten der Alltagswelt dar. Es ist deshalb – soziologisch betrachtet – von höchster Bedeutung, den Tod in die Alltagswelt zu integrieren – um zu verhindern, daß mit dem Tod die Alltagswelt insgesamt in Frage gestellt wird. Die Legitimation des Todes ist daher eine der wichtigsten Aufgaben der Religion; genauer gesagt: die wichtigste Leistung symbolischer Sinnwelten.

## 6.7. SINN VERTRÄGT KEINE BELIEBIGKEIT

Ob sie nun mit oder ohne Rückgriff auf mythologische oder metaphysische Interpretationen zustande kommt, das ist soziologisch unerheblich. Selbst der Atheist, der dem Tod durch den Glauben an den gesellschaftlichen Fortschritt Sinn verleiht, integriert den Tod in ein umfassendes symbolisches Sinnsystem. Sämtliche Sinngebungen des Todes sind vor dieselbe Aufgabe gestellt: Der Mensch muß auch nach dem Tod bedeutsamer Lebensgefährten weiterleben können. Das Grauen vor dem eigenen Tod aber muß wenigstens gemildert werden, so daß es nicht die Routine des selbstverständlichen Alltagslebens gefährdet oder lähmt. In der Legitimation des Todes manifestiert sich die Kraft symbolischer Sinnwelten im Hinblick auf Transzendenz am klarsten. Auf der Ebene der Sinnhaftigkeit ist die institutionelle Ordnung ein Schutz gegen das Grauen. Die symbolische Sinnwelt schützt den Menschen vor dem absoluten Grauen, indem sie schützenden Strukturen der institutionalen Ordnung die absolute Legitimation verleiht (vgl. *Berger/Luckmann. Die gesellschaftliche Konstruktion der Wirklichkeit*, 108f.).

In der Situation des modernen Pluralismus ist die Verbindlichkeit religiöser Weltauslegung und Sinndeutung in dem Maß geschwunden, wie der Einfluß der Religion im sozialen Bereich insgesamt geschrumpft ist. Das erschwert die Möglichkeiten, intersubjektiv und gesamtgesellschaftlich plausiblen Sinn angesichts des Todes bereitzustellen. Gerade die fehlende Fraglosigkeit etwa der christlichen Sinndeutung angesichts des Todes führt dazu, dem Tod und seinem Grauen viel stärker als in früheren Gesellschaften ausgesetzt zu sein. Der Prozeß der Säkularisation ist nicht umkehrbar. (*Berger* beschreibt das in seinen Arbeiten als Zwang zur Häresie, als Zwang zur Wahl, zur Entscheidung.) So heißt ein etwa gängiges gesellschaftliches Muster: Verdinglichung des Todes, Entdramatisierung von Sterben und Tod. Denn dieses Sinndeutungs-Muster, das wohlgemerkt christlicher Grundüberzeugung diametral entgegensteht, ermöglicht scheinbar noch am ehesten einen ungestörten Ablauf der Alltagswelt, besonders sim Bereich der Ökonomie. Ob jedoch solche Sinndeutung schlüssig, haltbar und tragfähig ist, das sei an dieser Stelle ausdrücklich in Frage gestellt.

So notwendig verschiedene Aspekte des hier nachgezeichneten Wissens sind, so wenig gewährleisten sie gleichsam automatisch eine wirkliche Verarbeitung von Betroffenheit und Todesangst. Im besten

Fall können wir persönlich Brücken schlagen zwischen allgemeinem Wissen und unmittelbar persönlichem Erleben.

Die wesentlichen Fragen und Aspekte heißen deshalb:

1. Sozialethische Konzepte stehen in einem Konkurrenz-Verhältnis zu einer Soziologie, die sich als Profan-Ethik verstehen läßt.

2. Auch das »Todesbild der modernen Gesellschaft«, die Zielperspektive vom »natürlichen Tod« kann dem Tod seinen grundlegenden Widerspruchscharakter nicht nehmen, sondern unterliegt seinerseits dem Illusionsverdikt.

3. In der soziologischen Beschäftigung wird Trauer unter dem Aspekt von Status-Übergängen behandelt. Solche Übergänge werden durch Rituale geregelt und nominiert. Kirchliche Amtshandlungen sind soziologisch betrachtet soziale Rituale zur Reintegration der Trauernden.

4. Die gesellschaftlich gewachsenen Typen des Trauerns lassen sich an der Entwicklung der Bestattungspraxis am besten verdeutlichen. In der Folge der Reformation verliert die Bestattung theologisch gesehen ihre Bedeutung als Status-Übergang für den Verstorbenen; dafür tritt stärker der verkündigende und seelsorgerliche Aspekt gegenüber den Trauernden in den Mittelpunkt.

5. Trauer wird soziologisch als Verlustreaktion beschrieben, als Prozeß der Krisenbewältigung.

6. Im Konzept der Lebenswelt des Alltags stehen – bezogen auf unser Thema – folgende Aspekte im Mittelpunkt: die Reichweite des Handlungs- und Gestaltungsraumes und die Zeitstruktur. Da der Verstorbene außerhalb der aktuell verfügbaren Reichweite getreten ist, verbleiben im Bereich der Alltagswelt lediglich die Trauernden, die sich in dieser entleerten Alltagswelt nur schwer noch zu Hause fühlen. In der Zeitstruktur weist uns die Unterscheidung von Lebenszeit und Weltzeit darauf hin, daß die Endlichkeit des eigenen Lebens der Fortdauer der Weltzeit gegenübersteht. Das Bewußtsein der Begrenztheit der eigenen Lebenszeit muß in die Bewätigung der Alltagswelt integriert werden. Das geschieht durch symbolische Sinnwelten.

7. Religionssoziologie benennt als entscheidende Aufgabe der Religion in der Gesellschaft die Herstellung oder Bereitstellung verläßlicher Sinnstrukturen, um so das Grauen vor dem Tod zu reduzieren.

8. Der moderne Pluralismus stellt christliche Sinngebung vor die Frage der allgemeinen Verbindlichkeit.

# 7. ZWISCHEN GETHSEMANE UND EMMAUS

*Ich schaute von fern auf das Kreuz, an dem Jesus hing. Es war das Kreuz in der Mitte. Links und rechts von ihm hingen die beiden verurteilten Zeloten. Wir standen im Schatten des Galiläers. Wir spürten: Diese Menschen waren keine Verbrecher. Wir hatten die Zeloten kennengelernt. Wir hatten von Jesus gehört. Malchos sagte: Wenn die Sonne sehen und fühlen könnte wie wir, sie müßte vor Trauer dunkel werden. Wenn die Erde empfinden könnte, müßte sie vor Zorn beben. Aber die Sonne verdunkelte sich nicht. Die Erde blieb ruhig. Es war ein normaler Tag. Nur in mir war es dunkel. Nur in mir bebten die Fundamente des Lebens.*

*Andreas aus Sepphoris, in: Gerd Theißen,*
*Der Schatten des Galiäers, 225*

Trauerwege sind Lebenswege. Wenn wir Trauer auszuhalten haben, steht häufig das Motiv des Weges im Mittelpunkt. Das geschieht in der Sprache von Sterbenden, in den Träumen von Trauernden und in den biblischen Geschichten. *Verena Kast* berichtet den Traum der fünfundzwanzigjährigen Elena, deren Freund Georg drei Wochen zuvor beerdigt worden war. »Georg schreibt mir einen Brief. Er bittet mich, ihn zu besuchen, und nennt mir als Treffpunkt einen Grenzbahnhof. Ich treffe ihn. Wir sind in einem Eisenbahnzug, zusammen mit anderen Menschen. An einer bestimmten Stelle müssen wir alle aussteigen, nur Georg darf und muß weiterfahren. Ich versuche, bei der allerhöchsten Stelle durchzusetzen, daß ich weiterfahren darf, daß ich mit Georg mitfahren darf. Es nützt alles nichts. Ich werde von dieser höchsten Stelle überhaupt nicht empfangen. Wir verabschieden uns zärtlich – ich bin wie betäubt. Ich muß nun einen Zug suchen, der zurückgeht. Ich suche endlos, wechsle Bahnhöfe, habe das Gefühl, die ganze Nacht den richtigen Zug zu suchen. Irgendwann bin ich dann in einem Zug, der zurückfährt. In diesem Zug sind viele Menschen, ich habe Angst vor diesen Menschen – auch ist kein Platz da für mich. Ich stelle mich zwischen zwei Zugwagen. Ich erwache ganz gerädert« (Kast, 1977, 43). In diesem Traum sind zentrale Trauererfahrungen aufgehoben: die Reise, der Grenzbahnhof, die unbeeinflußbare Zielbestimmung, der nutzlose Protest bei »allerhöchster Stelle«, der Abschied, die mühsame Suche nach dem eigenen Weg, die Fremdheit gegenüber anderen Menschen.

Es ist nicht selbstverständlich, mit biblischen Erfahrungen trauern zu lernen. Und doch beinhalten auch diese Bilder, Geschichten und Worte Trauererfahrungen. Mehr noch: Sie sind wie Wegweiser auf unübersichtlichen Wegen. Trauerwege gehen, das heißt, Wege zu gehen, die wir uns nicht selber ausgesucht haben. Und es sind Wege, deren Ziele wir am Anfang des Weges nicht kennen. Warum ich biblische Trauerwege gehen möchte? Weil ich diesen Wegen am stärksten vertraue. Weil ich auf diesen Wegen Wahrheiten nahegekommen bin, die mir sonst verstellt geblieben sind. Weil es die Wege sind, die Gott selbst mit uns Menschen geht. Ich weiß, daß ich damit auf einen kulturellen Fundus zurückgreife, der vor Mißverständnissen nicht geschützt ist. Aber es ist auch ein Wissen, das vielen Menschen unter uns vertraut ist – vertrauter als Trauer-Rituale anderer Kulturen. Ich möchte also auch bei Vertrautem anknüpfen – wenngleich wir dann ziemlich unbekannte und verschlungene Wege gehen werden. Ich bin einfach davon überzeugt, daß in den biblischen Erfahrungen die Wege eröffnet werden, die uns zum Leben führen.

Über sieben Stationen des Sterbens und Trauerns begleitet uns die Bibel. Die Ausgangsfrage jeder Trauer heißt: Ist das Leben zu seinem Ziel gekommen? Das Leben des armen Lazarus jedenfalls ist nicht zum Ziel gekommen. Es endete trostlos. Und wieviel Sterben endet, oft auf ganz andere Weise, trostlos. Sterben und Trauer hängen an der Frage der Gerechtigkeit und der Schuld – der Frage der Lazarus-Geschichte (7.1).

Trauerwege sind Wüstenwege. Das heißt: Trauer führt uns an Orte, die wir selber uns nicht ausgesucht haben. Es sind Orte und Räume, in denen uns unsere Orientierung abhanden kommt. Es sind Orte, aus denen wir keine Auswege erkennen können. Trauer führt uns in die Wüste, an die Lebens-Grenze. Und es braucht viel Zeit, bis wir erkennen, daß in der Wüste uns beides zugleich begegnet – Einsamkeit und die Nähe Gottes. Es braucht viel Zeit, bis wir die Wüstenwege durchschritten haben und zum Leben zurückfinden (7.2).

Sterben läßt sich kaum in Sprache fassen. Hier nehmen uns Bilder an die Hand. Und in solchen Sterbebildern taucht all das auf, was uns die biblische Geschichte von Jesu Jüngern berichtet, als sie selber »am Ende« waren: der Abend – die Über-Fahrt – das Boot – das andere Ufer – die Wellen, die über uns zusammenschlagen – der Schlaf – das Vertrauen. Wer Sterbende begleitet, der kennt all diese Bilder und weiß zugleich, wie schwer es ist, zum Ziel zu finden (7.3).

Höhe und Tiefe, Verklärung und Vergehen sind in der Sprache der Seele benachbarte Erfahrungen. Tabor (in der Legende der Ort der Verklärung Jesu) bedeutet: Nabel der Welt, der Ort, wo Himmel und Erde einander berühren. Nicht nur redaktionell, auch inhaltlich gehört deshalb die Verklärungsgeschichte Jesu zu seiner Passionsgeschichte. »Erst, wer bis zum Himmel emporgestiegen ist, wird den Mut besitzen, in die Hölle hinabzusteigen« (*Eugen Drewermann*, Tiefenpsychologie und Exegese, Bd. II, 349). Trauer beginnt, wo wir erfahren, daß Gottes Wirklichkeit und unser Leben so wenig zusammenpassen (7.4).

Die Zeichen sind es, die uns bleiben, wenn uns die Sprache verschlägt. Die Zeichen der Liebe, die Zeichen der Zuwendung, die Zeichen von Traurigkeit. Unser Leben ist arm geworden an heilenden und liebevollen Zeichen. Auf dem Weg der Nachfolge aber werden solche Zeichen wieder wach: die Zeichen der Liebe: die Salbung Jesu durch Maria (oder eine andere ihn liebende Frau) und Jesu eigenes Zeichen: die Fußwaschung. Der Gesalbte ist der gleiche, der sich erniedrigt. Jesus nimmt meine Füße in die Hand, reinigt sie und läßt mich weitergehen, wo meine Füße müde geworden sind. Zum Sterben und zum Trauern gehören beide Zeichen, die Zeichen hingebungsvoller Liebe und die Zeichen der Pflege und des Dienens (7.5).

Sterben und Trauern haben eine andere Verwandtschaft: Sie brauchen Räume – Getsemane-Räume, Menschen – Getsemane-Menschen in Nähe und in Distanz und Zeit – Getsemane-Zeit, die Zeit der Nacht, Jenseits-Zeit. Wer beginnt, mit biblischen Erfahrungen zu leben, der sieht und begreift, was uns heute fehlt: Getsemane-Räume, Getsemane-Menschen und das Gespür für die Getsemane-Zeit (7.6).

Trauerwege sind weite Wege. Wer trauert, möchte am liebsten einfach weggehen und alles hinter sich lassen, vielleicht sogar das Leben. Auch das ist in der Bibel nicht anders. Dort führen die Trauerwege von Jerusalem nach Emmaus. Die Trauernden nehmen aber auch hier ihre Trauer mit, die Trauergeschichten begleiten sie auf ihrem Weg – bis sie zum Ziel geführt werden. Trauernde verstehen das, wenn es dort heißt: Ihre Augen wurden gehalten. Trauernde sehen die Welt mit anderen Augen. Wer ist bereit, das auszuhalten? Und Trauernde brauchen Begleiter. Das hat in dieser Geschichte Jesus selbst getan, der Gekreuzigte, der Auferstandene. Trauernde verbindet der tiefste Wunsch: »Herr, bleibe bei uns, denn es will Abend werden, und der Tag hat sich geneigt.« Mit dieser Bitte beginnt der Trauernde, sein Ziel zu finden: die Gemeinschaft mit Jesus, dem Christus. Das heißt

Trauern: sich zum Ziel führen lassen. Und selber um diese Nähe bitten (7.7).

Sieben Stationen, sieben Erfahrungen – biblische Erfahrungen, die uns heute helfen sollen, Sterbende und Trauernde zu begleiten.

## 7.1. GERECHTIGKEIT UND SCHULD: DAS LAZARUS-PARADIGMA

*Es war aber ein reicher Mann, der kleidete sich in Purpur und kostbares Leinen und lebte alle Tage herrlich und in Freuden. Es war aber ein Armer mit Namen Lazarus, der lag vor seiner Tür voll von Geschwüren und begehrte, sich zu sättigen mit dem, was von des Reichen Tisch fiel; dazu kamen auch die Hunde und leckten seine Geschwüre. Es begab sich aber, daß der Arme starb, und er wurde von den Engeln getragen in Abrahams Schoß. Der Reiche aber starb auch und wurde begraben. Als er nun in der Hölle war, hob er seine Augen auf in seiner Qual und sah Abraham von ferne und Lazarus in seinem Schoß. Und er rief: Vater Abraham, erbarme dich meiner und sende Lazarus, damit er die Spitze seines Fingers ins Wasser tauche und mir die Zunge kühle; denn ich leide Pein in diesen Flammen.*

*Abraham aber sprach: Gedenke, Sohn, daß du dein Gutes empfangen hast in deinem Leben, Lazarus dagegen hat Böses empfangen; nun wird er hier getröstet, und du wirst gepeinigt. Und überdies besteht zwischen uns und euch eine große Kluft, daß niemand, der von hier zu euch hinüber will, dorthin kommen kann, und auch niemand von dort zu uns herüber. Da sprach er: So bitte ich dich, Vater, daß du ihn sendest in meines Vaters Haus, denn ich habe noch fünf Brüder, die soll er warnen, damit sie nicht auch kommen an diesen Ort der Qual.*

*Abraham sprach: Sie haben Mose und die Propheten; die sollen sie hören. Er aber sprach: Nein, Vater Abraham, sondern wenn einer von den Toten zu ihnen ginge, so würden sie Buße tun. Er sprach zu ihm: Hören sie Mose und die Propheten nicht, so werden sie sich auch nicht überzeugen lassen, wenn jemand von den Toten auferstünde.* Lukas 16, 19–31

Zu Recht läßt sich fragen, ob das wirklich ein biblischer Text zu Tod und Sterben ist. Hier wird zwar das Sterben erwähnt, mehr noch, auch die Welt der Toten kommt in plastischer Klarheit und in kommunikativem Dialog zur Sprache.

Die Geschichte vom armen Lazarus ist eine ethisierte Geschichte. In ihr drückt sich in letzter Klarheit der Wunsch aus, daß Armut und Entrechtung nicht ewig andauern, sondern schließlich aufgelöst werden in Gerechtigkeit. Der Tod – eben nicht der alte Gleichmacher, sondern Spiegelbild irdischer Ungerechtigkeit, Korrektiv, Ausgleich. Der Tod als das ethische Korrektiv. Mehr noch, das Leben nach dem Tod ist das entscheidende Leben, das ist endgültig. Da helfen auch nicht die angenehmen Erinnerungen an ein Leben »herrlich und in Freuden«.

Das, was ich als Lazarus-Paradigma bezeichne, ist die Frage nach der Gerechtigkeit. Ich halte sie für eine der zentralsten Fragen, die für jeden Menschen mit Tod und Sterben verbunden sind. Tod ist eben doch die unbestechliche Lebensbilanz. Der Ort, an dem sich nichts mehr interpretieren und verändern läßt. »Denn überdies besteht zwischen uns und euch eine große Kluft, daß niemand, der von hier zu euch hinüber will, dorthin kommen kann, und auch niemand von dort zu uns herüber.«

Die beiden Seiten unseres Lebens werden schlicht und einfach beschrieben: der reiche Mann – von dem sich nur seine Äußerlichkeiten berichten lassen, Purpur und kostbare Kleidung und ein Leben »herrlich und in Freuden«. Auch beim armen Lazarus bleibt es bei knappen Strichen einer Skizze: der Ort, draußen vor der Tür; der körperliche Zustand: voll von Geschwüren; seine existentielle Notlage: begehrte sich zu sättigen mit dem, was von des Reichen Tisch fiel; Zeichen seiner menschlichen Entwürdigung: dazu kamen die Hunde und leckten seine Geschwüre – wehrlos, ausgeliefert, auf den Hund gekommen.

Das ist die Lebens-Alternative: in Purpur – oder auf den Hund gekommen, ein Leben herrlich und in Freuden – oder Hunger und Abfall als Lebensmerkmal. Gerade eine solch sparsame Beschreibung löst in uns weit mehr Betroffenheit und Identifikation aus als eine rührende Geschichte. Wenig wird erzählt – viel bleibt unserer Einfühlung vorbehalten.

Ich kann diese Lebens-Alternative sehr gut nachvollziehen. Der Reiche hat das, was er sich gewünscht hat, was wir als erfolgreiches Leben bezeichnen. Der arme Lazarus ist das Gegenteil. Die Geschichte bleibt spröde: keine Ursachenforschung, keine soziale Analyse, keine sozialpolitischen Appelle, nichts. Nur das nackte Gegenüber von purpurner Kleidung und nackter Armut. Und doch schlägt das Herz des Erzählers schon an dieser Stelle beim Lazarus. Von ihm wird erzählt, daß er leidet, von ihm wird erzählt, daß er »begehrt, sich zu sättigen mit dem, was von des Reichen Tisch fiel«. Abhängigkeit, Krankheit und Ausgestoßenheit, das ist die Lebenslage des Lazarus. Damit sind die drei Endlichkeiten des Menschen angesprochen: endlich in seiner Bestimmung über sich selbst (Abhängigkeit), endlich in seiner Gesundheit und körperlichen Integrität (voll von Geschwüren), endlich in seiner sozialen Existenz, ausgestoßen (lag vor seiner Tür). Das ist es, was das Leben so sinnlos macht. Wenn alles das nicht zum

Ziel gekommen ist, was wir uns eigentlich für unser Leben gewünscht hätten. Für eine Lazarus-Existenz erscheint der Tod noch viel deprimierender als für die Existenz des Reichen. Er hat sein Leben nicht gelebt.

Wer sich dem schmerzhaften Prozeß aussetzt, mitten in seinem Leben Bilanz zu ziehen, der wird sich immer wieder solcher Lazarus-Erfahrungen bewußt werden: ausgestoßen sein, nicht anerkannt, nicht erwünscht, überflüssig, störend. Und in seinen Wünschen nie zum Ziel gekommen, nichts, was einem wirklich gehört. Leben aus zweiter Hand. Und sich in seiner Haut nicht wohlfühlen. Die Haut ist die Schutzschicht unseres Lebens, und die hat hier nicht gehalten, ist durchlöchert, voll von Entzündungen und Verletzungen. Lazarus hat sich seiner Haut nicht erwehren können. Die Traurigkeit eines Lebens läßt sich knapper kaum beschreiben.

Die Lazarus-Seite meines Lebens kann ich gut nachempfinden. Und sie macht mich traurig, nicht hoffnungsvoll. Was hat sich an meinem Leben wirklich gelohnt? Bin ich nicht immer in Abhängigkeit verblieben? Habe ich nicht immer wieder erfahren, daß ich unerwünscht war? Habe ich nicht immer wieder darunter gelitten, daß ich draußen saß, draußen vor der Tür? Und bin ich nicht immer dünnhäutiger geworden? Meine Haut zeigt Narben und Verletzungen, weil niemand mich geschützt hat und ich selber mich meiner Haut nicht erwehren konnte. Mehr noch, diese Wunden haben kein Mitgefühl hervorgerufen, sondern nur das Animalische mir an die Seite gestellt, die Hunde, deren ich mich nicht einmal erwehren kann.

Die Lazarus-Seite meines Lebens ist die Seite, die ich gern verstekken möchte, die ich nicht wahrhaben möchte – schon gar nicht, wenn es um die Bilanz meines ganzen Lebens geht.

Aber diese Lazarus-Seite geht weiter. Sie betrifft im Tiefsten die Menschen, die vom Leben betrogen worden sind, die Armen und Entrechteten – die Lazarus-Seite unseres Kontinents. Die Seite, die wir alle gern »draußen vor der Tür« lassen möchten, die wir – ohne es zu ahnen und ohne es zu hindern – abhängig halten von unseren Wohltaten, die diesen Namen »Wohltaten« nicht verdient haben. Die Lazarus-Seite unseres Kontinents läßt sich markanter und knapper kaum beschreiben: ausgestoßen, also gesellschaftlich und politisch irrelevant, machtlos, ohnmächtig, hinfällig. Voll von Geschwüren, also von Krankheiten und Seuchen übersät, den Plagen ausgesetzt, ohne schützendes Dach, ohne Gemeinschaft derer, die die Interessen der Gedemütigten durchsetzen, ohne den Schutz der Solidarität, ohne

Rechtsanspruch, geschwächt und deshalb wehrlos, ohne Achtung und Selbstachtung. Und begehren sich zu sättigen von den Tischen der Reichen – abhängig von einer erniedrigenden Barmherzigkeit. Geliehenes Leben. Entwürdigtes Leben.

Die Lazarus-Seite ist längst mehr als individuelles Geschick, es ist das Paradigma der Ungerechtigkeit zwischen wirtschaftlich starken Nationen und abhängigen Nationen, die ausgeliefert sind. Die Lazarus-Figur ist zum Merkmal ganzer Staaten und Kontinente geworden. Und die Christen sitzen häufiger an den Tischen des Reichen, als daß sie draußen beim Lazarus anzutreffen wären. Die Frage der wirtschaftlichen Gerechtigkeit wird hier in kaum zu übertreffender Klarheit und Schlichtheit dargestellt.

Das Thema von »arm und reich« ist in keinem anderen Evangelium so zentral behandelt wie gerade hier bei Lukas (allein das Adjektiv ptōchos – arm – findet sich bei Lukas zehnmal; plousios und verwandte Begriffe – reich – vierzehnmal gegenüber viermaliger Verwendung bei Matthäus und dreimal bei Markus). Im lukanischen Sondergut steht der Verzicht auf Besitz an zentraler Stelle. Lukas stellt das Bild einer Urgemeinde vor, die Gütergemeinschaft als Lebensgemeinschaft übte. Der Reiche hängt sein Herz an Besitz und ist auf Besitzvermehrung bedacht. Solche Besitz-Gesinnung geht weit über die materiell Besitzenden hinaus.

Es gibt eine geheime Verwandtschaft zwischen der Lazarus-Seite meines eigenen Lebens und der Lazarus-Existenz ganzer Kontinente.

Nur, wer seine eigenen Lazarus-Anteile kennt, wird mitempfinden können mit der Lazarus-Existenz ausgenutzter und entrechteter Völker.

Das Lazarus-Paradigma wird im Zusammenhang mit Trauern immer dann lebendig, wenn wir vor der Frage stehen: Woran hängt dein Herz? Reichtum wird da zur Lebens-Belastung, wo ich anderen in und mit meinem Reichtum alles schuldig bleibe. Bin ich dem Lazarus neben mir gerecht geworden, oder bin ich ihm Zuwendung und Nähe schuldig geblieben? Diese Herausforderung darf nicht psychologisierend entschärft werden. Es geht auch um den zentralen sozialpolitischen Konflikt zwischen Habenden und Habenichtsen.

In einem inzwischen zwanzig Jahre alten Buch hat *Helmut Gollwitzer* (Die reichen Christen und der arme Lazarus, 1968) dieses Paradigma wirtschaftspolitisch konkretisiert. Seine damaligen Äußerungen haben leider nichts von ihrer Aktualität verloren. »Wir sind der reiche Mann. Das ist unsere genaueste, unbestreitbare Ortsbestimmung. Wir gehören zu dem einen Drittel der Menschheit, das mit Entfettungskuren beschäftigt ist, während die anderen zwei Drittel mit Hunger und Verhungern beschäftigt sind (...) Die getauften Reichen verstößt ihr Herr, und die getauften und ungetauften Ausgeplünderten nimmt er in seinen Schoß. ›Hören sie Moses und die Propheten nicht, so werden sie auch nicht glauben, wenn einer von den Toten auferstünde.‹ Es ist einer von den Toten auferstanden, und die Reichen an ihrem Tisch bekennen das, und trotzdem hungert und verhungert vor ihrer Tür weiter der arme Lazarus zu Millionen. Der Skopus dieser Geschichte ist nicht, wie es manchmal verdächtigt wird, jenseitiger Opium-Trost für den armen Lazarus. Es ist einseitig an den reichen Mann adressiert, es will nicht die Armen mit jenseitigem Ausgleich trösten, sondern die Reichen vor der Verwerfung warnen und zu diesseitigem Hören und Tun antreiben« (Gollwitzer, 1968, 14f.). Das meine ich, wenn ich von einer ethisierten und darin ethisierenden Geschichte spreche.

Das hilft uns auch, klarer zu verstehen, daß Schuld es immer auch mit ganz handfesten Anfragen zu tun hat. Daß ich jemandem Leben schuldig bleiben kann, weil ich ihm Zeit und Güter schuldig bleibe.

Hinzu kommt die zweite Seite: Trauernde haben häufig gegenüber Nicht-Trauernden das Gefühl, ebenso wie der Lazarus draußen vor der Tür zu liegen. Witwen, die sich nicht mehr in den früheren Freundeskreis wagen, weil dort nur Ehepaare zusammen sind, ältere Menschen, die sich nicht mehr in Gruppen wagen, weil sie nicht mehr mithalten können. Trauern bedeutet bei uns häufig genug: materiell wie seelisch eine Lazarus-Existenz führen. Der Trauernde als Lazarus:
– er liegt vor unserer Tür, weil er sich mit seiner Trauer vom Leben abgeschnitten und bei den unbeschwert Lebenden deplaziert fühlt;
– er ist voll von Geschwüren: Seine Haut ist verletzt, er hat keine intakte Schutzschicht mehr; immer wieder bricht er, bricht sie in Tränen aus, ist empfindlich;
– und er begehrt, was vom Lebenstisch der Lebendigen herabfällt. Er hungert viel mehr nach Leben als die unbeschwert Lebenden, die »Leben satt« haben;
– die Hunde kamen und leckten seine Geschwüre. An seinen Wunden entsteht – wie jeder Verletzte weiß – Wut und Aggression. Das Zynische gesellt sich zum Verletzten. Zynismus ist eine Leidensform der Lazarus-Trauerexistenz.

Und dann die Umkehrung. Am Ende dieses Trauerweges steht

Abrahams Schoß, Geborgenheit, wie sie keiner erfährt, der »das Leben satt« hat.

Die Pointe dieses Lazarus-Paradigmas liegt dort, wo die Besitzenden hingewiesen werden auf die Wahrheit der Propheten, auf die Wahrheit der biblischen Erfahrungen. Nur dort können wir Leben gewinnen, nur da wird sich unsere Trauer verwandeln. Deshalb ist die Lazarus-Geschichte ein gutes Grundmotiv, mit biblischen Erfahrungen zu trauern. Denn wir verstehen das Leben nicht aus uns selbst und werden es nicht in uns selber finden, sondern dort, wo wir am Ende unserer Trauer Vertrauen erfahren haben – wie in Abrahams Schoß.

Arme Menschen wissen mehr vom Tod – das drückt sich auch in Märchen aus. Das Märchen von Janosch »Der Tod und der Gänsehirt« mag dafür als eindrückliches Beispiel dienen. Es trägt in sich viele Anklänge auch zu den Motiven, die wir in der Sturmstillungs-Geschichte genauer erleben werden.

»Einmal kam der Tod über den Fluß, wo die Welt beginnt. Dort lebte ein armer Hirte, der eine Herde weißer Gänse hütete. ›Du weißt, wer ich bin, Kamerad?‹ fragte der Tod. ›Ich weiß, du bist der Tod. Ich habe dich auf der anderen Seite hinter dem Fluß oft gesehen.‹ – ›Du weißt, daß ich hier bin, um dich zu holen und dich mitzunehmen auf die andere Seite des Flusses.‹ – ›Ich weiß. Aber das wird noch lange sein.‹ – ›Oder wird nicht lange sein. Sag, fürchtest du dich nicht?‹ – ›Nein‹, sagte der Hirte. ›Ich habe immer über den Fluß geschaut, seit ich hier bin, ich weiß, wie es dort ist.‹ – ‹Gibt es nichts, was du mitnehmen möchtest?‹ – ›Nichts, denn ich habe nichts.‹ – ›Dann werde ich jetzt weitergehen und dich auf dem Rückweg holen. Brauchst du noch etwas, wünscht du dir noch was?‹ – ›Brauche nichts, hab' alles‹, sagte der Hirt. ›Ich habe eine Hose und ein Hemd und ein Paar Winterschuhe und eine Mütze. Ich kann Flöte spielen, das macht lustig. Meine Gänse verstehn nicht viel von Musik.‹

Als dann der Tod nach langer Zeit wiederkam, gingen viele hinter ihm her, die er mitgebracht hatte, um sie über den Fluß zu führen. Da war ein Reicher dabei, ein Geizhals, der zeit seines Lebens wertvolles und wertloses Zeug an sich gerafft hatte: Klamotten, auch Gold und Aktien und fünf Häuser mit etlichen Etagen. Der Mann jammerte und zeterte: ›Noch fünf Jahre, nur noch fünf Jahre hätte ich gebraucht, und ich hätte noch fünf Häuser mehr gehabt. So ein Unglück, so ein Unglück verfluchtes!‹ Das war schlimm für ihn. Ein Rennfahrer war unter ihnen, der zeit seines Lebens trainiert hatte, um den großen Preis zu gewinnen. Fünf Minuten hätte er noch gebraucht bis zum Sieg. Da erwischte ihn der Tod. Das war schlimm für ihn. Ein Berühmter war dabei, dem ein Orden gefehlt hatte, nur ein einziger Orden, für den er Jahre aufgewendet hatte, da holte ihn der Bruder Tod. Das war schlimm für ihn. Dann war da ein junger Mann, der hatte an seiner Braut gehangen, denn sie waren ein Liebespaar gewesen, und keiner konnte ohne den anderen leben. Ein schönes Fräulein war dabei mit langen Haaren. Und viele Reiche, die jetzt nichts mehr besaßen, und noch mehr Arme, die jetzt auch nicht das besaßen, was sie gerne hätten haben wollen. Ein alter Mann war freiwillig mitgegangen. Aber auch er war nicht froh, denn siebzig Jahre waren vergangen, ohne daß er das bekommen hatte, was er hätte haben wollen. Schlimm für sie alle. Als sie an den Fluß kamen, wo die Welt aufhörte, saß dort der Hirt. Und als der Tod ihm die Hand auf die Schulter legte, stand er auf, ging mit über den Fluß, als wäre nichts, und die andere Seite hinter dem Fluß war ihm nicht fremd. Er hatte Zeit genug gehabt, hinüberzuschauen, er kannte sich hier aus, und die Töne waren noch da, die er immer auf der Flöte gespielt hatte; er war sehr fröhlich. Das war schön für ihn.

Was mit den Gänsen geschah? Ein neuer Hirt kam.«

In bibliodramatischer Gestaltung der Lazarus-Geschichte ist es nach meiner Erfahrung wichtig, den Reichen und den Lazarus in einer Person zu verkörpern. Wir gestalten den Reichen: Mich überrascht, wieviele Gegenstände ihm »angehängt« und zugeordnet werden. Je mehr Gegenstände aufgehäuft werden, um so arroganter wird der Gesichtszug des Reichen. Die anderen TeilnehmerInnen werden gebeten, sich in Körperhaltung und Abstand so hinzustellen, wie sie ihr Verhältnis zum Reichen darstellen möchten. Und ich bitte den Reichen, zu sagen, was er sieht: Neugier und Neid, Ablehnung und Ergebenheit, Distanz und Schmeichelei. Der Reiche empfindet sich selbst als mächtig, aber gefühllos. Nun wechselt der Reiche in die Rolle des armen Lazarus. Alle anderen verharren in ihrer Position. Was sieht der Lazarus: »Alles dreht sich um den Reichen!« Sein Gesicht wird traurig, aber warmherzig. Der Lazarus stirbt. Die Gruppe bildet einen engen Kreis, Abrahams Schoß. Da liegt nun unser Lazarus. Schließt die Augen, läßt sich tragen, streicheln, kann sich fallen lassen. So haben wir einen Teil der Lazarus-Geschichte bibliodramatisch erlebt.

## 7.2. WÜSTENERFAHRUNGEN UND LEBENSZIELE: VERSUCHE UND VERSUCHUNGEN

*Jesus aber, voll heiligen Geistes, kam zurück vom Jordan und wurde vom Geist in die Wüste geführt, und vierzig Tage lang von dem Teufel versucht. Und er aß nichts in diesen Tagen, und als sie ein Ende hatten, hungerte ihn. Der Teufel aber sprach zu ihm: Bist du Gottes Sohn, so sprich zu diesem Stein, daß er Brot werde. Und Jesus antwortete ihm: Es steht geschrieben (Dtn 8,3):* »Der Mensch lebt nicht allein vom Brot.« *Und der Teufel führte ihn hoch hinauf und zeigte ihm alle Reiche der Welt in einem Augenblick und sprach zu ihm: Alle diese Macht will ich dir geben und ihre Herrlichkeit; denn sie ist mir übergeben, und ich gebe sie, wem ich will. Wenn du mich nun anbetest, so soll sie ganz dein sein. Jesus antwortete ihm und sprach: Es steht geschrieben (Dtn 6,13):* »Du sollst den Herrn, deinen Gott, anbeten und ihm allein dienen.« *Und er führte ihn nach Jerusalem und stellte ihn auf die Zinne des Tempels und sprach zu ihm: Bist du Gottes Sohn, so wirf dich von hier hinunter; denn es steht geschrieben (Ps 91, 11.12):* »Er wird seinen Engeln deinetwegen befehlen, daß sie dich bewahren. Und sie werden dich auf Händen tragen, damit du deinen Fuß nicht an einen Stein stößt.« *Jesus antwortete und sprach zu ihm: Es ist gesagt (Dtn 16):* »Du sollst den Herrn, deinen Gott, nicht versuchen.« *Und als der Teufel alle Versuchungen vollendet hatte, wich er von ihm eine Zeitlang.*

*Lukas 4, 1–13*

Trauerwege sind Wüstenwege. Wir werden – ohne daß wir selber es gewollt oder geplant haben – in ein unwegsames und einsames Gelände geführt. Wir geraten in ein Gebiet, in dem wir plötzlich allein sind. Wir sind, anders als jemals zuvor in unserem Leben, auf uns gestellt. Mehr noch: Wir begegnen uns selbst in einer Intensität und Ausschließlichkeit, die wir vorher nie gekannt haben. Wir sehen – je länger wir gehen – keinen Anfang und kein Ende. Wir sehen nur Wüste, Leere, Einsamkeit. Und wir wissen nicht, wie lange diese Wüstenzeit dauern wird.

Auch Jesus hat sich diesen Weg nicht gewählt, nicht ausgesucht. Auch er wurde geführt: »vom Geist in die Wüste geführt«. Zeit und Ort des Wüstenaufenthaltes kann man sich nicht selbst aussuchen. Und doch ist es der für Jesus not-wendige Weg, bevor er begann, öffentlich zu wirken. Solche Wüstenzeit legt den notwendigen Zwischen-Raum zwischen bisherigem Leben und künftiger Bestimmung. Jesus geht diesen Weg gezeichnet, gekennzeichnet: »Jesus aber, voll heiligen Geistes, kam zurück vom Jordan und wurde vom Geist in die Wüste geführt« (Lk 4,1). Dieser Wüstenweg ist ein Weg an die Lebensgrenze. Und darin sind Trauernde Jesus sehr ähnlich. Auch sie sind an die Lebensgrenze geführt worden.

Bevor wir nun mit den Trauernden den Weg in die Wüste gehen, wollen wir uns vergegenwärtigen, wie Jesus diesen Weg gegangen ist und warum. In der Bibel ist die Wüste ein zentraler Ort. Hier bleibt Jesus vierzig Tage und vierzig Nächte, um sich vorbereiten zu lassen auf seine Lebensaufgabe. Hier werden ihm Kräfte zuwachsen – da, wo nichts und niemand ihn ablenkt. Die Wüste wird zum Raum der Umkehr, zum Raum für inneres Wachsen. Die Wüste, das war schon zu biblischen Zeiten der Ort, wo Menschen Gott nah sind, der Ort, wo sich Gott unsichtbar und behutsam nähert. Die Wüste ist nach Drewermann die Zone der Einsamkeit und des Schweigens. Diese Einsamkeit aber können wir nur dann betreten und aushalten, wenn wir im Innersten auf die Führung Gottes vertrauen.

Und die Wüste ist der Raum der Zurückgezogenheit, der Distanz. Hier relativiert sich alles, was zuvor scheinbar so bedeutsam war. Hier, wo die Konturen verschwimmen, wo das alltägliche Leben stillsteht, hier entwickelt sich die eigentliche Bedeutsamkeit des Lebens, hier entfaltet sich die eigentliche Lebensaufgabe.

Wüstenerfahrung ist eng verbunden mit der biblischen Exodus-Erfahrung. Der Weg des Volkes Israel in das gelobte Land ging durch die Wüste – und dieser Weg dauerte vierzig Jahre.

Auch das Leben Jesu begann – dem Lukas-Evangelium zufolge – mit einer Wüstenwanderung, mit dem Weg nach Ägypten. Nur dieser Weg durch die Wüste bewahrte das Neugeborene vor der Vernichtung. Die Wüste ist in den ersten Tagen des neugeborenen Jesus sein flüchtiges Zuhause. Auf jeder Flucht erfahren wir Wüste, Orte, die für uns fast unerträglich leer sind, Orte, wo wir die Schutzlosigkeit mit Händen greifen können.

Wüste ist der Ort, wo wir einsam und ausgeliefert sind, wo wir keine Herkunft und kein Ziel entdecken können, wo sich alles in unserem Leben im Kreis dreht – der Ort, an dem unser Leben zutiefst gefährdet ist.

Und gleichzeitig ist die Wüste der Ort der Gottesnähe. Da, wo wir allen anderen Einflüssen, jedem fremden Halt entzogen sind, da stehen wir mit unserem Leben vor dem Angesicht Gottes.

Der Trauernde erlebt seine Lebensgeschichte besonders in den ersten vierzig Tagen und Nächten nach dem Tod eines engen Angehörigen als Wüstengeschichte. Der Trauernde hat sich diesen Weg nicht ausgesucht – aber er kann ihm auch nicht entgehen. Auch die gutgemeinte Nähe von anderen Menschen erspart ihm nicht die Wüstenerfahrung. Er fühlt sich, je länger je mehr, in Gesellschaft dieser weniger Trauernden einsam und verlassen. Solche Wüstenzeit ist auch für ihn der unumgängliche Zwischenraum zwischen bisherigem Leben und künftiger Lebensbestimmung. Und es gehört zum Wesen der Trauer, daß wir am Beginn dieser Wüstenwanderung das Ende des Ziels nicht wissen. Wir wissen nicht einmal, ob dieser Weg wirklich zu einem Ziel führt. Denn der Trauernde steht – wie kein anderer – an der Lebensgrenze: an der Lebensgrenze, die sich zwischen ihm und dem Verstorbenen legt, und an der Lebensgrenze seines eigenen Lebens.

Erst viel später, erst, wenn die Wüstenzeit überwunden ist, wird der Trauernde wissen, ob ihm in dieser Zeit neue Kräfte zugewachsen sind. Erst im Rückblick kann die Wüstenzeit zur Übergangszeit zum Leben erfahren und gedeutet werden. Während der Wüstenzeit ist das nicht klar, nicht entschieden. Die Wüstenzeit lebt vielmehr von der Spannung, in dieser Wüste an Einsamkeit und Verlassenheit zugrunde gehen zu können – oder sich Kräfte zuwachsen zu lassen, wer weiß, woher. Wüste ist und bleibt beides: ein Ort der Lebensgefährdung und der Lebensgewinnung. Wir können in einer Wüstenzeit erfahren, daß wir einsam und verlassen sind – oder aber auch: daß wir mit unserer Einsamkeit und Verlassenheit unmittelbar vor Gott stehen.

Der Trauernde kann die Wüstenwege nicht umgehen. Er benötigt den Raum der Zurückgezogenheit, die wachsende Fähigkeit zur Distanz. Denn tatsächlich hat sich ja alles in seinem bisherigen Leben relativiert. Bedeutsamkeiten müssen neu gewonnen werden.

Aufbruch in die Wüste bedeutet – ähnlich wie für das Volk Israel – die Hoffnung auf ein gelobtes Land, bedeutet das Wissen: Wir können nicht mehr zurück. Aber wann und ob wir dieses gelobte Land eines künftigen Lebens erreichen, das liegt nicht allein in unserer Hand.

So ist Wüstenwanderung von Trauernden auch ein notwendiger Lebensweg. Die Wüste aber ist ein flüchtiges Zuhause. Niemand wird endgültig hier sein Zuhause finden. Jeder wird hoffen, am Ende dieser Wüstenzeit ein neues Land zu entdecken, mögliches Leben, trotz allem, was hinter uns liegt. Und niemand weiß, wie lange diese Trauerwege in der Wüste dauern, ob vierzig Tage und vierzig Nächte oder vierzig Jahre, länger als der Zeitraum einer Generation.

Am Ende der Wüstenzeit stand für Jesus die Entscheidung seines Lebens. Drei Möglichkeiten hatte er zur Wahl:
1. Der Weg des Brotes – der Weg der Lebensmittel, der Güter. In

unserer Sprache ist das der Weg des Besitzes und des Geldes. Jesus entscheidet sich gegen diesen Weg. Er entscheidet sich gegen Reichtum, gegen die Jagd nach Geld, gegen den Besitz. Denn wer das Leben gespürt hat, der wird sich mit dem Scheinleben aus Besitz und Gütern nicht zufriedengeben. Die Entscheidung für Besitz und Güter ist ein Weg ohne Wiederkehr. Wer sich nicht klar gegen diesen Weg entschieden hat, kommt nie wieder von ihm los. In seinem ganzen Denken, Fühlen und Empfinden bleibt er ein »Haben-Mensch« (*Erich Fromm*); ohne Gespür für die Fragen nach der eigentlichen Lebensbestimmung, ohne Gespür für menschliches Glück, ohne Gespür für wirkliche Liebe.

2. Der Weg der Macht. »Alle Schätze der Erde werden dir zu Füßen liegen.« Jesus lehnt diesen Weg der Macht ab. Er wählt den Weg der Machtlosigkeit. Der Weg zur Herrschaft, auch das ein Weg ohne Wiederkehr. Wer ihn einmal eingeschlagen hat, kommt nicht wieder von ihm los. Er kennt nur Sieg oder Niederlage.

3. Der Weg des Wunders. Darauf setzen, daß von außen unser Leben eine glückliche Wendung nimmt. Das Wunder herausfordern. Auch diesen Weg lehnt Jesus ab. Das Wunder – wie verblüffend – sollte stattfinden auf den Zinnen des Tempels. Es ist – theologisch gesprochen – der Weg der Religion. Der Weg, sich durch religiöse Kräfte über die schwerfälligen Kräfte des Lebens in die Schwerelosigkeit der Seligkeit erheben zu können. Auch diesen Weg lehnt Jesus ab.

Die Wahlmöglichkeiten, die sich einem Trauernden am Ende seiner Wüstenwanderung bieten, sehen ganz ähnlich aus.

1. Er kann sich für die Welt der Güter entscheiden. Wenn mir schon alles, was mir lieb war, genommen worden ist, dann will ich versuchen zu erwerben, was möglich ist. In der Sprache der Seele ist das der Weg des Festhaltens. Und gerade Menschen, die das Liebste haben abgeben müssen, stehen zu allererst in der Gefahr, alles übrige, was ihnen noch verblieben ist, festzuhalten. Nicht nur die Güter, sondern vor allem die Bilder und Erinnerungen. Die erste Versuchung für Trauernde heißt deshalb wohl so: Ich bin wegen dieses bitteren Todes so enttäuscht, daß ich mich nicht noch einmal so intensiv auf menschliche Beziehungen einlasse. Ich will diesen Schmerz nicht noch einmal erleben – und binde mein Herz nicht noch einmal an Menschen. Was mir bleibt, das sind Gegenstände, die ich zu Gütern erkläre. Diesen Weg lehnt Jesus ab, denn der Mensch findet sein Leben nicht in den Gütern des Lebens, sondern im Vertrauen zu Gott.

2. Der Trauernde kann sich für den Weg der Macht entscheiden. Ge-

rade Menschen, die spüren, wie wenig sie wirklich in ihrem Leben in Händen halten können, stehen in der Gefahr, sich für Strategien der Macht zu entscheiden. Wer den Tod eines nahen Angehörigen als Ohnmacht erfahren hat, steht in der Gefahr, sich gegen diese Ohnmacht mit allen Mitteln zur Wehr zu setzen. Und das gefährlichste Instrument ist die Macht. Nicht selten sind es innerlich verarmte Menschen, die sich an Macht und Einfluß klammern. Einfluß ausüben und vergessen, was mir genommen wurde; Rache üben, nicht an einem konkreten Menschen, sondern an allen Menschen; Abhängigkeiten herstellen und ausnutzen. Menschen, die nicht gelernt haben zu trauern, stehen am stärksten in der Gefahr, den Weg der Macht zu wählen. Andere abhängig machen, spüren wollen, daß sie etwas in der Hand haben, hantieren können, Gewalt ausüben – die sich zuletzt auch gegen uns selber wendet. Macht als Versuchung – das heißt immer auch: Macht ohne gleichzeitige Übernahme von menschlich verbindlicher und verläßlicher Verantwortung. Diesen Weg lehnt Jesus ab. Gott dienen und ihm allein die Ehre geben, das heißt für uns: nicht auf Unterordnungs- und Abhängigkeitsverhältnisse in menschlicher Gemeinschaft setzen, sondern auf ein Gegenseitigkeitsverhältnis. Gemeinsam Gott die Ehre geben: Er ermöglicht und eröffnet uns die Fähigkeit zu neuer Gemeinschaft.

3. Schließlich bleibt der Weg der Religion, der Weg des Wunders, der Weg der Versuchung. Es ist der Weg, mit dem geradezu magisch versucht wird, sein Lebensgeschick »wunderhaft« zu bestimmen. Dieser Weg ist wohl der gefährlichste. Er scheint so voller Gott-Ergebenheit – und ist doch das Gegenteil: nämlich der Versuch, Macht auszuüben auch über Gott; Macht auszuüben über die eigene Lebensbestimmung. Es ist, zugespitzt formuliert, der Weg des Menschen der Neuzeit: sich selber an Gottes Stelle setzen.

In der Nachfolge Jesu verbleibt dem Trauernden die gleiche Möglichkeit. Er kann sich anders entscheiden.

1. Er kann sich dafür entscheiden, auf Lebenskraft zu hoffen, die sich nicht sich selber verdankt, sondern dem Vertrauen zu Gott.

2. Er kann sich dafür entscheiden, anderen Menschen zur Seite zu stehen, sich Gott anzuvertrauen und von ihm zeigen zu lassen, welche Wege er gehen soll.

3. Er kann sich dafür entscheiden, seinen Trauerweg und seinen künftigen Lebensweg als Geschenk aus Gottes Hand anzunehmen – seine Lebensbestimmung neu zu erkennen suchen.

So steht irgendwann am Ende des Wüstenweges dieses Ziel:

- sich neue Lebenskräfte zuwachsen lassen im Vertrauen zu Gott;
- aus diesem Vertrauen den Weg des Dienens und des Helfens entdecken;
- den Lebensweg mit seinen Brüchen und Enttäuschungen als Aufgabe und Geschenk Gottes annehmen.

Trauerwege sind Wüstenwege, die wir uns nicht selbst ausgesucht haben, an denen wir aber, wenn die Zeit gekommen ist, nicht vorbeikommen. Der wichtigste Begleiter auf solchem Weg ist das Vertrauen, daß Gott uns durch diese Wüste hindurchführen wird, mehr noch: daß er uns auf dem Wüstenweg näherkommt, als wir es jemals früher erfahren haben. So können Wüstenwanderungen einmünden in neue Lebenswege.

## 7.3. UNTERGANGS-ERFAHRUNGEN: AUF DEM WEG ZUM ANDEREN UFER

*Und am Abend desselben Tages sprach er zu ihnen: Laßt uns hinüberfahren. Und sie ließen das Volk gehen und nahmen ihn mit, wie er im Boot war, und es waren noch andere Boote bei ihm. Und es erhob sich ein großer Wirbelwind, und die Wellen schlugen in das Boot, so daß das Boot schon voll wurde. Und er war hinten im Boot und schlief auf einem Kissen. Und sie weckten ihn auf und sprachen zu ihm: Meister, fragst du nichts danach, daß wir umkommen? Und er stand auf und bedrohte den Wind und sprach zu dem Meer: Schweig und verstumme! Und der Wind legte sich, und es entstand eine große Stille. Und er sprach zu ihnen: Was seid ihr so furchtsam? Habt ihr noch keinen Glauben? Sie aber fürchteten sich sehr und sprachen untereinander: Wer ist der? Auch Wind und Meer sind ihm gehorsam!* Markus 4, 35–41

Diese Geschichte verstehen am besten Menschen, die in großer Lebensnot sind. Trauernde Menschen verstehen sie unmittelbarer als Menschen, die sie lediglich auslegen und deuten wollen. Denn alles in dieser Geschichte ist so, wie es für Menschen erlebbar ist, die eine Lebenskrise durchleiden. Mir selbst ist deshalb die Geschichte zur Brücke geworden, um Menschen in ihrer Lebensnot anzusprechen.

Für mein eigenes Leben erzähle ich die Geschichte so: Es ging alles ziemlich glatt – bisher. Ich hatte eine beschauliche und unbeschwerte Kindheit, Geschwister, mit denen ich gespielt und gestritten habe; den üblichen Ärger in der Schule; oberflächliche Freundschaften und Freundschaften, die mich begeistert haben; Eltern, die ich mal mochte, später mißtraute ich ihnen, jetzt verstehe ich sie wieder.

Ich bin von zu Hause ausgezogen, später dann habe ich geheiratet. Ich habe jetzt einen Beruf und eine Wohnung, zwei Kinder. Ich habe Nachbarn, Menschen, die mir sympathisch sind, und Menschen, denen ich eher gleichgültig bin. Das wär's dann schon. Natürlich könnte ich noch Einzelheiten erzählen. Aber das ändert nicht viel.

Nur manchmal ist da ein eigenartiger Augenblick. Wenn ich etwas überarbeitet bin, wenn ich irgendwo herumsitzen und warten muß. Dann bricht – für einen Augenblick nur – dann bricht alles zusammen. Ich fühle mich überflüssig und kalt. Dann denke ich: Ist das jetzt alles?

Es war Abend geworden. Die Unruhe des Tages legte sich. Die Anspannung des Tages fiel ab. Jesus war mit seinen Freunden in ein Boot gestiegen. Sie wollten ein wenig Abstand gewinnen, bis zum nächsten Ziel.

Es ging alles ziemlich glatt – bisher. Ein beschaulicher Abend, ruhige See, ein stabiles Boot, der Dämmerung zuschauen. Hier ein wenig lenken, da etwas steuern. Das wär's dann schon. Natürlich könnte ich noch Einzelheiten erzählen. Aber das ändert nicht viel.

Aber dann ist da dieser eigenartige Augenblick: so eine unheimliche Stille, wo ich der Stille nicht trauen mag.

Und dann brach alles über ihnen zusammen. Ein fürchterlicher Sturm brach aus. Warf das Boot hin und her. Und Jesus schläft. Ein tobendes Unwetter. Es kam einfach so, aus heiterem Himmel. Ist das jetzt alles? Die großen Hoffnungen – und jetzt dieses banale Ende. All die großen Worte – und jetzt dieser gewöhnliche Unfall auf See. Und Jesus schläft.

Schließlich waren sie mit ihren Möglichkeiten am Ende. Die Wellen schlagen ins Boot, überspülen es. Sie können nicht mehr ausweichen. Der Untergang steht unmittelbar bevor. Und Jesus schläft. Da schreien sie: Wach endlich auf, Jesus! Siehst du denn nicht, was hier los ist?

Jesus, der Schläfer, steht auf, schreit gegen den Sturm an. Und dann wird es ganz ruhig. Als wäre nichts gewesen. Und in diese Stille nach dem Sturm fragte Jesus seine Freunde: Habt ihr so wenig Vertrauen zu mir?

Bisher bin ich diesem Sturm immer noch ausgewichen. Habe mich abgelenkt, wenn ich mich plötzlich leer fühle. Wenn dann alles – für einen Augenblick nur – zusammenbricht.

Aber wenn ich damit nicht fertigwerde – es ging eben doch alles zu glatt bisher. Ist das jetzt alles?

Es war doch umsonst. Meine Arbeit, meine Ordnung und meine Unordnung, meine Höflichkeit und meine Direktheit. Zweifel überkommen mich. Und Jesus schläft. Und es schlafen die Menschen, die mich sonst aufmuntern oder doch wenigstens ablenken.

Jesus – denke ich und würde es gern schreien, vielleicht auch weinen – Jesus, schläfst du eigentlich? Siehst du nicht, was mit mir los ist? Und dann ist plötzlich dieser Sturm vorbei. Aber es ist nicht mehr so wie vorher. Jesus fragt mich nach meinem Vertrauen. Und vielleicht sagt er einfach: Hast du vergessen, daß du geboren bist, um zu lieben?

Vor diesem Sturm keine Angst mehr haben. Hindurchgehen. Schwäche zugeben. Sagen, daß ich manchmal nicht mehr weiterweiß. Nicht weglaufen vor der eigenen Traurigkeit.

Und dann kommt Jesus, kommt wie ein gütiger Mensch. Sieht mich an. Und ich werde wach.

Übersieht meine Leistungen und meine Ratlosigkeit. Wendet sich mir zu. Ich spüre, daß er mich mag.

Mein Vertrauen ist jetzt wichtig, wichtiger als alles, was mir bisher bedeutsam vorgekommen ist.

Wir leben nach dem Sturm. Und das könnte unheimlich schön sein.

Immer wieder entdecke ich diese Geschichte. Immer wieder begegnen mir diese Motive: Meer, Sturm, Angst, Hindurchgehen, Wiederfinden. Bis in den Traum meiner eigenen Tochter (sie hat mir erlaubt, ihn hier zu erzählen).

Es war in der Zeit, als unabweisbar klar wurde, daß wir aus unserem bisherigen Haus, einer Dienstwohnung, ausziehen mußten. Ausziehen aus dem Haus, in dem wir zehn Jahre lang gewohnt hatten, aus dem Haus, daß von Geburt an das Zuhause meiner Tochter war. In diesen Wochen, die mit viel Abschiedsschmerz und Ungewißheit verbunden waren (wir wußten noch lange nicht, wo wir unser neues Zuhause finden würden), da geschah es an einem Sonntagmorgen im März zwischen Traum und Tag.

Unsere Tochter hatte bei uns geschlafen. An diesem Morgen erzählte sie mir gleich nach dem Aufwachen ihren Traum:

»Ich habe geträumt, ich wäre am Strand. Ich habe da mit einer Freundin am Strand gelegen. Dann sind wir manchmal schwimmen gegangen und haben uns dann wieder an den Strand gelegt. Plötzlich kam eine ganz riesige Welle. Wir sind alle weggelaufen, die Dünen

hinauf. Als wir da oben standen, da waren unsere Sachen noch da unten. Und dann habe ich getaucht, um die Sachen zu holen. Und als ich bei den Sachen ankam, da war das Wasser plötzlich weg.«
Lange Pause. Sarah, unsere Tochter, dann weiter:»Du, Papa, kann man Träume erklären?« Ich sage ihr, noch halb verschlafen:»Was meinst du denn?« Darauf Sarah:»Ja, ich meine, wenn eine Gefahr kommt, und man taucht da rein, dann ist sie auch schon vorbei.«

Über eine solche traumhafte Bewältigung unserer schwierigen Lage habe ich mich sehr gefreut.

In der biblischen Geschichte, in der ursprünglicheren Markus-Fassung noch deutlicher als in den anderen synoptischen Versionen, kommt all das zum Tragen, was Untergangs-Erfahrungen eigen ist. *Eugen Drewermann* bemerkt zutreffend:»Es ist wortwörtlich ›abwegig‹, einen solchen Text im Sinne der historisch-kritischen Methode rein literarisch abzuhandeln« (Das Markus-Evangelium, 352), und weist etwa auf *Rudolf Pesch* hin, der die Erzählung als»Überbietungserzählung mit epiphanalem Einschlag« (ebd., 269) charakterisiert. Die Weisung des Evangeliums lautet (mit Drewermann, 356f.) zu Recht:»Im Grunde ist gar nichts zu ›machen‹; zu lernen, wie man innerlich mitten im ›Sturm‹ zum Frieden gelangt, dies ist es allein, worauf es in unserem Leben wesentlich ankommt. Es gilt, die Barke unseres Lebens tiefer zu verankern und auf den Punkt zu vertrauen, an dem unterhalb der aufgewühlten See, abgründiger noch als der Abgrund, ein fester Boden uns Halt gibt. Es kommt darauf an, jenseits der Zone der psychischen Angst den Ort zu erreichen, an dem der Sturm sich beruhigt und wir dem Wind und den Wellen ›gebieten‹.«

Es geht nicht um das»Verpsychologisieren« eines biblischen Textes – im Gegenteil»verstehen wir etwa an diesem Beispiel von der Stillung des Seesturms mit der Hilfe der Tiefenpsychologie überhaupt erst, welche Ängste den Menschen heimsuchen können, wenn man endgültig und unausweichlich mit sich selbst konfrontiert wird! Man betritt eine Zone, die man nie betreten hat, und gerade jetzt, aus der Stille, bricht es hervor wie ein Teufelsspuk. Man versteht sich selbst und die Welt nicht mehr, man könnte nur schreien vor Angst, und es gibt keine Hilfe! All die unbewußten, lange verdrängten, niemals beachteten Kräfte der Seele beginnen in der Tiefe sich zu regen und drohen unser Ich zu verschlingen. Was soll man da ›machen‹, wenn nicht, was gerade die Haltung Jesu verrät und was auch die Tiefenpsychologie einzig zu empfehlen vermag: auszuruhen und die Angst zu vergessen, um in der Tiefe, im Sprechen der Träume, in den Bildern des ›Schlafes‹, eine neue Festigkeit wiederzugewinnen? Gerade die Tiefenpsychologie kann uns zeigen, daß Menschen die ganze Welt bis in die Träume hinein anders erleben, je nachdem, ob es für sie jenseits des ›Meeres‹ des Unbewußten ein anderes ›Ufer‹ gibt oder nicht. Am Ende ist es der Kleinglaube und die Angst, die darüber entscheiden, wie sehr das ›Meer‹ in uns tost und tobt, und es ist allein der Glaube und das Vertrauen, die den Sturmwinden Einhalt zu gebieten vermögen. Die Tiefenpsychologie macht den Glauben nicht überflüssig, sie zeigt im Gegenteil, wie absolut ›notwendig‹ er ist« (ebd., 357).

Sieben TeilnehmerInnen meines Bibliodrama-Seminars haben sich auf eine »geleitete« Fantasiereise zum Motiv der Sturmstillung eingelassen. Die Fantasiereise beginnt auf einem großen See mit einem Floß, auf dem sich die sieben TeilnehmerInnen befinden. (Sie liegen auf dem Boden sternförmig mit dem Kopf zur Mitte. Die Imaginationsreise dauert etwa 50 Minuten.) Mit unerhörter Intensität erleben die »Mitreisenden« die aus der Tiefe aufsteigenden Bewegungen, drohende Stürme, undurchschaubare Wolken, riesige Wellen, Haltlosigkeit – haben aber auch einen pragmatischen »Petrus« an Bord, dem immer noch Rettungsanker einfallen. Nur einer – er ist wirklich eingeschlafen. Wie Jesus. Schlafen mitten im Sturm. Er erfährt die Kraft der Tiefe – und wird zum Ruhepunkt der Floßreise.

So entfalten sich die einzelnen Inhalte der Untergangs-Erfahrung dem, der selbst menschlichen Abgründen, menschlicher Not, grenzenloser Traurigkeit begegnet ist, leichter als denen, die sich um literarische Interpretation bemühen.

*Das Abend-Motiv*: Eine Zeit, in der die Klarheit des Tages verschwimmt, Zwielicht, ambivalente Zeit; denn der Tag geht zu Ende. Abend-Zeit ist Grenz-Zeit. Was geschehen ist, ist geschehen. Der Tag, das Leben, beide kommen an die Grenze. Nicht zufällig sprechen wir vom Lebens-Abend. Es ist die Zeit des Rückblicks, der Erinnerung, Zeit, um zur Ruhe zu kommen. Gerade die Ruhe des Abends aber kann sehr bedrohlich und bedrückend werden – nicht erst am Lebens-Abend. Menschen, die krank sind, erleben den Abend intensiv, als Zwielicht-Zeit: Was liegt hinter mir, was befürchte ich, was steht mir bevor als Nacht? Beschaulichkeit und Befürchtung liegen hier in der Grenzzeit besonders nah beieinander. Der Abend aber ist nicht Nacht, ist nicht die Grenze, sondern die Wegstrecke unmittelbar an der Schwelle zur Grenze des Tages, des Lebens. Der Abend atmet noch den Geist des Tages, gehört ihm noch ganz zu. Noch sind die Konturen dessen zu erkennen, was uns umgibt – bevor sie sich auflösen in Dunkelheit. Abschluß-Empfindungen haben hier ihren Raum. Aber auch Befürchtungen, die nicht mit dem vergangenen Tag direkt, nicht mit dem vergehenden Leben direkt, sondern mit dem zusammenhängen, was danach kommt. So ist Abend-Zeit unmittelbar Übergangs-Zeit. Und sie beherbergt beides: zur Ruhe kommen und hinübergehen. Genau dort geht unsere Geschichte aus dem Markus-Evangelium weiter.

Sprach er zu ihnen: Laßt uns *hinüberfahren*. Das ist eine Entscheidung: nicht bleiben, betrachten, bedenken, sondern der Blick zum anderen Ufer. Kein anderes Bild hat so zentral die Todesvorstellungen der verschiedensten Kulturen geprägt wie das Motiv vom »anderen Ufer«. Denn zwischen dem Leben hier und dem anderen Ufer liegen Abgründe, Tiefen. Der Übergang selber ist ein ungewisser Weg, ein Wagnis über tiefen Abgründen.

Beides gehört zur Perspektive des anderen Ufers: die Entscheidung »Laßt uns hinüberfahren« und das Zurücklassen. Hier sind es Menschen, die zurückbleiben, anonyme Menschen, »das Volk«, keine ganz persönlichen Weggefährten. Aber es bleibt das Zurücklassen. Hier ist unsere Geschichte nüchtern, ohne Abschiedsempfindungen, feststellend. Diejenigen, die zurückbleiben, werden entlassen, gehen ihre eigenen Wege – und bleiben an dieser Seite des Ufers.

*Das Boot*. Es ist die vorläufige, vorübergehende Behausung der Grenzüberquerer. Es ist fester Boden auf unsicherem Grund, Halt über den Tiefen des Abgrunds, ein ungewisser Halt jedoch, der auf die Regungen und Bewegungen aus abgründigen Tiefen reagiert, schwankend. Es ist ein Gefährt, eine Behausung, die Bewegungen aus der Tiefe aufnimmt, die sich in ihrer Lage verändert, keinen absoluten Halt gewährleistet. Die Chancen des Bootes liegen darin, daß es flexibel ist, beweglich, balancierend – sein Risiko: schwächer zu sein als die Kräfte der Tiefe. Das Boot ist Schutz vor dem Untergang – gleichzeitig aber setzt es sich selber der Gefahr des Untergangs aus. Das Boot ist keine Dauerbehausung, sondern eine Übergangsbehausung. Eigenartig, haben nicht auch unsere Särge die Gestalt einer solchen Übergangsbehausung? Und die Arche Noah, die Kiste aus Holz und Gottvertrauen, diese Übergangsbehausung vom alten zum neuen Bund des Regenbogens! Das Boot ist eine Behausung aus Vertrauen und Sorge. Es beherbergt die Hoffnung, zu neuen Ufern zu gelangen. Aber ihm haftet beides an: Verheißung des neuen Ufers und Untergang in den abgründigen Tiefen. Das Boot kann nicht entscheiden, kann keine Gewähr für die Gefahren bieten, die auf dem Übergang warten.

*Wellen* schlugen in das Boot: Es gibt kaum ein treffenderes Motiv dafür, was Menschen in bedrohlichen Übergängen erleben. Die vorläufige Beheimatung, die Übergangs-Behausung wird von der Abgründigkeit überwältigt. Die Wellen sind die Kraft der Tiefe, des Abgrunds, der Haltlosigkeit. Sie sind eine ungeheure Kraft. Wie kann man diesen Kräften standhalten? Das Boot versucht es durch Balance und Bewegung. Sich den Kräften aussetzen, selber in Bewegung geraten, Bewegungen oberhalb des Abgrunds. Was kann man da noch »machen« – so fragt Drewermann prägnant. Machen kann man gar nichts mehr – alles geschieht. Genau das ist die bedrückende Erfahrung von Menschen in Lebenskrisen: Da kann man eben wirklich gar nichts mehr »machen«. Ohnmacht, Verzweiflung, Lebensangst lassen sich nicht weg-machen. Viele haben es versucht – und sind gerade damit gescheitert. Wer der Abgründigkeit des Lebens gegenübersteht, spürt auch die Begrenzung jeden Handelns.

Wir begegnen der Hinfälligkeit, der Bodenlosigkeit, der Todesverfallenheit. So ist das Meer, so sind die Wellen ein Bild für das Chaos, für den Uranfang, für das Nichts. Darüber hinaus stellt gerade Wasser im katathymen Bilderleben das Moment von Empfindungen und Gefühlen dar. Da, wo die Wellen über dem Boot zusammenschlagen, da werden die Empfindungen der Hinfälligkeit, der Todesverfallenheit übermächtig und überschwemmen alles, was uns noch – vorläufigen – Halt gegeben hat. Wellen schlugen in das Boot – das ist die Erfahrung, die Menschen in der größten Lebensangst machen. Sie fühlen sich ausgeliefert, gutes Zureden ist wie ein Rufen vom sicheren Ufer zu jemandem, der sich untergehen fühlt, ist unerreichbar ferne Hilfe, schmerzhaft, weil sie nur den Unterschied verdeutlicht zwischen dem, der sich rettungslos verloren fühlt, und dem, der eben doch in ganz anderer Position ist, noch auf dem früheren Ufer, unerreichbar fern.

*Der Schlaf Jesu*: Es gibt zwei Möglichkeiten, den Schlaf Jesu zu verstehen. Ich habe ihn vornehmlich dargestellt als Abwesenheit Jesu, als Gottesferne. Derjenige, der vielleicht helfen könnte, schläft. Gott, dessen Hilfe wir so dringend erbitten, rührt sich nicht. Er schläft, wie es Markus so schön erzählt, auf einem Kissen. Und die Gottesferne, die Ferne jeder Hilfe ist es, was die Bedrohung so grenzenlos, so unerträglich macht. Zugespitzt: Auch Menschen, die fest im Glauben verankert sind, geraten in solche Stürme, in denen sie von dieser Verankerung kaum noch etwas spüren. Lebensangst ist die Erfahrung der Gottferne. Und wie oft prägt solche Gottferne unser eigenes Erleben!

Der Schlaf ist jedoch mehr: Es ist der eigentliche Gegenpol gegen den Sturm, darauf macht Eugen Drewermann aufmerksam: »Es ist dann im Grunde ein letztes Mal wichtig, zur Ruhe zu finden gegen die Angst; es ist dann noch entscheidender, sich in Gott zu verankern und mitten im ›Sturm‹ das ›Schlafen‹ zu lernen. Auch der Tod ist nicht unser Feind, er ist der Bruder des Schlafes, der Anfang der Ewigkeit. Es gibt Formen der Rettung, die im Irdischen nicht mehr sichtbar sein können, die aber in der Ewigkeit gelten, und wir sind ihnen um so näher, als wir den Frieden unseres Herzens in Gott uns nicht rauben lassen. Es ist die wichtigste Kunst und das eigentliche Wunder unseres Daseins, mitten in der Angst diesen Frieden, diese Ruhe, mag es um uns her stürmen, wie es will, nicht zu verlieren... Im Ernstfall rettet uns nicht ein spektakulärer Eingriff von außen...; aber was uns rettet und uns leben läßt, ist Tag für Tag der stille Glaube an die ständige Gegenwart Gottes, der den Sturm beruhigt und unser Schiff dem anderen Ufer näherbringt« (ebd., 358f.).

Jesus ruht in Gott – so schläft er. Ich kenne keine schönere Beschreibung: ruhen in Gott. Wie gern schreiben wir das über Todesanzeigen, auf Grabsteine – »Hier ruht in Gott«, der Tod als Bruder des Schlafes.

Und sie weckten ihn auf: Wie schwer ist es, in einer Lebenskrise um Hilfe zu rufen! Und doch ist dieser Hilferuf unsere Rettung. Was da wachgerufen wird, was da für eine Kraft geweckt wird, das ist die eigentliche und einzige Kraft gegen die Abgründigkeit und Todesverfallenheit, die Kraft dessen, der »ruht in Gott«. Wenn diese Kraft wachgerufen wird, dann hört der Sturm auf. Denn diese Kraft ist stärker als der Sturm der Abgründigkeit. Aber es ist nicht unsere Kraft - es ist eine Kraft, die uns geschenkt wird.

Habt ihr keinen Glauben? Dieser Glaube verbindet die beiden Ufer miteinander – es ist Auferstehungsglaube. Aber solcher Glaube geht uns oft verloren. Vielleicht müssen wir erst laut rufen, schreien, um diese Kraft in uns wieder wachwerden zu lassen. Mehr noch: Wir müssen uns selber verankern in Gott, mitten in der Angst unser Vertrauen in Gott tiefer verankern.

## 7.4. DIESSEITS UND JENSEITS: VERKLÄRUNG JESU

*Und nach sechs Tagen nahm Jesus mit sich Petrus, Jakobus und Johannes und führte sie auf einen hohen Berg, nur sie allein. Und er wurde von ihnen verklärt; und seine Kleider wurden hell und sehr weiß, wie sie kein Bleicher auf Erden so weiß machen kann. Und es erschien ihnen Elia mit Mose, und sie redeten mit Jesus. Und Petrus fing an und sprach zu Jesus: Rabbi, hier ist für uns gut sein. Wir wollen drei Hütten bauen, dir eine, Mose eine und Elia eine. Er wußte aber nicht, was er redete; denn sie waren ganz verstört. Und es kam eine Wolke, die überschattete sie. Und eine Stimme geschah aus der Wolke. Das ist mein lieber Sohn; den sollt ihr hören! Und auf einmal, als sie um sich blickten, sahen sie niemand mehr bei sich als Jesus allein. Als sie aber vom Berg hinabgingen, gebot ihnen Jesus, daß sie niemandem sagen sollten, was sie gesehen hatten, bis der Menschensohn auferstünde von den Toten. Und sie behielten das Wort und befragten sich untereinander: Was ist das, auferstehen von den Toten? Und sie fragten ihn und sprachen: Sagen nicht die Schriftgelehrten, daß zuvor Elia kommen muß? Er aber sprach zu ihnen: Elia soll ja zuvor kommen und alles wieder zurechtbringen. Und wie steht dann geschrieben von dem Menschensohn, daß er viel leiden und verachtet werden soll? Aber ich sage euch: Elia ist gekommen, und sie haben ihm angetan, was sie wollten, wie von ihm geschrieben steht.*

*Markus 9, 2–13*

Die Ölgemälde, die ich in vielen Wohnzimmern älterer Menschen entdeckt habe, werden von jüngeren eher belächelt oder ignoriert. Auf vielen solcher Bilder aber habe ich in bildhafter Sprache die geheime Lebensüberzeugung von Menschen entdeckt. Vor allem in den Gebirgs-Gemälden. Von hoch oben geht der Blick über Täler und Anhöhen hinauf zu den Gipfeln der Berge.

Ob wir es verstehen, die Sprache der Wohnzimmer-Gemälde mit unserem eigenen Leben in Einklang zu bringen? Von *Rainer Maria Rilke* stammt das Gedicht:

Ausgesetzt auf den Bergen des Herzens. Siehe, wie klein dort,
siehe: die letzte Ortschaft der Worte, und höher,
aber wie klein auch, noch ein letztes
Gehöft von Gefühlen. Erkennst du's?

Trauerwege haben mit Sterbeschritten eine wichtige Gemeinsamkeit. Sie entfernen uns aus dem gewöhnlichen und vertrauten Alltag. Von den Trauerwegen, die uns hinausführen in die Wüste, haben wir schon gesprochen. Hier geht es um Höhe und Tiefe, um Wege zur Klarheit.

Auf dem Weg, auf dem ein Mensch Klarheit erhalten möchte über sein eigenes Leben, ist es gut, vertraute Begleiter zu haben. Aber diese müssen bereit sein, mitzugehen – auch in entlegene Höhen. Wer

129

den Weg also gehen will, der muß sich entscheiden, wen er mitnehmen möchte. Viele andere wird er zurücklassen müssen. Und zur letzten Klarheit über sich selbst kommt nur, wer eigenständig diesen Weg geht – nicht die Begleiter. Es gibt einen Augenblick, da bleiben die Begleiter staunend zurück, da, wo sich das Leben verklärt, da, wo wir zur Klarheit geführt werden.

Klarheit über mein Leben kann ich nur durch Abstand gewinnen. Der Weg hinauf auf einen sehr hohen Berg ist ein solcher Weg hin zum Abstand. Erst, wenn ich die Enge des Alltags verlasse, wenn ich Abschied nehme und mich entferne, wächst die Möglichkeit zum Abstand, zum Überblick.

In der Sprache der Seele sind Höhe und Tiefe enge Verwandte. Wenn ich mich vertiefe, sehe ich mein eigenes Leben von oben an. Das mag sprachlich paradox klingen. In der Sprache der Seele ist es selbstverständlichste Logik.

Im Bilderleben geht der Weg zur Klarheit des eigenen Lebens die Pfade hinauf ins Gebirge. Je höher ich gehe, je weiter ich mich vom Alltag entferne, um so klarer wird der Überblick. Erst auf der Höhe des Gipfels lerne ich zu unterscheiden: Was war bedeutsam und wichtig – und was war belanglos!? Wo bin ich Wege gegangen, die Verheißung hatten, und wo bin ich im Kreis gegangen!?

Die Zusage Gottes zu unserem Leben, wir hören sie dort am klarsten, wo wir von uns selber Abstand gewonnen haben. So hat Jesus es erlebt und erfahren. An zwei Orten spricht Gott ihm seine Bestimmung zu: Am Ufer des Jordans im unwegsamen Gelände bei der Taufe und hier auf dem Gipfel des Berges: »Dies ist mein geliebter Sohn, den sollt ihr hören.«

Beides sind Augenblicke der Verwandlung. Verklärung geschieht dort, wo wir bei unserem Namen gerufen werden, und da, wo wir unserer Lebensbestimmung gewiß werden. Solche Augenblicke der letzten Klarheit sind Momente tiefsten Glücks.

Was aber hat das Glück der Verklärung mit dem Unglück von Trauernden zu tun? Welten scheinen sich zwischen beidem aufzutun. Und doch ist diese Verklärungsgeschichte auch eine Geschichte für Trauernde. Denn sie gehen – wie Petrus, Jakobus und Johannes – an der Seite eines Menschen, der sich vor ihren Augen verwandelt. In jeder Sterbebegleitung erleben wir das nahe Beieinanderrücken von Diesseits und Jenseits.

Es ist manchmal schmerzhaft für Menschen, die einen Sterbenden begleiten, wenn sie wahrnehmen, daß dieser schon weit von ihnen entfernt ist. Wir möchten ihn festhalten, zurückrufen – und spüren doch zugleich, daß wir hier nicht mehr weitergehen dürfen.

Der Sterbende geht manchmal am Ende seines Lebens den Weg, den Jesus mitten in seinem Leben gegangen ist, hinauf auf einen sehr hohen Berg – mit seinen engsten Begleitern, nur sie allein. Diese Bergwanderung ist Wanderung vom Diesseits zum Jenseits. Wir können mitgehen, aber nicht mit hinübergehen.

Das Motiv vom Berg begegnet uns an vielen Stellen in der Bibel, schon im Alten Testament (Ex 24, 12–18), wo Mose und Josua auf Geheiß des Herrn den Berg besteigen, während sie die Ältesten zurücklassen. Auch hier wird die Wolke zum Zeichen der Nähe Gottes, auch hier wird ein Mensch – Mose – verklärt. Auch hier bleibt Mose in der Abgeschiedenheit vierzig Tage und vierzig Nächte wie Jesus in der Wüste. Und Jesus sucht (Mk 6, 46) die Einsamkeit des Berges, um zu beten, bevor er seinen Jüngern auf dem Meer als Überwinder des Todes begegnet. Auch in der Religionsgeschichte taucht das Motiv an vielen Stellen auf (Franziskus auf dem Monte Alverno; Petrarcas Besteigung des Mont Ventoux).

Wenn unser Leben an sein Ziel kommt, wenn wir uns unserer Lebensbestimmung bewußtwerden, dann verklärt sich unsere Existenz. Nicht, weil wir selbst uns vertieft hätten, sondern weil wir uns ansprechen lassen – um im Bild zu bleiben – aus der Höhe.

Von Eugen Drewermann, der die Verklärungsgeschichte in seinem Markus-Kommentar (I. Teil, 586–611) auslegt, stammt der Hinweis: »Man braucht die Bilder dieser Erzählung von der Verklärung Jesu nur der Reihe nach durchgehen, um ein Stück weit nachzuempfinden, wie es sich mit Gott und mit unserem Glück verhalten kann. Beschrieben wird ein Augenblick, in dem Jesus auf dem Berg die Welt zu Füßen zu liegen scheint; weit unter ihm liegt die Enge, die ihn sonst umgibt, die erstickende Präsenz der Menschen z.B. mit ihren Pflichten und Aufgaben, die ihn oft so einzuschnüren drohte, daß er kaum zu sich selbst zu finden vermochte (Mk 1, 35; 6, 31). ›Abseits allein‹ war Jesus in diesem Moment mit seinen drei Jüngern, sagt Markus ausdrücklich, und es ist offenbar eine äußerst wichtige Bedingung zum Erleben dieses Glücks der ›Verklärung‹, daß jemand in sich selber ruht, während (und weil!) seine Stirn den Himmel berührt... Dieser Augenblick seiner ›Verwandlung‹ indessen enthüllt den ganzen Kern seines Wesens; zum erstenmal zeigt sich jetzt deutlich, mit wem wir eigentlich, womöglich über Jahrzehnte hin, geredet und zusammengelebt haben, ohne daß wir auch nur entfernt ihn wirklich gekannt hätten; erst jetzt bricht es aus ihm wie Licht hervor – daß ›sein Gesicht strahlt wie die Sonne‹« (ebd., 592 f.). Elija und Mose sind die Personifizierungen der Geschichte, die Gott mit seinem Volk gegangen ist. Auch diese Geschichte kommt hier zu ihrem Ziel, Anfang und Erfüllung begegnen einander. »In Moses verdichtet sich die Vision einer Freiheit, die ein ganzes Volk aus Menschenknechtschaft und Despotie quer durch die Wüste in die Freiheit führt« (ebd., 603 f.). Und Elijas Aufgabe beginnt mit der Entdeckung, wieviel Angst Menschen vor Göttern, Götzen und Dämonen haben können. Seine Aufgabe ist der Kampf gegen Baal.

Was das theologisch bedeutet, beschreibt prägnant *Ulrich Bach* (Boden unter den Füßen hat keiner, 195): »Baal ist der vom Menschen erdachte und erwünschte Gott der Stärke, der für stabile Verhältnisse zu sorgen verspricht. Leiden hat hier keinen Platz. Jahwe dagegen ist dunkel, er führt in die Wüste, führt ans Kreuz. Dieser Jahwe verspricht keine abgesicherten Positionen, sondern ist der Gott des Exodus, der wegruft von den ›Fleischtöpfen Ägyptens‹ (Ex 16, 3), der wegruft von den Schätzen zur personalen Beziehung, der wegruft von der Sicherheit zur Gewißheit (ebd., 196). Oder in den Worten *Karl Barths*: »Das ist die Höhe Gottes, daß er so herniedersteigt.«

Das Hüttenbauen ist gern und häufig als Versuch interpretiert worden, Petrus wolle das Glück festhalten. Wenn wir aber die Verklärung als Überschneidung und Begegnung von Jenseits und Diesseits beschreiben, dann ist dieser Ort nicht an einer Stelle zu fixieren – so verständlich die Sehnsucht ist, gerade an dieser Stelle sein eigenes Zuhause zu finden.

Auch die Trauernden suchen ein neues Zuhause, suchen es oft an den Grabstätten und suchen es oft an den Orten, wo sie früher mit dem inzwischen Verstorbenen zusammen waren. Auch sie erleben: Es ist nicht möglich, an dieser Grenze wirkliche Hütten zu bauen. Es geht einfach nicht. Denn der Übergang von Diesseits und Jenseits ist kein Ort, sondern ein Prozeß, kein Zeitpunkt, sondern eine Entwicklung, eine Wandlung.

Die Verklärungsgeschichte steht im unmittelbaren Kontext der ersten Leidensankündigung Jesu und seiner Aufforderung zur Nachfolge (Mk 8, 31–38). Der innere Kontext der Verklärungs-Erfahrung ist die Leidenserfahrung. So führt der Weg Jesu vom Berg der Verklärung hin zur Kreuzigung auf Golgatha.

Der Trauernde ist mitgegangen bis an die Grenze dieser Erde. Dort hat er die Verwandlung erlebt und begreifen müssen, daß er selbst zurückbleiben muß. Und er ist den Weg wieder hinabgegangen, zurück in den Alltag, der nun so ganz anders geworden ist. Es ist schwer, sich dann wieder zurechtzufinden. Und das Schweigen überfällt den Trauernden von selbst. Da bedarf es keines Schweigegebotes. Was er erfahren hat, das findet erst einmal keine Worte. Jede Begegnung mit dem Tod ist eine Begegnung mit dem Ende aller Tage. Vielleicht haben wir wie Mose den Blick hinüberahnen können in das gelobt Land. Wer aber weiß, wann wir endlich am Ziel sind? Und doch – wir haben das Leben aus einer anderen Perspektive gesehen. Das wird unser Leben verändern. Wir selbst werden uns auf solchen Trauerwegen verändern, wenn wir bereit sind, unserer eigentlichen Lebensaufgabe zu folgen. Nicht wir stellen uns diese Aufgaben. Wer wir sind, das wird uns gesagt – Gott hat sich zu uns bekannt, wie er sich zu seinem Sohn bekannt hat. Darum beginnt der Abstieg vom Berg der Verklärung mit dem Hören.

## 7.5. ZEICHENHANDLUNG: SALBUNG JESU UND FUSSWASCHUNG

*Sechs Tage vor dem Passahfest kam Jesus nach Betanien, wo Lazarus war, den Jesus auferweckt hatte von den Toten. Dort machten sie ihm ein Mahl, und Marta diente ihm; Lazarus aber war einer von denen, die mit ihm zu Tische saßen. Da nahm Maria ein Pfund Salböl von unverfälschter, kostbarer Narde und salbte die Füße Jesu und trocknete mit ihrem Haar seine Füße; das Haus aber wurde erfüllt vom Duft des Öls. Da sprach einer seiner Jünger, Judas Iskariot, der ihn hernach verriet: Warum ist dieses Öl nicht für dreihundert Silbergroschen verkauft worden und den Armen gegeben? Das sagte er aber nicht, weil er nach den Armen fragte, sondern er war ein Dieb, denn er hatte den Geldbeutel und nahm an sich, was gegeben war. Da sprach Jesus: Laß sie in Frieden! Es soll gelten für den Tag meines Begräbnisses. Denn Arme habt ihr allezeit bei euch, mich aber habt ihr nicht allezeit.*

*Und beim Abendessen, als schon der Teufel dem Judas, Simons Sohn, dem Iskariot, ins Herz gegeben hatte, ihn zu verraten – Jesus aber wußte, daß ihm der Vater alles in seine Hände gegeben hatte und daß er von Gott gekommen war und zu Gott ging, da stand er vom Mahl auf, legte sein Obergewand ab und nahm einen Schurz und umgürtete sich. Danach goß er Wasser in ein Becken, fing an, den Jüngern die Füße zu waschen, und trocknete sie mit dem Schurz, mit dem er umgürtet war. Da kam Simon Petrus; der sprach zu ihm: Herr, solltest du mir die Füße waschen? Jesus antwortete und sprach zu ihm: Was ich tue, das verstehst du jetzt nicht; du wirst es aber hernach erfahren.* Johannes 12, 2–8; 13, 2–7

133

Antizipatorisches Trauern – so nannten wir die Trauer eines Menschen um sich selbst, die Trauer des Menschen, der um sein Ende weiß. Zwei Zeichenhandlungen stehen an der Stelle, wo Jesus seinem Tod entgegensieht – das eine Zeichen wird an ihm vollzogen, das andere Zeichen vollzieht Jesus selbst an seinen Jüngern.

Die Salbung Jesu – eine hinreißende Geschichte! Daß sie in der Verkündigung der jungen Christenheit aufbewahrt und nicht verschwiegen worden ist (in der Markus-Fassung murrt nicht allein der bei Johannes stark stilisierte Judas), das ist schon ein kleines Wunder. Denn Peinlichkeiten werden gern verschwiegen. Da sitzt Jesus in einem Haus in Betanien im Kreis seiner Jünger. Da kommt diese Frau (Markus nennt im Unterschied zu Johannes keinen Namen, sie bleibt namenlos bei ihm), zerbricht ein Glas mit kostbarstem Öl – ein Vermögen wert! – und salbt Jesus.

Wer als Jude aufgewachsen ist, der weiß:
– Gesalbt wurden Könige. Salbung war der festliche Augenblick, in dem ein Mensch zum Auserwählten Gottes wird;
– gesalbt wurden aber auch Verstorbene. Oft haben das die Frauen getan. Auch die trauernden Frauen tragen Öl bei sich, als sie am dritten Tag nach der Hinrichtung Jesu kamen, um seinen Leichnam zu salben.

Gesalbt wurden Auserwählte – und Verstorbene. Um so dramatischer ist dieses Zeichen der Maria (oder der namenlosen Frau bei Markus). Sie verschwendet ein Vermögen, um Jesus zu salben. Und Jesus läßt das geschehen, nimmt dieses Zeichen verschwenderischer Liebe an, wehrt sich nicht. Er ist der Gesalbte.

Kein Wort verliert die Frau. Wer liebt, der handelt. Da braucht es keiner Worte mehr. Jesus läßt das geschehen. Er weiß, was dieses Zeichen bedeutet. Er ist der Gesalbte. Dieses Zeichen verändert ihn. Es macht ihn zum Auserwählten und kündet seinen Tod. Beides gehört von jetzt an zusammen. Es ist Karfreitag und Ostern, konzentriert in diesem spürbaren Zeichen. Der ganze Raum erfüllt sich mit dem Duft des kostbaren Öls. Es ist ein Vermögen wert – der helle Wahnsinn. Ein Zeichen grenzenloser Liebe.

Wer liebt, kann nicht kleinlich sein. Wer liebt, verausgabt sich, fragt nie, ob sich das auch lohnt, ob es das wert ist. Wer liebt, öffnet Hände, Herz und Seele – und wird auch dann nicht arm, wenn er sich in Liebe vollständig verausgabt. Und ich bin sicher: Jesus umarmt jetzt diese Frau, die so mutig und so unerhört großzügig war. Er hat das Zeichen verstanden und nimmt dieses Zeichen an.

Am schönsten wäre es, würde die Geschichte hier aufhören. Aber leider geht sie noch weiter. Andere Gefühle werden jetzt wach bei den Jüngern (Johannes personifiziert es auf den stark stilisierten Judas: »er war nämlich ein Dieb«). Was hätte man mit diesem Reichtum nicht alles Gutes tun können! War es Neid? War es Berechnung? Jedenfalls fallen sie mit ihren klugen und berechnenden Worten über diese liebende, handelnde und schweigende Frau her. Nicht ein Wort wird von der Frau berichtet. Aber viele Beschimpfungen der Jünger. Spricht hier das soziale Gewissen – oder die Heuchelei? Jesus stellt sich an die Seite der Frau: Laßt diese Frau in Frieden! Was betrübt ihr sie! Sie hat ein gutes Werk an mir getan! – Wer liebt, der kann auch annehmen, kann sich beschenken lassen, ohne rot zu werden. Jesus ist der Gesalbte und sagt: Arme habt ihr allezeit bei euch. Mich aber habt ihr nicht allezeit bei euch. (Und bei Markus stiftet er selbst das Gedächtnis an diese mutige, liebende Frau.)

Verstanden haben das die Jünger erst viel später – als die Frauen am Morgen des dritten Tages vom Grabe Jesu zurückkommen, mit ihrem Öl, das sie nun nicht mehr brauchen. Der Gesalbte ist der Auferstandene.

Ich möchte Jesus so grenzenlos lieben können, wie es diese Frau getan hat. Sich für Jesus verausgaben, nicht, weil es sich lohnt, sondern eben aus Liebe. Im Kern ist unser Glaube Liebe – kein Weltverbesserungsprogramm, sondern verschwenderische und hemmungslose Liebe. Genau das brauchen wir: eine Liebe, die nicht berechnend ist. Wer liebt, der öffnet Hände, Herz und Seele – und wird nicht arm, auch wenn er alles verschenkt. Ob sich unser Glaube lohnt? Ob unsere Kirche eine Zukunft hat? Ob wir der berechnenden und unsolidarischen Welt widerstehen können?

Wenn unser Glaube Liebe zu Jesus Christus ist, dann werden wir dienende Gemeinde sein, nicht herrschende Kirche. Liebe findet Wege auch in der größten Ausweglosigkeit. Die Frau aus Betanien war empfindsam genug, um ihre Liebe zu zeigen und aus Liebe zu handeln. Aus Liebe hat sie ihn gesalbt. Was unsere Kirche heute braucht? Nicht so viele schlaue Kirchenväter, sondern so viele herzlich liebende Kirchenmütter – wie diese Frau aus Betanien, die nicht kalkulierte, nicht berechnete, sondern aus Liebe handelte. Denn wer liebt, der kann sich selbst überwinden. Der kann über seine eigenen Grenzen hinausgehen. Der kann sich verausgaben – und wird Lebendigkeit geschenkt bekommen. Als Gesalbter und Geliebter geht Jesus in den Garten Gethsemane, an das Kreuz von Golgatha. Als Gesalbter und Geliebter ist er der Auferstandene. Wenn wir ihn lieben, dann ergibt sich die Nächstenliebe ganz von selber. Dann brauchen wir nicht mehr reden und berechnen, dann können wir großzügig handeln.

Die Geschichte von der Salbung Jesu ist eine der mutigsten Antworten auf die Frage nach dem Leid und der Zerstörung in der Welt: die Tat der Liebe gegen das berechnende Wort.

So entspricht das Zeichen, das Jesus an sich geschehen läßt, so wunderbar dem anderen Zeichen, das er an seinen Jüngern vollzieht: Er, der Herr, wäscht ihnen die Füße. Er redet nicht nur davon, was dienen heißt, er zeigt es, er macht es ihnen – uns – vor. Und dieses Dienen ist ein Zeichen, das sich an unseren Körper wendet. In Israel versteht jeder dieses Zeichen. Uns ist es kulturell fremd und ungewohnt. Und doch: ein unendlich schönes Zeichen. Es hat etwas mit unserem Lebens-Weg zu tun. Jesus wäscht, kühlt und säubert unsere Füße, die so vieles hinter sich gebracht haben. Im Abdruck unserer Füße konzentriert sich unsere ganze Lebens-Weg-Geschichte. Unsere Füße sind staubig und müde geworden. Das spüren wir erst in diesem Augenblick, da er unseren Fuß in seine Hand nimmt, sie nimmt, so verdreckt, wie sie sind, so müde sie nun einmal geworden sind. Und wäscht sie mit frischem, klaren Wasser – welch ein Zeichen, welch ein Erleben!

Erst jetzt werde ich mir meiner Füße bewußt. Sie teilen mit meinem Körper das gleiche Geschick: Solange sie mir ihren Dienst tun, frage ich nicht nach ihnen, sind sie mir fraglos selbstverständlich, ein Lebens-Mittel, um meine Lebenswege gehen zu können. Erst, wenn sie erschöpft, müde oder gar verletzt sind, spüre ich, was ich ihnen verdanke. Daß ich meiner Wege gehen kann, aber auch, daß ich nachfolgen kann. Mehr noch: Die Füße tragen mich. Ich kann mich bewegen und Gleichgewicht halten. Meine Füße geben mir Halt, Bodenhaftung. Ich spüre den Boden unter mir, das, was mich trägt – oder was mich unsicher gehen läßt.

Jesus nimmt meine Füße in die Hand – er nimmt damit meine Lebenswege in die Hand, und er dient, er bestimmt nicht, wohin ich jetzt gehen muß, zwingt mich nicht, sondern läßt meine angestrengten und müden Füße zur Ruhe kommen. Er wäscht meine Füße. Das ist in Israel ein niedriger Dienst, keine vornehme Kulthandlung. Bei uns ist es fast eine intime, sehr persönliche Handlung. Wir lassen uns nicht gern an die Ferse, an den Fuß fassen. Wir sind das nicht gewohnt. Und doch ist es ein so schönes Zeichen. Daß er meinen Fuß in seine Hand nimmt. Daß er meine Füße wäscht und erfrischt – daß er es mir ermöglicht, erholt und erfrischt weitergehen zu können. Das ist mein Wunsch für trauernde Menschen. Daß ihre müde gewordenen Füße erfrischt werden, daß der Staub der Wege, die uns schwer geworden sind, abgewaschen werden kann. Daß wir unsere Füße spüren, spüren, daß wir weiter (!) gehen können. Fußwaschung ist der Dienst Jesu an Trauernden. Die Füße sind das Zeichen unserer Lebenswege. Mit ihnen sind wir all die Wege gegangen: die guten und unbeschwerten Wege, die schweren und belasteten Wege, die Wege in die Ausweglosigkeit. Und jetzt, wo wir am Ende sind, da nimmt Jesus unsere Füße, nimmt Wasser, reinigt und erfrischt uns. Dienen heißt, den anderen wieder weiter gehen lassen.»Was ich jetzt tue, das verstehst du nicht. Du wirst es aber hernach erfahren.«Du wirst es verstehen, wenn du Jesus verstehst: Er wäscht unser Leben, er gibt uns neues Leben und läßt uns Wege gehen, die uns vorher verschlossen schienen. Fußwaschung ist Reinigung und Fürsorge für unsere Lebenswege.

Zum Abschluß eines Bibliodrama-Seminars mit StudentInnen zu biblischen Texten zu Tod und Sterben haben wir als Abschied die Fußwaschung erlebt. Der Gruppenraum ist umgestaltet – Stühle im Kreis, in der Mitte des Kreises Blumen, eine Kerze, zwei Behälter mit warmem Wasser, Handtücher über die Gefäße ausgebreitet, ruhige Klaviermusik. Wir sind einen weiten Weg miteinander gegangen in diesen Tagen. Abschiedlich leben, das geschieht in der Bibel in der Geschichte von der Fußwaschung. Wir wollen uns nach diesem langen Weg zum Abschied die Füße waschen lassen. – Drei TeilnehmerInnen möchten lieber anderen die Füße waschen, als sich selber waschen zu lassen. Sie übernehmen die Aufgabe. Die anderen sitzen im Kreis, schließen die Augen und gehen ihren Füßen nach. Sehr behutsam werden nacheinander allen die Füße gewaschen – eine bewegende Erfahrung. Schließlich möchten auch die drei sich gern die Füße waschen lassen und setzen sich mit in den Kreis. In einem ruhigen, langen Gespräch – alle noch mit warmen Handtüchern um die gewaschenen Füße – erzählen wir uns, was in uns vorgegangen ist. Kindheitserfahrungen wurden wach: der Fuß als Kindheits-Ich, das im warmen Wasser schwimmt, gestreichelt wird, in die Hand genommen wird. Was meine Füße alles für mich getan haben, ohne daß ich sie jemals wirklich geachtet habe; alle fühlen sich unerhört erfrischt und gestärkt. Abschiedlich leben eröffnet uns Kräfte zum Weitergehen, die wir vorher nicht einmal geahnt haben.

Daß jemand anders meine Füße wirklich annimmt, das habe ich mir nicht vorstellen können. Und die FußwäscherInnen: Wieviel Ausdruck in den Füßen liegt, und wie unterschiedlich sie sind! (Zur praktischen Seite: Für alle TeilnehmerInnen lagen Handtücher bereit, die ihnen nach der Waschung um die Füße gewickelt wurden. Das Wasser erkaltete während dieser – über eine Stunde dauernden – Übung. Es war schön, daß die FußwäscherInnen warmes Wasser nachfüllten; es war schließlich tiefer Winter. Im Sommer mag das anders sein.) So haben wir Abschied genommen – sind neue Wege gegangen, sind durch abschiedliches Leben stark geworden.

## 7.6. GETHSEMANE:
## DIE INNERE STERBE-ERFAHRUNG

*Und sie kamen zu einem Garten mit Namen Gethsemane. Und er sprach zu seinen Jüngern: Setzt euch hierher, bis ich gebetet habe. Und er nahm mit sich Petrus und Jakobus und Johannes und fing an, zu zittern und zu zagen, und sprach zu ihnen: Meine Seele ist betrübt bis an den Tod; bleibt hier und wachet!*

*Und er ging ein wenig weiter, warf sich auf die Erde und betete, daß, wenn es möglich wäre, die Stunde an ihm vorüberginge, und sprach:*

*Abba, mein Vater, alles ist dir möglich; nimm diesen Kelch von mir; doch nicht, was ich will, sondern was du willst. Und er kam und fand sie schlafend und sprach zu Petrus: Simon, schläfst du? Vermöchtest du nicht, eine Stunde zu wachen? Wachet und betet, daß ihr nicht in Versuchung fallt! Der Geist ist willig; aber das Fleisch ist schwach. Und er ging wieder hin und betete und sprach dieselben Worte und kam zurück und fand sie abermals schlafend; denn ihre Augen waren voller Schlaf, und sie wußten nicht, was sie ihm antworten sollten. Und er kam zum dritten Mal und sprach zu ihnen: Ach, wollt ihr weiter schlafen und ruhen? Es ist genug; die Stunde ist gekommen. Sieh, der Menschensohn wird überantwortet in die Hände der Sünder. Steht auf, laßt uns gehen! Siehe, der mich verrät, ist nahe.* Markus 14, 32–42

Die innere Auseinandersetzung mit dem eigenen Sterben braucht einen besonderen Ort oder Raum. Nicht die alltäglichen Räume sind es, in denen diese Auseinandersetzung geschehen kann, sondern die außergewöhnlichen Räume. Es ist der Raum, der nicht nach Zweckmäßigkeiten gestaltet ist, sondern nach Gesichtspunkten der Schönheit. Es ist der harmonische Raum, der bewußt gestaltete Raum. Es ist der Raum, der an der Nahtstelle zwischen erster und zweiter Schöpfung liegt, also zwischen Natur und Kultur. Der Natur wird hier Raum gelassen, und doch wird gleichzeitig Kultur gestaltet. Solche Räume, die der Alltäglichkeit entzogen sind, Räume, in denen Störungen vermieden werden können, Räume, die uns angenehm berühren und unserer Erholung und Entspannung dienen können, sind eine wichtige

Voraussetzung für die innere Auseinandersetzung mit dem Lebens-
Ende.

Achten wir in unserer Zivilisation darauf, daß Menschen in einer
schweren Lebensphase solche ästhetisch gestalteten Räume der Abgeschiedenheit, der Schönheit und der Einsamkeit benötigen, um
eine unabweisliche innere Entwicklung vollziehen zu können? Viele
Menschen erleben ihre schwersten Lebens-Augenblicke in Kranken-
häusern. Dort ist für alles gesorgt – aber offenbar nicht alles möglich.
Zum Beispiel ist ein Garten nicht immer erreichbar. Es gibt noch immer Krankenhäuser, die eine Kapelle für einen entbehrlichen Raum
halten – und das ist nach allen fachlichen Ansichten einer ganzheit-
lichen Medizin fahrlässig. Ein Raum der Stille, eine Kapelle, ein
Gethsemane-Raum – das wäre nicht ein Zugeständnis an klerikale
Interessen, sondern es wäre die Ermöglichung innerer Auseinander-
setzungen. Gethsemane, das wäre nicht der Raum, in dem ein
Mensch zur Einsicht kommt, daß er sterben muß. Es wäre zuerst einmal der Raum, in den ein Mensch sich gern zurückzieht, ein Ort, an
dem es einfach schön ist. Ich könnte mir einen Gethsemane-Raum
eines modernen Krankenhauses auch als Wintergarten vorstellen. In
jedem Fall ist es ein Gebot der Humanität, daß in einem Krankenhaus
Gethsemane-Räume entstehen. Und sie müssen zugänglich, mehr
noch: erfahrbar sein (auch mit dem Krankenbett und dem Rollstuhl).

Zur Begegnung mit einer Gethsemane-Erfahrung gehört die Nähe
von Menschen, die mir vertraut sind. Das müssen nicht unbedingt
Angehörige oder Verwandte sein. Es können nahestehende Freunde
sein oder Begleiter, die zu Vertrauten geworden sind. Es müssen aber
Menschen sein, die mir nahe sein können und die mich gleichzeitig
gehen lassen. Es müssen Menschen sein, die aus Zuneigung zu mir
auch meine Einsamkeit zulassen können.

Zur Begegnung mit einer Gethsemane-Erfahrung gehört die Nacht,
der richtige Augenblick. Die Nacht ist aus der Perspektive des Alltags
ein Bereich der Jenseits-Zeit. Die Zeit der Nacht unterscheidet sich
wesensmäßig vom Tag. Der Tag lebt seinen eigenen Rhythmus: der
Morgen, in Selbstwahrnehmung und literarischer Verdichtung Inbegriff des Neuanfangs, des Erwachens, der Unbeschwertheit, der Morgen als Zeit erwachender Lebendigkeit. Der Mittag dagegen, Ausklin-
gen des eher ungestümen Morgenempfindens, auch im Biorhythmus
eher ein ruhigerer Abschnitt (jedenfalls der spätere Mittag); dann der
Nachmittag, an dem der Tag Früchte trägt. Die Zeit der entspannten
Betrachtung, die Zeit, in der auch der Tag selber zur Reife gekommen

ist – das ist gleichzeitig die Zeit, in der das Leben des Tages in weiches, eher barmherziges Licht gehüllt wird, gutmütig und leicht melancholisch. Denn es ist auch die Übergangszeit zum Abend, also Vor-Abend-Zeit. In der Dynamik des Tages bildet der Abend den Abschluß, zur Ruhe kommen, abschließen, was gewesen ist, beenden, was geschehen ist, aus-ruhen. Dieser Dynamik des Tages, die eng verbunden ist mit der Dynamik des Lichtes, findet im Abend ihr Ende. Erst danach beginnt die Nacht – Jenseits-Zeit aus der Perspektive des Alltags. Die wache Nacht, die Nacht-Wache ist die Begleitzeit des Schlafs, im tieferen Sinn die Begleitzeit des Todes. In dieser Jenseits-Zeit, eine Insel mitten in der Diesseits-Zeit, haben innere Wahrheiten ihr Zuhause. Die äußeren Bilder verdichten sich zu inneren Bildern und stehen schattenlos im inneren Raum. Die Nacht ist zeitlose Zeit und deshalb die Freundin der Jenseits-Gedanken.

Zur Gethsemane-Erfahrung gehören also in Aufnahme und Vertiefung der neutestamentlichen Darstellung:
– *Gethsemane-Räume:* Sich inneren Raum schaffen oder sich in äußere Räume zurückziehen können, die der Alltäglichkeit und Zweckmäßigkeit entzogen sind;
– *Gethsemane-Menschen:* Vertraute Begleiter, die mitgehen, aber mich auch allein weitergehen lassen können; Menschen, die um den Ernst der Lage wissen, aber nicht in der gleichen Situation sind wie ich;
– *Gethsemane-Zeit:* Die Nacht, die Jenseits-Zeit; gleichzeitig aber auch die Vor-Zeit, in der ich innerlich vorwegerfahre, was in Wahrheit und unabweislich auf mich zukommt – aber noch nicht da ist.

Die innere Struktur dieser Gethsemane-Erfahrung lebt vom Wechsel zwischen Nähe und Distanz und von der Wiederholung. Das sind die beiden Haltepfeiler, zwischen denen sich das Netzwerk der inneren Entwicklung aufbauen kann. Der Anfang einer Gethsemane-Erfahrung gehört der Besorgung des Raumes: sich in einen Jenseits-Raum begeben, sich innerlich Raum verschaffen – dort ankommen, wo ich Raum habe. Und dort bekommt jeder seinen Platz. Diejenigen, die zwar dazugehören, aber nicht in diesem Augenblick unmittelbare Begleiter sein sollen, bekommen ihren Platz, verbunden mit einer Aufgabe: warten können. Dann beginnt das Weitergehen. Jemanden mitnehmen, nicht nur einen Begleiter, sondern drei – welch ein Reichtum.

Im Gethsemane-Raum, abseits der alltäglichen Begleiter, aber in Gegenwart der engsten Vertrauten ist es möglich, dem Gefühl nahezukommen. Somatische und verbale Ausdrucksmöglichkeiten haben hier nebeneinander ihr Recht: Er fing an, zu zittern und zu zagen, und sprach zu ihnen: Meine Seele ist betrübt bis an den Tod. Der Ausgangspunkt der inneren Auseinandersetzung liegt dort, wo bedrükkende Gefühle ausgedrückt werden können, mit dem Körper, mit Worten zu Vertrauten – ein Moment besonderer persönlicher Nähe. Solche belastenden Empfindungen waren der innere Beweg-Grund, sich auf diesen Gethsemane-Weg zu machen. Sie können aber erst gelebt und ausgesprochen werden, wenn dieser Weg bereits begonnen hat. Der persönlichen Öffnung von bedrückenden Gefühlen folgen nicht Trost und Umarmung, sondern der Wunsch, allein weiterzugehen, der Wunsch nach Klärung. Und dazu gehört der Abstand – jemanden zurückzulassen und weiterzugehen.

Zum Zurücklassen gehört aber auch die Vergewisserung: Bleibet hier und wachet mit mir! Gethsemane-Menschen müssen es ertragen können, in wichtigen Augenblicken der inneren Reifung zurückbleiben zu können. Wachen können – in der Jenseits-Zeit aushalten. Wachen können – eine Begleitungsweise der Vertrautheit, die Distanz ertragen kann. Wachen können – geschehen lassen, was sich jetzt beim anderen entwickeln will; Aufmerksamkeit ohne Neugier; Konzentration ohne Eilfertigkeit; Geduld ohne Gleichmütigkeit. Jemanden weitergehen lassen, weil er sich dazu entschieden hat, allein weitergehen zu wollen. Das Weitergehen ist eine andere Art der Annäherung, Annäherung an den Gethsemane-Kern: Er warf sich auf die Erde und betete. Das ist gelebte Körpersprache. Sich auf die Erde werfen – das ist unserem Kulturempfinden fremd und doch ganz nah bei der Todeserfahrung: In die Erde gelegt zu werden, der Erde zuzugehören; von Erde bist du genommen – zu Erde wirst du werden.

In solcher Einsamkeit erst geschieht es, daß Jesus sich ganz ausliefert – und betet. Eigentlich ist beides gleich – körperlich sich ausliefern, sich auf die Erde werfen; dialogisch sich ausliefern: beten. Beten ist Dialog mit Gott. Wer sich auf diesen Dialog einläßt, beharrt nicht auf seinem Weg, sondern erwartet einen Weg, läßt sich einen Weg zeigen – auch wenn es nicht der Weg ist, der dem eigenen Wünschen am nächsten liegt. Beten ist Dialog und ist deshalb auch: mit Gott verhandeln, einen Wunsch äußern. Zum Kern der Gethsemane-Erfahrung gehört der Wunsch, ausweichen zu wollen: daß, wenn es möglich ist, die Stunde an ihm vorübergeht.

Schwanken und Verhandeln gehören hierhin, das Werben: Abba, mein Vater! Das überredende Verhandeln mit Gott: Alles ist dir möglich. Das ist die ausformulierte Ambivalenz der Gethsemane-Erfahrung: Du kannst so und so entscheiden. Der Wunsch behält hier seinen Raum: Nimm diesen Kelch von mir. Aber dieser Wunsch bleibt in der dialogischen Ambivalenz der Gethsemane-Erfahrung: Doch nicht, was ich will, sondern, was du willst. Der eigene Wille hat hier seinen Raum – doch er bleibt begrenzt. Im Dialog steht ihm der Wille Gottes gegenüber. Die Entscheidung bleibt offen. Nur, wenn die Entscheidung als wirklich offen erfahren und ausgedrückt werden kann, ist Raum genug, eine Entscheidung anzunehmen – gerade auch, wenn es nicht mein Wunsch-Weg ist. In der Offenheit endet dieser erste Verhandlungsdialog mit Gott.

Der Weg weiter ist zunächst einmal der Weg zurück. Zurückgehen, ohne gleich im ersten Zu-Gang eine Entscheidung gefunden zu haben, dieses Zurückgehen-können, sich vergewissern dessen, was ich zurückgelassen habe, das gehört mit zur Ambivalenzerfahrung von Gethsemane. Und die Enttäuschung: daß das Vertrauen nicht durchgehalten worden ist, daß das Wachen sehr viel Geduld erfordert – und die bittere Enttäuschung, daß meine Begleiter es nicht aushalten in der Wachheit dieser Jenseits-Zeit; daß ich einsamer bin, als ich gehofft habe.

Sie schlafend finden – die Geduld ist ihnen ausgegangen, die Aufmerksamkeit hat auch mich verlassen, Gleichmütigkeit berührt mich als Fremdheit. Schlafen – sich der Jenseits-Zeit, in der langsam meine ganz persönliche Entscheidung zu reifen beginnt, entziehen; schlafen, also nicht mitempfinden, mitwachen, mitkämpfen, sondern der Ohnmächtigkeit erlegen sein, keine tapferen und verläßlichen Begleiter mehr hinter sich wissen – und der mühsam mahnende Versuch, sie in meine Auseinandersetzung hineinzuholen. Ratlos, beinahe fassungslos: Simon, schläfst du?! Und die dringende Bitte aussprechen: Wachet und betet – eine Stunde mit mir wachen – wachet und betet, damit ihr nicht in Versuchung fallt! Es ist die Zeit der inneren Auseinandersetzung.

Nähe und Distanz auf der einen Seite und die Wiederholung auf der anderen Seite, das sind die Säulen dieses Erfahrungsgebäudes. Beides ist schmerzhaft und anstrengend, in sich offen und drängt zu einer Entscheidung. Es ist eine Fiktion, daß ich in meinem Leben wichtige Entscheidungen in einem Augenblick treffe – immer erlebe ich diesen langen Weg zwischen verschiedenen Möglichkeiten, zwischen verschiedenen Empfindungen. In solchem wechselvollen Prozeß hat auch die Enttäuschung ihren Platz. Ich bin mitten in der anstrengendsten Entscheidung meines Lebens. Andere spüren das. Sie zeigen mir ihre Zuneigung, wärmen mich mit ihrer Nähe. Aber – ach, sie sind nicht in meiner Lage. Das ist die bedrückende Erkenntnis, der sich kein Mensch entziehen kann, wenn es um seine eigene Gethsemane-Erfahrung geht. Da ringt ein Mensch mit Leben und Tod. Andere sind ihm nah, sind bedrückt, empfinden mit, sind auch mit ihren eigenen Befürchtungen beschäftigt: Wie schwer das wird, ohne ihn weiterzuleben! Aber der Mensch, der selbst dem Tod begegnet, ist in viel radikalerer Weise der Situation ausgesetzt: Nicht der Verlust eines Menschen, sondern der Verlust aller Menschen steht für ihn bevor. Nicht eine absehbare Zeit großer Traurigkeit, sondern die Absehbarkeit der eigenen Zeit steht ihm vor Augen. Da verwandelt sich zwangsläufig jede Nähe in Distanz: Ihr lebt ja noch – auch dann, wenn ich schon gestorben bin. Das ist ein unüberbrückbarer Unterschied! Dann ist es gut und wahrhaftig, ärgerlich zu werden: Kannst Du nicht einmal eine Stunde für mich wachen?! Da hat die Enttäuschung ihren Platz. Und sie ist unvermeidlich. Aber es ist wichtig, daß sie ausgesprochen werden kann, daß diese traurig-wütenden Gefühle ihren Ausdruck finden können.

Wachet und betet, daß ihr nicht in Versuchung fallt! Was für eine Anforderung, was für ein Wunsch, was für eine Zumutung! Wachet: Halte die Jenseits-Zeit mit mir aus. Ich bin der Jenseits-Zeit schon sehr nah, sie bedrückt auch mich, ja, sie droht, auch mich zu überwältigen. Bleib wenigstens du in dieser kleinen Spanne Jenseits-Zeit in meiner Nähe. Laß dich von der Jenseits-Zeit nicht überwältigen. Und bete: Liefere dich aus. Ich muß mich auch ausliefern. Und da ist es gut, nicht allein zu sein. Liefere dich aus – auch, wenn du dich noch zurückziehen kannst, dich noch entziehen kannst, noch beharren kannst, dich noch behaupten kannst (also nicht beten). Wer dem Sterben begegnet, begegnet in extremer Weise der Notwendigkeit, sich ausliefern, sich aus der Hand geben zu müssen. Das kann auch anders geschehen: sich einfach verlieren – wenn es Zeit ist. Sich solange festhalten, wie noch Zeit ist – und dann kann ich es eben nicht mehr ändern, Ohn-Macht. Beten ist beides: sich selbst mitbringen und gleichzeitig sich selbst ausliefern. Zweifel ist die Form, in der wir am intensivsten beten. Es wird nur so verzweifelt, weil wir uns dem Gegenüber nicht aussetzen: Gott. Beten ist zweifelndes Fragen und Angst vor der Klarheit der Antwort, weil mich diese Antwort überfordern könnte, überwältigen könnte, mich enttäuscht.

Das ist es im Kern, was Jesus von Simon Petrus hier verlangt: sich mit seiner Nähe, seiner Liebe zu Jesus so einzubringen, daß er mit ihm leidet. Leiden heißt hier beides: in der Jenseits-Zeit wach bleiben, aushalten. Und: sich ausliefern, dem Willen Gottes zu begegnen. Das hätte für Simon Petrus ein Lebens-Ereignis werden können. Aber er hat geschlafen. Er hat nicht gebetet, hat sich nicht Gottes Willen ausgesetzt, hat sich noch entzogen – und so vieles versäumt. Sterbebegleitung geschieht nicht nur mit dem Verstand, sie muß mit dem Herzen geschehen. In der Bibel steht das genauer, nämlich in einer Ambivalenz, der ein trauriger Zug abzuspüren ist: ›Aber‹! Vom Verstand her hast du dich immr so mutig geäußert, aber dein Herz, dein Gemüt ist hier nicht bei der Sache. Enttäuschung ist auf diesem Gethsemane-Weg wohl unvermeidlich. Und zugleich verletzend und bedrückend. Und er ging wieder hin – und sprach dieselben Worte. Die Wiederholung. Wir sind einfach damit noch nicht fertig. Wie schrecklich sind die Begleiter, die immer darauf warten, daß sich ein sterbender Mensch verändert, seine Verbitterung verliert, seinen Trotz, seinen Zorn, seine Enttäuschung. Es ist sicherlich schwer auszuhalten, wenn sich das immer wiederholt. Und viele Begleiter wenden sich gerade in diesem Augenblick ab. Sie halten das nicht aus.

Es sind ja nicht die bewegenden Augenblicke, die uns Mühe machen, die Augenblicke, in denen wir hindurchgeführt werden zu einer neuen Einsicht, sondern die ständigen Wiederholungen – sich nicht abfinden können. Wenn der Widerstand bleibt, der Kampf, die Empörung, die Wut, dann bleiben viele, die uns Nähe versprochen haben, ratlos, erschöpft, unzufrieden an unserer Seite. Und das ist für den Menschen, der um sein Leben ringt, quälend. Daß auch diejenigen, die ihn immer so gut verstanden haben, nun an ihm verzweifeln. Ob Gott an uns verzweifelt, wenn wir mit unserer Bitte immer wieder zu ihm kommen? Gott läßt solche Wiederholung zu, er empört sich nicht. Nur – die Begleiter, sie schlafen wieder.

Die wichtigsten inneren Erfahrungen lassen sich nicht in Worte fassen. Gott gibt uns keine wörtliche Antwort. Wir spüren nur, wohin der Weg jetzt geht, unausweichlich. Und wenn diese Unausweichlichkeit uns vor Augen steht, dann macht sich Sprachlosigkeit breit, Sprachlosigkeit bis in diese Gethsemane-Erfahrung hinein: »... und kam zurück und fand sie abermals schlafend; denn ihre Augen waren voll Schlaf, und sie wußten nicht, was sie ihm antworten sollten.«

Solche Sprachlosigkeit ist der Kern der Erfahrung, die Sterbebegleiter – und eben das waren Petrus, Jakobus und Johannes für Jesus, von ihm selbst ausgewählte Sterbebegleiter – so belastet und der sie im Kern nicht entgehen können. Mehr noch: Schrecklich sind die Begleiter, die immer reden müssen, ihr eigenes Versagen wegreden wollen und so das Unvermeidliche zerreden. Das ist wenig tröstlich. Aber auch die Sprachlosigkeit ist bedrückend. Wenn ich nichts mehr sagen kann! Wenn mir die Worte fehlen, wenn es keine Anknüpfungspunkte mehr gibt. Ohnmacht – im Gethsemane-Drama der Schlaf der drei Jünger, sie ist der ständige Begleiter der Sterbebegleiter. Das macht die euphorischen Sterbebegleiter, die Idealisierer so unglaubwürdig, so unwahrhaftig – daß man ihnen ihre Sprachlosigkeit nie, an nicht einer Stelle anmerkt. Daß sie immer noch etwas zu sagen haben. Da fühle ich mich dem Petrus und dem Johannes und dem Jakobus näher. Sprachlos.

Gerade jetzt ist die innere Entscheidung gereift. Nichts steht davon in der ganzen Gethsemane-Geschichte. Nichts davon erzählen die Menschen, die ihrem Tod unausweichlich bevorstehen. Wie eigentlich diese Entscheidung gereift ist, das bleibt verborgen – nur dem Sterbenden vertraut. Und es bleibt das Gefühl der Distanz: Ach, wollt ihr weiter schlafen und ruhen? Nein, das ist nicht bedauernd, das ist von unabweisbarer Endgültigkeit. Dieser Auseinandersetzung habt ihr euch entzogen. Ohne Begleiter ist dann die Entscheidung gefallen, in der Wiederholung ist die Bejahung gewachsen. Aber die Bejahung des Sterbens vergrößert ja nur noch um so mehr die Distanz zu denen, die sich aufgemacht haben (die ich ausgesucht habe), mich zu begleiten. Es ist genug! Die Stunde ist gekommen. So stehen am Ende der Gethsemane-Erfahrung die Klarheit und gleichzeitig die

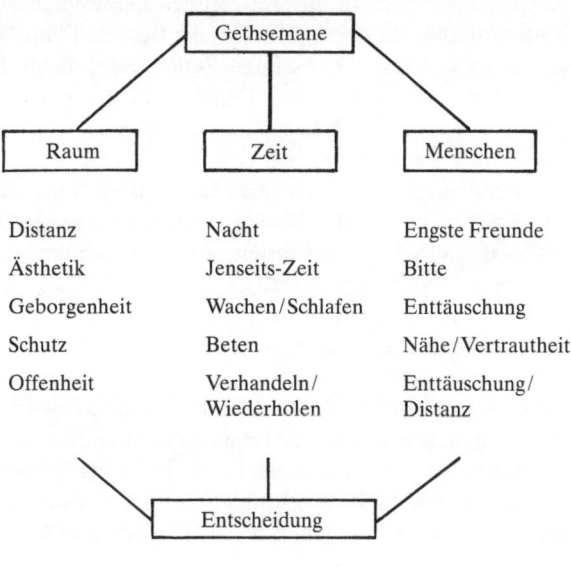

145

Ohnmacht. Wir müssen genau lesen. Da steht nicht: Nach Gottes unendlichem Ratschluß überantworte ich mich jetzt dem Sterben. Sondern: Der Menschensohn wird überantwortet in die Hände der Sünder. Den Tod beschließen wir nicht selbst, wir gehen nicht auf den Tod zu. Sondern: Der Tod macht uns passiv, und das schon im Sterben. Wir werden überantwortet. Unsere eigene Verantwortung hat eine letzte endgültige Grenze gefunden.

Hier endet die Gethsemane-Erfahrung – hier, am Ende, da geschieht etwas Einzigartiges, was eben nur mit Jesu Kreuz und Auferstehung zu verstehen ist. Jesus sagt: Steht auf, laßt uns gehen! Siehe, der mich verrät, ist nah. Sein Tod hat nicht nur mit Gottes Willen zu tun, sondern mit der Schuld des Menschen. Der Verrat des Menschen, das ist die eigentliche Todesursache Jesu, des Menschensohnes. Diese Wahrheit bleibt eine Wahrheit des Glaubens. Und sie bezieht meinen Verrat mit ein. Verrat, das ist das Bündnis, das der Mensch mit sich selber schließt, gegen Gott. Solcher Verrat ist die eigentliche Todesursache Jesu.

In der Gethsemane-Erfahrung erschließt sich uns der Weg der inneren Sterbeerfahrung. Darin wird Jesus unverwechselbar und zugleich beispielhaft Mensch, daß er die innere Sterbeerfahrung durchlitten hat in einer Klarheit und unabweislich konsequent – wie wir selbst es kaum jemals durchzustehen vermögen. Mehr noch, er zeigt uns gerade darin, daß er auch in unserer eigenen Gethsemane-Erfahrung anwesend ist. Er ist uns darin näher, als die Begleiter ihm damals sein konnten. Nur, wer selbst konsequent seine Gethsemane-Erfahrung durchlitten hat, ist ein wachsamer Begleiter meiner eigenen Gethsemane-Nächte. Und die bleiben niemandem erspart.

Gethsemane – bibliodramatisch:

Der Morgen beginnt mit dem Taizé-Lied: »Bleibet hier und wachet mit mir – wachet und betet«. Das zuerst unbekannte Lied kann sehr bald mehrstimmig gesungen werden. Zwei TeilnehmerInnen hatten bereits beim Auswertungsgespräch am Vortag deutlich gesagt, daß sie gern auch eine Trauergeschichte durcharbeiten möchten.

Die beiden TeilnehmerInnen werden gemeinsam und parallel die Gethsemane-Geschichte gestalten. Diese wird langsam vorgelesen. Die beiden werden gebeten, sich jeweils zwei BegleiterInnen auszusuchen. Die anderen TeilnehmerInnen werden jetzt Bäume im Garten Gethsemane und verteilen sich im Raum. Unter diesen Bäumen sitzen beide Gruppen mit dem Leiter zusammen. Die beiden erzählen, was sie bewegt. Dann gehen beide Gruppen auseinander in verschiede Bereiche des Gartens und lassen sich dort nieder. Der Leiter fügt eine Baum-Meditation ein: Die uralten Ölbäume im Garten Gethsemane – fest verwurzelt, die rauhe Rinde, das unsichtbare Wurzelwerk unseres Lebens in uns und unter unseren Füßen – Standfestigkeit – die vielen Jahre, die hinter uns liegen – die Jahresringe, die hellen und die dunklen, die niemand sehen kann, erst, wenn der Baum nicht mehr steht, werden andere in diesen Jahresringen unsere Lebensgeschichte nachlesen können – gute Jahre und schwere Jahre, helle Jahresringe und dunkle Jahresringe.

Die beiden Gruppen sind an unterschiedlichen Stellen im Garten Gethsemane. Dort sprechen sie mit ihren Begleitern, was ihnen jetzt bevorsteht. Dann verlassen sie ihre Begleiter und suchen sich einen Platz abseits der Begleiter allein. Der Leiter setzt das Gespräch mit beiden nacheinander fort. Die Kernfrage: Was ist dein Kelch, der an dir vorübergehen soll? Dieses Bild konzentriert die jetzt bedeutsamen Gefühle, die genauer betrachtet werden. Nach diesem Gespräch gehen die beiden zurück zu ihren BegleiterInnen und reden mit ihnen. Dann machen sie sich erneut auf den Weg, jetzt ganz allein. Niemand redet mit ihnen, sie begegnen jetzt allein ihrem Kelch, suchen den eigenen Namen dieses Kelches. Und kommen, nach schwerer Zeit, schließlich zurück.

Die Bäume erzählen, wie es ihnen ergangen ist. Und die beiden TeilnehmerInnen erzählen, welche Wege sie gegangen, welche Erfahrungen ihnen begegnet sind. Einzelne TeilnehmerInnen arbeiten die in ihnen wachgewordenen Empfindungen genauer durch. Die Gethsemane-Erfahrung geht zu Ende.

## 7.7. EMMAUS:
## GEHEN UND BLEIBEN

*Und siehe, zwei von ihnen gingen an demselben Tage in ein Dorf, das war von Jerusalem etwa zwei Wegstunden entfernt, dessen Name ist Emmaus. Und sie redeten miteinander von allen diesen Geschichten. Und es geschah, als sie so redeten und sich miteinander besprachen, da nahte sich Jesus selbst und ging mit ihnen. Aber ihre Augen wurde gehalten, daß sie ihn nicht erkannten. Er sprach aber zu ihnen: Was sind das für Dinge, die ihr miteinander verhandelt unterwegs? Da blieben sie traurig stehen. Und der eine, mit Namen Kleopas, antwortete und sprach zu ihm: Bist du der einzige unter den Fremden in Jerusalem, der nicht weiß, was in diesen Tagen dort geschehen ist? Und er sprach zu ihnen: Was denn? Sie aber sprachen zu ihm: Das mit Jesus von Nazareth, der ein Prophet war, mächtig in Taten und Worten vor Gott und*

147

*allem Volk; wie ihn unsre Hohenpriester und Oberen zur Todesstrafe überantwortet und gekreuzigt haben. Wir aber hofften, er sei es, der Israel erlösen werde. Und über das alles ist heute der dritte Tag, daß dies geschehen ist. Auch haben uns erschreckt einige Frauen aus unserer Mitte, die sind früh bei dem Grab gewesen, haben seinen Leib nicht gefunden, kommen und sagen, sie haben eine Erscheinung von Engeln gesehen, die sagen, er lebe. Und einige von uns gingen hin zum Grab und fanden's so, wie die Frauen sagten; aber ihn sahen sie nicht. Und er sprach zu ihnen: O ihr Toren, zu trägen Herzens, all dem zu glauben, was die Propheten geredet haben! Mußte nicht Christus dies erleiden und in seine Herrlichkeit eingehen? Und er fing an bei Mose und allen Propheten und legte ihnen aus, was in der gesamten Schrift von ihm gesagt war. Und sie kamen nahe an das Dorf, wo sie hingingen. Und er stellte sich, als wollte er weitergehen. Und sie nötigten ihn und sprachen: Bleibe bei uns; denn es will Abend werden, und der Tag hat sich geneigt. Und er ging hinein, bei ihnen zu bleiben. Und es geschah, als er mit ihnen zu Tisch saß, nahm er das Brot, dankte, brach's und gab's ihnen. Da wurden ihre Augen geöffnet, und sie erkannten ihn. Und er verschwand vor ihnen. Und sie sprachen untereinander: Brannte nicht unser Herz in uns, als er mit uns redete auf dem Wege und uns die Schrift öffnete? Und sie standen auf zu derselben Stunde, kehrten zurück nach Jerusalem und fanden die elf versammelt und die bei ihnen waren; die sprachen: Der Herr ist wahrhaftig auferstanden und Simon erschienen. Und sie erzählten ihnen, was auf dem Wege geschehen war und wie er von ihnen erkannt wurde, als er das Brot brach.*

*Lukas 24, 13–39*

Der Emmaus-Weg ist der Trauer-Weg par excellence, ein Weg, der die Trauernden weg vom Ort des Todes führt. Aber sie tragen die Trauer mit sich fort.

Wer Trauer-Begleitung erfahren will, der muß bei Jesus selber in die Schule gehen. In der Emmaus-Geschichte erleben wir, wie Jesus mit Trauernden umgeht. Die Erzählung ist deshalb für mich der Inbegriff von Trauerbegleitung. Der Schluß dieser Geschichte erschließt sich aus dem Glauben. Er eröffnet – ganz am Ende eines langen Weges – einen neuen Horizont. Aber bis zu diesem Ziel muß ein weiter Weg zurückgelegt werden, eben der Trauerweg von Gethsemane bis Emmaus. Auch für diejenigen, die sich nicht auf die Auferstehungs-Gewißheit des christlichen Glaubens einlassen wollen oder können, stellt diese Geschichte geradezu ein Kleinod wirklicher Trauer-Begleitung dar. Und für alle Trauernden, die unsicher geworden sind, was sie denn noch glauben, hoffen, erwarten können, ist diese Geschichte ein Begleiter in der schwersten Zeit unseres Lebens.

»Herr, bleibe bei uns, denn es will Abend werden« – das ist die Grunderfahrung, die alle Trauernden nachsprechen können. Diese Worte drücken dicht, wie kaum ein anderer Satz, das Lebensgefühl von traurigen Menschen aus. Es ist das geheime Grundmotiv, der tiefste Wunsch aller Trauernden: »Herr, bleibe bei uns, denn es will

Abend werden.« Den Tod erleben wir als Nacht unseres Lebens, und unsere Trauer führt uns mitten hinein in den nicht enden wollenden Abend unseres eigenen Lebens. »Herr, bleibe bei uns, denn es will Abend werden, und der Tag hat sich geneigt« – das ist der Wunsch von Trauernden, in der Nacht der Trauerwege nicht in Einsamkeit zu versinken. Dieser Wunsch wird in unserer Emmaus-Geschichte von zwei Menschen geäußert, die bereits einen langen Weg neben dem auferstandenen Christus gegangen sind – ohne es zu ahnen oder zu erkennen. Trauer braucht seine Zeit – den langen Weg von Gethsemane bis Emmaus. Diesen Weg wollen wir – als Abschluß biblisch orientierter Trauer-Begleitung – jetzt nachgehen.

Der Tod und die Beerdigung liegen hinter den beiden Menschen, die wohl nicht zum Kreis der »elf« Jünger gehören, aber doch mitten hinein in den Kreis derer, die tief um den toten Jesus trauern. Der Gang nach Emmaus ist – übertragen auf die Bilder der Trauerbegleitung, wie sie in diesem Buch entfaltet werden – der Weg der Trauernden, nachdem der Verstorbene begraben ist, nachdem die engsten Angehörigen abgereist und die Trauernden mit sich und ihrer Trauer allein sind. Nunmehr fangen die schweren Wege der Trauer erst an. Denn alle Ritual-Begleitung hat an dieser Stelle bereits aufgehört. Es gibt nichts mehr zu erwarten, nichts mehr zu besorgen, nichts mehr vorzubereiten. Es ist alles passiert. Da fängt die Einsamkeit erst richtig an, die Einsamkeit der Trauerwege, die Einsamkeit des Weges von Golgatha nach Emmaus.

Weggehen wollen – das ist der stärkste Grundimpuls, den Trauernde in solchen Augenblicken spüren. Alles hinter sich lassen – was habe ich denn jetzt noch zu erwarten? Und so gehen auch diese beiden Trauernden ihre ersten Schritte auf den Trauerwegen, die Schritte von Jerusalem nach Emmaus. Sie wollen Abstand gewinnen – ohne eine zwingendes Ziel vor Augen zu haben. Sie gehen die ersten Schritte auf den Trauerwegen – aber sie nehmen ihre Traurigkeit mit.

Hier haben sich zwei Trauernde zusammengeschlossen. Sie gehen gemeinsam. Sie teilen die Traurigkeit miteinander. Sie tun das, was für alle Trauernden in dieser Zeit so unendlich wichtig wäre: Sie reden miteinander. Das ist eigentlich das Schwerste in der Trauerbewältigung – wenn wir niemanden haben, der jetzt mit uns redet, wenn wir niemanden haben, der jetzt mit uns empfindet. Die beiden Trauernden gehen zusammen und »redeten miteinander von allen diesen Geschichten«.

Gleich dreimal taucht in den Sätzen das Reden, das Erzählen auf. Nur Verstockte merken noch immer nicht, wie lebenswichtig, wie wichtig für die Trauer solches Reden ist: »redeten miteinander«, »als sie so redeten« und »sich einander besprachen«. Hier werden Sterbegeschichten und Lebensgeschichten erzählt. Die Trauerbegleitung Jesu ist so, wie sie jeder Mensch üben sollte, der Trauernde begleiten will. Und das, obgleich hier doch alles ganz anders hätte sein können: Er hätte ja auch kommen können und sagen können: »Ich bin auferstanden – Schluß mit der Traurigkeit!« Aber Jesus beginnt ganz anders, als behutsamer und mitgehender Trauerbegleiter: Er nähert sich – und er geht mit.

Wie oft erleben Trauernde in den ersten Wochen und Monaten ihrer Trauer, daß ihnen so ganz anders begegnet wird: »Das Leben muß weitergehen.« Oder: »Jetzt können wir auch nichts mehr ändern.« Oder: »Die Zeit heilt alle Wunden.« – Das mag ja stimmen – aber zu Trauernden gesagt ist dieser Satz erst einmal Ausdruck grober Lieblosigkeit, Ausdruck mangelnder Bereitschaft zur Wegbegleitung. Jesus dagegen stellt Nähe her und praktiziert wortwörtlich Begleitung: »nahte sich Jesus selbst und ging mit ihnen«. Wer Trauernde begleiten will, der muß bereit sein, sich auf Nähe einzulassen. Nähe ist nur möglich, wenn wir bereit sind, traurige Gefühle zu ertragen, bei uns selbst traurige Gefühle zuzulassen. Nähe ereignet sich, wo wir bereit sind, zuzuhören. Und Trauerbegleitung ist keine Moment-Aufgabe, sondern ein Weggeschehen.

Beinahe im Nebensatz steht etwas Entscheidendes: »es geschah« – da nahte sich Jesus. Nähe läßt sich nicht machen, sie ereignet sich. Das bedeutet für alle, die sich auf Trauerbegleitung einlassen wollen: Wir haben es nicht in der Hand, ob Nähe wirklich möglich ist, ob wir die richtigen Begleiter sind. »Es geschieht.«

»Aber ihre Augen wurden gehalten, daß sie ihn nicht erkannten.« Schöner und treffender läßt sich kaum beschreiben, wie Trauernden zumute ist, was sie sehen und was sie nicht sehen können oder wollen. Wie oft erleben Trauernde, daß sie von gutmeinenden Begleitern abgelenkt werden wollen, daß ihnen harmonische und versöhnliche Bilder vor Augen geführt werden – die Schönheit, die doch immer noch um sie herum da ist. Trauernde aber sehen anders als Nicht-Trauernde. Ihre Augen werden von der Trauer gehalten, festgehalten durch die Bilder von Tod und Sterben. Alle Versuche, »ihnen die Augen zu öffnen« oder ihnen mal etwas Schönes zu zeigen, können nur ins Leere gehen. Trauernde sehen anders. Sie sind näher an ihren inneren Bildern, an den Bildern der unmittelbaren Vergangenheit als an den Erscheinungen der Gegenwart. Und erst recht ist jegliche Zukunftsperspektive ihren Augen verschlossen.

Jesus fragt die Trauernden:»Was sind das für Dinge, die ihr da miteinander verhandelt unterwegs?« Er lädt ein zum Erzählen – und gleichzeitig taucht hier ein erster Bruch auf. Die Trauernden bleiben stehen – realisieren, was Trauernden oft erschrocken bewußt wird: eine Diskrepanz-Erfahrung. Sie sind so ganz mitten in ihrer Trauer. In ihren Augen und in ihren Gefühlen trauert die ganze Welt, alles ist traurig, dunkel, ausweglos. Und da begegnen uns Menschen wie aus einer anderen Welt. Mit ihrer Rückfrage beziehen sie Jesus ein in ihr Empfinden. Nicht die unbeschwerte, alltägliche Welt wird zum Maßstab, an dem sich die Trauernden nun – mehr schlecht als recht – orientieren, sondern der Fremde wird zum Mitgehenden, indem sie ihm erzählen, wie ihre Weltsicht jetzt ist. Und sie erzählen nicht nur eine Sterbegeschichte, sie erzählen eine ganze Lebensgeschichte. Sie erzählen von Jesus von Nazareth, den sie geliebt haben, den sie betrauern, mit dem sie alle Lebenshoffnung verknüpft haben. Sie erzählen nicht gleichmütig Fakten und Ereignisse, sondern teilen ihre Gemütsbewegung mit:»Wir aber hofften, er sei es, der Israel erlösen werde.« Enttäuschte Hoffnungen bilden den geheimen Kern aller Trauergeschichten, gerade wenn sie in den Zusammenhang mit der Lebensgeschichte gebracht werden.

Da, wo Jesus die beiden Trauernden fragt, da, wo die Trauernden diese Diskrepanzerfahrung realisieren, Diskrepanz zwischen ihrer Trauerwelt und der Lebenswelt, da wird in der Erzählung am klarsten ihr Gemütszustand beschrieben: Sie bleiben traurig stehen.

Jesus läßt sie erzählen – er, der das alles ja doch viel besser wissen kann als sie. Er läßt sie erzählen und unterbricht oder verbessert sie nicht. Er läßt sich die Sterbegeschichte erzählen und die Lebensgeschichte. Läßt sie auch erzählen, wo die beiden jetzt stehen:»Und über alles ist heute der dritte Tag.« Er läßt sie auch ihre Ungewißheit erzählen, die Geschichte von den Frauen.

Erst an dieser Stelle vollzieht sich Trauer-Begleitung, anders als in unserer Trauer-Begleitung, der eigentliche Bruch. Jesus geht mit, hört zu – und geht auf Distanz:»O ihr Toren, zu trägen Herzens, all dem zu glauben, was die Propheten geredet haben.« Jesus mischt sich ein in ihre Trauergeschichte. Er mischt sich ein in ihre Sinn-Konstitution. Und nun erzählt er selbst, als Hauptbetroffener. Er fängt an»bei Mose und den Propheten« und legt ihnen die gesamte Schrift aus.

Nur einmal wird im Lukas-Evangelium davon berichtet, daß Jesus sich verstellt, an dieser Stelle:»Er stellt sich, als wollte er weitergehen.« Hier, wo die Trauerbegleitung an ihr vorläufiges Ende gekommen zu sein scheint, da kommt der Grundwunsch der Trauernden zur Sprache:»Herr, bleibe bei uns, denn es will Abend werden, und der Tag hat sich geneiget.«Jesus bleibt – trotz aller Distanz-Äußerung seiner Trauer-Begleitung treu, er bleibt und geht mit ihnen hinein.»Herr, bleibe bei uns, denn es will Abend werden, und der Tag hat sich geneiget.« Immer wieder begegnen Trauernde dieser Grenze. Und die Nächte sind so bedrückend, weil nun die Jenseits-Zeit in uns wach wird, weil die Erinnerungen und Träume vor der Tür stehen, unabweisbar wie die Nacht, die jetzt hereinbricht. Der Abend – da möchten wir nach Hause kommen, da möchten wir geborgen sein, da möchten wir nicht einsam sein, da brauchen wir Schutz. Nicht nur der Tag hat sich geneiget – die Trauernden haben ja gerade erlebt, daß das Leben selber sich geneiget hat –»neigte sein Haupt und verschied«. An jedem Abend, zu Beginn jeder Nacht wird das Sterben für Trauernde wieder ganz lebendig. Denn an der Grenze zum Schlaf fühlen wir selbst uns der Grenze des Todes ausgeliefert. Was hält dieser Nacht stand?

»Und er ging hinein, bei ihnen zu bleiben.« Und wieder:»Es geschah!«Hier aktualisiert Jesus Christus selbst die Auferstehung, er läßt sie erfahrbar werden in der Mahlgemeinschaft:»Er nahm das Brot, dankte, brach's und gab's ihnen.«Im Abendmahl, in der Mahlgemeinschaft mit Christus verwandelt sich Trauererfahrung in Auferstehungs-Gewißheit. Und das, was bei diesen beiden Trauernden in scheinbar nur einem kurzen Augenblick geschieht, das braucht bei uns Trauernden viel Zeit – eben den langen Weg von Jerusalem nach Emmaus.

Jetzt ist Jesu Trauerbegleitung zu Ende – sie ist zum Ziel gekommen. Den Trauernden sind die Augen geöffnet. Gleichzeitig verschwindet Jesus vor ihren geöffneten Augen. Und jetzt erst erschließen sich die Trauernden ihren Lebenssinn – deuten Trauer um in Leben:»Brannte nicht unser Herz in uns?«

Wenn Trauerwege zu ihrem Ziel kommen, dann eröffnen sich neue Wege. Dann eröffnet sich eine neue Lebensperspektive: Der Herr ist wahrhaftig auferstanden. Und solche Lebenserfahrung behalten die eben noch Trauernden nicht für sich: Nun haben sie ihren Weg gefunden, hin zu den anderen Menschen – um ihnen vom Leben zu erzählen, das Jesus eröffnet hat.

Die Ostererfahrung steht nicht am Anfang unserer Trauerwege. Selbst Jesus – der doch mit ganz anderer Vollmacht und Kompetenz hier hätte reden und begleiten können –, selbst Jesus geht auf diesen Trauerwegen mit, geht den weiten, traurigen Weg mit, bis der an sein Ziel kommt. Dieses Ziel ist die Gemeinschaft des Abendmahls. Hier erschließt er sich selbst, hier geschieht Auferstehungserfahrung, hier eröffnet sich neues Leben. Abschiednehmen – und das Leben entdekken, das ist ein langer Weg. Der Abschied Jesu begann im Garten Gethsemane, unter den uralten Ölbäumen im Garten Gethsemane. Als seine Jünger schliefen und Jesus um sein Leben betete. Alles, was Menschen in einem solchen Augenblick, in dem es um Leben und Tod geht, empfinden, das hat auch er empfunden – und Gott anvertraut: seine Verzweiflung, seine Bestürzung, seine Hoffnung, doch noch etwas ändern zu können. Und dann das Wort, das uns ein Leben lang begleiten kann: Dein Wille geschehe.

Alles hat er in diesen Stunden der Nacht von Gethsemane erlitten – und doch: Wie viele Schritte des Abschieds ist Jesus dann noch gegangen. Die Verurteilung und die Verleugnung, der Spott und die Vereinsamung, die körperlichen Schmerzen. das Schreien und das Sterben. Und auch hier, wie damals im Garten das gleiche Ziel, das gleiche Ende: In deine Hände, Herr, befehle ich meinen Geist. Dein Wille geschehe.

Dann geschieht der Wille Gottes – und die Jünger haben's nicht begriffen. Der Herr ist auferstanden, er ist wahrhaftig auferstanden. Der Wille Gottes geschieht wirklich – und unsere Augen sind blind für das, was Gott an uns getan hat.

So kam die nächste Abschiedsgeschichte: Jesus und die beiden Trauernden auf dem Weg nach Emmaus. Noch einmal ein gemeinsamer Weg – und die Trauernden sind wie blind. Erst am Ziel sagen sie, was wir nie vergessen können: »Herr, bleibe bei uns, denn es will Abend werden, und der Tag hat sich geneiget.« Und er bricht ihnen das Brot, gibt sein Leben.

Schließlich der ungläubige Thomas – er hat unsere Fragen, er hat unsere Zweifel: Wenn ich meine Hand nicht in seine Wundmale lege, so will ich's nicht glauben. Und noch einmal ein Abschied: Jesus offenbart sich – und ist schon wieder fort.

Vierzig Tage und Nächte brauchen seine Jünger, vierzig Tage und Nächte brauchen wir alle, um Abschied zu begreifen und zu verstehen. Erst dann ahnen wir langsam, welch einen Sinn das alles gehabt hat.

Eigentlich ist die Himmelfahrts-Geschichte die Fortsetzung der Ostergeschichte. Nur: Von Stufe zu Stufe wird uns deutlicher, welchen Weg Jesus gegangen ist.

Wir machen es uns heute besonders dann schwer, wenn wir alles auf einmal verstehen und begreifen wollen. Wenn wir uns nicht die Zeit nehmen, die notwendig ist, um alles wirklich zu verstehen, um mit dem Herzen begreifen zu können.

So ist unsere neuzeitliche Skepsis gegen das wuchtige und drastische Bild der Himmelfahrt nicht gerade ein Ruhmesblatt unseres Glaubenslebens. Die Jünger haben – im Lauf einer langen Zeit – schließlich doch verstanden, was die Frauen ihnen am Ostermorgen verkündet haben: Der Herr ist auferstanden. Weil wir den Himmel, das Reich Gottes enleert haben, fällt es uns so schwer, den Abschied Jesu und seine Wiederkunft zu begreifen. Jesus wird unsichtbar – und gleichzeitig sein Versprechen: Ich komme wieder. Himmelfahrt ist totale Grenzüberschreitung. Gott entzieht sich unserer Wahrnehmung, unseren Festschreibungen und Festlegungen. Und gleichzeitig werden damit unsere eigenen Festlegungen und Festschreibungen aufgelöst und überwunden.

Ein Bild, mit dem Albrecht Dürer Himmelfahrt darstellt, macht das schlicht und eindringlich deutlich: Mit Himmelfahrt sprengt Jesus den Rahmen, in dem wir leben. Jesus fällt in diesem Bild im wahrsten Sinn des Wortes aus dem Rahmen. Himmelfahrt sprengt den Rahmen auch unseres Lebens.

Wie sollten anfangen, wieder die Sprache der Seele nachzubuchstabieren, die Sprache der Bilder, die Sprache der Erfahrungen, die unseren Horizont überschreiten und sprengen. Das Unsichtbare ist es, was uns in unserem Leben anrührt, bewegt und erfüllt.

Natürlich sind das menschliche Bilder, die uns unser Glaube da zur Verfügung stellt. Bilder und Wahrheiten, damit wir sie verstehen, uns daran stoßen können. Stolpersteine in der Selbstverständlichkeit und scheinbaren Unabänderlichkeit unserer Lebensregeln.

Himmelfahrt, das paßt scheinbar nicht in unsere Weltanschauung. Aber wie eigentlich wollen wir unsere Welt anschauen, wenn nicht mit den Augen des Glaubens! Eines Glaubens, der Tiefe kennt, der Belastungen kennt, der Traurigkeit kennt; aber auch ein Glaube, der uns spüren läßt, wie wir getragen worden sind, wie wir zuverlässig begleitet worden sind – wie damals die Jünger auf dem Weg von Jerusalem nach Emmaus.

Schließlich von Himmelfahrt, von dieser herrlichen Fortsetzungsgeschichte des Osterereignisses her die Welt begreifen, das gibt uns Weisheit, unser Leben mit anderen Augen zu sehen. Der Tiefe Raum geben, die Größe Gottes ahnen, unseren Ursprung bekennen, unser Ziel erkennen.

Wenn wir abschiedlich leben, dann erübrigt es sich, festzuhalten, krampfhaft festzuhalten aus Angst, uns würde alles aus den Händen gleiten. Wenn wir selbst beginnen, abschiedlich zu leben, dann eröffnet sich uns eine neuer Horizont: Die Erfahrung, daß Jesus auf allen Wegen neben uns geht, nicht nur von Jerusalem nach Emmaus. Im Loslassen entsteht neue Kraft. Das haben die Jünger in den Tagen zwischen Himmelfahrt und Pfingsten erfahren. Das ist das Zeitzeichen unserer Zeit. Wir leben zwischen Himmelfahrt und Pfingsten. Im Loslassen all der Festlegungen und Zwänge entsteht im Glauben eine unendliche Freiheit. Denn wir verlieren ja nichts – wir werden vielmehr zu neuen Horizonten geführt.

# 8. TRAUERN ALS BERUF

*Der Pfarrer ist anders. Er lebt im Leben-Tod-Übergangsfeld, an der Grenze zwischen den Lebenden und den Toten. Die Existenz an der Grenze zwischen Leben und Tod ist gefährlich. Wer in diesem Bereich seine Arbeit verrichtet, ist in die Spannungen verstrickt, die hier auf vielfache Weise herrschen. Er ist isoliert gegenüber denen, die ihr Leben verbringen, ohne sich von der Tatsache ihrer Sterblichkeit stören zu lassen. Er ist von der Macht, die ein Leben an der Todesgrenze bedeutet, teils fasziniert, teils verwirrt und fühlt sich oft überfordert; denn von innen und außen, theoretisch und praktisch ist er in das Widerspiel von Todesgewißheit und Unsterblichkeitswahn, Todesfurcht und Todessehnsucht hineingerissen. Und er ahnt, daß er den sterbenden und trauernden Menschen in seiner Umgebung nur zu helfen vermag, wenn er sich mit seiner ganzen Person gegenüber der Macht des Todes zu bewähren hat, an dessen Grenze er seinen Beruf versieht. Aber der Pfarrer, der anders sein soll, ist ein moderner Mensch wie die anderen, und er teilt mit ihnen die neuzeitliche Angst vor dem Tod.*                  Manfred Josuttis

## 8.1. »IN MEINEN TRÄUMEN WIRD NICHT GEREDET«

Das Handlungspanorama könnte aus der Idylle früherer Pfarrhaus-Generationen stammen. Ich war mit Gartenarbeiten beschäftigt, nicht gerade beim Rosenzüchten, sondern beim Beschneiden des Knöterichs, der zu üppig wucherte und sich in meine geliebten Kiefern und Lärchen verfranzt hatte. Da kommt einer meiner Konfirmanden, nennen wir ihn Dieter, am Zaun vorbei, steht da eher gelangweilt als angespannt herum, schaut herüber. Wir kommen ins Gespräch, nicht sehr ausführlich, ich schneide weiter an dem wuchernden Knöterich herum.

Im Unterricht sagt Dieter eigentlich nie etwas, schon gar nicht unaufgefordert. Er ist still, eher schüchtern und zurückhaltend, aber nie wirkt er mir fremd. Ich weiß, daß Dieters Mutter gestorben ist, vor vier Jahren etwa. Und daß sein Vater wiedergeheiratet hat. Mit seiner Stiefmutter versteht er sich nicht und wohnt bei seiner wesentlich älteren Schwester, die verheiratet ist und selbst mehrere Kinder hat. In der Kirche sehe ich Dieter nie. Denn sonntags arbeitet er als Zeitungsjunge für BILD am SONNTAG; sie fahren über 150 Kilometer in ihren Bezirk, um da die Zeitungen loszuwerden. Von seinem Geld, das er sich dabei verdient hat, hat sich Dieter eine Stereo-Anlage und einen kleinen Fernseher gekauft. Ansonsten lebt Dieter in finanziell knappen Verhältnissen. Aber was sein muß, muß sein.

Und als wir da so stehen zwischen Gartenzaun, Kiefern und Knöterich, da sagt er plötzlich:»Ich sehe im Traum öfter meine Mutter.« Dann eine lange Pause.»Sie sitzt irgendwie auf einem großen Felsen. Ich bin da in so einem Boot. Und dann sehe ich, wie sie meine Stiefmutter auffrißt. Ich fahre dann mit dem Boot näher heran an den Felsen. Aber wenn das Boot dann an den Felsen stößt, geht das Boot kaputt. Ich ertrinke dann.«

Er erzählt das so, als habe er mir den Stundenplan in der Schule oder andere Langweiligkeiten aufgesagt. Ich fragte ihn:»Ruft deine Mutter dir irgend etwas zu?« Dieter kurz:»In meinen Träumen wird nicht geredet.« Das Gespräch ist für Dieter erledigt, nicht, daß er auf eine Erklärung wartet. Er hat es eben einfach nur so gesagt. Und geht weiter, als wäre nichts gewesen.

Trauern ereignet sich im Gemeindepfarramt regelmäßig, aber fast immer unvorhersehbar. Trauer bestimmt das Gesicht vieler Arbeitstage, aber eben nicht ausschließlich, sondern umgeben von ganz anderen, völlig gegensätzlichen Eindrücken. Dieser Wechsel mit anderen Ereignissen erschwert es manchmal, sich wirklich auf das Trauern einlassen und einstellen zu können. Aber der Wechsel erleichtert es auch, Abstand zu gewinnen.

Nur selten sprechen mich Angehörige an, um sie und einen schwerkranken Angehörigen im Sterben zu begleiten. An alles wird gedacht, wenn es auch auf längere Sicht unabweisbar dem Tod entgegengeht – an den Pfarrer jedoch wendet man sich kaum. Es wäre eine Überforderung für den Patienten, wird manchmal von den Angehörigen gesagt, wenn plötzlich der Pfarrer käme. Dann denkt er, wir hätten ihn aufgegeben.

Sterbebegleitung ist weitgehend aus dem Alltag der Gemeinde und des Gemeindepfarrers ausgewandert. Wohl auch, weil nur selten noch Gemeindeschwestern häusliche Krankenpflege leisten und ihrerseits den Pfarrer ansprechen könnten.

Sterben geschieht in den meisten Fällen im Krankenhaus. Die Krankenhaus-Seelsorgerinnen und Seelsorger sind es, die Sterben nahezu alltäglich erleben und begleiten. Sie gehen zu allen Patienten, auch natürlich zu denen, die auf dem Weg der Besserung sind. Und daher ist ihr Besuch gleichsam eine Alltäglichkeit des Krankenhaus-Aufenthaltes, kein Alarmsignal. Auf die Erfahrungen der Sterbebegleitung im Krankenhaus muß daher gesondert eingegangen werden. Wie es für mich als Gemeindepastor überhaupt wichtig geworden ist, zu verstehen, wie viele Menschen schon längst vor mir mit den Betroffenen gesprochen, ihnen beigestanden oder sie auch alleingelassen haben mit ihren Sorgen und Befürchtungen.

## 8.2. ERFAHRUNGEN PROFESSIONELLER BEGLEITER

Für den Gemeindepastor, für die Gemeindepastorin ist es sehr wichtig, diese anderen Gesprächsperspektiven zu kennen und im Blick zu haben. Wir würden unsere Arbeit verabsolutieren und ihr ein unrealistisches Gewicht geben! Und ahnen wir denn, was da schon alles an Bewältigung oder an Enttäuschung, an gelungenen Gesprächen und an menschlicher Nähe sich ereignet hat?

Um die verschiedenen Gesprächsperspektiven genauer in den Blick zu bekommen, habe ich zusammen mit meiner Frau, die Krankenhaus-Pfarrerin ist, ein Block-Seminar mit Theologie-Studentinnen und Studenten durchgeführt, an dem eben diese anderen professionellen Begleiter unsere Gesprächspartner wurden. Davon werde ich später ausführlicher erzählen.

## 8.3. TRAUERARBEIT IM GEMEINDEPFARRAMT

Trauerarbeit vollzieht sich oft außerhalb des unmittelbaren Kontextes von Beerdigungen. Gerade bei älteren Gemeindemitgliedern, denen man bei Gemeindeveranstaltungen oder Hausbesuchen begegnet, ist häufig die Vorstellung anzutreffen: Dieser Mann, diese Frau wird dich also beerdigen. Dieser Gedanke wird jedoch nur selten offen ausgesprochen. Nur manchmal gibt es Augenblicke, in denen ältere Gemeindemitglieder sich auf diesen Aspekt beziehen und auch bestimmte Wünsche äußern.

Trauerarbeit im Gemeindepfarramt kann potentiell in nahezu allen Handlungsbereichen stattfinden, etwa im Konfirmandenunterricht, wenn der Pfarrer den Mut hat, das Thema konkret im Unterricht zu behandeln (und da es im gesamten Sozialisationsprozeß in Schule und

Familie weitgehend ausgespart ist, bietet es sich geradezu zwingend an). Sie findet statt in allen Gruppen, in denen Gespräche möglich sind, sie kann sich ereignen bei verschiedenartigsten Besuchen – und oft genug sind Aspekte der Trauerarbeit auch in sonntäglichen Predigten am Platz, ohne daß es konkret die Predigt am Ewigkeitssonntag oder am Karfreitag betrifft. Trauerarbeit von Fall zu Fall, nicht beschränkt auf den Trauerfall, sondern auf die jeweilige Kommunikationssituation, das ist ein wesentliches Kennzeichen von Trauerarbeit im Gemeindepfarramt.

Die Regelmäßigkeit, mit der Trauerarbeit – durch Amtshandlungen bedingt – im Pfarrer-Alltag auftaucht, ist jedoch noch kein Garant dafür, daß der jeweilige Pfarrer in der Lage ist, eigene Trauerarbeit in gewisser Kontinuität zu betreiben. Dabei sind zwei Aspekte voneinander zu unterscheiden: Trauerarbeit der Angehörigen, die der Pfarrer begleitet einerseits – und notwendigerweise die Trauerarbeit des Pfarrers selber – und nicht allein dann, wenn eine eigene Person familiär betroffen ist. Der Beruf des Pfarrers ist auf Dauer nicht durchzuhalten, wenn Trauerarbeit nicht auch persönlich geleistet werden kann. Sonst verkommt das Gespräch, die Amtshandlung zur gefährlichen, d. h. schlechten Routine. Der Pfarrer selbst braucht Raum und Zeit, seine Trauererfahrungen zu verarbeiten. Das kann in persönlichen Gesprächen, in Seelsorgegruppen oder Pastoralkollegs geschehen, muß sich aber immer auch im Bearbeiten von Literatur und vor allem im Gespräch mit der Bibel vollziehen.

Die Regelmäßigkeit, mit der Beerdigungen den Pfarrer zur Trauerarbeit mit anderen nötigen, beinhaltet natürlich auch den Aspekt von Wiederholung. Ich persönlich habe das etwa so erlebt:

Gerade in der Anfangszeit meines Berufes hatte ich vor jedem Trauerbesuch große Scheu, jeder Besuch war mit unbenennbaren Befürchtungen verbunden. Inzwischen sind mir diese Befürchtungen leichter benennbar:

Mit welchen Personen habe ich es gleich zu tun?

Wie viele Gesprächspartner warten auf mich?

Was erwarten sie von mir, kann ich den Erwartungen entsprechen?

In welcher seelischen Verfassung befinden sich die Menschen jetzt gerade?

Kann ich überhaupt ein Gespräch ingangsetzen?

In welchem Verhältnis steht meine eigene Betroffenheit (durch Amt und Beruf, aber auch durch Anteilnahme und persönliches Mitfühlen) zur Betroffenheit der Angehörigen?

Unter welchen Umständen ist der Angehörige gestorben? Läßt sich die Fremdheit zwischen den Angehörigen und mir in diesem begrenzten Gespräch überwinden? Werden sie mir vielleicht sogar Vorwürfe machen, daß ich erst jetzt auf der Bildfläche erscheine? Welche Vorbehalte gegen Kirche und gegenüber dem Pfarrer bestimmen als Ressentiments den Hintergrund des Gesprächs? Kann ich unmittelbare Betroffenheit aushalten, mich angemessen und hoffentlich sogar hilfreich verhalten? Wie verhalte ich mich in Situationen, die ich bisher einfach noch nie erlebt habe: bei Gefühlsausbrüchen, bei Zusammenbrüchen, bei offen geäußerten Aggressionen, bei sprachloser Apathie? Werde ich überhaupt als Gesprächspartner, mehr noch, als seelsorgerlicher Begleiter akzeptiert?

Es gab im Grunde keine Möglichkeiten, solche Unsicherheiten vor dem konkreten Besuch einzugrenzen. Ein Weg war mir dabei jedoch in der Anfangszeit – eigentlich bis heute – besonders hilfreich: das Gespräch mit dem Beerdigungsunternehmer, der ja selbst bereits im Gespräch die Angehörigen kennengelernt hatte. Dabei habe ich dieses Gespräch nicht geführt, wenn mich der erste Anruf erreichte (weil oft in dem Augenblick die Angehörigen noch im Hintergrund dabeisind), sondern durch einen späteren Rückruf. Ich habe wenigstens einzelne Anhaltspunkte über die Art des Sterbefalls und über mögliche Betroffenheiten bei den Angehörigen erfahren können. Das gab mir etwas mehr Sicherheit.

Dabei hat sich jedoch manchmal herausgestellt, daß die Gespräche beim Bestatter wesentlich anders verlaufen als beim Pfarrer. Und es könnte geradezu verhängnisvoll sein, sich von den Ersteindrücken eines anderen Gesprächspartners festlegen zu lassen. Ich habe etwa erfahren: »Da trauert eigentlich niemand«; war dann auf ein eher routinemäßiges Gespräch eingestellt, das die Angehörigen aus Anstand und Pflicht über sich ergehen lassen – und bin dann in Situationen hineingeraten, die von erheblicher Dramatik und Betroffenheit geprägt waren.

Dennoch, die Hinweise des Bestatters waren hilfreich – und es gibt keinen Grund, solche Gesprächsmöglichkeiten nicht gelegentlich in Anspruch zu nehmen. Dabei kam mir sehr zustatten, daß einer der örtlichen Beerdigungsunternehmer mich gleich in den ersten Wochen zu einem Gespräch zu sich eingeladen hatte. So entstand ein vertrauensvolles und offenes Gesprächsklima, das sich bewährt hat.

Gerade für einen Berufsanfänger mag es ein wenig belastend sein zu erfahren, daß er keineswegs erster oder wichtigster Gesprächspartner der Angehörigen ist. Erst viel später habe ich mir deutlich gemacht, daß ich in einer langen Kette von Gesprächen fast der letzte bin, der ins Gespräch gezogen wird. Das Gespräch mit dem Arzt, den Schwestern, den Mitpatienten, den Angehörigen, den Nachbarn – all diese Gespräche sind ja in den meisten Fällen schon geführt worden, bevor es zum Trauergespräch mit dem Pfarrer kommt. Und es ist gut, sich das klarzumachen, denn keineswegs ist es so, als gäbe es jetzt nur noch die Dinge zu besprechen, die ausschließlich mit der Kirche, dem Gottesdienst bzw. der Trauerfeier oder dem Pfarrer zusammenhängen. Vielmehr brauchen gerade die Angehörigen die Gelegenheit, den Schock zu verkraften. Auch dazu kann ein Trauergespräch eine Gelegenheit bieten.

Mehr noch: Durch solche vorherliegenden Gespräche sind die Angehörigen oft deutlicher in die Lage versetzt, eigenes Erleben jetzt auch in Worte zu fassen – denn schließlich haben sie sehr unterschiedliche und einschneidende Erfahrungen gemacht.

Regelmäßigkeit und Wiederholung von Trauersituationen führen nach meinen Erfahrungen dazu, erst einmal die Befürchtungen des Pfarrers selber zu relativieren. Nach mehreren hundert Trauerbesuchen habe ich weit weniger Sorgen und Befürchtungen – wenngleich eine gewisse Spannung bei mir bis heute bleibt (und ich denke, das ist richtig so). Mit Hilfe der Systematisierung der gemachten Erfahrungen ist es vielmehr möglich, aufgrund weniger Vorinformationen und erster Eindrücke eine gewisse Situationsangemessenheit herzustellen. Dabei kann es nicht um absolute Verhaltenssicherheit gehen, wohl aber um die Chance, sich aufgrund von Erfahrungen hilfreicher und zugewandter verhalten zu können, als das am Anfang der Fall ist. Denn: Je mehr die Befürchtungen des Pfarrers selber noch im Vordergrund stehen und sein Handeln und Reden bestimmen, desto weniger ist er in der Lage, die Angehörigen in ihrer eigenen Trauerarbeit sinnvoll zu begleiten und weiterzubringen.

Außerdem weiß ich inzwischen: Natürlich machen sich auch oft genug die Angehörigen selbst Gedanken darüber, wie sie das Gespräch mit dem Pfarrer »überstehen« werden.

Ihre Befürchtungen sind völlig anders:

Wird er uns Vorwürfe machen, weil wir nicht jeden Sonntag in die Kirche kommen?

Wird er nach dem Glauben des Verstorbenen fragen und uns damit in Verlegenheit stürzen?

Wie kann man sich überhaupt mit einem Pfarrer unterhalten? Man hat ja so selten Gelegenheit zu einem solchen Gespräch. Und was wird er fragen? Wie können wir die Dinge, die er nicht unbedingt wissen soll, vor ihm verbergen, ohne unaufrichtig zu sein? Wie sieht er eigentlich aus? Und was für ein Pfarrer ist das eigentlich? So ein frommer, der uns mit Bibelsprüchen kommen wird, oder so ein ganz moderner, der womöglich in Jeans kommt? Und was will der eigentlich von uns?

Was sagen wir, wenn er uns nach der Trauerfeier fragt – wir kennen uns da doch gar nicht aus. Und Bibelsprüche oder Gebete kennen wir auch nicht. Wir waren ja so selten bei einer Beerdigung.

All diese Fragen spielen häufig im Hintergrund eine Rolle – zumindest in anonymen Großstadt-Gemeinden, oder wenn der Pfarrer als Person nicht sonderlich bekannt ist. Natürlich findet in den ersten Augenblicken eines Trauergesprächs ein gegenseitiges Abschätzen statt. Ich erinnere mich an die Situationen, in denen die betroffene Ehefrau etwa erst einmal in der Küche verschwand, weil sie uns einen Kaffee kochen wollte. Und ich bin sicher, sie brauchte die Zeit, um die ersten Eindrücke über die fremde Person zu verarbeiten.

Die Wiederholung von Situationen führt jedenfalls erst einmal beim Pfarrer selbst zu einer gewissen Handlungs- und Gesprächssicherheit. Dadurch aber ist die zweite Frage noch keineswegs gelöst: Wie stehen eigentlich Mittrauern und Begleiten im richtigen Verhältnis zueinander? Die Trauer des Pfarrers ist zwangsläufig eine andere als die Trauer der Angehörigen. Ich sage das mit Absicht: Denn bisweilen habe ich in Gesprächen mit Pfarrern den Eindruck gehabt, sie haben intensiver getrauert als die Angehörigen. Schlimmer noch: Wahrscheinlich haben sie deshalb der Trauer der Angehörigen nicht den notwendigen Raum gelassen. So hat sich das Mittrauern schnell in Vortrauern verwandelt – und das kann nicht gutgehen.

Begleiten ist gut, kann jedoch auch ziemlich distanziert erscheinen. Der allwissende und erfahrene Pfarrer zeigt den trauernden Schafen den richtigen Weg zum Heil – so könnte man sarkastisch formulieren.

Begleiten und Mittrauern müssen in einem angemessenen Verhältnis zueinander stehen: Jede Trauerarbeit braucht auch Distanz. Nicht der Trauerbesuch, bei dem sich Pfarrer und Gemeindemitglieder in jeweiliger Betroffenheit überboten haben, ist angemessen und hilfreich, sondern die Trauerarbeit, in der die unmittelbar Betroffenen selbst die Möglichkeit hatten, Schritte auf ihrem Weg des Trauerns zu tun – auch in ein Gelände hinein, das ihnen vorher unheimlich und beängstigend erschienen war.

Die eigentliche Trauerarbeit des Pfarrers muß weitergehen. Er muß in der Lage sein, zentrale Sorgen und Bedrückungen auf den Begriff zu bringen und dadurch einen Schritt weiterzugehen. Dazu hat er etwa im Rahmen der Verkündigung vielfältige Gelegenheit (wobei ich im Nebensatz wenigstens davor warnen möchte, Predigtarbeit und Trauerarbeit in einen zu engen Zusammenhang zu rücken). Natürlich erlebt der Pfarrer Trauer häufiger als seine jeweiligen Gemeindemitglieder. Aber es kann unerträglich werden, wenn in jeder dritten Predigt Erfahrungen von Trauerarbeit verarbeitet werden. (Daß Gottesdienst»ohnehin eine traurige Angelegenheit ist« und daß »Pfarrer ohnehin sehr ernste und traurige Menschen sind«, das sind ja nicht ganz unberechtigte Vorurteile, die weitverbreitet sind.) Dennoch: In der Verkündigung wird gleichsam das Fundament der Trauerarbeit gelegt: Lebensarbeit müßte man es genauer nennen, also das Fundament für die Frage, wie ich mit meiner Trauer wirklich leben kann; wie kann ich durch den Tod hindurch zu befreitem Leben wiederfinden?

Gleichzeitig aber kann Predigtarbeit – besser gesagt: das Gespräch mit den Inhalten des Evangeliums - selber immer wieder neue Impulse für die eigene Trauerarbeit des Pfarrers geben. Das Leben – und natürlich auch sein Ende, die Lebensfreude – und natürlich auch die Trauer unter anderen Aspekten betrachten als unter Haben und Abgeben müssen.

Trauerarbeit im Pfarramt ist wohl ein lebenslanger Prozeß. Zu warnen ist vor der Hoffnung, Routine gewinnen und mit der Angst vor Tod und Trauer ein für allemal fertig werden zu können. Es wäre schrecklich für eine Gemeinde, träte eine solche Situation ein. Und auch der Pfarrer selbst wäre sehr zu bedauern.


## 8.4. TRAUERN IST SCHWERER GEWORDEN

Trauern ist schwerer geworden. Auch, weil es seltener geworden ist. In meinem Gemeindebezirk in einer Ruhrgebietsstadt ist es üblich, daß neben den engsten Angehörigen vielleicht noch einige Bekannte und Nachbarn zur Beerdigung gehen. Der Kreis der Trauernden ist fast immer überschaubar, etwa dreißig bis vierzig Menschen, manchmal aber auch nur acht oder zwölf. Ob das wirklich alle waren, die dem Verstorbenen in seinem Leben wichtig waren? Das soziale Gefüge, in dem der einzelne lebt, ist kleiner geworden. Und mit zunehmendem Alter nimmt oft auch die Einsamkeit zu. Der Lebenskreis verkleinert sich. Beerdigungen werden zunehmend als innerfamiliäres Ereignis, weniger als öffentliche Begebenheit wahrgenommen. Und das bedeutet: Viel seltener erfahren erwachsene Menschen, was es bedeutet, am Sarg eines Menschen Abschied zu nehmen. Und wenn sie dann unmittelbar und persönlich betroffen sind, dann tritt zur Trauer die ganze Hilflosigkeit und Angst dazu, sich nicht auszukennen mit dem, was da auf einen zukommt.

Sterben macht uns Grenzen deutlich. Eine unüberwindliche Grenze, unvermeidlich. Aber unser Umgang mit Grenzen hat sich geändert. Die meisten Grenzen unseres sozialen und kulturellen Gefüges sind in der jüngsten Vergangenheit relativiert worden. Grenzen der Entfernungen, Grenzen der Kommunikation, Grenzen des Alterns, Generationsgrenzen, Grenzen der Geschlechter, Grenzen der Leistungsfähigkeit. Grenzen scheinen zuerst einmal eine Herausforderung zu sein. Sie werden also uminterpretiert: als Widerstand, der sich unserer Gestaltungsmöglichkeit entgegenstellt. Grenzen werden zur Vorläufigkeit verurteilt. Darin unterscheiden wir uns wohl am stärksten von früheren Generationen. Grenzen hatten ihre eigene Würde, ihr eigenes Gewicht, ihre nicht-relativierbare Bedeutung, einen Tabu-Charakter. Und wer sich der Grenze des Lebens näherte, hatte ein deutlicheres Gespür dafür.

Die meisten Sterbegeschichten, die ich gehört habe, sind medizinische Verlaufsgeschichten. Auch ohne die medizinische Fachsprache zu beherrschen, werden medizinische Sachverhalte benannt, wenn es um Sterbeerfahrungen geht. Der ganze übrige Bereich, der dem Wesen nach zum Sterben hinzugehören würde, gerät in den übermächtigen Schatten der medizinischen Fragestellungen, organische Befunde werden wichtiger als soziale oder kommunikative Prozesse und Ereignisse. Daraus mache ich den Betroffenen keinen Vorwurf. Es spiegelt nur wider, daß wir der Grenze des Sterbens mit allen medizinischen Mitteln zuleibe rücken. Die Grenze selber, das Sterben also, wird als medizinische Ohnmacht erfahren und dargestellt. Wo aber bleiben da die anderen Erfahrungen, die zum Sterben dazugehören könnten: zurückblicken, loslassen, Unabgeschlossenes zum Abschluß bringen, sich innerlich vorbereiten auf eine lange Reise, danken, Widersprüchlichkeiten, die bleiben, auch beklagen, Entwicklungen zur Ruhe kommen lassen, Zorn ausdrücken, Verzweiflung nicht allein durchleben müssen. Manchmal erfahre ich diese andere Seite – und zumeist sind die Angehörigen überrascht und betroffen: Da hat ein älterer Mann vor seinem letzten Gang ins Krankenhaus alles geordnet, was an Unterlagen und Dokumenten wichtig war, aber heimlich, nicht einmal die Ehefrau hat es gemerkt. Und doch hatte niemand jemals vom Sterben gesprochen. Oder eine sterbenskranke Frau wünschte sich von ihrem Mann, noch einmal an den Ort zu reisen, wo sie am liebsten ihren Urlaub verbracht hatten. Allen medizinischen Ratschlägen zum Trotz sind die beiden gefahren, erlebten bewegende und schöne Tage – wenige Tage nach der Rückkehr starb die Frau. Sie wußte mehr als viele Mediziner davon, daß Sterben eine Reise ist, dahin zurück, woher wir kommen.

Sterben und Trauern werden in unserer Zeit nicht mehr geübt, treten deshalb als Schock, als Katastrophe auf. Weil wir uns dem langen Prozeß des Sterbens und Trauerns entzogen haben, werden wir innerlich unvorbereitet durch solche Katastrophen überrascht und überwältigt. Das macht das Trauern, das macht das Sterben heute so schwer. Und als Pastorinnen und Pastoren haben wir nur wenige Gesprächspartner, die sich solchen Erfahrungen mit aussetzen. In den Familien der Betroffenen werden wir, wenn Vertrauen gewachsen ist, unmittelbar in die familiäre Trauer einbezogen. Aber in der Öffentlichkeit gibt es kaum Anwälte für menschenwürdiges Sterben und Trauern.

Die hier genannten Erfahrungen haben jedoch in letzter Zeit auch zu Veränderungen geführt. Es wächst ein öffentliches Interesse an den Erfahrungen, die wir alle im Sterben und in der Trauer machen. Es wächst die Einsicht, daß Sterben weit über die medizinischen Sachverhalte hinaus zentrale Lebenserfahrungen beherbergt. Und entweder wir lernen wieder, menschlich zu sterben und zu trauern, oder Sterben und Trauern wird unmenschlich, anonym, kalt und unerträglich.

Solcher Einstellungswechsel kann sich manchmal in Gesprächen entwickeln. Ich habe das so erlebt: Für das genannte Blockseminar mit professionellen Begleitern von Tod und Sterben hatte ich einen jungen Mann angerufen, den ich in einem Gespräch zur Vorbereitung einer Hochzeit kennengelernt hatte. Er ist Feuerwehrmann und erzählte damals, welche Belastungen in diesem Beruf manchmal auf ihn zukommen. Ihn rief ich also an und fragte ihn, ob er zu dem Seminar kommen würde. Erschrocken lehnte er ab. Nein, das könnte er nicht. Er wäre froh, daß er in seinem Beruf mit solchen Situationen inzwischen gelernt habe, einigermaßen klarzukommen. Aber mit Fremden jetzt darüber reden, nein, soweit wäre er nicht. Wir haben dann verabredet, daß ich einen offiziellen Brief an seine Dienststelle schreibe und um einen Gesprächsteilnehmer bitte. Und das war gut so, denn der Leiter der Feuerwehr selbst hatte an diesem Thema Interesse, und erst später wurde mir deutlich, daß ich wohl etwas ungeschickt diesen Mann übergangen hätte, hätte der junge Mann nicht von sich aus abgelehnt. Zufällig kam dann noch ein zweites Telefongespräch mit dem jungen Mann zustande – und inzwischen hatte er sich alles noch einmal überlegt. Ja, es würde ihn jetzt beinahe reizen, sich einem solchen Gespräch einmal zu stellen. Dabei ist es jetzt geblieben. Aber ich habe mir vorgenommen, in Zukunft zusammen mit den Leitern von Polizei und Feuerwehr über solche Gespräche über Sterbebegleitung mit jungen Feuerwehrmännern und Polizisten nachzudenken.

Damit sind wir beim Blockseminar angelangt, von dem ich erzählen möchte. Es fand nicht in den sterilen Seminarräumen der Beton-Ruhr-Universität Bochum statt, sondern in unserem gemütlichen, renovierten Gemeindehaus, in Räumlichkeiten, wo wir den ganzen Tag ungestört miteinander leben konnten. Es war ein strahlend frischer Sommer-Samstag, die Studentinnen und Studenten gespannt, aber auch etwas unsicher, wie dieser Tag wohl verlaufen würde – ein anstrengendes Programm stand vor uns. Ich begann mit einer biblischen Besinnung und einer Geschichte.


## 8.5. DER NOTARZT

Unser erster Gesprächspartner, Dr. med. Christian Dimski, ist Anästhesist, Chefarzt an einem unserer Krankenhäuser und Begründer des örtlichen Notarzt-Systems. Er hatte keinen Vortrag mitgebracht, wollte eigentlich nur eine kurze Einführung geben und sich dann mit uns unterhalten. Diese Einführung hat dann über eine Stunde gedauert und war so beeindruckend, daß niemand von uns danach die richtigen Worte finden konnte. Denn alles, was für ihn selbstverständlicher beruflicher Alltag ist, seit Jahren, war für uns neu.

Das örtliche Notarzt-System funktioniert als Rendevouz-Verfahren: Ständig steht am Krankenhaus ein einsatzbereiter Notarztwagen, der den diensthabenden Notarzt direkt an die Unfallstelle bzw. den Einsatzort fährt. Gleichzeitig fährt von der Feuerwache der umfassend ausgerüstete Notarztwagen mit allen erforderlichen Instrumenten der ärztlichen Notversorgung zum Einsatzort. So ist gewährleistet, daß zwischen Notruf und Einsatz am Unfallort oft weniger als zwei Minuten liegen.

25 Prozent der Einsätze geschehen in der Nacht und werden vom jeweils diensthabenden Anästhesisten mitwahrgenommen. Dabei unterschied der Arzt drei Einsatzformen: den Verkehrsunfall, den häuslichen Notfall (plötzlich auftretende Verschlechterungen, akute Erkrankungen, häusliche Unglücksfälle, Vergiftungen und auch Suicid-Versuche) und schließlich die Feststellung des Todes, was erfahrungsgemäß in lediglich acht Prozent aller Einsatzfälle notwendig ist. In jedem Fall liegt immer eine akute Notsituation vor. An erster Stelle steht die unmittelbare medizinische Versorgung.

Ziel des Notarzt-Systems ist es, die klinische Intensiv-Behandlung, die im Krankenhaus jeweils in der Ambulanz oder auf der Intensiv-Station geschieht, gleichsam an den Unfallort vorzuverlegen und damit wichtige Zeit zu gewinnen.

Das erste Ziel dieser medizinischen Versorgung besteht in der Wiederherstellung der lebenswichtigen Funktionen, auch ohne die ursächliche Krankheit zu kennen oder behandeln. Es geht um drei organische Bereiche: die Atmung wieder ingangsetzen, die Herztätigkeit oder den Kreislauf wiederherstellen.»In erster Linie hat der Notarzt die Medizin im Kopf – erst dann kommt die Konfrontation mit den Angehörigen.«

Die Handlungsmöglichkeiten des Arztes sind somit sehr klar umrissen, mit Hilfe der zur Verfügung stehenden medizinischen Mittel ist eine solche Erstversorgung ausgesprochen erfolgreich. Auf dem Weg zum Einsatzort besteht über Funk oft die Möglichkeit, allererste Informationen zu erhalten, um sich auf die bevorstehende Aufgabe genauer einzustellen. Dabei handelt es sich durchweg um völlig fremde Patienten.

Natürlich kann dadurch der Eindruck entstehen, daß man zuerst am medizinischen Objekt arbeitet, nicht genügend das menschliche und soziale Umfeld berücksichtigen kann. Nur wird gerade in dieser Notsituation erst einmal nichts anderes vom Arzt erwartet, als daß er die bestmögliche medizinische Erstversorgung leistet. Das gibt dem Arbeitsbereich des Arztes und seiner Person einen erheblichen Schutz, ihm wird Vertrauen, aber auch eine große Erwartung entgegengebracht. Und je schneller dieser ärztliche Einsatz möglich ist, um so deutlicher haben die Angehörigen das Bewußtsein, daß wirklich alles Menschenmögliche getan wird. Natürlich gibt es Situationen, in denen der Arzt schon beim Eintreffen auf verstörte oder hysterisch reagierende Angehörige trifft, die eine sofortige Behandlung des Patienten zu verzögern drohen oder die medizinische Arbeit erschweren.

Unweigerlich sieht sich aber auch der Notarzt gelegentlich vor der Aufgabe, den Angehörigen die Todesmitteilung überbringen zu müssen. Für diese Aufgabe ist er in seinem Studium und in seiner medizinischen Ausbildung am wenigsten vorbereitet worden. Und im Gespräch wird deutlich, daß auch unter Kollegen diese Frage nur selten diskutiert wird. So hat sich im Lauf der Zeit jeder Arzt, jede Ärztin ihr eigenes Muster angewöhnt. Unser Gesprächspartner sagte:»Für die Todesmitteilung an die Angehörigen gibt es kein Patentrezept. Ich habe mir angewöhnt, die Todesmitteilung unmittelbar zu Beginn des Gesprächs, praktisch im zweiten Satz, zu formulieren, möglichst klar, unmißverständlich und nüchtern, sofort. Es ist dann meine Aufgabe auch als Arzt, darüber zu wachen und Sorge dafür zu tragen, daß bei den Angehörigen keine gefährlichen Fehlreaktionen entstehen. Denn es ist durchaus möglich, daß einer der Angehörigen im Affekt und unter der Schock-Wirkung der Todesmitteilung zu einem Suicid-Versuch greift. Ich habe also zu warten, bis die Betroffenen in der Obhut anderer Angehöriger sind, die der Situation erkennbar gewachsen sind. Natürlich kommt es vor, daß die Angehörigen selbst nach diesem Schock medizinisch behandlungsbedürftig sind. Zur Not ist etwa ein Beruhigungsmittel wie Valium zu verabreichen.«

Sehr häufig kommt seitens der Angehörigen als erstes die Frage: »Hat der Verstorbene noch etwas gespürt? Hat er noch etwas gesagt?« Für einen Arzt ist das eine erhebliche Belastung – zumal nur selten eine vollständig zutreffende Antwort möglich ist. Unser Gesprächspartner ist an dieser Stelle auch bereit, sich am Rand der Wahrheit zu bewegen – zumal sich eine vollständig zuverlässige Beantwortung der Fragen unseren Entscheidungsmöglichkeiten entzieht. Im Grunde verbirgt sich dahinter die Frage: Was erleben oder erleiden wir im Tod? Ist der Tod mit Schmerzen, mit Qualen verbunden? Und natürlich haben alle Angehörigen die Hoffnung, daß dieser Tod ohne Schmerzen und Kampf durchgestanden wurde.

Ein Notarzt wird zwangsläufig mit nahezu allen Suicid-Versuchen konfrontiert, die sich in einer Stadt ereignen. Überraschend ist für unseren Gesprächspartner der hohe Anteil älterer Menschen, die versuchen, aus dem Leben zu scheiden. Die am häufigsten angewendete Methode ist Strangulieren – manchmal in der Badewanne, um den Angehörigen»keinen Dreck zu bescheren«. Natürlich ist die häufigste Reaktion bei Angehörigen, sich Schuldgefühle zu machen. Diese treten unmittelbar, spontan, also sofort nach der Todesmitteilung auf. Auch Verteidigungsmaßnahmen und Selbstrechtfertigungen werden häufig im ersten Augenblick genannt. In zahlreichen Fällen ist jedoch die Suicid-Neigung bereits chronisch gewesen, so daß bei den Angehörigen kaum ein Schock eintritt: Sie waren darauf gefaßt, weil es bei weitem nicht der erste Suicid-Versuch war. Es wundert die Angehörigen also nicht, daß irgendwann einmal dieser Versuch auch zum »Erfolg« führen mußte. Gerade in solchen Fällen wird häufig signalisiert, daß man den Angehörigen einfach nicht habe abbringen können von dieser Absicht und man ihn schließlich nicht Tag und Nacht bewachen könne.

In unserer Stadt, etwa 100 000 Einwohner, geschieht es etwa vier- bis fünfmal im Jahr, daß Kleinstkinder den sogenannten Kindstod erleiden, also Atemanfälle, die zum Tod führen (im Vergleich dazu: jährlich etwa 1400 Geburten). Auch hier führt der Notarzt in jedem Fall Wiederbelebungsversuche durch, selbst wenn auf den ersten Blick für ihn erkennbar ist, daß das Kind schon längere Zeit tot ist. In jedem Fall wird das verstorbene Kind im Notarztwagen mitgenommen – vor allem, um die Angehörigen zu beruhigen und den Eindruck zu vermitteln, daß alles medizinisch Mögliche unternommen worden ist. Fehlende medizinische Geschäftigkeit würde die Angehörigen in Panik versetzen und zu erheblichen Schuldvorwürfen gegenüber dem Arzt führen, selbst wenn nachzuweisen wäre, daß der Tod schon vor erheblich längerer Zeit eingetreten ist.

Für jeden Arzt steht nach der Todesmitteilung an die Angehörigen noch eine weitere problematische Situation bevor: In allen Notfällen existiert ein erhebliches medizinisches Interesse am Einverständnis der Angehörigen für eine Obduktion. Ziel dieser Obduktion ist es, die Qualität der eigenen Arbeit überprüfen und zu kontrollieren und therapeutische Konsequenzen für andere Notfall-Einsätze ziehen zu können. So muß der Arzt nach der schrecklichen Todesmitteilung auch noch versuchen, die Zustimmung der Angehörigen zur Obduktion zu erzielen. Es ist verständlich, daß im ersten Zugang diese Bitte in der Regel abgeschlagen wird. Tatsächlich jedoch zeigt die Erfahrung, daß die Einwilligung nach einiger Zeit in etwa 95 Prozent aller Fälle zu erhalten ist. So besteht auch für das Ärzte-Team der Notärzte die Möglichkeit, ihre medizinische Aufgabenstellung zu überwachen und weiterzuentwickeln.

Ich möchte einige persönliche Eindrücke hinzufügen: Der Notarzt

169

ist neben Polizei bzw. Feuerwehr in Krisensituationen der erste Gesprächspartner, der den Angehörigen begegnet. Er ist mit hohem Vertrauen und erheblichen Erwartungen besetzt, gleichsam der institutionalisierte Lebensretter. Zumal bei medizinischen Laien wird sein berufliches Können Bewunderung hervorrufen, und ihm wird erhebliches Vertrauen entgegengebracht. Natürlich stellt ihn das unter einen erheblichen Erfolgszwang. Aber gerade in Krisensituationen, selbst wenn seine Bemühungen nicht zum Erfolg führen, werden ihm nur selten Vorhaltungen gemacht. »Er hat sein Bestes getan«, das ist die Reaktion, die am häufigsten bei Angehörigen zu hören ist. Das Handlungsfeld des Arztes ist begrenzt auf die unmittelbare medizinische Zuständigkeit – weit stärker etwa, als das beim traditionellen Hausarzt der Fall ist, der ja auch des öfteren in Notsituationen gerufen wird, von dem jedoch ein umfassenderes Verständnis für die Situation der Angehörigen erwartet wird. Es ist deshalb vom Notarzt auch nicht erwartet, daß er sich im sozialen Umfeld der Angehörigen auskennt. Allerdings wird mit erheblicher Sensibilität registriert, wie er sich den Angehörigen gegenüber verhält. Manchmal wird dieses Verhalten direkt übertragen auf seine medizinische Tätigkeit bzw. Kompetenz. Selbst wenn der Notarzt den Angehörigen die Todesmitteilung überbringen muß, wird ihm kaum angelastet, was geschehen ist. Er bleibt die unumstritten positive Figur in einem Drama, das er ja nicht verursacht hat, ist also auch Legitimationsproblemen kaum ausgesetzt. Überzeugend finde ich den Hinweis, die Todesmitteilung nicht unter langen medizinischen Verklausulierungen zu verstecken, sondern »praktisch im zweiten Satz«, unmittelbar, nüchtern und unmißverständlich zu formulieren.

Dabei muß der Arzt wissen, daß seine Mitteilung einen Schock auslösen wird. Nur, dieser Schock ist nicht zu umgehen – und jeder andere Weg würde zu unberechtigten Hoffnungen und Erwartungen führen. Dabei hat der Notarzt Ausnahmen signalisiert, etwa die genannten Fälle von Kindstod. Hier ist in so hohem Maß die beschützende Aufgabe der Eltern im Spiel, daß eine unmittelbar erfolgende Todesmitteilung zu erheblichen psychischen Katastrophen führen könnte. Der Weg der Eltern ins Krankenhaus, die Mitteilung an die Eltern im Sprechzimmer des Arztes scheint da durchaus der richtigere Weg zu sein. Um so wichtiger ist es aber dann, auch im Krankenhaus die Eltern in einer solchen Situation nicht sich selbst zu überlassen. Gerade weil der Arzt das Geschehen der Todesmitteilung an einen anderen als den familiären Ort verlegt, muß an diesem für die Betroffenen erst einmal anonymen Ort Begleitung hergestellt und gewährleistet werden.

## 8.6. DER BESTATTER

Diese und andere Gesichtspunkte hätten in dem gerade entstehenden Gespräch vielleicht noch ausdiskutiert werden können – wenn sich nicht die Tür geöffnet hätte, ein neuer Gast eingetreten wäre und bei den Studentinnen und Studenten erhebliches Schmunzeln hervorgerufen hätte. Nach einer kurzen Pause haben wir dann das Gespräch mit dem neuen Gast fortgesetzt, dem Bestatter, Heinz-Josef Wormland.

Er war geschickt genug, gleich zu Beginn zu fragen, was denn die Gesprächsteilnehmer zum Schmunzeln gebracht habe. Die Antwort kam freimütig von einem gutmütigen und ehrlichen Studenten:»Sie sahen genau so aus, wie ich mir einen Beerdigungsunternehmer vorgestellt habe.« Und seine Rückfrage:»Wie denn?« –»Na, seriöser Herr, ernstes Auftreten, korrekt und förmlich.« Mit einem herzlichen Gelächter war dieser Gast stärker integriert, als er es sich vorher hätte vorstellen können.

Wir hatten uns auf dieses Gespräch mit dem Bestatter gesondert vorbereitet. Eine Gruppe von zwei Studentinnen und einem Studenten hatten sich einen konkreten Fall ausgedacht, mit dem sie – in der Rolle der Angehörigen – den Bestatter aufsuchen. Und mit dem Bestatter war vereinbart worden, daß er ein ganz normales Beratungsgespräch mit ihnen durchführen würde – so, wie er es in seinem Beruf täglich mehrfach zu leisten hat. Die gedachten Vorgaben des Rollenspiels wurden schnell deutlich: Es handelte sich um die Nichten und einen Neffen einer älteren Dame, die ansonsten alleinstehend lebte, einen gewissen Kontakt zur Kirche und zur Frauenhilfe der Gemeinde pflegte und im übrigen eine bescheidene und zurückhaltende ältere Person war. Zudem hatten sich die»Angehörigen« unterschiedliche Rollen vorgenommen, die eine etwas fürsorglicher und ängstlicher, die andere auf äußere Formen bedacht, der Neffe dagegen pragmatisch nüchtern, ohne allzu menschliche Berührtheit. Da sie die»Tante« nicht sehr häufig sahen, ihr also persönlich nicht so nah standen wie etwa den eigenen Eltern oder Geschwistern, besaßen sie genügend Distanz, sich auf dieses Vorhaben einzulassen. Erst sehr viel später wurde deutlich, wie viel unmittelbare Betroffenheit – ausgelöst durch eigene persönliche Erfahrungen in nicht allzu weit zurückliegender Vergangenheit – in diesem Gespräch aktualisiert worden und wieder ins Bewußtsein zurückgekehrt war.

Natürlich gab es Projektionen und Vorerwartungen: daß da der Beerdigungsunternehmer kommt, ihnen einen möglichst teuren Sarg »andrehen« und ein sattes Geschäft machen will, koste es, was es wolle. Um so überraschender war dann das tatsächliche Beratungsgespräch, das mir so beispielhaft erscheint, daß es in ein Lehr- und Ausbildungsprogramm für Bestatter hineinpassen würde.

So begann der Bestatter das Gespräch zu Beginn ausgesprochen nüchtern und förmlich – ohne jede Anbiederung oder ungerechtfertigte Vertraulichkeit; denn tatsächlich waren sich die Gesprächsteilnehmer zuerst einmal so fremd, wie das in den meisten solcher Situationen in größeren Städten etwa ist. Daß der Bestatter gleichsam vertrauter Nachbar ist, der auch sonst am Schicksal der Familie Anteil nimmt, mag in dörflichen Strukturen noch der Fall sein, in größeren Städten, ja selbst in kleineren Gemeinden ist das die Ausnahme. So begann das Gespräch damit, daß – nach einer kurzen gegenseitigen Vorstellung – der Bestatter erst einmal ein Formular ausfüllte mit dem Namen der Verstorbenen und den notwendigen Personalien, sich erkundigte, wo und wann die Frau verstorben war.

Bereits an dieser Stelle war deutlich eine Nahtstelle des Gesprächs zu spüren: ob die Angehörigen bereit waren, ihr eigenes Erleben des Todes der Tante einzubringen, oder sich mit nüchternen Faktenantworten begnügten. Der Bestatter gab durch schlichte Rückfragen zu erkennen, daß er an dieser Stelle auch zu einem ausführlicheren Gesprächsgang bereit war. So konnten denn die »Angehörigen« auch ausführlich berichten, wie sie selbst zur Tante gestanden hatten, wie sie den Tod erfahren und erlebt haben. Schon in dieser Gesprächsphase war das Persönlichkeitsprofil der Angehörigen deutlich herauszuspüren, die Fürsorglichkeit und Betroffenheit der einen Nichte, die Äußerlichkeit und Korrektheit der anderen, die sich natürlich nichts hatte »zuschulden« kommen lassen, und der nüchterne Neffe, der sich der notwendigen Pflichten entledigt hatte und ansonsten eher mißtrauisch im Hintergrund blieb, darauf wachend, dem Unternehmer kein »sattes Geschäft« gelingen zu lassen.

Stärker, als sich die »Angehörigen« das im ersten Augenblick vergegenwärtigen konnten, hat diese entscheidende Gesprächsphase das Eis gebrochen – und auch den Angehörigen ermöglicht, die Person des Bestatters deutlicher wahrzunehmen mit seiner Bereitschaft zum Gespräch, mit seinem Einfühlungsvermögen und seinem Erfahrungshintergrund.

Überraschend war die Wendung, die nach Abschluß der ersten Gesprächsphase eintrat: Denn der Bestatter wandte sich nun wieder dem Formular zu und erfragte rechtliche und versicherungstechnische Einzelheiten – also der Wechsel in eine wiederum eher distanzierte Form der Gesprächsführung. So wurde gefragt, wo die Dame versichert war, ob eine Lebensversicherung bestehe, welcher Kostenträger die Krankenhaus-Kosten übernimmt, ob das Familienbuch zur Verfügung stehe, wie es sich mit anderen Unterlagen verhalte: Sparguthaben, Rentenzahlungen, Einkommens-Verhältnisse.

Dadurch gelang es bereits im ersten Teil des Trauergesprächs – und nichts anderes ist es ja –, eine Balance herzustellen zwischen unmittelbar persönlicher Betroffenheit und formalen Regelungsnotwendigkeiten. Im übrigen erhielt der Bestatter dadurch auch ein gewisses Bild über die Lebensverhältnisse der Verstorbenen und (nicht zuletzt) über die finanziellen Gegebenheiten. Das alles trug er nüchtern in ein Formular ein, machte die Angehörigen darauf aufmerksam, wer verständigt werden müsse, wie das mit den Meldungen an die Behörden vor sich gehe, welche Versicherungen zu verständigen seien. Und auch die Frage, wen er als Auftraggeber ansprechen solle, wurde in dieser Gesprächsphase abgeklärt – womit wieder ein sehr persönlicher Impuls gesetzt war: Wer ist eigentlich der Hauptbetroffene, oder wer übernimmt Verantwortung an dieser Stelle? Kaum verwunderlich, daß nach einigen Rückfragen der Neffe ausgeguckt wurde, diese Pflichten zu übernehmen. Auch hier traten nun wieder die unterschiedlichen Persönlichkeitsprofile deutlich in den Vordergrund.

In dem gerade genannten Gesprächsgang kalkulierte der Bestatter, ohne es sonderlich zu betonen, aber auch ohne es raffiniert zu verstecken, die finanziellen Mittel, die aufgrund von Versicherungen und anderen Leistungen zur Ausrichtung der Bestattung zur Verfügung stehen.

Nachdem bereits in der Eingangsphase des Gesprächs festgelegt worden war, auf welchem Friedhof die Beerdigung stattfinden sollte und ob eine Gruft oder ein Reihengrab gewählt würde, kam nach solch nüchtern-pragmatischen Fragen, an denen der Neffe zwar waches Interesse zeigte, aber leider keinerlei sonderliche Kenntnisse einbringen konnte (über die versicherungstechnischen, behördlichen und rechtlichen Fragen war er offensichtlich überrascht), kam nun ein

Thema zur Sprache, das wieder ausgesprochen persönliche Implikationen beinhaltete, nämlich die Gestaltung des Trauerbriefes.

Dabei stellte der Bestatter zwar einige Beispiele zur Verfügung, gab aber ausreichend Zeit, sich über die Inhalte in Ruhe verständigen zu können. Das begann etwa mit der Frage, ob über der Anzeige ein Bibelwort stehen solle oder ein anderes Wort. Da die religiösen Hintergründe der Frau bereits angedeutet waren, wünschten die Angehörigen einen Bibelspruch – jedoch ohne gleich ein Wort zur Verfügung zu haben. Schon vor Jahren hatte ich, weil mich die schrecklichen Sinnsprüche über zahlreichen Traueranzeigen im Lokalteil geärgert hatten, allen Bestattern ein Verzeichnis möglicher Bibelworte zugeschickt – und tatsächlich kam eben dieses Verzeichnis auch in diesem Beratungsgespräch zur Geltung. (Ich veröffentliche es im Anhang dieses Bandes.)

Wie aber nun die Tante in dieser ja öffentlichen Anzeige bezeichnet werden sollte, das brachte erhebliche persönliche Tiefe in das Gespräch: ob nun »treusorgend« oder »geliebte«, »herzensgute« oder »fürsorgliche« Tante geschrieben werden sollte – und vor allen Dingen, wie nun öffentlich vom Sterben gesprochen werden soll: ob Gott der Herr sie »zu sich gerufen hat«, oder ob sie einfach »gestorben« oder »eingeschlafen« ist oder »ihren Frieden gefunden« hat, ob religiöse Formulierungen oder weltliche Ausdrucksformen verwendet werden sollten – wer hat sich denn darüber sonst schon Gedanken gemacht!

Und auch Theologiestudentinnen und -studenten, selbst im Rollenspiel, standen hier vor erheblichen Verlegenheiten. Das Geschick des Bestatters bestand nun darin, aufgrund des bisherigen Gesprächseindrucks Formulierungen anzubieten, an denen deutlich wurde: Er hatte auf die persönliche Einstellung der Angehörigen durchaus sensibel reagiert und ein überraschend klares Bild von der Verstorbenen aus dem Eingangsteil des Gesprächs.

So kam es nicht zu Peinlichkeiten und Verlegenheiten, sondern zu einem sehr persönlichen Gespräch, in dem die »Angehörigen« sehr wohl ihr Verhältnis zur Verstorbenen auszusprechen wußten. Natürlich mußte nun auch entschieden werden, wann die Beerdigung stattfinden sollte. Da sind wir in unserer Gemeinde glücklicherweise von den meisten Bestattern »verwöhnt«: Sie rufen beim Pfarrer an, bevor die Beerdigungszeit festgelegt wird, und sprechen auch weitere Termine mit den Pastorinnen und Pastoren ab, etwa den Besuchstermin bei den Angehörigen. So geschah es auch in diesem Rollenspiel.

Selbst die Frage, in welcher Auflage denn nun der Trauerbrief gedruckt werden und ob und in welcher Zeitung die Anzeige erscheinen solle, wurde angesprochen und geklärt. Auch dabei mußte noch einmal expliziert werden, wer denn nun eigentlich durch den konkreten Tod betroffen ist, wer ein Recht auf Information hat, wer sich übergangen fühlen könnte – bei aller Sparsamkeit des Neffen, der natürlich auch hier die Auflage niedrighalten wollte.

Damit war das Gespräch im Grunde bei der Trauerfeier selber angelangt – also auch bei den äußeren Fragen der Ausstattung. Nach der Blumendekoration wurde gefragt, nach Kränzen, die bestellt werden sollten, nach dem Aufdruck auf den Schleifen – und für alles gab es Musterbilder, die den Angehörigen zur Verfügung gestellt wurden. Nachdem die unterschiedlichen Persönlichkeitsprofile zwar schon an verschiedenen Stellen sichtbar geworden waren, prallten sie hier doch ziemlich hart aufeinander:»Die Tante hat ein ordentliches Begräbnis verdient, es soll an nichts fehlen, es soll schön ausgestaltet werden«, so die eine»Nichte«, und die andere, wiederum auf den äußeren Ruf bedacht:»Wir wollen uns nichts nachsagen lassen, es soll zwar nicht protzig sein, aber was sein muß, muß sein.« Dagegen in protestantischer Nüchternheit und rollenbedingtem Geiz der Neffe:»Davon hat die Tante doch auch nichts, und das Geld kann man schließlich besser für einen guten Zweck verwenden.«

Bemerkenswert war, wie stark sich gerade an dieser empfindlichen Stelle der Bestatter zurückhielt, keinerlei Vorschläge machte, nicht einmal grobe Anhaltspunkte gab, was denn nun»knausrig«, in Blumen, in Mark und Pfennig und in weiterer Dekoration ausgedrückt, heißen würde. Im Gegenteil, er entschuldigte sich kurz, er müsse gerade noch ein Telefongespräch mit dem Friedhofsamt führen – und verschwand in einen Nebenraum.

Kaum hatte er den Raum verlassen, kam das Gespräch erst richtig in Schwung, kamen die Einstellungs- und Mentalitätsunterschiede deutlich zum Tragen, man war schließlich»unter sich«.»Du denkst immer nur ans Geld!« hieß jetzt der Vorwurf der einen Nichte.»Das sind doch lächerliche Äußerlichkeiten, schon nach drei Tagen sind alle Blumen verdorben und das Geld zum Fenster herausgeworfen«, rechtfertigte sich der Neffe.»Ich will mir nicht nachsagen lassen, wir hätten an der Beerdigung gegeizt – um eine möglichst große Erbschaft zu machen. Die Leute achten nun mal auf solche Äußerlichkeiten!«

Und wieder die andere Nichte:»Das hat die Tante doch nun wirklich verdient – und es ist schließlich ihr Geld und nicht deines!« Nach einigen sehr heftigen Kontroversen beruhigte sich das Gespräch – und anhand der vorgeschlagenen Bilder und Möglichkeiten einigten sich die Angehörigen sehr schnell auf einen vertretbaren Weg. Kurze Augenblicke später kam der Bestatter wieder zurück, und sie teilten ihm ihre Entscheidungen mit.

Gleichsam als würde er das bisherige Gespräch mit seinen Festlegungen und Entscheidungen noch einmal rekapitulieren, ging er die einzelnen Positionen durch, nannte auch die damit verbundenen Kosten (allerdings ohne die Kosten für den Sarg und die Bekleidung für die Verstorbene) und stellte das rechnerische Ergebnis den finanziellen Mitteln gegenüber, die ohnehin von dritter Seite (Versicherungen...) dafür zur Verfügung gestellt wurden. Es blieb ein Differenzbetrag von knapp 2000 Mark Guthaben – was der Bestatter als Ausgangspunkt für den wohl schwierigsten Punkt nahm, die Auswahl des Sarges. Und nun wurde er ausgesprochen direktiv: »Im Rahmen der genannten Möglichkeiten würde ich Ihnen folgende Särge vorschlagen können.« Alles Särge zwischen 1800 und etwa 2200 Mark. »Sie können natürlich auch einen sehr viel teureren Sarg auswählen, aber ich würde ihnen einen dieser Särge empfehlen.« In weniger als drei Minuten war die Entscheidung getroffen, wie immer: nicht zu aufwendig, nicht zu geizig. Außerdem sollte die Tante in ihrem Lieblingskleid aufgebahrt werden, befanden die Nichten und der Neffe.

Nachdem noch einige Vollmachten unterzeichnet und in einem Formular alle Entscheidungen festgehalten, alle Termine notiert und das Formular unterschrieben worden waren, ging das Gespräch dem Ende entgegen. Es wurden noch Briefumschläge für die Trauerbriefe ausgehändigt, die die Angehörigen selbst beschriften wollten, es wurde mitgeteilt, wann sie die Verstorbene auf dem Friedhof in der Leichenhalle besuchen könnten – dann waren die sogenannten Formalitäten »erledigt«.

Das Nachgespräch enthüllte manche Dramatik, die in diesem Gespräch verborgen war. »Ich hatte mich auf eine makabere Kaufhaus-Situation eingestellt, vor allem, daß wir zuerst einmal Särge besichtigen und auswählen müßten«, sagte der Neffe ganz offen – und war angenehm überrascht, wie anders das Gespräch schließlich verlaufen war. Natürlich war die Gesprächsunterbrechung durch den Bestatter – das Telefonat mit dem Friedhofsamt – ein Vorwand gewesen. »In solchen Augenblicken müssen die Angehörigen auch einmal die Möglichkeit haben, ungeschützt und ohne meine Anwesenheit offen miteinander sprechen zu können. In der Regel hilft das wesentlich zur

Entspannung des Gesprächs«, so der Bestatter. »Ich habe gar nicht geahnt, wie viele praktische Fragen in einer solchen Situation auf mich zukommen würden. Und ich habe erst jetzt gemerkt, wie wenig ich eigentlich von meiner ›Tante‹ gewußt habe!« Es kamen auch persönliche Einschätzungen zu Wort: »Ihre (gemeint war der Bestatter) distanzierte Art hat mir sehr gut getan, ich konnte mir wirklich selbst Gedanken machen, ohne mich überfordert zu fühlen. Sie haben sich nicht angebiedert oder Krokodilstränen vergossen – und doch hatte ich immer das Gefühl, daß man zu Ihnen Vertrauen haben kann. Mir war danach jedenfalls wesentlich wohler, weil ich wußte, was alles auf uns zukam. Und wir hatten wirklich Zeit für dieses Gespräch.«

Natürlich standen auch andere Fragen an: »Was verdient man eigentlich an so einer Beerdigung?« Oder: »Wie verträgt sich eigentlich die Aufgabe der Beratung mit dem Geschäftsinteresse – Sie müssen schließlich verkaufen, Gewinn machen. Ist Ihnen das nicht peinlich?« Dabei wurde deutlich, daß die berufliche Identität am stärksten mit einem gelungenen Beratungsgespräch verbunden ist: »Hier entscheidet sich, ob die Angehörigen wirklich Vertrauen zu mir finden, hier kann ich wirklich helfen und weiterführen. Und natürlich hat das auch eine wirtschaftliche Seite: eine solide und gründliche Beratung, der unmittelbar persönlich menschliche Eindruck, den die Angehörigen nach diesem Gespräch mitnehmen, das ist die wirkungsvollste Werbung.«

Zur Sprache kam auch, was geschieht, wenn keinerlei Mittel vorhanden sind, keine Angehörigen, und das Sozialamt für die Beerdigung aufzukommen hat. Ich selbst kenne zahlreiche solche Beerdigungen – und muß feststellen: Es kommt wesentlich stärker auf das Beerdigungs-Unternehmen an als auf die tatsächlichen Mittel, ob es ein »Armenbegräbnis« oder eben doch ein ganz normales Begräbnis wird. Überraschend gerade für junge Menschen war, daß manche ältere Menschen bereits mit dem Beerdigungs-Unternehmer fertige Vorverträge geschlossen haben, bereits sämtliche Kosten für die eigene Beerdigung bezahlt haben oder per Dauerauftrag monatlich einzahlen und eine Mitteilungskarte bei ihrem Personalausweis tragen, welches Beerdigungsunternehmen im Todesfall verständigt werden soll. Sicher gehören viel Mut und Gelassenheit dazu, auch diese Fragen zu Lebzeiten, in »rüstigem Alter« vorgeklärt und bearbeitet zu haben. Daß ältere Menschen nach solchen Gesprächen wesentlich erleichtert sind und dem Lebensabend ruhiger und gelassener entgegengehen, kann ich verstehen – nicht nur, wenn ich an den knausrigen

177

Neffen denke, der seine Rolle glänzend gespielt hat (und in Wahrheit sehr offenherzig ist!).

Auch wenn eine Gemeindepfarrerin oder ein Gemeindepfarrer nur selten selbst Erfahrungen mit solchen Gesprächen beim Bestatter machen, halte ich es für wichtig, zu wissen, welche Fragen in diesen Gesprächen behandelt worden sind. Es entlastet natürlich auch das Seelsorge-Gespräch, das sich mit den praktischen Fragen nicht mehr befassen muß. Aber wir sollten auch wissen, daß die Bestatter gleichsam als Eisbrecher Vorarbeit geleistet haben; sie sind der erste offizielle Kontakt mit der »Außenwelt«, der Öffentlichkeit (man kann auch sagen: der Gesellschaft); und wenn in diesem Gespräch Vertrauen möglich war, wird auch das Mißtrauen gegenüber dem Gespräch mit der Pfarrerin oder dem Pfarrer geringer sein. Noch einmal deshalb in Kurzfassung die praktischen Fragen, die im Gespräch mit dem Bestatter zu entscheiden waren: a) persönliche Daten (Name, Vorname, Geburts- und Sterbedaten, Wohnort und Straße, Beruf, Konfession, Familienstand), dazu die Angaben des Auftraggebers; b) Sterbeort, Friedhof, auf dem die Beisetzung stattfinden soll; c) Termine: der Beerdigung, (im römisch-katholischen Bereich: der Messe und des Sechswochenamtes), der Besuch des Geistlichen; d) Versicherungsträger, Sparguthaben und andere Rücklagen; e) Ausgestaltung des Begräbnisses: Sarg, Bekleidung, Deckengarnitur, Überführungskosten, Trägerkosten, Einbetten und Ankleiden, Erledigung von Formalitäten, Kosten der Träger, der Aufbahrung, Blumendekoration, Kränze, Grabdekoration, Trauerbriefe, Traueranzeige in der Tagespresse, Kosten für anschließendes Kaffeetrinken, Kosten des Reihengrabes, der Gruft, Benutzung der Trauerhalle, des Aufbahrungsraumes, der Orgel; Kosten für Totenschein und Urkunden, amtsärztliche Zeugnisse oder Bescheinigungen, gegebenenfalls Kirchengebühren, Porto- und Telegrammkosten. Vermutlich ist in manchen bundesrepublikanischen Großstädten das Service-Sortiment noch umfassender, die Versuchung zur Veräußerlichung des Trauerfalls noch stärker ausgeprägt – hier ging es lediglich um die Fakten, die bei einer normalen Beerdigung in einer ziemlich normalen Stadt zur Entscheidung anstehen. (Daß es hier um ein Kostenvolumen von mindestens 3000 DM, im durchgespielten Fall um knapp 5000 DM ging, in manchen Großstädten sich jedoch schnell bis zu 10 000 DM hin bewegen kann, sei nur am Rande angemerkt.) Es mag ja mißgünstige und geschäftstüchtige Bestatter geben – man sollte das nicht überschätzen; im gleichen Maß, wie es auch in anderen Berufsgruppen eine große

178

Bandbreite an Persönlichkeitsprofilen gibt, wird sich das auch in diesem Beruf niederschlagen. Nur: Gerade Pfarrerinnen und Pfarrer sollten die Gesprächsfähigkeit und die Aufrichtigkeit von Bestattern nicht unnötig in Frage stellen – in vielem verfügen sie über weit höhere Einschätzungsmöglichkeiten und Fähigkeiten der konkreten Hilfestellung als mancher betulich bemühter Seelsorger. Ich habe bei mehreren hundert Beerdigungen nur einen Bestatter erlebt, vor dem mir graust, bei dem ich panische Gefühle bekomme, wenn eine Beerdigung bei ihm gelandet ist.

An dieser Stelle ist es auch für jüngere Theologinnen und Theologen aufschlußreich, die praktischen Aufgaben überblicken zu können, die mit einem Sterbefall verbunden sind. Ich fasse eine Veröffentlichung zusammen, die in der (mir ansonsten unbekannten) Zeitschrift »Auslese« – »Zeitschrift für Offerten auserlesener Firmen des kirchlichen Bedarfs« (September 1980, Krüger-Verlag, Herborn) zusammengefaßt worden sind. Sie sind Reflex und Ausdruck dessen, daß der Sterbefall nicht nur eine persönlich-biographische, eine psychologische Seite hat, sondern eben ein sozialer Vorgang ist – mit allen rechtlichen Einzelheiten und Notwendigkeiten. Bereits mit der erforderlichen Ausstellung des Totenscheins tritt ein Repräsentant der Öffentlichkeit in das Geschehen ein, der Arzt als Vertreter des gesellschaftlich organisierten Gesundheitswesens. Die Anzeigepflicht gegenüber dem Standesamt verdeutlicht, daß der Tod öffentlich nachvollzogen und urkundlich festzuhalten ist. »Anzeigepflichtig ist in erster Linie das Familienoberhaupt. Ist ein Familienoberhaupt nicht vorhanden oder an der Anzeige gehindert, so trifft die Anzeigeverpflichtung denjenigen, in dessen Wohnung sich der Sterbefall ereignet hat, oder diejenige Person, die bei dem Tod zugegen war oder von dem Sterbefall aus eigenem Wissen unterrichtet ist.« Natürlich sind auch dazu »Unterlagen« erforderlich, das Familienbuch oder zumindest die Heiratsurkunde des Verstorbenen bzw. die Geburtsurkunde und der eigene Personalausweis. Die Sterbeurkunde, die das Standesamt ausstellt, ist gleichsam der öffentliche Beweis für den Sterbefall, erforderlich gegenüber der Friedhofsverwaltung, dem Pfarramt, den Versicherungsträgern, Arbeitgebern, Vermietern und anderen Instanzen. Übrigens ist natürlich auch die Kostenseite rechtlich geregelt: »Die Kosten für die Bestattung werden aus dem Nachlaß bestritten. Zu den Kosten einer standesgemäßen Beerdigung gehören jedenfalls die Kosten für die Grabstätte und deren erstmalige Ausstattung, die Kosten für eine Überführung sowie die Kosten für Traueranzeige und Danksagungen. Aus dem Nachlaß ist auch die Anschaffung von Trauerkleidung für die nächsten Angehörigen zu bezahlen. Die Kosten der Anreise der Angehörigen zum Beerdigungsort müssen dagegen von diesen selber getragen werden.« Zu Konflikten kann es bei der Frage kommen, ob Erd- oder Feuerbestattung angeordnet werden soll. Hier entscheiden, soweit nicht notariell beurkundete Verfügungen des Verstorbenen vorliegen, die Angehörigen, wobei der jeweils nächste Angehörige entscheidungsbefugt ist. »Bei Meinungsverschiedenheiten zwischen Verwandten gleichen Grades trifft die letzte Entscheidung die zuständige Polizei- bzw. Ordnungsbehörde.« Und natürlich bedarf die Feuerbestattung der schriftlichen Genehmigung der Ordnungsbehörde.

Eine abschließende Bemerkung zum Beruf des Bestatters: Wenngleich der soziale Tod in einem hohen Maß, wie wir gesehen haben, auch rechtlich geregelt ist, verfügt der Beruf des Bestatters über keine gesicherte berufliche Identität. Der Beruf des Bestatters ist kein gesetzlich geschützter Beruf, kein Lehrberuf, so daß etwa die Hälfte aller Bestatter keine qualifizierte Ausbildung besitzen; dementsprechend kann manchmal die Praxis sein. Diese eigentümliche Mischung zwischen Handwerks- und Dienstleistungsberuf bedarf der professionellen Klärung, gerade der betroffenen Angehörigen wegen. Und in der Öffentlichkeit ist das Berufs-Image problematisch. Der Bestatter, der uns im Gespräch so eindrucksvoll zur Verfügung stand, kannte natürlich diese Projektionen und Voreinschätzungen. Sein persönliches Berufsverständnis ist eindeutig: Der Bestatter ist ein eindeutiger Beratungs- und Dienstleistungsberuf. Und er selbst hatte ein hohes Interesse daran, die Ausbildungsmöglichkeiten und Qualifizierungschancen für Mitarbeiter in diesem Berufsfeld zu verbessern. Das ist keineswegs selbstverständlich.

Es ist deutlich geworden, in welchem Umfang ein Sterbefall mit sozialen Zwängen verbunden ist: der Zwang zur Öffentlichkeit (Anzeigepflicht gegenüber dem Standesamt und anderen Institutionen bis hin zu den Gewohnheiten, durch Trauerbriefe oder Anzeigen den Todesfall öffentlich anzuzeigen); der Zwang zum pragmatischen Handeln (Benachrichtigung des Arztes, des Bestatters, des Pfarrers, des Friedhofsamtes, Wahl des Friedhofs, der Art des Grabes, des Sarges und der Dekorationen); der Zwang zur Würde (Aufbahrung, Trauerfeier, Trauerkleidung, Nachfeier); der Zwang zu definitiven Abschlüssen (Kündigung der Wohnung bzw. Auflösung von Haushalten, Meldungen an Versicherungen, Auflösung von Guthaben usw.). Die Begegnung mit dem Pfarrer steht – das darf nicht übersehen werden – häufig in eben dieser Kette von Zwängen, die die Entscheidungsmöglichkeiten der Angehörigen erheblich tangiert. So kommt das Gespräch mit dem Pfarrer oder der Pfarrerin eben nicht voraussetzungslos zustande, sondern steht in einem größeren sozialen Kontext.

Wie keine andere Personengruppe, so repräsentieren Polizei und Feuerwehr den Staat als Institution und Ordnungsbehörde. Und in Krisenfällen sind sie in der Regel die ersten, denen die Betroffenen begegnen oder ausgesetzt sind.

## 8.7. POLIZEI UND FEUERWEHR

Aus diesem Grund haben wir auch zu unserem Blockseminar Vertreter der Feuerwehr und der Polizei eingeladen – ein Abenteuer eigener Art.

In schonungsloser Offenheit erzählte der Leiter der örtlichen Polizei nicht nur persönliche früheste Kindheitserlebnisse im Zusammenhang mit Sterben, sondern kam sehr bald auf die Erfahrungen von Polizisten im Zusammenhang mit Tod und Sterben zu sprechen. Bei allen unfallbedingten Todesfällen ist die Polizei als erste und entscheidende öffentliche Instanz eingeschaltet und zum Handeln gezwungen. In Zusammenarbeit mit den Rettungsmannschaften der Feuerwehr und der Notärzte hat sie alle Maßnahmen zur Vermeidung weiterer Schäden und zur unverzüglichen Hilfestellung und Rettung durchzuführen. Der gesetzliche Rahmen des Handelns ist eindeutig, ebenso die Kompetenzen und Befugnisse.

Entscheidender in unserem Gespräch war jedoch die persönliche Seite: Was erlebt ein Polizeibeamter, wenn er bei Unfällen mit Todesfolge eingeschaltet wird?

Je anonymer der soziale Lebenszusammenhang geworden ist, desto stärker hat sich eingebürgert, daß bei Unfällen die Polizei die Aufgabe übernommen hat, den Angehörigen die Todesmitteilung zu überbringen. Nur in seltenen Fällen wird etwa der Gemeindepfarrer oder ein anderer Seelsorger hinzugezogen. So haben Polizeibeamte – ohne dafür gesondert ausgebildet zu sein – eine psychologisch geradezu dramatische Aufgabe wahrzunehmen. Solche Aufgaben werden im übrigen gern älteren und »gestandenen« Kollegen übertragen. Mit der persönlichen Verarbeitung dieser Erfahrungen ist der jeweilige Beamte auf die zufälligen Konstellationen in seinem Dienstbereich angewiesen: ob da Kollegen sind, mit denen man anschließend persönlich und offen darüber reden kann, was einen bewegt hat, vielleicht auch, was beim nächsten Mal besser anders zu machen wäre, wie man selbst diese Erfahrungen verkraftet.

Es kann an dieser Stelle nicht darum gehen, die Tätigkeiten der Polizeibeamten zu kritisieren, wohl aber mit dazu beizutragen, daß ihnen Gelegenheit gegeben wird, sich auf eine so schwierige Aufgabe genügend vorbereiten und die Folgen dieser Aufgaben verkraften zu können. Das ist keine Selbstverständlichkeit. Und auch der Ethik-Unterricht an Polizeischulen ist nicht zwangsläufig mit diesen Fragen verbunden. Das bisweilen spannungsreiche und kritische Verhältnis etwa zwischen jüngeren Pfarrerinnen und Pfarrern und der Ordnungsbehörde erschwert das direkte gemeinsame Gespräch über diese Fragen – die Seelsorge an den Polizisten und die »Seelsorge«, die sie selbst in solchen Fällen übernehmen.

Ein Beispiel soll an dieser Stelle eingefügt werden, sicherlich eines der seltenen Beispiele, in denen Polizeibeamte und ein Pfarrer gemeinsam die Aufgabe übernehmen, einer älteren Frau eine Todesnachricht zu überbringen. In diesem Fall war der Pfarrer evangelisch, die Familie jedoch katholisch (der katholische Pfarrer, der vorher von der Polizei um Mithilfe gebeten worden war, hatte erklärt, er kenne die Familie nicht, sie sei bestimmt evangelisch).

Abends gegen 22.30 Uhr ruft die Polizei den Pfarrer an und bittet ihn, einer 74jährigen Frau die Nachricht zu überbringen, daß ihr erwachsener Sohn, der mit ihr zusammenlebte, am Abend tödlich verunglückt ist. Der Pfarrer kennt die Frau nicht persönlich, auch nicht die Familienverhältnisse. Ein Polizist geht mit dem Pfarrer gemeinsam zur Wohnung, ein anderer Polizist bleibt im Streifenwagen.

*P 1:*  Frau W.? *(An der Wohnungstür)*

*W 1:*  Ja, was ist denn los? *(Die Tür ist nur einen Spalt breit geöffnet)*

*P 2:*  Frau W., wir haben Ihnen eine traurige Nachricht zu überbringen. Dürfen wir hereinkommen?

*W 2:*  Was ist denn los? Ist was passiert mit meinem Sohn? *(Sie öffnet, alle gehen gemeinsam in ihr Wohnzimmer)*

*P 3:*  Frau W., ich habe Ihnen eine sehr schlimme Nachricht zu überbringen. Ihr Sohn ist heute abend sehr schwer verunglückt.

*W 3:*  Ja und, was ist denn los? Wo ist er denn?

*P 4:*  Frau W., Ihr Sohn ist ins Krankenhaus gebracht worden, aber es kam jede Hilfe zu spät. Ihr Sohn ist gestorben.

*W 4:*  *(Springt auf und läuft zum Fenster)* Das kann doch nicht wahr sein. Der Hartmut... *(fängt an zu weinen) (sieht aus dem Fenster)* Wo ist denn sein Auto? Das kann doch nicht wahr sein. *(Setzt sich wieder, weint heftig)* Wie ist das denn passiert? Er ist doch heute abend erst weggefahren. Was soll ich denn jetzt machen?

*P 5:*  Ihr Sohn hat in seinem Wagen einen Herzanfall bekommen. Die Ärzte haben alles versucht. Es gab keine Hilfe mehr.

*W 5:*  *(Läuft wieder zum Fenster)* Ich hab doch die ganze Zeit gewartet, daß er kommt. – Der Hartmut. Der Hartmut! Das kann doch nicht wahr sein. Was soll ich denn jetzt machen! Ich

182

hab doch keinen mehr. *(Weint sehr heftig und schreit:)* Hartmut! Mein Hartmut! Wo ist er denn jetzt?

*P 6:* Er liegt im Krankenhaus. Es ist alles versucht worden.

*W 6:* Ich war doch nur gerade zur Kirche gegangen. Hab doch noch zur Mutter Maria Gottes gebetet und noch eine Kerze angesteckt für ihn.

*(Der Polizist legt den Personalausweis auf den Tisch: »Ist das Ihr Sohn?«)*

*W 7:* Der Hartmut! Er, er ist doch das einzige, was ich habe. Wie soll das denn jetzt weitergehen. Wir haben doch immer zusammengehalten. *(Weint wieder sehr heftig)*

*(Der Polizist fragt: »Haben Sie sonst noch Angehörige?«)*

*W 8:* *(Verstört:)* Ja, noch eine Tochter, in K.

*(Nach einiger Mühe erfährt der Polizist die Anschrift, geht zum Streifenwagen und verständigt die dortige Polizei und bittet, die Angehörigen hierherzubringen.)*

*P 7:* Frau W., ich weiß, daß das ganz schwer ist jetzt für Sie.

*W 9:* Was soll denn jetzt aus mir werden? Das ist aber wirklich nicht schön. Das ist doch wie mit'm Hammer vorm Kopp. – Wer sind Sie eigentlich?

*P 8:* Ich bin der Pastor. Die Polizei hat mich gebeten, mit zu Ihnen zu kommen.

*W 10:* Jetzt glaube ich gar nichts mehr. Das hat doch alles keinen Zweck mehr. Wo ist das denn passiert? Ich kann das überhaupt nicht verstehen.

*P 9:* Es war hier in der Nähe, am... Er hat am Steuer seines Wagens einen Herzschlag gekriegt.

*W 11:* Das kann doch nicht wahr sein. Ich hab ihm immer gesagt, er soll das blöde Auto da stehen lassen. Jetzt hab ich doch überhaupt keine Bleibe mehr. Was soll denn der ganze Plunder hier? Das kann ich mir doch gar nicht leisten. Zusammen wird ein Schuh draus, hat er immer gesagt. Was soll ich denn hier überhaupt noch? Das hat doch alles keinen Sinn mehr. *(Weint wieder sehr heftig)* Da kann ich doch gleich aus dem Fenster springen. Jetzt ist doch sowieso alles vorbei.

*P 10:* Das ist wirklich unbegreiflich.

*W 12:* Ach, was wissen Sie denn schon davon! Die ganze Wohnung, das war doch alles für meinen Hartmut. Was soll ich denn jetzt damit? Und diese große Wohnung. Da muß ich doch sowieso raus. Da kann ich ja gleich auf die Straße.

P 11: Da werden sich schon Wege finden.

W 13: *(Bricht unter Tränen zusammen)* Die ganze Zeit hab ich auf ihn gewartet. Hartmut! Hartmut!

P 12: *(Schweigt betroffen)*

W 14: Ich war doch nur gerade zur Kirche. Aber das hat ja alles keinen Zweck. Jetzt glaub ich an gar nichts mehr. Ich hab doch gerade noch für ihn gebetet. Jetzt ist Schluß damit. *(Ein Nachbar aus der benachbarten Wohnung kommt.)*

W 15: Hast Du das schon gehört? Unser Hartmut! Das kann doch nicht wahr sein. *(Weint wieder sehr heftig)*

Nach einiger Zeit kommen die Angehörigen aus der Nachbarstadt. Frau W. weint sehr heftig. Die Angehörigen versuchen, sie zu beruhigen: »Du kommst jetzt erst mal mit zu uns. Du bleibst jetzt erstmal bei uns.« Gemeinsam verlassen alle die Wohnung.

Das Überbringen der Todesnachricht löst ein hohes Maß von Aggressionen aus, sogar gegen den Verstorbenen. In diesem Fall wird auch der Pfarrer von der Aggression zeitweise mitbetroffen. Die Aggressionen richten sich also: gegen den Überbringer (er wird – seelisch gesprochen – vom Überbringer zum Verursacher, und tatsächlich ist er in dieser Situation erst einmal der Verursacher des Schocks); gegen das Auto (»das blöde Auto«); gegen die »Mutter-Maria-Gottes« (»jetzt glaube ich an gar nichts mehr«); gegen sich selber (»da kann ich doch gleich aus dem Fenster springen«) und auch gegen den Verstorbenen (»Ich hab ihm doch immer gesagt«). Der Pfarrer verzichtet zu Beginn darauf, sich förmlich vorzustellen – er hatte gewiß andere Sorgen! So kommt auch die Frage nach seiner Identität erst relativ spät (»Wer sind Sie eigentlich«). Und im gleichen Augenblick entladen sich auch auf ihn die Aggressionen, die dieser Schock hervorruft, gleich zweimal: »Jetzt glaub ich an gar nichts mehr« und »Ach, was wissen Sie denn schon davon«. Der Pfarrer nennt die Todesnachricht nicht im ersten Satz – verständlich, weil zu dieser Zeit das Gespräch noch im Hausflur stattfindet, deutet aber bereits unmißverständlich an, um was es geht (»eine traurige Nachricht«). Dann hat er offensichtlich das Bedürfnis, die Nachricht gleichsam abzufedern, er spricht zuerst von einem schweren Unglück.

Auf die Todesnachricht folgt spontan die Bestreitung – in der Bestreitung vollzieht sich die erste Realisation. Und sofort damit verbunden folgen die Aggressionsausbrüche – ziemlich unmittelbar auf die eigentliche Todesnachricht. Das mag in anderen Situationen später einsetzen; dennoch, der Zusammenhang ist unbestreitbar.

Im gesamten Gespräch gibt es kein »geistliches Wort«. Der Polizist hatte das offenbar erwartet – und eben darum wohl auch den Pfarrer zur Hilfe gerufen, eben, eines tröstenden Wortes wegen. In solcher Situation, das machen schon die Andeutungen klar, hätte jedes »geistliche Wort« Aggressionen hervorrufen müssen. Es genügte ja schon die Nennung des Berufes. Ebenso ist deutlich davon abzuraten, etwa in dieser Schock-Situation ein Gebet anzubieten und zu sprechen. Die Betroffene könnte sich dazu nicht verhalten – und hätte vermutlich sehr viel später deshalb Schuldgefühle. Es geht in diesem Augenblick also um Krisen-Intervention: Die Nachricht muß unmißverständlich und klar überbracht werden. Der Pfarrer ist dafür zuständig, daß die Betroffenen »aus der Rolle fallen dürfen«. Er hat die Wiederholungen auszuhalten und sollte seinerseits bereit sein, die Nachricht und das Geschehen auch mehrmals zu wiederholen. Dabei sind Detail-Angaben nicht nur unangebracht, sie könnten auch nicht verarbeitet werden. Solche Rückfragen haben zu einem späteren Zeitpunkt ihren Gesprächsort. Und es ist die Aufgabe eines jeden, der eine solche Krisen-Intervention zu leisten hat, möglichst rasch möglichst vertraute Angehörige zu rufen. Je kürzer die Zeit, bis enge Angehörige herbeigeholt werden können, desto besser – denn erst dann ist wirkliche emotionale Reaktion möglich: vom Erstarren bis zum hemmungslosen Weinen. Nicht von der Hand zu weisen ist die Sorge, einem drohenden Suicid-Versuch in dieser Situation zu wehren. Frau W. nennt selbst diese Absicht. Und in dieser Situation etwa alleinzubleiben, das würde mit ziemlicher Sicherheit zu den Reaktionen eines Suicid-Versuches aus dem Schock heraus führen können.

Sicher wird von einem Pfarrer in einer solchen Situation seelischer Beistand erwartet. Die Flucht in liturgische Formen, ja selbst ein sehr persönlich gemeintes Trostwort bleiben aus den genannten Gründen problematisch. So gelingt kein persönlicher Kontakt zwischen Pfarrer und Angehöriger. Die Gründe sind klar, sie liegen in der Aufgabe, die der Pfarrer an dieser Stelle und in diesem Augenblick wahrzunehmen hatte – und das löst eben Aggressionen und Wut und Verzweiflung aus, nicht aber Vertrauen.

Dabei ist von entscheidender Bedeutung, daß der Pfarrer dem Ausbruch deutlich standhält. Aggressionen, die jetzt kein konkretes Gegenüber finden würden, müßten sich noch stärker gegen die Betroffene selbst richten – und eben die Suicid-Neigung verstärken, die es gerade abzuwehren gilt. Dabei geht es in keinem Fall um Rechtfertigung oder Widerstand oder Bestreitung (etwa da, wo Frau W. konstatiert: Jetzt glaube ich gar nichts mehr). Vielmehr geht es darum, das auszuhalten, stehen lassen zu können. Auch umgekehrt wäre es natürlich verhängnisvoll, etwa ihr darin rechtzugeben. Es wäre der unmögliche Versuch, beides gleichzeitig sein zu wollen, Aggressions-Gegenüber und Vertrauter, und müßte zu erheblichem Gefühls-Chaos, gleichsam zur Schizophrenie führen. Zu fragen bleibt: Wer soll diese Aufgabe übernehmen? Denn sicher ist die Fortsetzung des Gesprächs später vor der Beerdigung von solchem Schock-Erlebnis mitgeprägt. Wenn der Pfarrer, der die Nachricht überbracht hat, auch die weitere Seelsorge leistet und die Beerdigung durchführt, muß ihm klar sein, daß das zweite Gespräch unter vollständig anderen Bedingungen verläuft. Vermutlich wird sich Frau W. an keinerlei Einzelheiten des ersten Gesprächs erinnern – und wohl auch keine Vorwürfe machen wegen der genannten Aggressionen, es sei denn, latent würde der Pfarrer dieses Kapitel unbearbeitet mit sich herum- und in dieses Gespräch hineintragen. Ebensogut kann also diese Nachricht von einem Polizeibeamten überbracht werden. Nur auch er sollte sich der hier geschilderten Zusammenhänge bewußt sein und die Situation aushalten. Richtig und hilfreich war die Intervention der hier geschilderten Beamten, die ja – deutlich im Unterschied zum Pfarrer – auf den Gedanken kamen, nach nächsten Angehörigen zu fragen und sie herbeiholen zu lassen. Es kann nicht darum gehen, in jeder Polizeiwache gleichsam einen Spezialisten für solche Aufgaben zur Verfügung zu haben – es geht um polizeiliches Grundwissen ebenso wie um pastorales Grundwissen.

## 8.8. VERSTEHEN, WAS STERBENDE UND TRAUERNDE SAGEN WOLLEN

An dieser Stelle sind einige Hinweise notwendig, die Begleitern aus helfenden Berufen und Menschen, die dem Tod begegnen, helfen können: verstehen, was Sterbende sagen wollen. Das gleichnamige Buch von *Elisabeth Kübler-Ross* ist für deutsche Leser weniger geeignet als die kurzen Hinweise von *Hans-Christoph Piper* im Anhang seines Buches: Gespräche mit Sterbenden. Er weist darauf hin, daß es den Zurückbleibenden häufig schwerfällt, zu verstehen, was uns Menschen sagen wollen, deren Lebenserwartung schnell abnimmt.

»So klagte ein Patient der Sozialarbeiterin des Krankenhauses seine Sorgen. Er fürchtete, so sagte er, daß er mit seinem Kohlenvorrat nicht über den Winter käme, und er wisse nicht, wie er es bewerkstelligen solle, den Vorrat zu ergänzen. Er war darüber so beunruhigt, daß die Sozialarbeiterin die Ergänzung der Kohlenvorräte organisierte. Darauf ging sie wieder zu dem Patienten und überbrachte ihm die beruhigende Nachricht, sie habe sein Problem während seiner Abwesenheit erledigt. Doch zu ihrer Verwunderung mußte sie bemerken, daß dies den Patienten sehr wenig interessierte. Er nahm es kaum zur Kenntnis. Erst später verstand sie (die Sozialarbeiterin), was die eigentliche Sorge dieses Menschen gewesen war: Er hatte seine Befürchtung geäußert, daß er nicht mehr durch diesen Winter kommen würde. Und er sollte recht behalten« (Piper, 1977, 155).

Das Sprechen in Bildern ist uns in biblischen Texten vertraut und selbstverständlich – mitten im Alltag der Lebensbegleitung aber ist es uns fremd. Bilder tauchen überall dort auf, wo wir an Grenzen stoßen – auch an Grenzen der Kommunikation. Und um eine solche Grenze der Kommunikation handelt es sich grundsätzlich bei Gesprächen mit Sterbenden – und oft auch mit Trauernden.

Ich denke an Gespräche mit einer Frau, deren Mutter gestorben war. Diese Mutter hatte einen geradezu unheimlichen Einfluß ausgeübt. Und sie hatte schon zu Lebzeiten gedroht:»Wenn ich sterbe, dann hole ich deine Tochter« – (also das Enkelkind). So spannungsreich das Zusammenleben zwischen (erwachsener) Tochter und (alt gewordener) Mutter war, so spannungsreich blieb die Trauerarbeit um diese Mutter. Wenige Wochen nach der Beerdigung kam die Tochter ins Krankenhaus, mit (eigentlich eindeutig erkennbaren psychosomatischen) Beschwerden. Nach einigen Tagen im Krankenhaus bat sie eine Schwester:»Ich möchte gern mit dem Pfarrer sprechen.« Die Antwort der Krankenschwester:»Ach, so schlimm ist es wirklich noch nicht.« Die Krankenschwester hatte unterstellt, die Patientin fürchte um ihr Leben. Die einfachere Deutung wäre die richtigere gewesen. Sie wollte mit dem Pfarrer sprechen, mit dem, der die Trauergeschichte ja kannte und mit ihr schon einige Schritte auf den Trauerwegen gegangen war. So kam dieses Gespräch erst nach der Entlassung aus dem Krankenhaus zustande, als die Tochter selbst den Pfarrer anrufen konnte.

In diesen Gesprächen kamen die Drohungen der Mutter zur Sprache, die sich wie ein lähmender Druck auf die trauernde Tochter gelegt hatten. Und die Trauernde erzählte, was sie ihren Angehörigen nicht zu erzählen wagte: daß sie etwa an der Hausschwelle immer das Gefühl habe, dort stehe ihre Mutter, drohend, beherrschend, bedrohlich. Sie stand tatsächlich dort. Und wir sind oft gemeinsam diese Wege gegangen, haben uns schrittweise gemeinsam die Räume angeeignet, die die verstorbene Mutter im wahrsten Sinn des Wortes »besetzt« hielt. Der Druck dieser Besetzung ließ zwar ein wenig nach, aber Befürchtungen blieben. Die Tochter kam schließlich auf die Idee, die Wohnung zu räumen und umzuziehen. Nach diesem Umzug verschwanden auch die Bedrohungen. Daß diese Bedrohungen der verstorbenen Mutter sich auch noch auf andere Lebensbereiche bezogen, bleibt hier nur anzudeuten. Auch an diesen Bedrohungen haben wir gearbeitet: Schritte auf den Trauerwegen.

Sterbende und Trauernde leben intensiver in Bildern, als wir es alltäglich gewohnt sind. Begleiter von Trauernden und Sterbenden müssen sich solchen Bildern stellen. Und finden manchmal zu erschreckenden Erkenntnissen. Ein Beispiel:

Die Mutter wohnt, wie es heißt, in »der Pampas«. Gemeint ist damit ein sozialer Brennpunkt. Das fünfjährige Kind dieser Frau ist aus dem obersten Stockwerk eines Wohnhauses gestürzt und an den Unfallfolgen gestorben.

Der Pfarrer besucht Familie H., Neonlicht in der Küche, eine Untertasse voll ausgedrückter Zigaretten, die Eltern in Schwarz. Die Mutter beginnt sofort und erzählt, wie das Unglück passiert ist. Das Kind war unbeobachtet zusammen mit seinem dreijährigen Geschwisterkind in das Schlafzimmer gegangen. Sie haben dort das Fenster geöffnet, gespielt. Dann soll nach Auskunft der Dreijährigen sich die fünfjährige J. auf das Bett gelegt haben. Dann hat sie gesagt: »Oma P. hat mich gerufen.« Ist zum Fenster gegangen und hat sich hinausgestürzt. Die Dreijährige ist zum Vater gelaufen und sagte: »Die J. hat Aua« (und zeigte auf die Magengegend). Der Vater sucht das Kind im Schlafzimmer, findet es nicht. Sieht aus dem Fenster und sieht das Kind 20 Meter tiefer auf den Hof gestürzt. Er rennt nach unten. Die Mutter ruft oben aus dem Fenster: »Bring mir mein Kind zurück!« Er ruft: »Es geht nicht mehr.« Er trägt das Kind ins Haus, wickelt es in eine Decke, der Notarzt, der Krankenwagen werden benachrichtigt, das Kind wird im Krankenhaus noch operiert, aber es stirbt an den Folgen des Unfalls.

Die Mutter erzählt, mitten in dieser Geschichte: »Die Oma P. hat sie geholt. Das werde ich ihr nie vergessen. Ich hasse sie. Wie ich nie einen Menschen gehaßt habe.«

Auf Nachfrage stellt sich heraus: Oma P., die Schwiegermutter der Frau, hatte ein sehr enges Verhältnis zur fünfjährigen J. »Bei ihr durfte die ja alles tun!« Oma P. ist zwei Tage zuvor in ihrer Wohnung tot aufgefunden worden. Sie war 71 Jahre alt. In der Nacht vor dem Unglück, also wenige Stunden vorher, träumte die Mutter von J.: »Oma P. ist mir im Traum begegnet und sagte mir: ›Ich hole die J., und Du kannst nichts daran ändern!‹«

Zuerst hat sie nicht gewagt, diesen Traum zu erzählen, auch nicht ihrem Mann. Sie befürchtet, ausgelacht zu werden. Nachdem der Traum nun so grausam in Erfüllung gegangen ist, macht sie die verstorbene Oma P. für diesen Tod verantwortlich.

Sie hat der Polizei nichts von ihrem Traum erzählt, weil sie befürchtet: »Die stecken mich doch glatt in die Klappsmühle.«

Die Polizei, die unmittelbar nach dem Unglück erschien, hat das dreijährige Geschwisterkind aufgefordert, nachzumachen, wie das Unglück geschah. Die Dreijährige ist die einzige Zeugin des Unglücks gewesen. Die Mutter verbietet der Kleinen, das Geschehene nachzuspielen, weil sie Angst hat, auch dieses Kind zu verlieren.

Die Mutter hatte übrigens schon häufig die fünfjährige J. gewarnt, an das Fenster zu gehen. Sie hatte ihr gesagt: »Wenn du da runterfällst, dann bist du tot. Dann kannst du nicht mehr spielen. Dann bist du tot.« Sie hatte der fünfjährigen J. am Vortag gesagt, daß Oma P. tot ist.

Es liegt nahe, zu vermuten, daß sich das Kind in seiner Fantasie sehr mit dem Tod der geliebten Oma beschäftigt hat, mehr, als auch die Eltern ahnten. Die Mutter: »Sie war sehr still in diesen Tagen.« Und von ihrer Mutter wußte sie: Wenn ich aus dem Fenster falle, bin ich tot – wie Oma P.

Die Bilder haben sich in dieser Trauergeschichte in Wirklichkeit verwandelt. Und das ging weiter so.

Einige Tage nach der Beerdigung der fünfjährigen J. kommt der Ehemann zum Pfarrer und erzählt: »Oma P. war wieder da!« Und er erzählt ihm seinen Traum: »Jetzt hatte ich einen Traum, den muß ich Ihnen erzählen. Da hat das bei uns Sturm geschellt, nachts. Da ist meine Frau an die Tür gegangen. Da stand die Oma P. Da hat meine Frau die Tür zugeschmissen und losgeschrien: ›Hau ab!‹ Dann hat Oma P. wieder geschellt und so gekloppt an der Tür mit ihrem Krückstock. Da bin ich dann hingegangen, hab die Tür losgemacht. Stand sie da, wie immer, mit ihrem Krückstock und mit ihrer Handtasche und Kopftuch um. Und hat 'se gesagt: ›Laßt mich doch rein!‹ Da bin ich gleich losgerannt zur Nachbarin, hab beim Pastor angerufen, also bei Ihnen. Und als ich von der Nachbarin zurückkam, waren sie schon da, hatten da die Frau getröstet. Und die Oma P. war weg. Jetzt geht meine Frau immer erst am Klo-Fenster gucken, wer da ist, und fragt immer erst, bevor sie losmacht.«

Die gesamte Todes- und Trauergeschichte bewegt sich hier in Bildern, in Imaginationen, die ganz dicht an der Wirklichkeit stehen.

Wer Trauernde begleiten will, muß sich auf Bilder einlassen. In ihnen drückt sich die Wirklichkeit aus. Und nur, wer bereit ist, mit diesen Bildern mitzugehen, kann mitgehen auf Trauerwegen.

Die Deutung unterliegt nicht unserer Kompetenz, sondern der Kompetenz derer, die solche Bilder erleben und darstellen. Aber es ist entscheidend, ob wir diesen Bildern trauen und versuchen, ihren Inhalt zu verstehen.

Auch *Hans-Christoph Piper* erzählt von Bildern. Er hilft uns, diese Bilder zu begreifen. »Eine Rentnerin setzte durch ihre Angst, ihre Rente ›erreiche sie im Krankenhaus nicht mehr‹, wiederum einen ganzen Organisationsapparat in Bewegung. Eine sterbende Frau, die kurz aus ihrem Halbschlummer erwachte, sprach von Hundertmark-Scheinen, die sie suchte. Es wäre ›alles so teuer‹. Eine andere Frau ließ den Pfarrer rufen und forderte ihn auf, ihre Bankkonten sperren zu lassen. Freunde höben Geld davon ab. Ein sterbender Pfarrer klagte tagelang, er ruiniere seine Familie finanziell, und ließ sich durch den Hinweis auf Versicherungen und Pensionsanspruch nicht beruhigen. Diese Ängste hören wir von Sterbenden so häufig, daß sie als typisch für die rapide abnehmende Lebenskraft bezeichnet werden können.« Seine Deutung kann uns entscheidend helfen: Wir vergessen, daß wir uns in einer sehr oberflächlichen Sprachschicht bewegen. »Für die tieferliegenden Schichten, die ohne jeden Zweifel die ursprünglicheren sind, in denen sich Liebe und Schmerz, Angst und Hoffnung ausdrücken, sind uns die Worte abhanden gekommen, und unser Ohr ist ihnen gegenüber abgestumpft. Über Berechenbares und Meßbares können wir uns leidlich verständigen: Im Blick auf das Unberechenbare und Irrationale aber erweisen wir uns als hilflos und verständnisarm. Irritiert reagierten alle Umstehenden, als eine Frau den Pfarrer bat, ihr die Armbanduhr vom Handgelenk zu nehmen: An ihrem Arm befand sich nämlich keine Uhr. Sie wollte aber mitteilen, ihre Zeit sei abgelaufen« (Piper, 1977, 157).

Ein häufiges Motiv ist uns in verschiedenen Teilen dieses Buches immer wieder begegnet: die Reise. Viele Menschen planen kurz vor ihrem Tod eine Reise. Sie bitten andere Menschen, sie mitzunehmen, weil sie unbedingt verreisen müssen. Oder sie bitten, ihnen Mantel und Hut zu bringen, weil die Reise beginne. Oft meint auch der Spaziergang den letzten Weg, der jetzt bevorsteht. Bei Reisen tauchen oft exotische Ziele auf, Ziele, an denen die Unrast und der Lärm unserer Zeit nicht mehr auftauchen. Aber auch die Reise in die Heimat, ins Elternhaus, »heimkehren«, das alles sind solche Todesmotive.

Was unserer Alltagssprache fehlt, haben alte Choräle noch an Klarheit und Deutlichkeit behalten. »Mit Freud' fahr ich von dannen« oder »Jesu, geh voran, auf der Lebensbahn« oder »Jerusalem, du hochgebaute Stadt, wollt Gott, ich wär in dir« oder »Weiß ich den Weg auch nicht, Du weißt ihn wohl, das macht mein Herz so still und friedevoll«. »O Welt, ich muß dich lassen, ich fahr dahin mein Straßen ins ewig Vaterland.« Noch deutlicher: »Stern, auf den ich schaue – Drum, so will ich wallen, meinen Pfad dahin, bis die Glocken schallen und daheim ich bin.« Und der volksliedartige Choral: »So nimm denn meine Hände und führe mich«. Alles Lieder, die Trauernde gern singen und bei denen bild-blinde Theologen rationalistische Reserven geltend machen. Auch und gerade die Psalmen sind voll von diesen Motiven: »Ich hebe meine Augen auf zu den Bergen. Woher kommt mir Hilfe?« oder: »Er führet mich auf rechter Straße um seines Namens willen« oder: »Wenn der Herr die Gefangenen Zions erlösen wird, so werden wir sein, wie die Träumenden. Herr, bringe zurück unsere Gefangenen, wie Du die Bäche wiederbringst im Südland.«

Wenn wir die Sprache von Sterbenden und Trauernden verstehen wollen, dann müssen wir selbst uns mit dem Geheimnis von Tod und Auferstehung beschäftigen. Dieses Geheimnis »lebt in einer Fülle von Bildern, Gleichnissen und Träumen fort. Wenn wir uns von ihnen berühren lassen, werden wir entdecken, daß sie zu unserer eigenen Sprache gehören. Wir werden uns selber besser verstehen« (Piper, 1977, 161). Und das ist nun einmal die unabdingbare Voraussetzung, Trauernde und Sterbende richtig zu verstehen und zu begleiten.

# 9. VON DER STERBEGESCHICHTE ZUR LEBENSGESCHICHTE: DAS TRAUERGESPRÄCH

*Unvergessen wird mir einer meiner ersten Krankenbesuche bleiben, den ich als Pastor bei meinem Gemeindeglied im Krankenhaus machte. Die krebskranke Patientin ließ mich gar nicht zu Worte kommen. Sie schimpfte maßlos auf die Kirche, auf das Krankenhaus, auf Gott und die Welt. Sie schleuderte mir ihre ganze Aggression ins Gesicht. Ich floh aus dem Krankenzimmer. Ehe ich die Tür hinter mir zuzog, hörte ich noch, wie sie mit leiser Stimme sagte: »Kommen Sie doch einmal wieder.« Ich bin – ratlos und verletzt – nicht wieder hingegangen. Wenig später war die Frau gestorben.* Hans-Christoph Piper

Zu diesem Trauerbesuch hatte ich einen Begleiter. Es war in den ersten Jahren meiner Arbeit als Gemeindepfarrer. Und seitdem Gemeindepraktika zu den Prüfungsvoraussetzungen des ersten theologischen Examens gehören, überschwemmen eben Praktikanten auch die Gemeinden. Ich kannte den Praktikanten gut und freute mich auf seine Begleitung und sein kritisches Gespräch.

Wir trafen uns vor dem Haus der Angehörigen, ich in schwarz gekleidet, nicht ganz, wie man sich den traditionellen Gemeindepfarrer vorstellt mit Schlips und Kragen, aber eben doch schwarz. Und der Praktikant wie immer in Jeans und buntem Pullover.

Ich hatte beim vorhergehenden Telefongespräch sogar ausdrücklich gefragt, ob ich einen Gast mitbringen dürfe – »selbstverständlich!«

Wir wurden in die gute Stube geführt – und da saßen wir nun. Um es kurz zu machen, die unausgesprochene Befürchtung, der Praktikant mit seinen Jeans würde das gute Sofa verdrecken, verdrängte alle weiteren Befürchtungen, die sonst mit dem Gespräch des Pfarrers wohl verbunden sein mögen.

Ausgesprochen wurde das natürlich nicht – nur diese merkwürdigen Blicke, immer, wenn wir ziemlich nah bei sehr persönlichen Fragen angekommen waren, dieser Blick unter dem Wohnzimmertisch her zu den Hosen- und Beinkleidern des Praktikanten, ein ungewisses Mißtrauen auf den höflichen Gesichtszügen der Angehörigen, ob das mit diesem merkwürdigen pastoralen Gespann denn nun alles seine

Richtigkeit habe – ich konnte ja auch nicht ahnen, wie viel Äußerlichkeiten gerade in diesem Trauerfall eine Rolle spielten. Jedenfalls hat
mich der auf den Sarg aufgenagelte Schützenhut bei der Beerdigung
nicht weniger gestört als die Alltagskleidung des Praktikanten die Angehörigen beim Trauergespräch. Der junge Mann ist inzwischen seit
etlichen Jahren Gemeindepfarrer – und ich vermute, er trägt bei Trauerbesuchen: schwarz.

Warum ich das erwähne? Mit dem Trauerbesuch tritt der Pfarrer in
die Situation und in die Atmosphäre der Angehörigen, die eben in
deutlicher Diskrepanz zum sie umgebenden Alltag steht. Auf der
Straße mögen sich die schwarz gekleideten Angehörigen eher als Besonderheit empfinden – hier im Trauerhaus ist es genau umgekehrt.
(Bei vielleicht zwei Prozent aller Besuche habe ich Angehörige anders
als in schwarz erlebt, einmal einen Hinterbliebenen in sommerlicher
Hitze in Unterhemd und Hosenträgern, einmal eine sehr kirchliche
Familie in ganz normaler Kleidung – weil der Verstorbene sich ausdrücklich gewünscht hatte, daß sie um ihn nicht »Trauer«, sprich:
schwarz tragen. Es ist also weniger eine Frage der bürgerlichen Kon-
ventionen als vielmehr ein Signal für die Angehörigen: Der Pfarrer ist
jetzt für uns da – gehört in unsere Situation hinein, teilt unsere Lage
im Gespräch – auch, wenn er natürlich nicht im gleichen Maß betroffen und sprachlos ist wie die Angehörigen.

Über den Zeitpunkt des Besuches sollte man nicht allein den eigenen Terminkalender oder den der Angehörigen entscheiden lassen.
Ein Gespräch unmittelbar am Sterbetag ist ein anderes Gespräch als
beim Besuch ein oder zwei Tage vor der Beerdigung. Es gibt Situationen, da gehe ich spontan, unmittelbar nach Erhalt der Nachricht,
zu den Angehörigen – wenn ich selbst mitbetroffen bin, gleichsam
gemeindlich vermittelter Angehöriger. Nur: Ein Beerdigungsgespräch ist zu diesem Zeitpunkt nicht führbar. Hier stimmen natürlich
die Phasen von Yorick Spiegel, daß wir unmittelbar am Sterbetag die
Angehörigen in der Schockphase erleben. Aber eben nur die nächsten Angehörigen, diejenigen, die einem wirklich nahestehen, kann
man an diesem Tag wirklich in seiner Nähe ertragen. Solche Spontan-
Besuche sind bei mir in der Regel relativ kurz – es sei denn, außergewöhnliche Gründe, die Notwendigkeit der unmittelbaren Krisenbe-
gleitung mitten im Schock nötigten mich, länger zu bleiben. In jedem
Fall verabrede ich aber in einer solchen Situation ein zweites Gespräch nach zwei oder drei Tagen.

Damit ist der Zeitpunkt des Beerdigungsgespräches klar: Er sollte ein oder zwei Tage vor der Beerdigung liegen. Wenn ich entscheiden kann – und ich biete bei solchen Vereinbarungen immer von mir aus sofort Termine an, ohne darüber Rechenschaft abzulegen oder mit dem Terminkalender zu legitimieren, was ich aufgrund von Erfahrungen für sinnvoll halte, am besten einen späteren Vormittagstermin oder am späteren Nachmittag. Nur in Ausnahmefällen würde ich auf einen Abendtermin eingehen – denn solche Abend- oder Nachttermine haben eine besondere Dramaturgie: Sie enden nicht. Ein klarer zeitlicher Rahmen, jedenfalls als Vorsatz oder als Angebot, – ist eher hilfreich.»Was, um Himmels willen, soll ich einen ganzen Abend mit dem Pastor anfangen« heißt das, natürlich unausgesprochene, Schreckgespenst, das zu allen übrigen Belastungen noch auf einem solchen Gespräch lastet. Ich weiß zwar, daß ich mit meinem Gespräch in zahlreichen Fällen in die sogenannte kontrollierte Phase komme, aber das hilft nicht immer zur richtigen Voreinschätzung der anzutreffenden Situation.

Eine Begründung für die Wahl des Gesprächszeitpunktes ergibt sich natürlich auch aus der Phasenstruktur, die *Yorick Spiegel* festgehalten hat. Dabei zeigt er selber in seiner Einordnung (Trauer, 57 ff.), daß es durchaus andere Phasenmodelle gibt und daß es um ein Generalisierungsmuster geht, von dem Abweichungen selbstverständlich sind (was er dann als Form pathologischer Trauer einstuft – ein Beurteilungskriterium, das man nicht so schnell bei der Hand haben sollte). Die erste Phase des Schocks dauert zumeist nur wenige Stunden (so Spiegel) und ist auch bei längerer Dauer normalerweise nach ein bis zwei Tagen vorüber. Bis zur Beerdigung bzw. zur Abreise der Verwandten, also etwa bis zum siebten Tag veranschlagt er die (zweite) kontrollierte Phase, wobei es um eine doppelte Kontrolle geht: diejenige, die der Trauernde sich selbst gegenüber ausübt, und die korrespondierende Kontrolle, die Angehörige, Freunde und andere Begleiter fordern, um die Bestattung durchführen zu können. Die (dritte) regressive Phase ist (je nach Autor) nach vier bis zehn Wochen durchlaufen (Sechswochen-Seelenamt!), so daß es der Ordnung nach zur (vierten) Phase der Adaption kommen müßte. Aber wer hält sich schon an Ordnungen – zumal, wenn er nicht einmal von ihnen weiß. Ich möchte innerhalb dieser Einteilung die fünf Tage zwischen Todesfall und Beisetzung genauer betrachten.

Auch nach längerer Leidensgeschichte und erwartetem Ende ist der Todestag selbst unberechenbar und mit unberechenbaren seelischen Reaktionen verbunden. Dazu gehören Sprachlosigkeit und

Verzweiflung, auch Aggressionen und unkontrollierte Handlungen, Apathie und Erstarrung. Das eigene Gefühlsleben erfährt eine Art Tod. Schutzlosigkeit, sich ausgeliefert fühlen, chaotische Reaktionen gehören mit zu diesem ersten Tag. Es erfolgen spontane Begegnungen mit Angehörigen, Telefonate, die oft nicht zu Ende geführt werden können, Panik-Reaktionen, überstürzte Handlungen.

Am zweiten Tag klingt in vielen Fällen das alles nach – und das Leben erscheint eigentümlich unwirklich, gerade beim Erwachen. Hinzu kommt dann sehr schnell der Aspekt: »Was jetzt noch alles getan werden muß ...« So erfolgen weitere Benachrichtigungen und vereinzelte pragmatische Handlungen (Kauf von Trauerkleidung etwa, Bestellung von Kränzen).

Auch der dritte Tag hat einen Namen: »Was uns jetzt noch alles bevorsteht!« Damit sind manchmal Besuche auf dem Friedhof verbunden, um dort den Verstorbenen noch einmal sehen zu können. An diesem Tag ist daneben deutlich zu spüren, daß die Zeit fast stillsteht – zumal die unmittelbaren Angehörigen nahezu vollständig vom sozialen Alltag abgekoppelt sind und auch die meisten praktischen Aufgaben von Professionellen wahrgenommen werden.

So erhält manchmal auch der dritte Tag schon etwas vom Namen des vierten Tages, der dann ganz deutlich heißt: »Wie werden wir das nur durchstehen?« So steht spätestens seit dem dritten Tag die Beerdigung, eben doch der »zweite Tod«, wie ein bedrohliches Schicksal vor der Seele der Angehörigen.

Natürlich hat auch der fünfte Tag dann einen klaren Namen: »Das ist der schwerste Tag in meinem Leben.« Und natürlich handelt es sich auch bei dieser Darstellung um Generalisierungen, die keine Gesetzmäßigkeit oder Zwangsläufigkeit widerspiegeln, die aber eine innere Dramatik der Tage zwischen Todesfall und Beerdigung ausformulieren helfen.

Der Besuch der Pfarrerin oder des Pfarrers am dritten oder vierten Tag trifft in den meisten Fällen auf eine seelische Prädisposition, in der ohnehin die mit diesem Gespräch zusammenhängenden Fragen virulent sind. Der Schock ist noch nicht verkraftet. Aber ebenso richtig ist auch: Die tatsächliche Betroffenheit, die dann am Beerdigungstag, in der Trauerhalle, am Grab sich Raum greift, sie ist an diesem dritten Tag oder am vierten noch nicht voll vorhersehbar. Um so mehr werden deshalb Einzelheiten, die unmittelbar mit der Beerdigung in Zusammenhang stehen, ins Schweigen verwiesen, und stehen doch innerlich immer unmittelbar vor der Tür und beschäftigen die Empfindungen und Befürchtungen der Angehörigen.

Eine endgültige oder auch nur vorläufige Bewältigung des Todesereignisses ist natürlich in dieser Zeit noch ausgeschlossen – dennoch finden sich erste Richtungsanzeichen dafür, wo die entscheidenden Sorgen und Probleme der späteren Trauerarbeit liegen werden.

Dieses besonderen Zeitgefälles sollte sich der Seelsorger bewußt sein, wenn er den Zeitpunkt des Trauerbesuches festlegt. Ein Besuch etwa am Tag unmittelbar vor der Beerdigung, also am vierten Tag, läßt bisweilen das Gespräch geradezu in eine Sogwirkung der unmittelbar bevorstehenden Beerdigung hineingeraten. Dann werden plötzlich die nebensächlichsten Äußerlichkeiten belangvoll, dann werden Kleinigkeiten zu unüberwindlichen Bedrohungen. »Das morgen, das überstehe ich nicht.«

Ein Gespräch am dritten Tag kann also durchaus der inneren Zeitstruktur der Angehörigen entgegenkommen. Auch hier gilt, was jeder Typologie entgegenzuhalten ist: Jedes Ereignis ist anders, weil jeder Mensch anders ist und mit ihm seine Situation. Es handelt sich also nicht um ein Patentrezept, wohl aber um eine begründete Vermutung – und um eine Argumentation, die zu einer ohnehin notwendigen Entscheidung mithelfen kann.

## 9.1. DAS ZEIT-GEFÄLLE

| ZEIT | NAME | PERSONEN |
|---|---|---|
| Todestag (1. Tag) | »Das kann doch nicht wahr sein« | Arzt/Bestatter/ enge Angehörige |
| 2. Tag | »Was jetzt noch alles getan werden muß« | Nachbarn/Verkäufer/Verwandte |
| 3. Tag | »Was uns noch alles bevorsteht« | Pfarrer/in |
| 4. Tag | »Wie werden wir das nur durchstehen?« | Verwandtschaft |
| Beerdigungs-Tag (5. Tag) | »Der schwerste Tag in meinem Leben« | Trauergemeinde |
| 1. Tag danach (6. Tag) | »Das Schwerste haben wir überstanden« | Angehörige |
| 2. Tag danach (7. Tag) | »Jetzt bin ich wirklich ganz allein« | Niemand |

Der Todestag ist bestimmt durch ein Chaos der Gefühle, das Chaos des gesamten Lebens. Die Zeit-Achse des gewöhnlichen Lebens ist außer Kraft gesetzt. Bisherige Handlungsmuster verlieren ihre Gültigkeit. Die Bedeutung von Räumen verändert sich.

Von ähnlicher – jetzt aber strukturierter – Dramatik ist der Beerdigungstag gekennzeichnet: Der Weg zum Friedhof – wie werde ich den Menschen dort begegnen können – wie begegne ich zum letzten Mal dem Verstorbenen? Die Trauerfeier – die begrenzte Wahrnehmung des Bewußtseins, das Berührtsein auch durch Äußerlichkeiten, die Unberechenbarkeit des Empfindens. Die Beisetzung: dieser Weg, den wir ein letztes Mal gehen; das Ziel, das mir Angst macht; die Beisetzung: irreal und doch so endgültig; die Liturgie: der schützende Rahmen und zugleich Ausdruck dieser Unabänderlichkeit; das endgültige Abschiednehmen: das offene Grab wie eine offene Wunde der Seele – ein letzter Schritt Endgültigkeit. Der Weg weg vom Grab: die schreckliche Ambivalenz zwischen Erschütterung und Erleichterung – Schritte in eine immer fremder werdende Normalwelt.

Und der Tag danach: Als hätte alles seinen Sinn verloren, keine Aufgabe mehr, die Anspannung weicht, die Trauer wird noch viel bedrängender. Und – bald bin ich ganz allein mit meiner Trauer.

Wie ein zur Unzeit – nämlich in der Schockphase des ersten Tages – stattfindender Trauerbesuch verlaufen kann, das wird eindrücklich bei *Hans-Christoph Piper* (Der Hausbesuch, 98ff.) dokumentiert: »Herr St. ist gestorben. Er ist ein Nennonkel des Ehepaares F. Der Gemeindepfarrer wird gebeten, dort auch seinen Beerdigungsbesuch zu machen. Herr und Frau F. waren von dem Tod des Nennonkels betroffen, aber konnten auch schnell akzeptieren: ›Er ist nun erlöst.‹ Vor allem Herr F. versucht, den Pfarrer daran zu hindern, die Witwe des Verstorbenen selbst zu besuchen. Sie sei zu sehr mitgenommen und schonungsbedürftig. So bespricht der Pfarrer mit F.s die Beerdigung. Als sie auf die Lieder bei der Trauerfeier zu sprechen kommen, sagt Herr F., Frau St. sei sehr musikalisch und vielleicht habe sie den Wunsch, die Lieder selber auszusuchen. Der Pfarrer schlägt vor, daß er (!) darüber mit Frau St. selber spricht. Herr F. stimmt dem unter der Bedingung zu, daß seine Frau ihn zu Frau St. begleitet. Der Pfarrer willigt ein und macht sich mit Frau F. auf den Weg. Frau F. klingelt an der Haustür. Frau St. – sie ist dem Pfarrer noch nicht bekannt – öffnet und ist sehr verweint.

F 1:  Guten Tag, Tante. Das ist der Herr Pastor. Er hat noch ein paar Fragen zu den Liedern.

197

St1: *(weint)* Kommen Sie doch herein. *(Sie gehen in die Wohnküche.)* Bitte, nehmen Sie doch Platz. *(Der Pfarrer setzt sich zwischen Kühlschrank und Herd und fühlt sich eingeklemmt. Frau St. fängt erneut an zu weinen.)* Es ist furchtbar, es ist furchtbar.

F2: Ja, Tante, das ist schlimm, aber das wirst du schon verkraften.

St2: Nein, nein, das überleb ich nicht. Das ist zu viel!

F3: Aber Tante, andere haben das doch auch schon durchgemacht!

St3: Das ist furchtbar. Ich bin jetzt ganz allein.

F4: Aber das wird doch wieder gut.

St4: Nein, nein, das wird nicht mehr gut. Ich will auch nicht mehr. Er war doch alles, was ich hatte!

F5: Aber Tantchen, wir sind doch auch noch da, du kannst doch immer...

P1: *(unterbricht F.)* Dieser erste Tag (!) muß für Sie ganz furchtbar sein.

St5: Ja, ja. Ich bin am Ende. *(Weinen)* Wenn ich rübergehe in das Schlafzimmer, und er ist nicht mehr da... das ist ganz furchtbar.

P2: Das kann ich nachfühlen.

St6: Ich bin jetzt so allein. *(Weinen)* Und ich will auch allein (!) sein. *(zu F. gewandt:)* Ich weiß ja, daß Ihr immer gut zu mir wart. Ja, ja, aber ich will jetzt allein (!) sein.

P3: Sie wollen erst mal erfassen, was da vorgegangen ist.

St7: Das ist unfaßbar, das ist unfaßbar. *(Pause)* Wir hatten uns so aneinander gewöhnt. Und jetzt ist wieder alles aus *(Frau St. wurde zum zweiten Mal Witwe)*. Mein Leben hat überhaupt keinen Sinn mehr. Ich will nicht mehr, ich will nicht mehr. *(Weinen)*

F6: Tante, der Herr Pastor wollte noch wegen der Lieder fragen, ob Du noch einen Wunsch hast.

St8: Nein, nein. Ich habe keinen Wunsch.

P4: Dann suche ich die Lieder aus, ist Ihnen das recht, Frau St.?

St9: Ja, ja, mir ist es recht. Ich kann jetzt (!) sowieso keinen Gedanken fassen. Ich will allein (!) sein.

P5: Ich kann gut verstehen, daß Sie jetzt allein sein wollen und sich zunächst zurechtfinden wollen.

St10: Ja, ich will erst mal allein (!) sein.

P6: Sie haben ja die Möglichkeit, allein zu sein, und Sie haben auch die Möglichkeit, sich an Frau F. zu wenden, wenn Sie das möchten.

*St 11:* Ja, ja.

*F 7:* Ich kann ja noch mal rüberkommen, nachher.

*St 12:* Ich habe doch Telefon. Ich kann dich auch anrufen.

*P 7:* Ja, dann werden wir Sie jetzt allein lassen.«

Ich übergehe die Darstellung der bewegenden Verabschiedung der beiden Frauen und empfehle die einfühlsame Analyse von *Hans-Christoph Piper* zur eigenen Lektüre (ebd., 99-102). Der Aspekt der Unzeitgemäßheit dieses Besuches kommt allerdings auch dort nicht zur Sprache. Und gerade darin hat der Gesprächsverlauf seinen exemplarischen Charakter. Insgesamt viermal spricht die Frau St. deutlich aus, daß sie allein sein will (die Ausrufezeichen sind von mir ergänzt). Natürlich kann es sinnvoll und sogar erforderlich sein, in einer solchen Situation seelsorgerliche Begleitung zu gewährleisten. Nur das Thema kann in gar keinem Fall die Gestaltung der Beerdigung (oder gar noch eine Spezialfrage, nämlich die Auswahl der Lieder) sein. Und es ist sehr fraglich, ob ein fremder Seelsorger in dieser Schocksituation eine angemessene Begleitperson ist. Natürlich könnten sich Befürchtungen aufdrängen, die Hinterbliebene, Frau St., neige zu einem Suicid-Versuch. Die Anwesenheit von Vertrauten mag da stabilisierend wirken, wenngleich natürlich die Vertröstungen von Frau F. nicht nur für den Pastor, sondern auch für Frau St. wenig hilfreich sind – sie sind Verlegenheits-Äußerungen, die der Entdramatisierung dienen sollen, in Wahrheit aber das Gefühl erwecken: Niemand versteht mich. Selbst die bestätigende Bemerkung des Pastors (»Sie wollen erst mal erfassen, was da vorgegangen ist«) erfährt eine deutliche Zurückweisung (»Das ist unfaßbar, das ist unfaßbar«).

Es kann also zu diesem Zeitpunkt zu keinem hilfreichen Trauerbesuch des Seelsorgers kommen. Und als Beispiel für eine Krisen-Intervention, die ja anderen Gesprächs-Gesetzmäßigkeiten folgt als ein späterer Trauerbesuch, fehlen entscheidende Interventionen – vor allem die dringend erforderliche Verabredung eines weiteren Gesprächs in etwa zwei Tagen und damit die Eröffnung einer begrenzten Zeit-Perspektive fehlt schmerzlich. So hätte ich mir zumindest die Abschiedsfrage des Pastors gewünscht: »Darf ich Sie in zwei Tagen noch einmal kurz besuchen?«

Mich erinnert dieses Gespräch deutlich an das bereits dokumentierte Gespräch bei der Überbringung der Todesnachricht. In Trauergesprächen habe ich eine solche Situation trotz mehrerer hundert Trauergespräche nicht einmal erlebt – und es gab wahrhaftig ausgesprochen tragische Situationen und heftige Trauer. Die Wahl des Zeitpunkts ist für den Trauerbesuch von geradezu grundlegender Bedeutung. Er trägt eben auch der Tatsache Rechnung, daß der Pfarrer in der Regel außenstehend ist und nicht zur unmittelbaren Privatheit und Vertrautheit der häuslichen Situation gehört. Eben diese Tatsache aber kann beim Trauerbesuch erheblich hilfreich sein.

Und noch einmal: Für die Wahl des Zeitpunkts des Trauerbesuches ist der Pastor allein verantwortlich und sollte sich darin nicht übergehen lassen. Gerade wenn auch die Verabredung dieses Gesprächs oft unmittelbar am Sterbetag erfolgt (etwa durch den Bestatter während des Erstkontaktes mit den Angehörigen), so eröffnet der damit vorgegebene Zeitablauf als Zäsur der Zeit bis zur Beerdigung eine klare innere Zeit-Perspektive.

Die Ungewißheit vor einem Trauerbesuch habe ich bereits angedeutet. Weil ich jetzt exemplarisch einen Trauerbesuch durchgehen und besprechen möchte, will ich die genannten eigenen Befürchtungen, die ich besonders in der beruflichen Anfangszeit erlebt habe, genauso konzentriert noch einmal zusammenfassen wie die Vorerwartungen oder Befürchtungen der Angehörigen, die mich erwarten.

## 9.2. VORORIENTIERUNGEN

Gerade in der beruflichen Anfangszeit scheint mir die Zeit unmittelbar vor dem Trauerbesuch besonders wichtig. Und ich weiß, wovon ich spreche, denn ich habe mir die Zeit zu selten genommen. Und selbst, wenn ich eine Viertelstunde in Ruhe am Schreibtisch mich auf das Gespräch einstellen wollte, entweder kam eine (willkommene) Störung und Ablenkung, oder ich ertappte mich dabei, doch gerade noch eine andere Angelegenheit zu erledigen oder ein sicherlich notwendiges Telefongespräch zu führen (das später genauso gut hätte geführt werden können). Ich wußte manchmal einfach nicht, wie (!) ich mich auf dieses Gespräch angemessen einstellen konnte.

Deshalb jetzt hier eine Übersicht:

● *Meine Vorinformationen* sind vielleicht dürftig, helfen aber zu gewissen Voreinschätzungen: Wie alt war der Verstorbene? Wer sind die nächsten Angehörigen? Welchen Beruf hat der Verstorbene ausgeübt? Wo ist er gestorben? Wo wohnt die Familie?

● *Meine Vororientierung heißt:* Ich kenne den Namen der vermutlich Hauptbetroffenen und werde versuchen, vorrangig mit ihr das Gespräch zu führen. Sollten weitere Angehörige am Gespräch teilnehmen, sind es vermutlich... Der Beruf sagt mir manchmal etwas über das Selbstverständnis der Angehörigen aus; die Angehörigen eines Bergmanns reden anders als die Angehörigen eines Diplom-Ingenieurs oder Postbeamten. Aus der Anschrift kann ich mir manchmal bereits ein Bild der Wohnung machen, weil ich in Parallel-Wohnungen der gleichen Straße etwa schon gewesen bin. Rückschlüsse aus dem Alter des Verstorbenen zu ziehen, ist schwierig, es sei denn, es geht um Ausnahmen: Natürlich vermute ich bei einem 27jährigen einen tragischen Unglücksfall oder eine unheilbare Krankheit und bei einem 92jährigen Sterben an Altersschwäche. Aber wesentlich mehr wage ich nach meiner Kenntnis aus dem Alter der Verstorbenen als Vororientierung nicht festzuhalten, allzu oft habe ich Überraschungen erlebt.

● *Was erwarten die Gesprächspartner von mir?* Sie erwarten, daß ich in diesem Gespräch die Initiative ergreife und für den Verlauf des Gesprächs erhebliche Verantwortung übernehme. Sie erwarten den Pfarrer, der ihnen in der Regel persönlich nicht bekannt ist. Sie werden also ihre jeweiligen Vorerfahrungen auf mich projizieren. Sie erwarten ein auch religiös orientiertes Gespräch. Sie rechnen mit Fragen nach der Lebensgeschichte, befürchten Fragen nach der persönlichen Frömmigkeit. Unsicherheiten über den tatsächlichen Ablauf von Trauerfeier und Beerdigung sind in der Regel zwar vorhanden, werden aber von den Angehörigen aus Unsicherheit nicht oder nur selten angesprochen. Sie fühlen sich mir ausgeliefert, weil ich das Privileg habe, gleichsam letztgültig und öffentlich über den Verstorbenen und sein Leben in der Trauerfeier zu sprechen. Das kann zu überraschenden Freundlichkeiten und Höflichkeiten, in Einzelfällen aber auch zu aggressiven Ausbrüchen führen. Und die Angehörigen erwarten eine zeitliche Begrenztheit des Gesprächs. Im nachhinein wird zwar ein solches Gespräch stärker nach dem subjektiven Zeitempfinden eingeschätzt als nach der objektiven Dauer. Die Begrenztheit des Gesprächs aber könnte Befürchtungen hinsichtlich der Diffusität und Peinlichkeit des Gesprächs bzw. der seelischen Belastung durch es mindern.

● *Meine Schlußfolgerungen heißen:* Ich werde tatsächlich in diesem Gespräch jedenfalls zu Beginn die Initiative ergreifen und an deutlich erkennbaren Übergängen erforderlichenfalls einen neuen Impuls setzen. Ich muß mich als Person durch die Art meiner Gesprächsführung und -beteiligung erkennbar und einschätzbar machen. Ich kann nicht verhindern, daß stillschweigend Vergleiche angestellt werden. Religiöse Fragen fördern in den meisten Fällen die bekannten Leerstellen und Allgemeinformulierungen zutage und führen zu Entschuldigungen oder Legitimierungen. Ich werde deshalb nicht nach dem Glauben direkt oder nach der Beziehung zur Kirche fragen. (Es sei denn, sie wären mir als Gemeindeglieder längst vertraut – dann gerade aber erübrigt sich diese Frage.) Ich werde aber fragen wollen: »Was hat ihm bzw. ihr sehr am Herzen gelegen?« In einer späten Phase des Gesprächs werde ich von mir aus unaufgefordert auch den äußeren Ablauf der Trauerfeier und der Beisetzung erklären – selbst wenn ich damit auf Bekanntes stoße. In diesem Zusammenhang werde ich auch die Ansprache thematisieren und mit den Angehörigen verabreden, was ich öffentlich sagen werde und was der Privatheit und seelsorgerlichen Verschwiegenheit dieses Gesprächs vorbehalten bleibt. Die zeitliche Begrenztheit des Gesprächs habe ich durch die Terminierung vorgegeben: Bei einem späten Vormittagstermin oder einem späteren Nachmittagstermin wird erwartet, daß ich zu den üblichen Essenszeiten das Gespräch beenden werde. Sollte das Gespräch dramatische Entwicklungen annehmen, steht es mir frei, das Gespräch auch über die vorher erwartete Zeit hinaus auszudehnen – Ausnahmesituationen erlauben auch außergewöhnliche Zeitstrukturierungen.

● *Was erwarte ich von den Gesprächspartnern?* Ich vermute Betroffenheit, gleichzeitig aber eine gewisse »Gefaßtheit«, die mit meiner Rolle als Pastor und als Außenstehendem verbunden ist. Je persönlicher das Gespräch wird, desto eher werden persönliche Gefühle zum Ausbruch kommen. Ich kenne jedoch nicht die Lebensgeschichte des Verstorbenen, seine Wesenszüge und seine Beziehungen zu anderen Menschen. Ich versuche deshalb, Typisierungen auch innerlich als Vororientierungen zu vermeiden: Nicht jeder Vater ist arbeitsam und fleißig, streng aber gerecht; nicht jede Mutter ist fürsorglich und weichherzig, liebevoll und nachsichtig; nicht jeder junge Familienvater ist verliebt, nicht jeder Großvater ein Übervater. Ich erwarte, daß mir eine gewisse Kompetenz zugestanden wird, das Gespräch zu führen und die Trauerfeier angemessen zu gestalten. Ich erwarte keine missionarische Gelegenheit, sondern ein seelsorgerliches Gespräch, in dem biblische Erfahrungen manchmal zuspitzen und verdeutlichen, was sich in Lebenserfahrungen hat nachzeichnen lassen. Ich weiß, daß ich den Tod nicht ungeschehen machen kann; aber ich kann die Folgen begreiflicher und vielleicht auch erträglicher werden lassen. Ich kann auch mit meiner Person den Verstorbenen nicht ersetzen oder Ersatz anbieten. Aber ich kann durch Nähe und Vertrauen die Einsamkeit begrenzen helfen.

● *Welche Erwartungen habe ich an den Ablauf des Gesprächs?* Ich habe zwar einen inneren Leitfaden, aber deshalb auch die Freiheit, davon abzuweichen. Eine mögliche Grundstrukturierung, die in den meisten Gesprächen tatsächlich möglich ist, hilft mir, mich zu orientieren, mich aber auch auf Besonderheiten einzulassen. Ich werde davon abweichen, wenn Trauerarbeit noch nicht möglich ist (und werde dann die Blockaden ernst nehmen); wenn Verbitterung ein Trauergespräch verhindert (und werde auch der Verbitterung Raum geben); wenn keinerlei Beteiligung spürbar, keine Betroffenheit erkennbar ist (und werde vielleicht fragen: »Wer trauert eigentlich außer Ihnen noch?«); wenn Trauerarbeit wegen einer sehr langen Krankengeschichte (etwa bei einem Patienten, der über Wochen gehirntot im Krankenhaus gelegen hat) schon erheblich fortgeschritten ist (und werde etwa Zukunftsaspekte ansprechen, die sonst in der Regel noch nicht thematisierbar sind); wenn die Schuldfrage jedes weitere Gespräch paralysiert (etwa bei einem Verkehrsunfall oder beim Suicid), und werde auch dieser Schuldfrage Raum geben, ohne eigene Vorgaben zu machen. Ich werde mich (besonders in der beruflichen Anfangszeit) noch einmal kurz mit dem Gesprächsleitfaden (vgl. Zusammenfassung am Schluß dieses Kapitels) vertraut machen. Und ich werde die Losung der Herrenhuter Brüdergemeinde lesen – auch noch einmal die Losung vom Todestag des Verstorbenen und vom Beerdigungstag – und dann kann ich wohl losgehen.

Noch eine Nebenbemerkung zu meinem Selbstverständnis: Überspitzt gesagt kann es zwei Typen unter uns Pastoren geben, den »hm-Pastor«, der zu jedem und allem verständnisinnig »hm, hm« sagt und ansonsten schweigt (natürlich, um die Angehörigen zur Sprache kommen zu lassen, in bester Absicht also) – und der Pragmatiker, der sowohl den Besuch als auch die Beerdigung, na – eben abwickeln will. Er wird Vorgaben machen, steuern, Einwürfe machen, belehren, sich gegebenenfalls kurz fassen (wenn es seine Zeit nicht anders erlaubt) und sich keine Illusionen mehr machen. Ich möchte nun Elemente von beiden Typen in Balance bringen.

Die wichtigsten Vorentscheidungen fallen auch beim Trauergespräch in den ersten drei Minuten. Da wird entschieden, wo ich zu sitzen komme, wer neben mir und mir gegenüber sitzt, da beginnen wir gegenseitig in Gesichtern zu lesen, da wird aus dem ersten Auftreten, aus Habitus und Haltung ein ganzes Bündel von Schlußfolgerungen gezogen – und in den ersten Sätzen verbergen sich manchmal bereits die entscheidenden Problempunkte. Darum lohnt es sich, in diesem Augenblick sehr konzentriert zu sein – und gegebenenfalls Eingangsbemerkungen sorgfältig im Gedächtnis aufzubewahren.

Im Flur etwa, noch bevor ich meinen Mantel an die Garderobe gehängt habe, muß ich entscheiden, ob ich den Angehörigen bei der Begrüßung kondoliere oder nicht. Ich besitze dafür kein Patentrezept, bin nur nachdenklich geworden, als ich später einmal den Satz gehört habe: »und er hat nicht einmal kondoliert!« Ich registriere: In seelischen Krisensituationen kommen prägende Persönlichkeitsmerkmale krasser zum Tragen als in alltäglichen Begegnungen. Und bei Familien, wo Äußerlichkeiten hoch im Kurs stehen, wird auch die Frage des Kondolierens überraschendes Gewicht erhalten. Ob ich mich dem fügen will, bleibt mir zu entscheiden. Weil der Tod die Angehörigen verletzt, sind sie auch durch andere Nebensächlichkeiten verletzlicher als sonst.

## 9.3. GESPRÄCHSBEGINN

In den meisten Situationen werden mir die übrigen Gesprächsteilnehmer, die ich einzeln begrüße, vorgestellt, zumal in ihrem Verwandtschaftsverhältnis zum Verstorbenen – es sei denn, ich habe (wie bei mir in den meisten Situationen) nur mit dem hinterbliebenen Ehepartner zu sprechen, der allein mir gegenüber sitzt. Am liebsten ist mir ein Platz im rechten Winkel zum Angehörigen, so daß wir uns zwar ansehen können, aber nicht ununterbrochen ansehen müssen. Es kann sein, daß der Gesprächsbeginn künstlich verzögert wird: Da wird erst einmal Kaffee gekocht oder ein Aschenbecher geholt; ich akzeptiere diese Verzögerungswünsche, weil ich verstehe, daß manche Angehörigen sich erst einmal »fangen« oder den ersten persönlichen Eindruck verarbeiten wollen. Auch mir bleibt ja dann Zeit, mich zu orientieren. Sobald wir jedoch sitzen, beginne ich das Gespräch. Nur: keine Erklärungen, keine Entschuldigungen, keine Legitimierungen, keine Strukturierungen – das alles sind Werkstattfragen, sie gehören auf keinen Fall in das Gespräch.

Mit meiner Einstiegsfrage knüpfe ich zumeist dort an, wo die Angehörigen innerlich ohnehin sind: »Ist das für Sie persönlich jetzt doch sehr überraschend gekommen?« Oder: »Haben Sie damit rechnen müssen...« Oder, wenn sich ein solcher Einstieg verbietet (etwa weil bereits beim ersten Telefongespräch die Frage besprochen worden war – oder eben beim Suicid): »Die Tage, die hinter ihnen liegen, sind wohl sehr schwer gewesen.« In jedem Fall wird der erste Teil des Gesprächs von der Todesgeschichte bestimmt – sie überschattet ohnehin alles, was in diesen Tagen den Angehörigen widerfährt – da ist es gut, das gleich anzusprechen.

Mit dieser Eingangsfrage ist es in den meisten Situationen möglich, die Angehörigen selbst ins Gespräch zu bringen. Und nur selten überfordere ich sie damit – vielmehr haben sie ja oft schon ungezählte Male die Geschichte ihren Angehörigen erzählt, bei Spontanbesuchen, beim Bestatter, am Telefon, bei Nachbarn. Ich kann also voraussetzen, daß auch weniger gesprächsgeübte Gesprächspartner mit der Frage ins Gespräch einsteigen können, denn es handelt sich um selbsterlebte Erfahrungen, sicherlich subjektiv dargestellt, aber häufig genug auch verbunden mit eigenen Empfindungen, Sorgen und Enttäuschungen.

Die Angehörigen erhalten mit der Erzählung der Sterbegeschichte die Möglichkeit, eigene Sorgen und die Auslösung ihrer Trauer auszusprechen – ein wichtiges Initial auch der weiteren Trauerarbeit. Und: Ich werde als Seelsorger Mitbeteiligter eines entscheidenden Abschnitts der eigenen Lebensgeschichte.

Aus anderen biographisch orientierten Gesprächen ist mir ein merkwürdiger Zusammenhang deutlich geworden: In dem Maß, in dem mir persönliche Erfahrungen erzählt werden, werde ich indirekt Mitbeteiligter an dieser Geschichte und den damit verbundenen Empfindungen. Hier also, in der allerersten Gesprächsphase, entsteht – wenn überhaupt – das notwendige Vertrauen, das für das Gespräch und für die gemeinsam durchzustehende Beerdigung so unerläßlich ist. Darum bin ich gern bereit, der Sterbegeschichte auch zeitlich einen breiten Raum zuzugestehen.

An verschiedenen Stellen habe ich bereits darauf hingewiesen, daß Sterbegeschichten sehr oft von medizinischen Zusammenhängen bestimmt sind – bis in letzte Einzelheiten hinein. Ich kann das natürlich beklagen und könnte mir natürlich wünschen, daß mit dieser Sterbegeschichte auch soziale Erfahrungen, persönliche Abschiedserfahrungen, Beziehungsklärungen, Bilanz ziehen, sich vergeben können, einander danken können – daß all das mit zur Sterbegeschichte gehören könnte – aber ich habe das nicht in der Hand. Und aus eigener Betroffenheit weiß ich, wie selten das heute wirklich noch möglich ist.

Um so mehr kommt es jetzt darauf an, in den scheinbar sehr medizinisch geprägten Darstellungen die anderen Töne herauszuhören und wahrzunehmen. Und die klingen an! Wir brauchen nur genau hinzuhören. Häufig wird das Sterbeereignis telefonisch signalisiert, etwa durch einen Anruf des Krankenhauses: Die Angehörigen mögen schnell kommen, der Zustand des Patienten habe sich erheblich verschlechtert. Nur selten habe ich bisher erlebt, daß die Angehörigen den Patienten dann noch lebend im Krankenhaus angetroffen haben. Vielmehr ist es den Pflegern und Schwestern nicht erlaubt, telefonisch die Todesnachricht zu überbringen – und auch die Ärzte tun das in der Regel nicht. So wird den Angehörigen im Krankenhaus unmittelbar bei ihrem Eintreffen eröffnet, daß der Patient leider schon verstorben ist. Ich will nicht darüber richten. Selbst wenn hier erklärtermaßen also die Unwahrheit am Telefon gesagt wird: Auch mir ist die persönliche Mitteilung lieber als eine lakonische Mitteilung am Telefon.

Eine weitere Beobachtung: Weil das Sterben, das ja auch heute noch häufig ein langer Weg ist, so weit eben möglich, verschwiegen oder verleugnet wird, wird die Sterbesekunde, der Augenblick, in dem der Tod eintritt, letztlich von dramatischer Bedeutung. Und deshalb erhält sie oft auch in der nachfolgenden Trauerarbeit eine so hoch besetzte Qualität: »Warum habe ich diese Stunde nicht auch noch ausgehalten – ich hab' das doch nicht geahnt, daß es so schnell gehen würde.« Oder: »Ich würde alles darum geben, in diesem Augenblick bei ihr gewesen zu sein. Das kann ich nie, nie wieder gutmachen.« Oder aber auch die aggressiven Untertöne: »Das hätten die Schwestern doch sehen müssen, daß das zu Ende geht!« Natürlich hängt für die Angehörigen viel an diesem letzten Augenblick. Sterben heißt ja immer: Einsamkeit, schreckliche Einsamkeit. Und wenn das Sterben, das auch in Einsamkeit hineinwirft, in Einsamkeit geschieht, ist die Belastung doppelt groß. Und der Wunsch, in diesem Augenblick beim Sterbenden sein zu können, hängt mit der Hoffnung zusammen, daß der Tod hoffentlich nicht mit Qualen und Schmerzen verbunden ist. Ein unbestimmtes Mißtrauen bleibt fast immer, wenn die Schwestern, Pfleger oder Ärztinnen und Ärzte sagen: »Er ist wirklich ganz friedlich eingeschlafen.« Oft genug wissen sie es ja wirklich nicht. Die Sterbeminute hat zudem gleichsam symbolische Bedeutung: Sie ist – wie an anderer Stelle bereits gesagt – der entscheidende Übergang am Schluß der Lebensgeschichte. Und dieser Übergang wird bisweilen zur Deutekategorie für die ganze frühere Lebensgeschichte.

Ich erlebe bei aller Betroffenheit manchmal auch Erleichterung, wenn das Sterben selber berichtet wird, besonders, wenn es um Menschen geht, die sehr lange schwer von Schmerzen gequält worden waren. Und doch mischen sich ambivalente Gefühle ein, wenn die Angehörigen sagen: »Es war wirklich eine Erlösung.« Es kann in solchen Augenblicken helfen, die Ambivalenz noch einmal auszudrücken: »Einerseits ist es für den Verstorbenen eine Erlösung. Aber für Sie ist es jetzt doppelt schwer.« Es stehen ja tatsächlich ganz gegensätzliche Gefühle hier unmittelbar nebeneinander.

Nun ist es oft nicht ganz leicht, nach einer breiten Eingangsgeschichte den Übergang zu einem anderen Problembereich zu finden. Spätestens dann, wenn Begebenheiten wiederholt werden, bietet es sich jedoch fast zwingend an, einen neuen Impuls zu setzen. Für mich steht an zweiter Stelle der Übergang zum sozialen Umfeld. Manchmal sind bereits in der ersten Geschichte andere Personen handelnd in Erscheinung getreten. So erlaubt sich die Anknüpfung: »Haben Sie noch andere Angehörige?« Damit ist oft schon der Übergang zur Familiensituation, mehr noch: zur Familiengeschichte geleistet. Und gerade in solcher Krisensituation aktualisiert sich die tatsächliche Familienkonstellation in geradezu dramatischer Form. Kinder, die sich von ihren Eltern getrennt haben, die unerreichbar weit weg wohnen oder auch verstoßen worden sind, stehen unsichtbar mitten in dieser Geschichte. Aber gerade auch die Bezugspersonen, die den unmittelbaren Angehörigen in diesen Tagen besonders nah gestanden haben. Denn wie immer die Antworten ausfallen, sie enthüllen die jetzt bedeutsamen sozialen Lebensumstände: sich getragen und verläßlich begleitet zu wissen – oder sich schrecklich allein zu fühlen; das alles hat ja seinen Hintergrund, der – auch ohne Rückfragen – erzählbedürftig und für die Trauersituation von erheblichem Gewicht ist.

Bisweilen gelingt es darüber hinaus, über die Erzählung von anderen gleichsam im Spiegel anderer die eigene Trauer noch einmal auszudrücken. »Ja, der Dietmar, der Enkel meines Mannes, der hat das auch gar nicht verkraften können. Der ist erst mal in sein Zimmer gegangen und hat ganz für sich geweint.« Die Untertöne sind es, die uns zum wirklichen Verständnis helfen können – hier etwa das kleine Wörtchen »auch«. Dabei bin ich kein Freund des Recherchierens, jedenfalls in keinem Fall in einem solchen Gespräch. Vielmehr geht es darum, wach mitzuvollziehen, wie in dieser Familie Trauer gemeinsam erlebt und verkraftet wird.

Überall dort, wo ich in solchen Gesprächen auf Konflikte stoße, erfolgt von mir eine klare Intervention: »Ich möchte nachher gern auch noch mit Ihnen über meine Ansprache reden. Es gibt Themen, die da einfach nichts zu suchen haben. Ich bin Ihnen deshalb für Ihre Offenheit sehr dankbar, weil Sie mir helfen, Ihre Situation besser zu verstehen.« Ich möchte damit die unausgesprochene Befürchtung nehmen, alles, was in diesem Gespräch erzählt wird, komme nun plötzlich ungeschützt ans Licht der Trauer-Öffentlichkeit. Solche Befürchtung muß manchmal ganz explizit ausgeräumt werden, in den meisten Gesprächen genügt es jedoch, wenn im Vollzug des Gesprächs selber (wie weiter unten erkennbar) auch die Inhalte der Traueransprache zur Verfügung gestellt werden.

## 9.4. DAS SOZIALE UMFELD

Um das soziale Umfeld genauer erfassen zu können – und auch den Trauernden zum Bewußtsein kommen zu lassen, bietet sich folgende Frage an: »Wer wird eigentlich am (Beerdigungstag) noch dazukommen?« Mir ist diese Frage deshalb wichtig, weil manchmal außerhalb des unmittelbaren Familienkreises enge Freunde in den Blick kommen, die ebenso intensiv betroffen sind wie manche Angehörige. Dazu können Arbeitskolleginnen und -kollegen gehören, die mit dem Verstorbenen manchmal, rein zeitlich gesehen, viel länger zusammengelebt haben als die Familienangehörigen. Auch andere Angehörige kommen jetzt genauer ins Gespräch. Und das kann manchmal Wunder wirken – zu sehen, daß die Betroffenheit weit über mich selbst hinausreicht. Natürlich kann die Frage auch Enttäuschungen wieder wachrufen – Enttäuschungen, die unterschwellig ohnehin vorhanden sind. Menschen, die in ihrer Trauer sehr einsam sind, niemanden neben sich haben, keine Angehörigen, keine Nachbarn, keine Freunde, haben dafür meist seit langem eine »plausible Legitimation«, etwa: »Wir waren immer gern für uns.« Oder: »Wir halten nichts davon, anderen in die Kochtöpfe zu gucken.« Mit der Frage nach dem sozialen Umfeld ist das Gespräch nun deutlich in ein erstes Stadium von Trauerbewältigung gekommen, natürlich sehr vorläufig, noch sehr vage. Die Frage etwa: »Wie hat denn Ihr Sohn das verkraftet?« öffnet den Betroffenen den Blick für die Menschen neben ihnen – mehr noch: Immer wieder fließen in die Beschreibung der Trauer der anderen die eigenen Gefühle mit ein: »Der ist da ganz anders als ich. Der frißt alles in sich hinein.« Oder: »Meine Tochter sagt immer:

Jetzt hat er ausgelitten. Aber ich werde damit nicht so schnell fertig.« Das Netz der sozialen Spannungen wird nicht nur sichtbar – es gerät deutlich in Bewegung. Und es ist oft wirklich leichter, die eigenen Empfindungen im Verhältnis zu anderen Menschen auszudrücken, als direkt über sich selbst und seine eigenen Empfinden sprechen zu können. Nur: Diese Brücke müssen wir manchmal bauen – oder doch andeuten.

## 9.5. DIE ERZÄHLTE LEBENSGESCHICHTE

Wenn das soziale Umfeld zur Sprache gekommen ist, tauchen schon erste Bezüge zu früheren Augenblicken oder Erlebnissen auf. Das hilft, den Übergang zum großen zweiten Themenkreis zu gewinnen: Eintauchen in die Vergangenheit, in die Lebensgeschichte, die der Verstorbene mit den Angehörigen geteilt hat. Erfahrungsgemäß helfen die Fragen am deutlichsten weiter, die scheinbar recht vordergründig oder gar oberflächlich klingen, wie: »Seit wann wohnen Sie jetzt hier schon?« Oder: »Woher stammen Sie eigentlich?«

Auf solche Fragen kann jeder antworten – und damit Wege eröffnen, die im Gespräch gemeinsam beschritten werden sollen. Komplizierte oder anspruchsvolle Fragen mögen vielleicht den Pastor als »tiefgründigen« und »klugen« Menschen erscheinen lassen, führen aber zu Unsicherheiten und senken das Selbstbewußtsein. Und gerade das darf in einem Trauergespräch »um Himmels willen« nicht passieren. Auf die genannten Fragen werden häufig sehr ausführliche Lebensgeschichten erzählt; die frühere Heimat kommt wieder in den Blick, die Kindheit der Kinder, die Flucht, der Krieg, wie sie alle damals vor dem Nichts gestanden haben, der langsame Aufstieg, als es allen besser ging – aber eben nicht allen gleich gut –, aber auch Einbrüche, Probleme, Konflikte können im Rahmen der Lebensgeschichte eingeflochten werden. Mehr noch: Manchmal gelingt es sogar – eben in einer lebensgeschichtlichen Perspektive –, auch die Schwierigkeiten miteinfließen zu lassen, die mit dem Verstorbenen verbunden waren. Etwa: »Der hat sich ja nie 'was sagen lassen.« Oder: »Der war schon früher immer viel zu gutmütig.«

Verständlicherweise kommen in diesem Teil eine Vielzahl von Daten und Angaben zum Vorschein – und der Seelsorger hat manchmal Angst, das alles richtig behalten zu können. In den allerersten Gesprächen hatte ich mich deshalb in meiner Angst mit einem Zettel und

Bleistift bewaffnet, um ja nichts wichtiges zu vergessen oder falsch aus der Erinnerung zu zitieren. Der Schock kam gründlich: Die Tochter eines Verstorbenen sagte nämlich gegen Ende des Gesprächs – auf meinen kleinen Zettel mit den wenigen Daten blickend – deprimiert: »So, das ist jetzt alles, was von unserem Vater übriggeblieben ist.« Seitdem habe ich nie wieder einen Zettel in ein Seelsorgegespräch mitgenommen.

Ohnehin: Sollte die Lebensgeschichte wirklich so bedeutsam sein, daß wichtige Angaben in die Trauerfeier einbezogen werden sollen, habe ich manchmal (selten genug) einen anderen Weg gewählt: Ich habe die Angehörigen gebeten, mir eine kurze Biographie des Verstorbenen aufzuschreiben, die ich dann (aber eben doch sehr selten) vor der eigentlichen Ansprache verlesen habe.

Etwas anderes kommt hinzu: Niemand lebt für sich allein. Und so sind in der Regel die meisten Familiendaten im engen Bezug zur Lebensgeschichte der Gesellschaft: 1. Weltkrieg – Weimarer Zeit – Drittes Reich – 2. Weltkrieg – Flucht – Wiederaufbau – Wohlstandszeit. In dieses Netz sind die persönlichen Daten immer mitverwoben. Aber eben doch individuell – ob nun als Flüchtling oder Einheimischer, ob nun alleinstehend oder mit einer großen Familie, ob nun als Arbeiter oder als Chef, ob nun als älterer oder jüngerer Mensch.

In einzelnen Gesprächen riskiere ich bei Eheleuten auch die Frage: »Wo haben Sie sich eigentlich kennengelernt?« Entscheidbar ist das nur aus der Atmosphäre heraus. Es kann helfen, an glücklichere Tage zurückzudenken – es kann aber ebenso deutlich den Verlust bewußt werden lassen.

Der Lebensgeschichte möchte ich gern breiten Raum geben. Denn oft besteht in der Familie für die unmittelbaren Angehörigen keine Möglichkeit, diese Geschichte wieder wachwerden zu lassen – die Kinder haben ja schon zum x-ten Mal das Familien-Repertoire gehört – und ahnen nicht, wie heilsam es wäre, gerade jetzt diese alten Geschichten wieder wachwerden zu lassen. Da ich als Fremder die Geschichten ja nicht kennen kann, wird mir auch erzählt, was allen anderen längst vertraut ist. Ich beschränke mich dabei auf Nachfragen, auf intensivierende Fragen, aus denen deutlich wird, daß mir wirklich an dieser Lebensgeschichte liegt. Nicht, um sie in der Beerdigungsansprache nacherzählen zu wollen, sondern um die Menschen mit ihrem Leben kennenzulernen, zu spüren, was sie geprägt und bestimmt hat, wodurch sie etwa verbittert, wann sie glücklich gewesen sind.

Dabei passiert es mir gelegentlich, daß in dieser Geschichte mehr das Heldenlied des Angehörigen gesungen wird als das des Verstorbenen – wir alle kennen die ungezählten Helden-Kriegs-Geschichten. Ohne diese Erzählungen abzuwürgen, versuche ich jedoch gern, auch die Verstorbene dabei in den Blick zu bekommen – etwa so: »Wo ist denn Ihre Frau eigentlich in dieser Zeit gewesen?«

Zudem hilft mir die Erzählung der subjektiven Lebensgeschichte, Persönlichkeit und Lebensumfeld des Toten genauer zu verstehen. Und oft genug habe ich nach solchen Gesprächen den Schlußsatz gehört: »Es hat richtig gut getan, mir das alles mal wieder (!) von der Seele zu reden.«

## 9.6. ZUR TRAUERFEIER

Damit liegen zwei Drittel des Trauergesprächs hinter uns. Wieder bin ich für den Übergang persönlich verantwortlich – und kann natürlich auch diese Intervention zur zeitlichen Steuerung nutzen.

Der letzte Teil des Gesprächs ist der Trauerfeier und der Ansprache gewidmet. Zumeist beginne ich so: »Ich wollte gern noch mit Ihnen die Einzelheiten der Trauerfeier besprechen.« Stop! Gerade an dieser Stelle ist es möglich, daß noch einmal sehr deutlich Betroffenheit oder Trauer zum Ausdruck kommen. Und dafür muß hier auch Zeit sein. Im weiteren gehe ich zuerst auf den äußeren Ablauf am Beerdigungstag ein, in allen Einzelheiten: Wann die Angehörigen am Sarg noch einmal vor der Trauerfeier vom Verstorbenen Abschied nehmen können; wo sie in der Trauerhalle sitzen werden; wann der Pastor mit dem Sarg in die Trauerhalle kommt; Orgelvorspiel, Eingangsworte, Choral, Lesung eines Psalmwortes, Gebet, Ansprache (»über die ich gleich gern noch mit Ihnen sprechen möchte«), Choral, Fürbittengebet, Segen, gemeinsamer Weg zum Grab, Hinweis auf die kurze Liturgie am Grab, »dann treten die Angehörigen ans Grab«.

Auch wenn mir dieser Ablauf natürlich selbstverständlich ist und die Angehörigen die Einzelheiten nicht behalten können, hilft der Durchgang doch deutlich, sich auf die bevorstehende Beerdigung auch innerlich einzustellen – selbst wenn nachher doch wieder alles ganz anders ist. An dieser Stelle frage ich nach besonderen Wünschen, biete aber auch an, die Choräle selbst auszusuchen. Fehlende Wünsche sind natürlich ein Indiz für Kirchenferne – und wer gibt das gern in diesem Augenblick zu! Nur selten tauchen hier Rückfragen auf, so daß ich sehr bald die Überleitung zur Ansprache anfüge:

»Ich möchte gern noch mit Ihnen über die Ansprache reden.« Und dann unterscheide ich gelegentlich noch einmal sehr deutlich zwischen der Vertrautheit des Gesprächs und dem öffentlichen Charakter der Trauerfeier und der Ansprache. Auch hier mache ich spontan Vorschläge – nahezu alle Angehörigen sind überfordert, sich eine solche Ansprache auszudenken. Ich benenne also die Aspekte, die mir in diesem Augenblick wichtig geworden sind. Und ich weise darauf hin, daß ich das in scheinbar sehr allgemeinen Worten ausdrücken werde, ohne Beispiele zu verwenden.

## 9.7. GESPRÄCHS-ABSCHLUSS

Dabei hilft mir als innerer Leitfaden, daß ich im ersten Teil die tatsächliche Situation ansprechen werde (plötzlicher Tod, schwere Zeit der Krankheit, unsere eigene Ratlosigkeit). Im zweiten Teil benenne ich einen Hauptaspekt, den ich gern ansprechen möchte (wobei ich versuche, biblisch begründete Aussagen zu unserem eigenen Leben in Beziehung zu setzen mit Erfahrungen, die den Angehörigen vertraut sind). Hier besteht auch die Möglichkeit, etwa nach einem früheren Konfirmationsspruch oder dem Trauspruch zu fragen – oder gleichsam eine Lebensüberschrift gemeinsam zu formulieren. Hier brauche ich nun wirklich nicht mehr im Nebel herumzustochern – die ganze Lebensgeschichte steht noch wach im Raum. Im dritten Teil steht für mich im Mittelpunkt, für das Leben, das hinter uns liegt, zu danken. Gelegentlich frage ich auch – und sage: »Wenn Sie persönlich damit einverstanden sind, würde ich gern stellvertretend für Sie an dieser Stelle für das danken, was Sie miteinander erlebt haben.«

Daß in diesem Augenblick sehr intensive Gefühle wachgerufen werden, weiß ich – und finde es wichtig. Hier genügt es, wenn die Angehörigen wortlos, oft auch weinend zustimmen. Würde das Thema Dankbarkeit dagegen im Gespräch zuvor direkt angesprochen, wären die Empfindungen nur sehr schwer zu bewältigen. Denn hier liegen auch Schuldgefühle verborgen. Wer hat denn wirklich seinen nächsten Angehörigen für all das, was uns miteinander verbindet, gedankt! Es gehört vielmehr zur Selbstverständlichkeit des Alltags, daß auch gute Erfahrungen, die uns zusammenschweißen, keiner besonderen Erwähnung bedürfen – es ist einfach zu merken, was guttut und was verletzt. Und danken heißt immer auch, sich der Endgültigkeit noch einmal besonders bewußtzuwerden – nämlich Abschied nehmen zu müssen. Nur – an dieser Stelle, zu dieser Zeit kann solche Problematik nicht ausreichend bewältigt werden. Dafür ist es einfach zu früh. Darum versuche ich hier sehr deutlich, das Gespräch klar zum Ende zu führen. Ob ein Gebet dann am Platz ist oder nicht – das ist keine Frage der Dogmatik, sondern eine Frage von Barmherzigkeit – in beiden Richtungen.

Das Gespräch mit den Angehörigen, die hier mögliche Atmosphäre, das hier wachsende Vertrauen, die hier mögliche Nähe bei aller notwendigen und hilfreichen Distanz, die hier mögliche Offenheit, gerade wegen der Vertraulichkeit des Gesprächs – all das sind die entscheidenden Voraussetzungen, daß die Ansprache bei der Beerdigung wirklich verstanden wird, wirklich weiterhilft.

Anders gesagt: Was ich nicht wage, im Beerdigungsgespräch anzusprechen, sollte ich auch aus dem sicheren Versteck der Kanzel heraus nicht ansprechen. Der Geist des Gesprächs in der Wohnung der Angehörigen – dieser Geist ist auch in der Trauerhalle wieder da. Übrigens zum Ort des Gesprächs: Es mag in ländlichen Gegenden üblich sein, daß die Angehörigen unmittelbar nach oder gar vor dem Gespräch mit dem Bestatter den Pfarrer aufsuchen. Aus genannten Gründen kann hier eigentlich nur ein kurzes und vorläufiges Gespräch stattfinden.

Ich rate dringend dazu, ein Gespräch zum mehrfach benannten Zeitpunkt in der Wohnung der Angehörigen zu führen: Dort haben sie Hausrecht, dort fühlen sie sich geborgen und sicher, dort sind die unmittelbaren Lebenseindrücke »mitten im Raum«. Und nicht selten habe ich es erlebt, daß dann mitten in der Erzählung über die Lebensgeschichte ein altes Album herausgesucht wurde, alte Urkunden nachgelesen wurden. Dieses Erinnern hat aber auch seine Grenzen. Ein Hinterbliebener schlug mir vor, ich könne die Verstorbene ja noch einmal sehen – auf Video. Er hole sich seine Frau auch jeden Abend noch einmal auf den Bildschirm. (Das habe ich denn doch dankend abgelehnt.)

Ob wir uns unserer eigenen Rolle, unseren typischen Verhaltensweisen gegenüber kritisch verhalten können? Kann es nicht trotz aller guten Vorsätze sein, daß wir selbst – aus Unsicherheit oder aus geheimer Angst vor Gefühlsausbrüchen der Angehörigen – mehr und länger sprechen, als uns bewußt ist? Daß wir doch auf eine geradezu tragische Weise dominant sind? Einige Bemerkungen von *Yorick Spiegel* können uns auf kritische Stellen aufmerksam machen. Viele seiner Vorschläge decken sich mit meinen eigenen Einschätzungen

# DAS TRAUER-GESPRÄCH
## Grundstruktur

## Vor-Orientierung

| PFARRER/IN | TRAUERNDE |
|---|---|
| Termin-Auswahl:<br>Zwei Tage vor der Beerdigung | Inneres<br>Zeitgefälle (s. o.) |
| Vor-Informationen:<br>– Alter des Verstorbenen<br>– Beruf des Verstorbenen<br>– Welche Angehörigen?<br>– Sterbeort<br>– Wohnungssituation | Vor-Wissen (latent):<br>– Pfarrer-Typ<br>– Frühere Kontakte<br>– Voreinschätzungen<br>– Projektionen<br>– Religiöses (Un)wissen |
| Erwartungen der Trauernden | Vermutete/befürchtete Erwartungen<br>des Pfarrers |
| Folgerungen:<br>– Einschätzbarkeit<br>– Legitimationsprobleme<br>– Ritual-Interesse<br>– Bibel/Gesangbuch/Losung | Folgerungen:<br>– Betroffenheit<br>– Gefaßtheit<br>– Ungewißheiten<br>– Wünsche |

## BEGRÜSSUNG/VOR-ENTSCHEIDUNGEN

| | |
|---|---|
| Begrüßung/Vorstellung<br>– Kondolieren?<br>– Erste Sätze<br>– Platz-Wahl/Raumwahrnehmungen | Raum-Wahl<br>Vorstellung der<br>Angehörigen<br>Verzögerungs-Ritual |

## EINGANGSTEIL: GESPRÄCHSERÖFFNUNG
### (Gegenwart)

| | |
|---|---|
| Eingangs-Frage:<br>»Ist das für Sie jetzt sehr überra-<br>schend gekommen?« Oder:<br>»Die Tage, die hinter Ihnen liegen,<br>sind wohl sehr schwer gewesen.«<br>(Akute Gegenwart) | Möglichkeit zur Darstellung<br>der Sterbegeschichte<br>(Pfarrer wird in die<br>Trauer-Gegenwart integriert) |
| Gesprächshaltung:<br>– Zuhören<br>– Helfende Fragen<br>– Öffnende Fragen<br>– Nondirektives Gespräch | Gesprächsmöglichkeit:<br>Bereits mehrfach erzählte Geschichte<br>(Erzähl-Kompetenz kann daher<br>vorausgesetzt werden) |

214

Mögliche Ergänzungen:
– »Haben Sie noch andere
  Angehörige?«
– »Wer wird am Beerdigungstag
  sonst noch dasein?«

Darstellung sozialer Bezüge
(Verwandte / Nachbarschaft)

## MITTELTEIL: ÜBERGANG ZUR LEBENSGESCHICHTE
### (Vergangenheit)

Intervention:
»Woher stammen Sie eigentlich?«

Übergang zur
Lebensgeschichte

(Gleiche Gesprächshaltung)

Ergänzungs-Impulse:
– Wann war das?
– Berufliche Situationen
– Familiäre Aspekte
– »Wo hat eigentlich sein Herz
  besonders dran gehangen?«

Breite Entfaltungs-
möglichkeit
Soziale Verortung
Geschichten erzählen
(Das alles läuft unbewußt
»automatisch«)

## SCHLUSSTEIL: ÜBERGANG ZUR TRAUERFEIER
### (nächste Zukunft)

Gesprächs-Impuls:
»Ich möchte mit Ihnen noch Einzelheiten der Trauerfeier besprechen.«

(Betroffenheit /
Befürchtungen)

– Äußerer Ablauf am Beerdigungs-
  Tag (langsam zum Mitdenken)

Eigene Planungen
(Projektionen)

– Ablauf der Trauerfeier
  (in allen Einzelheiten)

(Imagination)
Gegebenenfalls eigene Wünsche

– Aspekte zur Ansprache
  (Biblisches Motiv?)
  (Biographische Teile?)

Sorge vor Indiskretionen
Wunsch nach »Würdigung«

– Schluß der Ansprache:
  »Dankbarkeit«

(hohe Betroffenheit)

– Freies Gebet

(Unausgedrückte Sorgen und Wünsche)

– Raum geben für Reaktionen

– Falls erforderlich:
  Verabredungen

(Vielleicht auch Erleichterung, dieses
Gespräch überstanden zu haben)

Verabschiedung

(Selten: »Übrigens, was ich noch sagen
wollte!!«)

215

und Vorgehensweisen. So warnt er: »Die wenigsten Pfarrer sind sich im klaren, wie sie in ihrem Verhalten und ihrer Sprechweise dominieren, moralische Urteile aussprechen, bestimmte Reaktionen erwarten und ohne zureichende Grundlage bereits interpretieren. Vertrauen läßt sich aber nur gewinnen, wenn man sich in die Situation des Trauernden stellt und seine Hilfe anbietet, ohne irgend etwas zu fordern« (Trauern, 149). Wir sollten uns bewußt sein, daß eben doch die Angehörigen in dieser Situation sich von uns abhängig fühlen.

»Die Individuen, die bei einem Todesfall am meisten vernachlässigt werden, sind die Kinder« (ebd., 145). Tatsächlich werden Kinder oft zu Angehörigen geschickt, werden unzureichend und oft zu spät informiert, wissen nicht, was die überraschenden Verhaltensweisen der Erwachsenen zu bedeuten haben. Ich gestehe gern: Nur in wenigen Trauergesprächen ist es mir möglich gewesen, Kinder oder Enkelkinder mit ins Gespräch einzubeziehen. Entweder waren sie gar nicht da, oder sie hatten noch größere Scheu vor dem Pfarrer als die Angehörigen (die sie wenigstens nicht zeigen konnten). Um so deutlicher bemühe ich mich inzwischen, beim Gespräch über das soziale Umfeld nach Kindern oder Enkelkindern zu fragen – manchmal auch ganz direkt: »Was haben Sie eigentlich den Kindern gesagt?« Dann kommen häufig religiöse Formulierungen (»Der Papa ist jetzt im Himmel«, oder: »Der Opa ist jetzt ein Engel geworden«). Und gelegentlich kommen auch die Befürchtungen der Angehörigen zur Sprache, Kinder zur Beerdigung mitzunehmen. Ich werde diese Entscheidung nicht kritisieren – aber ich werde, wo immer Offenheit und Fragen zu spüren sind, Mut dazu machen, die Kinder voll und ganz einzubeziehen; dazu sind meine eigenen Kindheitserfahrungen mir noch zu klar im Bewußtsein.

Ein guter Gedanke, die unausdrückbare, aber doch lähmend erfahrene Trauer ansprechbar zu machen, ist *Spiegels* Hinweis, nach Schlafstörungen zu fragen. »Eine Frage nach den vermuteten Schlafschwierigkeiten kann dazu verhelfen, die körperliche Symptomatik der Trauer zur Sprache zu bringen« (ebd. 146). Aber auch hier ist die »Beiläufigkeit« der Frage entscheidend, etwa: »Vermutlich können Sie nachts auch kaum noch richtig schlafen.« Dann kommen auch andere Erfahrungen der Trauer mit zur Sprache. Als abschreckendes Beispiel mag diese Formulierung dienen: »Und wie ist das mit Schlafstörungen bei Ihnen?« Das wirkt suggestiv verhörend – da muß eigentlich Widerstand erfolgen. Oder noch schlimmer: »Haben Sie etwa mit Schlafstörungen zu tun?«

## 9.8. AGGRESSIVE GEFÜHLE

Ein letzter Aspekt: Auch in einem Trauergespräch kann es aggressive Gefühle geben, manchmal ganz versteckt, ein andermal ganz direkt: »Daß er mich jetzt damit einfach sitzenläßt!« *Spiegel* rät dem Pfarrer, er solle zu verstehen geben, daß feindliche oder vorwurfsvolle Gefühle gegenüber dem Verstorbenen nichts Ungewöhnliches sind (148). Das liegt hart an der Grenze! Denn gerade dadurch wird ja indirekt bestätigt, daß solche Gefühle doch als ungewöhnlich angesehen werden. Ich denke, gelassen und vorbehaltlos diesen Gefühlen nachgehen, der Aggression den notwendigen Raum geben, das wäre hier wichtiger.

Nicht in jeder Situation kann ein Gespräch nach dem hier beschriebenen Grundmuster verlaufen – ohnehin sind die Gespräche trotz ähnlicher Strukturierung völlig unterschiedlich. Es gibt allerdings Ausnahmen, da ist bereits der Gesprächsansatz so nicht möglich, etwa bei einem Verkehrsunfall oder bei einem Suicid. In beiden Fällen steht die Schuldfrage so intensiv im Vordergrund – einmal die Schuld der anderen Unfallbeteiligten, zum anderen die vermutete Schuld der Angehörigen selbst –, daß ihr vermutlich nicht ausgewichen werden kann.

»Sie stehen da auch vor einem Rätsel«, wäre etwa bei einem Gespräch nach einem Suicid ein möglicher Anfang. »Es ist ja nicht das erste Mal, daß er das versucht hat. Dabei hat er uns noch vor drei Wochen in die Hand versprochen, daß so etwas nie wieder vorkommt. Aber natürlich machen wir uns jetzt auch Vorwürfe. Aber wir konnten ihn ja nicht Tag und Nacht bewachen.«

Der Seelsorger, aber auch alle anderen Begleiter in helfenden Berufen, zumal Ärzte und Ärztinnen, müssen damit rechnen, mit aggressiven Gefühlen konfrontiert zu werden. Das von Hans-Christoph Piper stammende Motto dieses Kapitels veranschaulicht eine solche Situation. Ich kann ihn gut verstehen. Solche Aggressionen verletzen uns, lähmen uns, verunmöglichen uns angemessene Begleitung. Und wir erkennen erst viel zu spät, wem eigentlich diese Aggressionen gelten – und daß wir gleichsam der Blitzableiter sind. Wir müßten lernen, standzuhalten, Aggressionen auszuhalten. Das gelingt um so eher, je besser wir verstehen, was die Aggressionen zu bedeuten haben. *Erich Lindemann* nennt zwei markante Beispiele: »Diese Konfrontation mit dem Tod bedeutet, daß Wut ausgelöst wurde: ›Wer war der Übeltäter?‹ Zuerst: Nur Anschuldigungen« (Erich Lindemann, 1985,

184 f.). Insbesondere Ärztinnen und Ärzte müssen einer solchen Wut standhalten. Und auch Seelsorger erleben diese Wut.

Jeder Tod löst Aggressionen aus. Wir aber haben verlernt, gemeinsam zu klagen. Und wir haben schlecht gelernt, die entstehenden Aggressionen auszuhalten – weil wir sie nicht verstehen. »Wer war der Übeltäter?« – das ist immer die erste und spontane Frage.

Insbesondere bei Suicid-Fällen steht die Schuldfrage unabweisbar im Raum. Und es liegt nahe, daß die Schuld – in chronisch-suicidalen Beziehungen – erst einmal auf andere übertragen wird.

Auch ich habe erst nach bitteren Erfahrungen begriffen, was hier eigentlich geschah. Schon der Beginn eines solchen Trauergesprächs war aggressiv geladen. Der Bestatter hatte mir anvertraut, es sei Suicid gewesen. Das hätte mir eine Hilfe sein können.

Zu Beginn des Gesprächs – es waren die Ehefrau des Verstorbenen und zwei erwachsene Kinder anwesend – entlud sich die Wut: »Was wollen Sie eigentlich hier?« – Was soll ich darauf antworten? In meiner Verlegenheit wechselte ich einfach den Gesprächspartner und sprach mit den erwachsenen Kindern. Das half – aber nur einen kurzen Augenblick. Schon bald explodierte die Witwe: »Mit wem reden Sie eigentlich?!« Das Gespräch stand vor dem Scheitern.

Der Sohn schaltete sich ein – aber nicht befriedend, sondern auf seine Art aggressiv, nämlich: die Aggressionen auf sich selbst lenkend. Und er erzählte, daß er in der vergangenen Nacht über den Friedhof gegangen sei. Weil er gehört hatte, die Toten holten sich das nächste Opfer. Und er hat immer wieder gerufen: »Hol' mich doch!«

Schuldgefühle rufen Todessehnsucht hervor. Und die Gefühle sind undurchdringlich ambivalent. In nahezu einem Atemzug bestritt die Witwe einerseits, daß ihr Mann Selbstmord verübt habe (»es war ein Unfall«) und beschimpfte den Verstorbenen gleichzeitig, daß er sie in dieser Situation »sitzengelassen hat und sich einfach aus dem Staub gemacht hat«.

Jeder plötzliche Tod ruft Feindseligkeit hervor, wie jede Verletzung Feindseligkeit in uns wachruft. Zur Trauerarbeit gehört es, solcher Feindseligkeit standzuhalten.

Beim Beginn eines Trauergesprächs bei einem Suicid taucht die »Warum-Frage« unabweisbar auf. Es gibt drei mögliche Reaktionen, und manchmal fast gleichzeitig:
– »Ich bin der Übeltäter« (Auto-Aggression);
– »Sie haben ihn in den Tod getrieben« (Fremd-Aggression);
– »Manchmal vergesse ich die Frage einfach« (Verdrängung).

So wird der Suicid gedeutet: als Affekt, als absichtliche Handlung oder als unberechenbares Schicksal.

Der Theologe muß darauf gefaßt sein, daß sich die Aggressionen gegen Gott, die Kirche und die Pfarrer richten.

Der Arzt muß darauf gefaßt sein, daß sich die Aggressionen auf ihre Art der Hilfeleistungen richten.

Die Mitarbeiter aus helfenden Berufen (Erzieher in Heimen, Pflegepersonal) müssen darauf gefaßt sein, daß sich die Aggressionen auf ihre Art von Pflege oder Erziehung richten.

Unsere erste Reaktion ist: Widerstand, Verletztsein, Verärgerung, Wut. Wir quittieren das mit Kommunikationsabbruch. Und müßten eigentlich ahnen, daß das Aggressionen nur steigert.

Es bleibt unendlich schwer, in einer solchen Situation Balance zu halten zwischen Festigkeit und Verständnis. Denn jeder Betroffene hat die Befürchtungen, das könne für ihn unangenehme Folgen haben, ein gerichtliches Nachspiel etwa – auch wenn alle Fakten dagegen sprechen.

Nur selten gelingt es wirklich, daß Aggressionen, die dem Tod und dem Toten selber gelten, ausagiert werden. Der Tote kann sich nicht wehren. Das blockiert alle Aggressionen gegen ihn. Und sollten diese Aggressionen doch durchbrechen, tauchen sie später um so intensiver als Schuldgefühle bei den Hinterbliebenen wieder auf.

Es geht um Balance, um Festigkeit und Verständnis, um einen langen Weg. Erst viel später können die Hinterbliebenen selbst diese Balance herstellen: zwischen berechtigten Vorwürfen gegenüber dem Verstorbenen und ebenso unabweisbaren Selbstzweifeln und Selbst-Vorwürfen.

# 10. TRAUER ALS WEG-GESCHEHEN

*Was die Theologie von der Taufe behauptet, daß der alte Mensch stirbt und ein neuer zu leben beginnt, was zur Buße in der Folge von mortificatio und vivificatio gehört, was in den Initiationsritualen die Todesangstsituationen beim Eintritt in die Erwachsenenwelt symbolisieren, was schließlich auch die Weihehandlungen an demjenigen zum Ausdruck bringen, der einen heiligen Beruf antritt, ist rituell geformte und verbal interpretierte Erfahrung: durchs Sterben geht es zum Leben. In der Gegenwart ist von alledem bestenfalls die theologische Theorie übriggeblieben. Was fehlt, sind soziale Gestaltung und personale Erfahrung.* Manfred Josuttis

## 10.1. DAS KREUZ DER WIRKLICHKEIT: TRAUER-STILE

Verwirrend ist es für junge Pastorinnen und Pastoren, daß ihnen ganz unterschiedlich Trauernde begegnen. Das macht Angst: Welchen Menschen werde ich jetzt begegnen, wenn ich in diese mir fremde Familie komme? Was habe ich ihnen eigentlich zu sagen? Und vor lauter Angst schwindet die Fähigkeit, die Trauernden wirklich zu verstehen, ihre Art der Trauer mitzutragen, ihnen in ihrer Art der Trauer nahe sein zu können.

Die in der Literatur angebotenen Modelle der Trauerphasen geben dem Begleiter zwar eine gewisse Grundorientierung. Aber sie beziehen sich vor allem auf die Zeit-Dimension: Die Schock-Phase, die regressive Phase, die adaptive Phase – das alles mag der helfende Begleiter gelernt haben (vgl. dazu *Yorick Spiegel*, Der Prozeß des Trauerns, 57–89). Er oder sie hat auch berücksichtigt, daß diese Phasen in jedem Fall unterschiedlich lang sein können. Doch die meisten Phasen-Modelle bewegen sich eben auf einer Zeit-Achse. Und schon nach wenigen Begegnungen stellt der Begleiter fest: Unabhängig von der jeweiligen Phase sind die Trauernden in ihrem Temperament, in ihrer Lebenseinstellung, in ihrer Grundorientierung so verschieden, daß sich eben doch wieder Unsicherheit und Orientierungslosigkeit beim Begleiter als seine eigenen Begleiter einstellen.

Deshalb möchte ich an vier Beispielen veranschaulichen, wie unter-

schiedlich sich das jeweilige Temperament, die jeweilige Lebenseinstellung und Grundhaltung auf die Trauersituation auswirken.

*Trauer-Stil A:* Dem Begleiter fällt schon in den ersten Augenblik-
ken auf, wie schwer es ist, wirklich Zugang zu den Gefühlen des Trauernden zu finden. Unnahbar erscheint der Trauernde, Gefühlsregun-
gen sind kaum zu erahnen. Der Trauernde beschreibt präzise und
sachlich die Krankheitsgeschichte des Verstorbenen, benennt medizinische Einzelheiten. Ärzte und Pfleger werden mit äußerster Kritik
und manchmal mit scharfer Bitterkeit charakterisiert. Andere Mei-
nungen läßt er nicht gelten. Distanz baut sich zu allen Menschen auf,
die ihm begegnen. Und auch der Begleiter wird mit sehr kritischen
Blicken betrachtet. Geradezu mißtrauisch begegnet der Trauernde
allen, die sich ihm jetzt zu nähern versuchen. Er selbst erweckt gern
den Eindruck, mit der Situation werde er schon allein fertig. Er benö-
tige keine Hilfe. Seine Unnahbarkeit wirkt auf den Begleiter geradezu arrogant abweisend. Kein persönliches Wort, kein Mitgefühl für
andere Menschen in seiner Nähe – auch wenn sie noch so intensiv
trauern und klagen. Der Begleiter bleibt häufig ratlos zurück und
macht sich Vorwürfe: Ich bin einfach nicht an ihn herangekommen.
Habe ich mich nicht genug auf ihn einstellen können? Was habe ich
nur verkehrt gemacht? Solche Ratlosigkeit kann beim Begleiter um-
schlagen in den stillen Vorwurf: Der trauert ja gar nicht! Hat dieser
Mensch denn gar keine Gefühle? Ich bin hier wohl fehl am Platz.
Und: Dieser Mensch ist ja schrecklich einsam.

*Trauer-Stil B:* Schon in den ersten Augenblicken spürt der Begleiter
viel Gefühl, Erschütterung, Fassungslosigkeit. Und sehr schnell hat
er den Eindruck: Hier bin ich an der richtigen Adresse. Und: Ich
werde dringend gebraucht. Beinahe überrascht spürt er, wie schnell
der Trauernde ihn in sein Herz geschlossen hat. Dabei nimmt der
Trauernde sich selbst immer wieder zurück, weist darauf hin, wie
schwer es den anderen in der Familie geht. Zu allem Unglück, zu aller
Trauer macht sich dieser Trauernde noch Sorgen um die anderen Mit-
trauernden, steht ihnen zur Seite, tröstet sie , ist selbst ein Begleiter
anderer Trauernder. Das Mitgefühl steht bei ihm im Vordergrund.
Bezogen auf den Verstorbenen etwa so: »Hoffentlich hat er keine
Schmerzen erleiden müssen.« Oder: »Ich wäre gern an seiner Stelle
gestorben – er hat doch noch so viel vom Leben erwartet.« Schuldfragen stehen bei einem solchen Trauergespräch häufig im Mittelpunkt,
oft harte Selbstvorwürfe. »Warum habe ich nicht auch noch in dieser
Nacht bei ihm gewacht? Ich werde mir das nie verzeihen.« Gespräche

dauern oft sehr lang, schnell entsteht eine persönliche und gefühlsbetonte Atmosphäre. Der Begleiter hat fast Angst, diesen Trauernden alleinzulassen, Angst, sich zu verabschieden. Jeder Abschied verletzt diesen Trauernden. Gleichzeitig aber fühlt sich der Begleiter hier wirklich gebraucht, wird – auch wenn das Gespräch über Stunden gegangen ist – danach das Gefühl haben, gute Arbeit geleistet zu haben, dem Trauernden sehr nah gewesen zu sein. Aber irgendwie wird er auch erschöpft sein, ausgelaugt – und das ungewisse Gefühl haben: Kann ich diesem Menschen wirklich gerecht werden? Kann ich den Anforderungen standhalten? Habe ich mich zu sehr vereinnahmen lassen? Wie wird dieser Mensch eigentlich ohne mich fertig?

*Trauer-Stil C:* Etwas förmlicher – auf jeden Fall korrekt, das wird der spontane Eindruck sein, den der Begleiter von diesem Trauernden in den ersten Augenblicken gewinnen wird. Alles erscheint hier geordnet: die Einrichtung, die Zeit, der Tagesablauf, die Papiere, die Umgangsformen. Und auch manche Gesprächsinhalte werden mit Ordnung und Korrektheit zusammenhängen. Hinzu kommt ein starkes persönliches Verantwortungsgefühl, das sich auch in dieser Krisensituation als dominierend herausstellt. Dem Begleiter wird es jedoch schwerfallen, spontane Gefühle zu entdecken. Diese sind zumindest anfangs eher verborgen. Wenn jedoch Zuneigung und Vertrauen zu einem solchen Menschen sich entwickeln, dann bleibt die Zuwendung dauerhaft und verläßlich. Der Begleiter wird manchmal verblüfft sein, wenn dieser Trauernde trotz Betroffenheit und Schmerz sich schon sehr bald mit Aufgaben beschäftigt, die eigentlich noch in weiter Ferne liegen. Es wird ihn auch überraschen, wenn anstelle von Gefühlsausbrüchen geradezu pedantische Berichte oder kleinliche Beschreibungen das Gespräch prägen. Auffallen wird dem Begleiter auch die Ängstlichkeit des Trauernden: Daß ich nur ja nichts verkehrt mache! So kontrolliert der Trauernde nicht nur sich selbst, er möchte auch alles andere »unter Kontrolle« haben. Erst, wenn alles seine »gute Ordnung« hat, wird er sich zufriedengeben. Mit Zähigkeit und Beharrlichkeit wird er sich in die vielen unerwarteten und unbekannten Anforderungen hineindenken. Dabei kann er sich verzetteln, manches wird umständlich und übergründlich angefaßt. Der Begleiter wird deshalb eher stutzig – und denkt: Da ist aber viel Verdrängung! Der nimmt ja gar nicht richtig wahr, was eigentlich passiert ist. Er merkt kaum, wie sehr er dem Trauernden damit unrecht tut. Und für sich hat der Begleiter und Seelsorger die Sorge: Hoffentlich mache ich bloß nichts verkehrt.

*Trauer-Stil D:* Wieder ganz anders wird schon der allererste Eindruck im Gespräch mit diesem Trauernden sein. Nichts ist geordnet, nichts ist sicher, Gefühle brechen plötzlich hervor, spontan und ungehemmt. Der Begleiter ist eher erschrocken, fühlt sich ohnmächtig, ausgeliefert: Wie soll das bloß weitergehen? Die Gefühle schwanken von einem Extrem zum anderen. Eben noch heftiger Tränenausbruch, jetzt plötzlich sogar Lachen und ein Scherz. Auf jedes zaghaft angedeutete Stichwort geht dieser Trauernde spontan ein, redet sich in Rage, erscheint sprunghaft und unberechenbar. Unruhe prägt die gesamte Situation: plötzliches Aufstehen, Umherlaufen, eine unerwartete Handlung, überraschende Einfälle, beinahe unkontrollierbarer Aktionismus. Der Begleiter hat das beklommene Gefühl, Zuschauer in einem dramatisch-tragischen Schauspiel zu sein. Und er selbst ist mit Sicherheit nicht der Regisseur. Aber er spürt gleichzeitig: Dieser Trauernde ist unerhört offen, kontaktfreudig, manchmal unbekümmert und ziemlich launisch. Dazu kommt, daß er leicht kränkbar ist. In verschlüsselten Geschichten wird dies leicht sichtbar: daß er nicht genug Anerkennung und Beachtung gefunden hat, daß er einen guten Eindruck machen möchte. Es wird dem Begleiter kaum gelingen, auch nur grob eine Grundstruktur im Gesprächsablauf zu entdecken. Und er wird diese Person so schnell nicht vergessen – auch weil sie äußerst charmant sein kann. Dem Begleiter wird die Oberflächlichkeit und Ablenkbarkeit dieses Trauernden auffallen, und sie wird ihn beunruhigen. Die spontanen Gefühlsausbrüche führen ihn leicht in unvorhersehbare Schwierigkeiten. Das unbekümmerte Wesen und die herzliche Spontaneität lassen andererseits schnell Kontakte zu. Der Begleiter wird sich sorgen: Wie wird er die nächste Krise überstehen? Neigt der Trauernde nicht zu unberechenbaren Handlungen, gar zum Suicid-Versuch? Und beim Begleiter bleibt das merkwürdige Gefühl zurück, mehr Zuschauer als Begleiter geblieben zu sein. Das macht ihn unzufrieden und ratlos.

## 10.2. JEDER TRAUERT ANDERS

Diese schlichte Einsicht ist die wichtigste Vorbereitung für einen zuverlässigen Begleiter. Dazu gehört auch die Erkenntnis, daß ich den Trauernden in seiner Krisen-Situation nicht in seinem Persönlichkeitsbild verändern kann. Ich muß die Persönlichkeit akzeptieren, um sie verstehen – und dann auch angemesesn begleiten zu können.

Deshalb hat der Begleiter zuerst einmal die Aufgabe, sich selbst genauer zu erkennen, die Besonderheiten seiner eigenen Lebensgeschichte und Persönlichkeitsentwicklung verarbeitet zu haben. Je weniger sich der Begleiter kennt, um so befangener wird er in der Begegnung mit Menschen ähnlicher oder ganz anderer Persönlichkeitsstruktur bleiben. Je klarer er sich in das Persönlichkeitsprofil und die Lebensgeschichte, in die tatsächliche Lebenssituation des Trauernden hineindenken kann, um so angemessener wird seine Begleitung werden können.

Der Begleiter wird begleiten – nicht den Trauernden verändern, nicht den Trauernden lenken, nicht ihm vorauseilen. Das mag bescheiden und eher resignativ gelten. In Wahrheit ist es das Gegenteil: ein sehr hoher Anspruch an Authentizität, Wachheit und Verläßlichkeit. In einer Lebenskrise – wie in einem Todesfall eines engen Angehörigen – gerät alles ins Wanken, was bisher als gültig und stimmig galt. Da wäre es eine schlichte Überforderung, nun auch noch gleichsam eine Persönlichkeitsveränderung fordern zu wollen. Es wäre die falsche Erwartung. Der Begleiter hat vielmehr die Aufgabe, den Trauernden in seiner besonderen Art der Trauer anzunehmen und bei den notwendigen nächsten Schritten zu begleiten.

Den idealtypischen Beispielen, die ich hier dargestellt habe, liegt eine Struktur zugrunde, die den unterschiedlichen Grundorientierungen und Persönlichkeitsprofilen von Menschen Rechnung tragen möchte. Die Beispiele charakterisieren Grundprägungen von Persönlichkeiten. In der Alltagswirklichkeit werden uns solche Prägungen nicht in einer eindeutigen Form, sondern eher in Mischformen begegnen. Und das ist gut so. Nicht jedem ist jede Aussage gleich wichtig. Dieses Orientierungsmodell möchte es sich zur Aufgabe machen, sich und den Trauernden in seiner eigenen Lebensgeschichte und in seiner Lebensprägung besser zu verstehen. Es sollen keine Schubladen sein – es sind gleichsam Übungssituationen für die Fähigkeit des Begleiters, der Unterschiedlichkeit seines jeweiligen Gegenübers besser entsprechen zu können.

Der Sozialphilosoph *Eugen Rosenstock-Huessy* hat den Begriff »Kreuz der Wirklichkeit« geprägt. Dieses Kreuz der Wirklichkeit benennt Grundorientierungen des Menschen in Raum und Zeit; im Raum die Dimension »innen« und »außen«, in der Zeit die Dimensionen »rückwärts« und »vorwärts«. In diesen beiden Dimensionen geht es zusammengefaßt um das Hier (Raum) und Jetzt (Zeit). Für Rosenstock-Huessy beschreibt der Innen-Raum den Bereich der inneren

Wahrnehmung und der Gemütsbewegung, der Außen-Raum den Dialog und die Sprache. Die Rückwärts-Zeit umgreift den Urbeginn und die Tradition, die Vorwärts-Zeit die Entwicklung, den Fortschritt, die Zukunft.

Dieses Grundmodell findet sich in einer Weiterentwicklung und Zuspitzung auf Persönlichkeitsprofile bei dem Sozialpsychologen *Fritz Riemann* wieder. Für ihn ergeben sich analog zu diesem Grundmuster die vier Grundtypen:

*A – Egozentrik:* Das Ich kreist um sich selbst (wie die Erde sich um sich selber dreht). Menschen mit dieser Hauptprägung kreisen stark um sich, haben Angst vor Ich-Verlust, vor Abhängigkeit und Hingabe an den anderen. Sie streben statt dessen nach Eigenständigkeit, Selbstbewahrung und Unabhängigkeit; fühlen sich darin wohl.

*B – Altruismus:* Das Ich kreist um das Du (wie die Erde um die Sonne kreist). Menschen mit dieser Hauptprägung haben Angst vor Ungeborgenheit, Isolierung und Selbstwerdung. Sie streben nach Selbsthingabe, nach Resonanz und Abhängigkeit; fühlen sich darin wohl.

*C – Bewahrung:* Hier steht die Schwerkraft im Vordergrund, die Beharrung, die Ordnungskräfte (wie die Schwerkraft der Erde). Menschen mit dieser Hauptprägung leben von der Ordnung, der Sicherheit, der Wiederholung. Sie ängstigen sich vor jeder Veränderung, vor der Vergänglichkeit und vor jeglicher Unsicherheit. Sie streben vielmehr nach Dauerhaftigkeit, Planbarkeit und Verläßlichkeit. Darin fühlen sie sich wohl.

*D – Flexibilität:* Hier steht die Fliehkraft im Vordergrund, die Veränderungskräfte (wie die Zentrifugalkraft der Erde). Menschen mit dieser Hauptprägung betonen die Offenheit, wünschen sich Veränderung. Sie ängstigen sich vor Endgültigkeit, vor Zwängen und vor Unfreiheit. Sie streben vielmehr nach Veränderung, Improvisation und Beweglichkeit. Darin fühlen sie sich wohl.

Alle vier Grundkräfte wirken unterschiedlich stark bei der Persönlichkeitsbildung des Menschen mit. Unterschiedlich ist ihr jeweiliges Gewicht. Das bedeutet: Zwei Grundkräfte werden bei einem Menschen jeweils stärker ausgeprägt sein, zwei andere dagegen geringer stark ausgebildet.

In Fachkreisen wird an diesem Modell zu Recht Kritik geübt. Gleichwohl ist die Klarheit der Grundstruktur faszinierend – und findet ihre Entsprechung in Modellen der Entwicklungspsychologie, insbesondere etwa bei Erikson. Ich möchte auf diese Diskussion zwar nicht näher eingehen, jedoch kurz den Zusammenhang und den Hintergrund verdeutlichen. Vor allem möchte ich dem Begleiter eines Trauernden helfen, sich in wesensverschiedene Persönlichkeitsprägungen einfühlen zu können. Es geht also lediglich um eine Hilfskonstruktion, die es uns erleichtern soll, den Trauernden verstehen und begleiten zu können.

Die *Persönlichkeitsprägung von A* (vgl. Trauer-Stil) geht (nach *E. H. Erikson*, Kindheit und Gesellschaft, 241 ff.) auf Entwicklungen in den ersten Lebenswochen zurück. In dieser ersten Lebensphase entsteht im Idealfall das sogenannte Urvertrauen. Die Erfahrung, regelmäßig, verläßlich wärmend versorgt zu werden, bildet die Grundlage eines Identitätsgefühls, das der Welt mit Urvertrauen zu begegnen vermag. Bei möglichen Fehlentwicklungen in dieser ersten Lebensphase, wenn die Versorgung unzuverlässig erfolgt, sich die Bezugsperson überfordert fühlt, die Erwartungen des Neugeborenen enttäuscht werden, fällt solche Innigkeit aus. Es fehlt an altersgemäßer Geborgenheit, das Kind fühlt sich ungeliebt. So kann sich anstelle von Urvertrauen Urmißtrauen bilden. Mitmenschliche Nähe ist nicht nur mit Freude, sondern mit Angst vor möglichem Verlust verbunden. Die Grundlagen der Gefühlsentwicklung sind beeinträchtigt. Aus Sorge vor möglicher Enttäuschung entsteht Bindungsangst. Das Ich wird überwertig. Der Bezug zu sich selbst wird stabiler als der Kontaktwunsch zum Du.

Die *Persönlichkeitsprägung von B* hängt unmittelbar mit der folgenden Lebensphase zusammen: der Du-Werdung. Diese Phase beginnt mit dem Reifen des muskulären Systems, der Fähigkeit von Festhalten und Loslassen. Das Kleinkind erlebt idealtypisch in der zweiten Lebensphase, daß sein Urvertrauen zu sich selbst und zur Welt nicht in Frage gestellt wird. Es lernt langsam die Unterscheidungsfähigkeit zwischen Festhalten und Loslassen. Beginnende Eigenständigkeit muß korrespondieren mit Festigkeit und Verläßlichkeit der sozialen Beziehung. Die Eigenimpulse des Kindes führen zu einer ersten Differenzierung zwischen Ich und Du. Hier liegen die Ursprünge zu einem ausbalancierten Ich-Du-Gefühl. Bei möglichen Fehlentwicklungen in dieser zweiten Lebensphase erfährt das Kleinkind, daß seine eigenen Impulse abgewehrt werden. Etwa wenn das Kind überbehütet und verwöhnt, mit Zuwendung überschüttet wird, seine Eigenimpulse keine Chance erhalten. Die individuellen Bedürfnisse des Kindes werden übergangen. Das Kind wird enttäuscht, fühlt sich nicht liebenswert. Aus Angst vor drohender Trennung und befürchtetem Verlust wird das Du überwertig. Die eigenen Impulse werden zurückgenommen, es entwickelt sich Bescheidenheit, Verzichtbereitschaft, Opferbereitschaft. Aggressionen werden eher verharmlost oder richten sich schließlich gegen die eigene Person. Es fällt schwer, nein zu sagen. Später erscheint eine solche Persönlichkeitsprägung als Mitgefühl, Friedfertigkeit und einfühlsame Identifikation mit dem anderen. Der Bezug zum Du wird wesentlicher als die Übereinstimmung mit dem Ich.

Die *Persönlichkeitsprägung von C* geht zurück auf die dritte Phase der von Erikson beschriebenen acht Phasen des Menschen. Initiative und die Erfahrung von Regelhaftigkeit stehen im Mittelpunkt dieser Entwicklungsphase zwischen dem 2. und 4. Lebensjahr. Hier beginnt eine erste Ablösungsphase, die freie Fortbewegung und das Ausgestalten der expansiv-motorischen Kräfte bekommen zunehmend Bedeutung. Es wächst die Neigung zur Selbständigkeit. Gleichzeitig erfährt das Kind die Regelhaftigkeiten seiner Umwelt. Es erlebt Vergnügen an der spontanen Initiative, aber auch die Regelhaftigkeit und Berechenbarkeit seiner Umwelt. Es erlebt Vergnügen an der spontanen Initiative, aber auch die Regelhaftigkeit und Berechenbarkeit der Umwelt. Die freie Fortbewegung stößt an Grenzen, Freude an der eigenen Initiative verbindet sich mit der Verarbeitung regelhafter Reaktionen. Anders gesagt: Das Kind erfährt sein Können, seine Macht – aber auch seine Grenzen. Fehlentwicklungen in dieser Phase tauchen dann auf, wenn die Spontaneität des Kindes gehemmt wird oder wenn es altersmäßig überfordert wird (»Ungehorsam muß gebrochen werden!«). Das lebhafte, motorisch-vitale, aggressiv-expansive Kind wird dauerhaft gebremst, gerügt, gezügelt. So entsteht schließlich der Urzweifel: Darf ich ich selbst sein und tun, was ich will – oder muß ich immer nur gehorchen und auf die eigenen Impulse verzichten. Die Folgen sind einleuchtend. Auf lange Sicht wird jeder spontane Impuls durch Nachdenken unterbrochen. Aus der Erfahrung dauernder Verbote entsteht Zwanghaftigkeit als Schutz vor »gefährlicher« Spontaneität. Jeder Gedanke wird gleich mit dem Gegengedanken beantwortet (ja, aber!). Es entsteht langfristig ein Hang zum Perfektionismus. Die Zweifel verselbständigen sich, Verdrängtes muß in Schach gehalten werden. Es wird stärker gegen das Böse als für das Gute gekämpft. Schließlich entsteht Angst vor jedem Risiko, vor der Vergänglichkeit. Ordnende Prinzipien, feste Planungen und Korrektheit stehen letztendlich im Mittelpunkt einer so geprägten Persönlichkeit.

Die *Persönlichkeitsprägung von D* schließlich hängt unmittelbar mit der vierten Entwicklungsstufe zusammen, mit dem Alter zwischen dem 4. und 6. Lebensjahr. Langsam wächst das Kind in die Welt der Erwachsenen hinein. Es muß seine bisherige magische Wunschwelt aufgeben zugunsten der Realitätssicht der Erwachsenen. Man erwartet vom Kind zunehmend Einsicht, Verantwortung, Selbständigkeit und Vernunft. In dieser Lebensphase sind Vorbilder von entscheidender Wichtigkeit. Die Ich-Grenzen des Kindes dehnen sich auf Werkzeuge und Handfertigkeiten aus. Die Gefahr dieser Phase liegt (nach Erikson) darin, daß sich ein Gefühl der Unzulänglichkeit und Minderwertigkeit bilden kann. Das Kind beobachtet kritisch sich und andere. Auch das Rivalisieren und Konkurrieren mit anderen gehört hierhin. Die Identitätsbildung kommt zu ihrem vorläufig ersten Abschluß: Es begann mit der Bildung des Urvertrauens (gegen Ur-Mißtrauen), es folgte die Du-Werdung (gegen Zweifel und Scham), dann das Ergreifen von Initiative (gegen Schuldgefühle) bis zur Leistung (gegen Minderwertigkeitsgefühle). Zu Fehlentwicklungen kann es insbesondere dann kommen, wenn das Kind in dieser Zeit kein Vorbild hat, sondern etwa in einer chaotisch-widersprüchlichen Elternsituation aufwächst (oder in einer unglücklichen Elternehe). Das Kind gewinnt keinen festen Boden unter den Füßen. Es kann keine Identität aus sich heraus entwickeln, vielmehr entsteht fassadenhaftes Verhalten. Kinder werden zu Vorführkindern mißbraucht und entwickeln frühzeitig Imponiergehabe. Ihrer Anlage nach sind solche Kinder (Riemann nennt sie hysterisch) charmant, lebhaft, schön, spontan und haben ein starkes Geltungsbedürfnis. Die Folgen einer solchen Fehlentwicklung führen dahin, daß diese Kinder letztlich ein labiles Selbstwertgefühl besitzen, daß sie reizbar, empfindlich, ablenkbar und risikofreudig sind. Sie meiden alle Begrenzungen und Festlegungen, sind scheinbar unbeschwert, wendig und kontaktfreudig. Pünktlichkeit und Zeitplanung sind ihnen lästig. Überwertig ist ihre Freiheitssehnsucht. Sie leben leicht in einer illusionären Erwartungsvorstellung, suchen nach Prestige und Bestätigung, leiden gleichzeitig an mangelnder Selbstkritik (Typ: »Ich und meine Frau lieben mich bis zum Wahnsinn«).

Zu jeder Fehlentwicklung gehören auch markante psychosomatische Erscheinungen, die hier nur angedeutet sein sollen: Zu A insbesondere Hauterkrankungen, endogene Ekzeme, asthmatische Erkrankungen und Durchblutungsstörungen; zu B eher Erkrankungen der Organe zur Nahrungsaufnahme, der Hals-Nasen-Mund-Breich, Fettsucht, Magersucht, Magen-Darm-Erkrankungen; zu C dagegen eher Kopfschmerzen, Migräne, Herz- und Kreislauf-Erkrankungen, Schlafstörungen, schwankender Blutdruck; zu D schließlich eher Angstzustände (Phobien) oder Lähmungserscheinungen.

Erikson führt die Phasen noch erheblich weiter: in der beginnenden Jugendzeit Identität gegen Rollenkonfusion; im jungen Erwachsenen-Alter Intimität gegen Isolierung; im Erwachsenen-Alter zeugende Fähigkeit gegen Stagnation; im reifen Alter Ich-Integrität gegen Verzweiflung. Doch das sei hier nur angedeutet.

Diese knappe Beleuchtung des Hintergrunds von Persönlichkeitsentwicklungen macht jedem Trauer-Begleiter schnell deutlich, wie vermessen es wäre, solche Persönlichkeitsmerkmale in einer – zudem oft zeitlich begrenzten – Trauer-Begleitung verändern zu wollen. Ich möchte vielmehr Verständnis und Respekt dafür wecken, in welch hohem Maß die Lebensgeschichte uns selber und unser Gegenüber geprägt hat. Vor allem aber gilt: *In einer Krise treten die besonderen Persönlichkeitsprägungen überdeutlich zutage, bestimmen ungehemmt unser Verhalten.*

## 10.3. KRISEN UND PERSÖNLICHKEITSMERKMALE

Es wird also für den Begleiter besonders darauf ankommen, eben die Prägung verstehen zu können, sich wirklich auf dieses Persönlichkeitsbild einlassen zu können. Das hat dramatische Folgen:

*Trauer-Stil A:* Der Begleiter wird erkennen müssen, daß ein solcher Trauernder einen Schutzraum benötigt, der auch vom Begleiter nicht willkürlich durchbrochen werden darf. Unnahbarkeit ist ja nicht Ausdruck einer zufälligen Laune, sondern lebenslang behaupteter Schutzraum. Die Neigung zu scharfer Kritik, manchmal geradezu zu Sarkasmus hängt nicht mit der Gesprächsführung durch den Begleiter zusammen, sondern ist die Art des Betroffenen, Erschütterungen zu verarbeiten. Deshalb besteht hier für den Begleiter die wichtigste Aufgabe darin, Nähe durch die Fähigkeit zur Distanz zu üben, Distanz nicht als Ablehnung fehlzuinterpretieren, sondern als berechtigtes und unaufgebbares Schutzbedürfnis anzuerkennen. Es wäre unverzeihlich, wenn der Begleiter einem solchen Menschen vorwerfen würde: »Sie haben ja gar keine Gefühle!« Der Angesprochene würde sich mit Sicherheit nicht öffnen, sondern noch konsequenter verschließen. Und er weiß, wie man das macht: mit bissiger Kritik, mit unerbittlich scharfer Beobachtungsgabe, mit sarkastischer Ironie.

Vielmehr ist es für den Begleiter geradezu unabdingbar, den Sicherheitsabstand, die Distanz zu respektieren, vielleicht sogar zu stabilisieren. »Ihnen ist es wichtig, allein mit dieser Situation fertigzuwerden.« Erst wenn der Trauernde das sichere Gefühl hat, in seinem Distanz-Bedürfnis verstanden zu sein, wird er sich überhaupt schrittweise begleiten lassen.

*Trauer-Stil B:* Hier steht der Begleiter vor einer mindestens genauso schwierigen Situation – denn er hat den Eindruck, hier habe er es besonders leicht! Darin liegt bereits das Verhängnis. Beinahe mühelos wird es ihm nämlich gelingen, das Vertrauen des Trauernden zu gewinnen. Das ist kein Kunststück, sondern gleichsam täglich Brot dieser Persönlichkeit. Vielmehr wird die Kunst seiner Begleitung gerade darin bestehen, sich als Begleiter nicht (!) unentbehrlich zu machen. Und das ist schwer. Denn Erschütterung, Fassungslosigkeit, sie rufen geradezu nach helfender Zuwendung. Wer wollte sich hier verweigern? Und schon ist das Unglück geschehen. Die Kunst der Balance zwischen Nähe und Distanz ist in einer solchen Situation weit schwerer zu beherrschen. Dieser Trauer-Stil hat eine große Nähe zur depressiven Grundstimmung. Daher hilft, was *Klaus Dörner* und *Ursula Plog* in ihrem Buch »Irren ist menschlich« dazu (207 ff.) schreiben: Die Hilflosigkeit macht einen solchen Trauernden zum idealen Gegenüber unserer professionellen Hilfslust und Fürsorglichkeit. Das ist ein folgenschwerer Irrtum! Allenfalls ist der depressive Patient ideal, uns den Unterschied zwischen falschem und richtigem Helfen zu lehren. Denn sobald wir nach unseren »normalen« Hilfs- und Trostgefühlen handeln, haben wir uns von unseren eigenen Bedürfnissen verführen lassen, sitzen in der Falle, sind von der depressiven Beziehung abhängig, sind einmontiert in die Depression, sind handlungsunfähig. Woran wir das merken? Spätestens daran, daß wir nach einiger Zeit verblüfft wahrnehmen, daß derselbe Patient jetzt negative Gefühle in uns auslöst, uns wütend und sauer macht. Wie das zu verstehen ist? Wenn wir »normalerweise« mitleidig, tröstend und hilfreich sind, dann sind wir gewohnt, daß sich das ein wenig auszahlt (Mitleid ist nicht uneigennützig!), daß es also dem anderen zumindest besser geht. Im Fall des Depressiven ist es umgekehrt: Das Mitleid steigert hier typischerweise den Appell, die Hilfe die Hilflosigkeit, die Entlastung die Belastung, die Fürsorge die Sorgen, und der Trost steigert die Trostlosigkeit (ebd., 207–209). Es kann hier nicht um eine intensive Auseinandersetzung mit der Begleitung Depressiver gehen. Anmerkungen müssen als Warnung für den arglosen Begleiter erst einmal genügen. Und der Hinweis, daß langfristig ein solcher Patient das Gefühl haben muß, während er an sich arbeitet, in Ruhe weiter (!) depressiv sein zu dürfen. Oder wie Dörner eindringlich sagt: Depressivität darf nie bekämpft werden (ebd., 219).

*Trauer-Stil C:* Der gefährlichste Wunsch des Begleiters in einer solchen Begegnung besteht wohl darin, den erstarrten, förmlichen und überkorrekten Trauernden gleichsam »mit Leben« erfüllen, ihn auftauen zu wollen. Darauf kann ein Trauernder eigentlich nur mit eisiger Kälte reagieren. Seine lebenslang geübte Lebensstrategie besteht ja gerade im Gegenteil: Geschieht etwas völlig Unerwartetes, reagiert er mit Erstarrung. Sein Lebenswunsch, alles unter Kontrolle zu behalten, gerät ins Wanken. Die Veränderung ist es ja gerade, die ihn ängstigt. Und welche dramatische Veränderung bringt die Trauer für einen solchen Menschen ohnehin schon mit sich! In einer solchen Situation hilft ihm all das, was wenigstens die nächsten Wege und Schritte einigermaßen erkennbar, überschaubar, ja planbar werden läßt. Das Ritual, die geordnete Handlung können hier eine heilende Wirkung tun. Der Begleiter muß daher viel Geduld zeigen. Strukturierungshilfen haben hier ihren Platz. Denn ein solcher Trauernder möchte ja auch die fast unberechenbare Situation möglichst bald selbst unter Kontrolle bekommen. Es ist gut, wenn sich der Begleiter in die zum Teil geheimen Sorgen des Trauernden hineinversetzen kann – auch wenn sie ihm selbst ganz fremd sind. Etwa die Sorge, bei der Beerdigung möglichst alles »richtig« machen zu wollen. Beim Begleiter ist deshalb die Bereitschaft gefordert, sich auf das eher planende Empfinden einzulassen, gleichsam ein Geländer der Verläßlichkeit mitzuentwerfen, an dem der Trauernde sich entlangtasten kann. Ein so Trauernder hat ein tiefes Gespür für Gründlichkeit und Verläßlichkeit – und tiefes Mißtrauen gegen Unberechenbarkeit, Unzuverlässigkeit und Improvisation. Der Begleiter sollte verstehen lernen, daß auch seine Begleitung zu diesem Wunsch nach Verläßlichkeit und Dauerhaftigkeit passen muß. Der Begleiter wird auch da Geduld haben, wo sich der Trauernde scheinbar in nebensächliche Einzelheiten verzettelt: Gerade dort liegen offenbar große Befürchtungen und Ängstigungen. Es kommt dabei überhaupt nicht auf große Versprechungen an, die womöglich gar nicht eingehalten werden. Sondern das, was gemeinsam vereinbar ist, sollte eingehalten werden. Hier zählt auch die Fähigkeit zur Selbst-Bescheidenheit. Denn der Trauernde ist gern bereit, Verantwortung mitzuübernehmen und zu tragen. Er kann das, er hat es ein Leben lang üben müssen.

*Trauer-Stil D:* Gänzlich anders ist die Herausforderung, die hier auf den Begleiter zukommt. Er muß Raum geben können. Selbst wenn ihn das beinahe ängstigt. Er wird die Unruhe, die Hektik nicht beiseiteräumen können – sollte er es auch nur versuchen, wird er sein blaues Wunder erleben. Das Repertoire an Unberechenbarkeit ist größer, als es sich mancher Begleiter vorzustellen vermag. Manches, was nur angerissen worden ist, nicht mit letzter Gründlichkeit zu Ende führen wollen – dazu gehört viel innere Freiheit. Sich nicht aufspielen – gerade weil der Trauernde selbst äußerst dramatisch agiert: Solche Fähigkeit ist hier besonders gefragt. Sich selbst zurücknehmen können, ertragen, daß jetzt vieles sprunghaft, unberechenbar, geradezu verwirrend abläuft, das kann jetzt wichtig sein. Und Begleiter bleiben – nicht sich verführen lassen, zum Mit-Regisseur zu avancieren. Und die scheinbare Oberflächlichkeit nicht tadeln, nicht dagegen ankämpfen. Raum geben, das bedeutet, Freiheit zu lassen, daß auch die Unruhe zu ihrem Recht kommt. Denn alles in diesem Trauernden ist jetzt unruhig, gespannt, unberechenbar. Nicht selbst in die gleiche Hektik verfallen, sondern Raum geben, darum geht es jetzt. Im Bild gesprochen: Der Begleiter wird bei diesem Segelboot im Sturm nicht Steuermann sein wollen, sondern bestenfalls Kiel, der diesem Boot in seiner Unruhe hilft, Balance zu halten. Steuermann kann nur der Trauernde selbst sein. Und den Sturm konnte nur Jesus bedrohen und zur Ruhe bringen. Ein Trauer-Begleiter sollte da bescheidener von sich denken. Er wird schon genug damit zu tun haben, das labile Selbstbewußtsein des Trauernden nicht noch mehr zu labilisieren, sondern zu stabilisieren. Und ein solcher Trauernder hat ein unerhört feines Gespür dafür, ob er menschlich geachtet bleibt oder insgeheim abgelehnt wird. Raum geben und die Achtung nicht verweigern, das ist eigentlich das Wichtigste für eine solche Begleitung.

## 10.4. SPIRALWEGE DER TRAUER

Ich komme noch einmal auf das »Kreuz der Wirklichkeit« von *Eugen Rosenstock-Huessy* zurück. In einer längeren Trauerbegleitung kann es einen vorzüglichen Anhaltspunkt bieten, gemeinsam Trauerwege zu beschreiten. Es bewahrt uns nämlich davor, an eine solche Entwicklung mit gleichsam finalem Hintergedanken heranzugehen: als gäbe es einen Anfangs- und einen Zielpunkt. Gehen Trauerwege nicht vielmehr in Kurven und Serpentinen, spiralförmig? Müssen nicht – immer wieder – die verschiedenen Bereiche dieses Kreuzes der Wirklichkeit durchschritten werden, wie in einer sich öffnenden Spirale? Im Bild sieht das so aus:

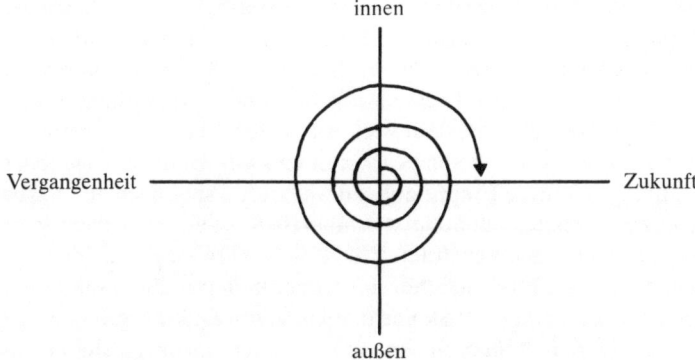

Der Weg der Trauerbegleitung beginnt im »Kreuz der Wirklichkeit« gleichsam im Mittelpunkt. Dort beginnt der spiralförmige Weg der Trauer. Und Station für Station wird er sich jeweils über alle vier Felder des Kreuzes bewegen. Der Schock wird nicht nur innerlich erlebt, er bezieht sich auch auf die drei anderen Dimensionen: Die Zukunft ist schockierend! Und sehr bald wird der Weg uns nach außen führen. Auch das ist schockierend. Alle Äußerlichkeiten haben sich verändert, so unabweisbar verändert, daß das erst einmal schockierend ist. Und die Vergangenheit – auch das schockierend, weil sie unabweisbar ihr Ende gefunden hat, was ist da alles unwiederbringlich Vergangenheit geworden!

Irgendwie geht dieser Weg dann weiter. Bei dem einen Trauernden beginnt der Spiralweg der Trauer »innen« (A), beim anderen stärker »außen« (B), bei dem nächsten eher in der Perspektive der Vergangenheit (C), bei dem anderen schließlich stärker in der Perspektive der Zukunft (D). Konkret: Auch die sogenannte kontrollierte Phase bezieht sich auf alle vier Dimensionen: Sich selbst kontrollieren, die unmittelbare Zukunft kontrollieren wollen, die veränderte Außenwelt kontrollieren, die unwiederbringliche Vergangenheit kontrollieren und sich ihrer wiederholend vergewissern. Wie oft erzählen Trauernde gerade die jüngste Vergangenheit, die Sterbegeschichte – immer wieder!

Für eine längerfristig angelegte Trauerarbeit empfehle ich, das »Kreuz der Wirklichkeit« zum geheimen Leitfaden zu machen. Jede neue Entwicklung will in allen vier Bereichen durchschritten und erfahren sein. Mehr noch: Je intensiver ich in der einen Dimension mitgegangen bin, um so intensiver wird auch die Auseinandersetzung mit den anderen Dimensionen. Ein einfaches Beispiel: Zu den besonders schmerzlichen Augenblicken gehört es für jeden Trauernden, sich von Gegenständen, insbesondere Kleidungsstücken des Verstorbenen, trennen zu müssen, eine Aufgabe in der »Außen-Dimension« also. Gleichzeitig ist dies ein wichtiger Augenblick, der auch in der Vergangenheits-Dimension bearbeitet sein will. Und ein Augenblick, der intensive innere Empfindungen wachruft. Aber auch ein Augenblick, der – manchmal äußerst schmerzhaft – auch den Blick in die Zukunfts-Dimension eröffnet. Wie wichtig wäre es, gerade die sogenannte adaptive Phase in allen vier Dimensionen zu durchschreiten.

Solche Trauerwege sind keine mathematisch exakten Spiralen, sondern es werden Krümmungen und Ausbuchtungen entstehen, die eben mit der Lebensgeschichte und Lebensprägung in unmittelbarem Zusammenhang stehen. Wichtig ist, daß wir in der Trauerarbeit nicht vereinseitigen. Daß wir uns beispielsweise nur auf die inneren Entwicklungen konzentrieren und geradezu fahrlässig achtlos gegenüber den unabweisbaren äußerlichen Entwicklungen reagieren. Oder daß wir Entwicklungen in der »Außen-Dimension« mit dem Stempel »unwesentlich« abstempeln, ohne zu erkennen, daß mit dieser Entwicklung neue Schritte auch in den anderen Dimensionen gewagt werden.

Ich bin bisweilen, nach Wochen oder gar Monaten, von Angehörigen angerufen worden, die sich von den Kleidungsstücken der Verstorbenen trennen wollten. Sie sollten aber wenigstens noch einem »guten Zweck« dienen. Ob ich das wohl machen könnte? Es wäre ein leichtes gewesen, einen Mitarbeiter vorbeizuschicken und die Sachen abzuholen. Ich habe solche Anrufe immer als ein wichtiges Signal betrachtet und bin selbst hingefahren. Denn mit dieser äußeren Bereitschaft zum Abgeben von Gegenständen war eben auch die Bereitschaft gewachsen, innerlich abzugeben, was uns nicht mehr gehörte. Es waren Gespräche, die wesentlich intensiver waren als etwa die Erstbegegnung in der sogenannten kontrollierten Phase. Jetzt konnten wir sprechen, ohne den Druck der drohenden Beerdigung noch vor uns zu haben, ohne gleichsam eine äußere Notwendigkeit gemeinsam gestalten zu müssen. Jetzt ging es wirklich um das Weiterleben nach dem Tod.

Wer einen Menschen verloren hat, ihn betrauert, der weiß, wie lang Trauerwege werden. Sie führen uns zwar Station für Station vom

Schock fort, aber wir umkreisen den Tod noch lange. Je länger wir ihn aber umkreisen – und dabei wirklich alle Dimensionen immer wieder neu durchschreiten, um so mehr öffnen wir unser Leben, wie eine sich öffnende Spirale. Und der zunehmende Abstand entfremdet uns dem Verstorbenen nicht, sondern läßt uns trotz seines Todes leben.

Kann es nicht sein, daß manche sogenannte chronische oder pathologische Trauerverarbeitung damit zusammenhängt, daß Trauer nur in einer Dimension angegangen worden ist? Etwa nur in der Vergangenheits-Dimension? Dann hat das Leben eigentlich aufgehört. Wir kreisen immer wieder um die gleiche Vergangenheit. Und verändern uns nicht mehr. Genauso bedrückend kann die Einseitigkeit der anderen Dimension, der Zukunft, sein: Wir versuchen, immer wieder neu Zukunft zu gewinnen, vergewissern uns aber nicht der auch weit zurückliegenden Vergangenheit – und klappen plötzlich zusammen. Oder wir besorgen uns um alle Äußerlichkeiten – und wenn sie schließlich geregelt erscheinen? Dann spätestens spüren wir, wie wir uns innerlich vernachlässigt haben.

Trauern als Weg-Geschehen, das bedeutet: Raum geben und Räume durchschreiten, Innen-Räume, Außen-Räume, Vergangenheits-Räume und Zukunfts-Räume.

Darum spiegeln sich in jeder Trauer die Grundkräfte, die unser Leben bestimmen, mehr noch, die gesamte Erde umgreifen. Am Beispiel der Erde lassen sie sich zusammenfassend so darstellen:

– *Trauer ist zuerst Trauer um das DU* – im Bild gesprochen: die Trauer um die fehlende Sonne. Es fehlt das Licht der anderen Perspektive, die Wärme durch die andere Person. Es schwindet die Möglichkeit, sich im Licht des anderen selbst sehen zu können. Für manche Menschen ist dieser Verlust noch krasser: Der äußere Schwerpunkt, um den sich meine Lebenswege und Lebensbahnen gelegt haben, ist verschwunden. Ich habe das DU verloren, das meinen Lebensbahnen bisher ihren Sinn gab. Die Bahnen werden nicht nur sinnlos, sie fallen in sich zusammen. Ich verliere meine Dynamik, meine Bewegungs-Notwendigkeit und -Möglichkeit. Dort, wo der Verlust des Du die zentralste Erfahrung ist, wird Trauer in erster Linie depressive Trauer sein.

– *Trauer ist dann auch Trauer um das eigene ICH* – im Bild gesprochen: die Trauer um den fehlenden inneren Mittelpunkt. Ich verliere mich. Mein eigenes Selbstvertrauen ist zerstört. Ich bin mir selbst nichts mehr wert. Die Beschäftigung mit mir hat jeden Reiz verloren. Ich bedeute niemandem mehr etwas und mißtraue deshalb mir. Mehr noch: Ich kann mich selbst nicht mehr ertragen. Der innere Schwerpunkt meines eigenen Lebens ist verschwunden. Jede Beschäftigung mit mir ist sinnlos geworden. Es gibt niemanden mehr, den das noch interessiert. Ich habe mit dem Tod auch mein eigenes Ich verloren. Dort, wo der Verlust des Ich die zentralste Trauer-Erfahrung ist, wird Trauer in erster Linie schizoid wahrgenommen.

– *Trauer als Fluchterfahrung:* Die Zukunft unterliegt einer fatalen Ambivalenz: Eigentlich gibt es keine sinnvolle Zukunft mehr. Alle meine Aktivitäten und Impulse laufen ins Leere. Das, was ich in der Zukunft erhoffte oder erträumte, ist gestorben, zerstört. Die Zukunft, die bisher der geheime Ort aller Träume und der gesamten Sehnsucht war, wird nun eigentümlich hohl und leer. Ich habe nichts mehr zu erwarten. Die Zukunft lohnt sich nicht mehr. Eine solche Trauer drückt sich aus in dem Gefühl: Bloß weg von hier, bloß weg. Aber wohin ich auch gehe – nirgendwo wird mir die Zukunft erstrebenswert. Eine Trauer, die vor allem diesen Zukunftsaspekt besetzt hält, wird sich in deutlich hysterischen Grundzügen äußern: Die gesamte Umwelt chaotisiert sich für den Trauernden, weil es im Kern keine erstrebenswerte und ersehnte Zukunft mehr geben kann. In dieser Trauer werden viele Fluchtbewegungen im Vordergrund stehen – und doch wird jede Flucht in der gleichen Enttäuschung enden: Bloß weg von hier – aber wohin lohnt es sich eigentlich noch zu gehen? Was lohnt sich noch zu erhoffen oder zu ersehnen?

– *Trauer als Beharrung:* Die Vergangenheit und alle ordnenden Kräfte meines Lebens verlieren ihre innere Stimmigkeit, ihre Bedeutsamkeit. Jegliche Ordnung verliert ihren tieferen Sinn. Gerade die stille Hoffnung, mit der Ordnung das Vertraute bewahren zu können, ist ja so radikal in Frage gestellt worden. Das, was mir die Vergangenheit so wertvoll und so wichtig hat werden lassen, ist zerstört, gestorben, nicht mehr da. Alle Geborgenheit schenkenden Erinnerungen sind nun plötzlich schmerzhafte Erfahrungen; alle Ordnungen werden plötzlich zu sinnlosen Ordnungen. Eine solche Trauer drückt sich in dem Gefühl aus: Jetzt läßt mich eben einfach alles kalt. Ich werde mich nicht mehr binden. Eine Trauer, die vor allem von diesem Vergangenheitsaspekt belegt ist, wird sich am stärksten in zwanghafter Trauer artikulieren. Unabhängig von innerem Sinn und äußerer Stimmigkeit werden Ordnungen einen person-unabhängigen Wert bekommen. In dieser Trauer wird viel Trotz und Verbitterung im Vordergrund stehen. Sich verschließen – sortieren, festhalten, bloß nichts abgeben; gerade weil die Ordnung ihren inneren Bezug verloren hat. Was lohnt sich festzuhalten? Was kann ich abgeben? Mir ist ja doch nichts geblieben.

# 11. VON GESTEN UND WORTEN

*So, im Glück der Gemeinsamkeit und im Schmerz der Trennung, ist unser Leben gedacht, und so müssen wir es annehmen, und mitten im Schmerz wird uns, wird auch euch geholfen werden, es anzunehmen, weil der, der unser Leben so gedacht hat, unser Freund ist und nicht unser Feind – unser Freund, der uns Gutes zudenkt und nichts Böses. Unser Freund, von dem wir auch mitten im Schmerz, den er uns zugedacht hat, voll Dank für das Gute, das er uns zugedacht hat, mit aller Gewißheit sagen dürfen: »Er hört, wenn ich ihn anrufe.«*      *Helmut Gollwitzer*

## 11.1 LEBENSGESCHICHTLICH ORIENTIERTE VERKÜNDIGUNG

Die Beerdigungsansprache der Pfarrerin, des Pfarrers ist öffentliche Rede, öffentliche und zugleich persönlich orientierte Verkündigung. Die Arbeit an der Beerdigungsansprache ist daher die sich wiederholende Trauerarbeit der Pfarrer. Wie geschieht das?

Es gibt dazu in der Homiletik eine Grund-Kontroverse. Die *Position A* sagt: Im Mittelpunkt der Beerdigungsansprache steht *biblische Verkündigung*. Alles andere ist nebensächlich – mehr noch, gefährliche Einmischung in fremde Gebiete. Schon gar nicht darf die Beerdigungsansprache Bezug auf die Lebensgeschichte des Verstorbenen nehmen. Die Gefahr ist zu groß, daß sich der Verkündiger zum Lebensrichter aufspielt. Und was weiß er denn schon wirklich vom Leben des Verstorbenen? Viel zu wenig. Und wenn die Verkündigung der frohen Botschaft im Mittelpunkt steht, dann muß der Prediger in Kauf nehmen, daß er es nicht in der Hand hat, ob und wie die Verkündigung verstanden wird. Das ist allein Gottes Sache, ob aus dem Hören und Verstehen Glauben erwächst. Hier können Wunder geschehen, daß sich plötzlich inmitten der biblischen Verkündigung Lebensperspektiven erschließen, die niemand vorher erahnt hat. Hier kann sich die Kraft des Glaubens entfalten – hier kann Gott selbst zur Sprache gebracht werden. Hier geschieht keine Anmaßung, der Pfarrer ist nicht Stellvertreter des göttlichen Richters, er ist Verkündiger der frohen Botschaft. Aber diese frohe Botschaft kann so elementar am Lebensempfinden der Trauernden vorbeigehen, daß sie es bestenfalls als nun auch noch notwendige Pflicht ertragen, der Ansprache zuzuhören – jedoch ohne jeden inneren und persönlichen Bezug. Mehr noch, eine solche Ansprache wird häufig genug mißverstanden als »weihevolle Rede«. Und gerade das ist Verkündigung nicht. »Sie haben aber schön gesprochen« – das meint oft genug leider auch: Ich habe eigentlich überhaupt nichts verstanden.

Ganz anders die *Position B*: Die biblische Verkündigung ist Teil der *Trauerbegleitung*. Aus der Trauerbegleitung erwächst der Kern der Beerdigungsansprache. Es genügt deshalb, wenn etwa ein Vers aus den Psalmen oder ein anderes Wort aus der Bibel ausgewählt wird. Hauptsache, die Angehörigen fühlen sich verstanden. Hier wird die Trauerbegleitung der Verkündigungs-Anforderung untergeordnet. Es wird stärker von der Situation ausgegangen, vom Kasus. Beerdigungsansprache ist Kasus-Predigt. Auch hier lauern Gefahren. Auch bei bestem Verstehen ist es möglich, daß der Pfarrer sich irrt, über »einen Kasus« predigt, der so gar nicht gegeben ist. Ein überspitztes Beispiel: Der Pfarrer geht davon aus, daß die Trauernden tief erschüttert sind und den Verstorbenen sehr geliebt haben. Darauf baut er seine Ansprache auf. In Wahrheit aber haben die Angehörigen den Verstorbenen vor allen Dingen gefürchtet – so sehr gefürchtet, daß sie auch nach seinem Tod noch Angst vor ihm hatten. Und vor lauter Angst haben sie nicht gewagt, die Ambivalenz ihrer Gefühle auszudrücken. Die Ambivalenz sieht vielleicht so aus: Wir sind erleichtert, daß dieser ständige Druck, diese dauernde Belastung endlich von uns genommen ist. Aber wie können wir erleichtert sein, wo jemand gestorben ist? Das sind die Beerdigungen, bei denen man dankbar dafür ist, daß es eine wohlgeordnete Liturgie gibt, mit Psalm-Lesung, biblischer Verkündigung, Gebeten und Chorälen. Denn in diesen Stücken findet sich versteckt das, was in Wahrheit unaussprechbar schien. Das sind aber auch die Beerdigungen, bei denen hinter dem Rücken des Pfarrers später, viel später erst, geschmunzelt wird: Was der Pfarrer wieder einmal für dummes Zeug geredet hat. Aber man wußte es ja ohnehin, daß er weltfremd ist. Und die Wahrheit – sie wäre einfach unaussprechbar gewesen.

Beide homiletischen Grundpositionen haben ihr Recht und ihr Risiko. Und auch meine Position, die ziemlich genau zwischen beiden Ansätzen steht, ist nicht frei von Risiko und Irrtum. Die *Position C* bemüht sich um *lebensgeschichtlich orientierte biblische Verkündi-*

*gung.* Im Mittelpunkt des Beerdigungsgesprächs mit den Angehörigen steht über weite Strecken der lebensgeschichtlich orientierte Ansatz im Mittelpunkt. Damit ist nicht nur die Lebensgeschichte des Verstorbenen gemeint, sondern auch die lebensgeschichtliche Situation der Angehörigen und Trauernden.

Davon deutlich zu unterscheiden ist die öffentliche Verkündigung bei der Trauerfeier. Doch diese beginnt schon mitten im lebensgeschichtlich orientierten Trauergespräch. Je intensiver der Pfarrer, die Pfarrerin mit der Bibel lebt, desto leichter wird es ihr oder ihm fallen, die Worte oder Geschichten zu entdecken, die für diese Lebenssituation wahrhaft aufschließende, erhellende Bedeutung gewinnen können.

Je länger eine Pfarrerin, ein Pfarrer in dieser Arbeit steht, desto vertrauter sind ihm – durch seine eigene Trauerarbeit – die Momente und Motive, die Jesus selbst uns eröffnet hat. Eine solche Verkündigung trägt sehr persönliche Züge – und kann auch Widerspruch vertragen.

Die überspitzte Karikatur ist uns allen bekannt: Das Trauergespräch neigt sich dem Ende zu, der Pfarrer sagt einen frommen Spruch, spricht ein Gebet und verschafft sich einen »gekonnten Abgang«. So nicht! Und doch liegt genau an dieser Stelle die Brücke zwischen Trauerbegleitung (Position B) und Verkündigungs-Orientierung (Position A): Es ist wirklich die Aufgabe des Pfarrers, biblische Verkündigung zur Sprache zu bringen. Aber er muß auswählen – und kann das willkürlich tun (etwa mit dem jeweiligen Wort der biblischen Tageslesung oder der Losung der Herrenhuter Brüdergemeinde), oder er kann es sehr persönlich sagen, mit Motiven und Worten, die ihm in seinem eigenen Leben bedeutsam geworden sind. Ich habe manchmal gegen Ende des Trauergesprächs eine biblische Geschichte aus der Erinnerung erzählt, manchmal Bezüge hergestellt zu dem, was wir gerade besprochen hatten. Bisweilen waren diese Bezüge so deutlich, daß sie nicht erst ausgesprochen werden mußten. Und es waren zumeist biblische Geschichten, die keine fertigen Antworten gaben, sondern die ziemlich genau unsere Ratlosigkeit oder unsere Einsamkeit ausgedrückt haben – nicht in eigenen Worten, sondern in Worten und Empfindungen Jesu. Und das hat uns weitergeholfen.

Unsere eigenen Fragen habe ich gern in einem Gebet noch einmal beim Namen genannt. Und ich bete auch gern mit den Angehörigen gemeinsam das Vaterunser. Mehr noch: Besonders hier habe ich dieses Gebet liebengelernt. Es ist die beste Brücke in unseren Trauerwegen, eine Brücke von Gott zu uns Menschen.

Der vorliegende Ansatz setzt eine intensive, ehrliche und theologisch reflektierte Trauerarbeit des Pfarrers, der Pfarrerin voraus. Dazu muß Zeit sein. Solche Trauerarbeit geschieht am Schreibtisch, in der Begegnung mit der Bibel. Aber diese biblisch orientierte Trauerarbeit wird sich nicht in Exegese flüchten, sondern sie dort zu Rate ziehen, wo wir mit unseren eigenen Kenntnissen in die falsche Richtung geraten. Und diese biblisch orientierte Trauerarbeit des Pfarrers, der Pfarrerin bei der Vorbereitung der Ansprache wird das Mitempfinden mit den Angehörigen, das verläßliche und vertrauensvolle Verstehen miteinbeziehen in die eigenen Trauerwege. Ich will das ganz persönlich sagen. Ich denke an eine Beerdigungsansprache für einen 24jährigen Studenten, der plötzlich gestorben war. Neben der Bibel lag bei meiner Predigtansprache das Foto des jungen Mannes. Die Eltern hatten es mir gezeigt, und sie hatten es mir geliehen.

Die Arbeit an der Beerdigungsansprache darf nicht zur Routine verkommen, ebensowenig wie die Arbeit an der Sonntagspredigt. Nirgendwo ist die Gefahr so groß, wie gerade bei der Traueransprache. Natürlich wächst im Lauf der Zeit mehr Sicherheit und Vertrautheit mit der jeweiligen Situation. Aber gerade darin steckt auch eine große Gefahr: daß wir uns so sicher fühlen – und die Angehörigen erleben uns so weit, so weit weg von dem, wie ihnen zumute ist.

Der lebensgeschichtlich orientierte biblische Verkündigungsansatz weiß um die Einzigartigkeit der Situationen und Lebensgeschichten. Gerade weil es sogenannte Typisierungen und Generalisierungen in Lebensgeschichten gibt, werden wir um so aufmerksamer heraushören können, was die Besonderheit eben dieser Situation bestimmt. Gerade hier aber warne ich nachdrücklich vor der Gefahr, in der Ansprache konkretistisch zu werden. Es kann schrecklich peinlich sein, wenn belanglose Beiläufigkeiten, die uns bekannt geworden sind, nun plötzlich in der Traueransprache aufgebauscht werden zu einer umfassenden Schlüssel-Situation. Da hält sich der Pfarrer an einem kleinen Zipfel Lebensgeschichte fest und formt daraus das Evangelium. Das ist unverantwortlich – und peinlich zudem.

## 11.2. DIE GRUNDSTRUKTUR DER TRAUERANSPRACHE

Für die äußere Gestalt, die Grundstruktur der Traueransprache gibt es kein Patentrezept. Aber es gibt Erfahrungswerte. Davon soll hier die Rede sein.

Im Bild ausgedrückt, läßt sich folgende Grundform darstellen:

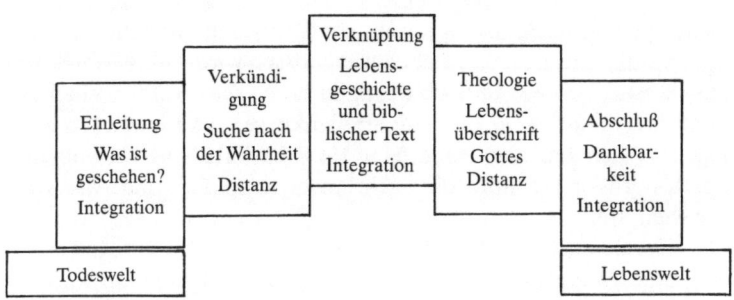

*1. Einleitung:* Die Aufgabe der Einleitung besteht darin, zu sagen, was geschehen ist. Auch, wenn das schon hundertmal gesagt worden ist. Und die Einleitung muß deutlich erkennen lassen, wer hier und jetzt angesprochen werden soll. Insbesondere die engsten Angehörigen müssen sich wirklich verstanden und angesprochen fühlen. Im Spannungsbogen zwischen Nähe und Distanz ausgedrückt, wird sich die Einleitung um ein großes Maß an persönlicher Nähe bemühen. Denn Einleitung ist Einladung – Einladung, den Trauerweg mit der Verkündigung gemeinsam gehen zu wollen. Diese Einladung muß jedoch nicht immer ausdrücklich ausverbalisiert werden. Manchmal, insbesondere wenn der Prediger, die Predigerin den Angehörigen persönlich vertraut ist, kann solche Nähe einfach vorausgesetzt werden. Nähe ist bereits hergestellt und bedarf nicht einer Bekräftigung durch Worte.

Das kann man lernen an den publizierten »Nachrufen« von Helmut Gollwitzer – alles Trauersituationen, in denen er den Verstorbenen und Angehörigen, der Trauergemeinde persönlich eng verbunden ist (Gustav Heinemann, Benno Ohnesorg, Elly Heuss-Knapp, Else Niemöller und Dorothea Schulz, Ulrike Meinhoff oder Charlotte von Kirschbaum). Gollwitzer benennt deshalb sofort zu Beginn

241

seiner Trauerrede das Hauptthema – oder stellt knappe biographische Bezüge her. Die Traueransprache für Elly Heuss-Knapp beginnt so: »In dem Exemplar des Neuen Testaments, das unsere liebe Heimgegangene während der letzten Jahre benützt hat, ist dieser Vers (Ps 17,15) unterstrichen.« Else Niemöller und Dorothea Schulz sind bei einem Autounfall ums Leben gekommen. Gollwitzer beginnt seine Traueransprache: »Wir wissen nichts, liebe Freunde! Wir wissen nichts! Das wird uns gerade dann am meisten bewußt, wenn ein Sterben unvorbereitet, unerwartet hereinfährt in unser Leben, wenn wir nicht nur von ferne davon hören, sondern wenn ein naher Mensch unvermittelt aus unserem Leben weggerissen wird wie ein Stück von uns selbst. Eben war er noch da, dann stieg er ins Auto zu einer Ferienfahrt, dann bog er um eine Straßenkurve – und jetzt? Wo ist er jetzt?« Auch bei der Trauerfeier für Charlotte von Kirschbaum, Barth's großer Gehilfin, die nach langer Krankheit und Altersverwirrtheit starb, begann Gollwitzer sogleich mit dem Grundmotiv: »Jetzt ist sie unseren Blicken ganz entschwunden. Es war ein langes, langsames Weggehen, beginnend vor etwa zwölf Jahren, als wir merken mußten, daß sie nicht mehr ganz bei uns war.« All das sind für Gollwitzer sicherlich Augenblicke, in denen die Nähe und Vertrautheit mit den Verstorbenen und Trauernden keinerlei ausdrücklicher Vergewisserung bedurfte. Deutlich anders dagegen die Einleitung bei der Trauerfeier für den bedeutenden Philosophen Wilhelm Weischedel, die am ehesten dem hier vorgeschlagenen Grundmuster einer Einleitung entspricht: »Liebe Katharina Weischedel, liebe Kinder, Enkel und Freunde von Wilhelm Weischedel! Die Gemeinschaft unseres irdischen Lebens mit Wilhelm Weischedel ist zu Ende. Die vielen Beziehungen der Freundschaft und des geistigen Austauschs, in denen dieser trotz seiner Einsamkeiten so gütige, offene und gesprächsbereite Mann gelebt hat, sind zu Ende, und es ist uns leid, daß wir sie nicht mehr fortsetzen können, und daß wir sie nicht noch mehr genutzt haben.«

2. Hier steht die *biblische Verkündigung*, hier steht das offene oder geheime Thema des Trauerweges, hier steht die Lebensüberschrift, die Gott unserem Leben gegeben hat. Im inneren Spannungsbogen zwischen Nähe und Distanz, von dem ich oben gesprochen habe, lebt dieser Teil davon, die Kraft der Distanz in der Begleitung Trauernder zuzulassen. Damit rede ich keiner distanzierten Verkündigung das Wort. Nein: Verkündigung ist immer unabweisbar Distanz – die Distanz zwischen Mensch und Gott. Wir sagen uns die Verkündigung

nicht selbst, sondern sagen weiter, was Gott uns aufgetragen hat. Wir sind Boten – und Boten sind ein deutliches Merkmal von Distanz. Gerade für manche Seelsorger, die stark im Gemüt verwurzelt sind, ist dieser Schritt besonders schwer. Sie suchen Nähe auch da, wo Distanz von ihnen gefordert ist und auch hilfreicher wäre – für alle Beteiligten. Mehr noch, die Distanz ist auch ein Stück Ehrlichkeit. Denn tatsächlich sind Pfarrer und Trauernde eben nicht in der gleichen Situation. Gerade die Unterschiedlichkeit der Situation prädestiniert den Pfarrer zum zuverlässigen Begleiter – gerade die Unterschiedlichkeit der Betroffenheit ermöglicht erst Trauerbegleitung.

Aber nun: Welche biblische Verkündigung? Keine Gefälligkeitsverkündigung, sondern das, was wir, wenn wir betend vor Gott das Leben der Angehörigen und der Verstorbenen bedenken, von Gott als Antwort erhalten. Bisweilen nimmt uns jemand anders diese Aufgabe ja auch ab. Dann haben die Verstorbenen selbst ihr Leben vor Gott bedacht – und auch ein Bibelwort festgelegt. Das mag helfen – aber nicht immer.

Biblische Verkündigung ist Konfrontation – ist Suche nach der Wahrheit meines eigenen Lebens. Das ist Schwerstarbeit und nicht mit einem Zettelkasten guter Bibelsprüche zu leisten. Je intensiver wir uns auf biblische Verkündigung einlassen, um so deutlicher entdecken wir, wie uns gerade in der biblischen Verkündigung Bilder und Motive an die Seite gestellt werden, die mehr ausdrücken als jede noch so sorgsam bedachte Richtigkeit.

Darin ist Helmut Gollwitzer ein Entdecker geworden. Zur Beerdigung von Antonie Meinecke (»letzte Zeugin einer großen Vergangenheit des akademischen Lebens der einstigen Weltstadt Berlin... Ihre selbstverständliche Frömmigkeit und Heiterkeit ließ uns erfahren, wie hohes Alter der Umwelt zum Segen werden kann«, so Gollwitzer in einer persönlichen Vorbemerkung) das Wort aus dem Alten Testament Gen 24,56: »Haltet mich nicht auf! Denn der Herr hat Gnade zu meiner Reise gegeben. Laßt mich, daß ich zu meinem Herrn ziehe.« Und Gollwitzer fährt fort: »Zu dieser Lebensreise ist Gnade gegeben worden.«

Die Traueransprache für die tödlich verunglückten Else Niemöller und Dorothea Schulz beginnt mit 2 Kor 5,1: »Wir wissen aber, wenn unser irdisches Haus dieser Hütte zerbrochen wird, daß wir einen Bau haben, von Gott gebaut, ein Haus, nicht mit Händen gemacht, das ewig ist, im Himmel.« Oder für Charlotte von Kirschbaum 1 Thess 5,10: »Unser Herr Jesus Christus ist gestorben für uns, damit, ob wir

243

wachen oder schlafen, wir zusammen mit ihm leben sollen.« Oder für den eher zurückhaltenden und skeptischen Wilhelm Weischedel Ps 71,20: »Du lässest mich erfahren viele und große Angst und machst mich wieder lebendig und holst mich wieder herauf aus den Tiefen der Erde.«

Bei Gollwitzer finden sich kaum Gleichnisse, Wundergeschichten oder andere ausführlichere Perikopen. Das mag seinen Grund auch darin haben, daß in einer solchen Situation lange Texte schwer erinnerbar sind. Ob Gleichnis oder Spruch-Wort – Genialität und Irrtum liegen bei beiden nah beieinander. Es bleibt dabei: Verkündigung ist immer auch Kontra-Punkt zu unserem eigenen Leben.

Der *dritte Teil* darf nicht einfach nur exegetisch brave Auslegung sein. Im Spannungsbogen zwischen Nähe und Distanz steht der Prediger hier, nachdem er die Verkündigung klar und unmißverständlich zu Wort hat kommen lassen, wieder ganz nah an der Seite der Trauernden. Er selbst ist immer auch Hörer der Verkündigung. Die *lebensgeschichtliche Verdeutlichung* und Verarbeitung *der biblischen Verkündigung* steht im Mittelpunkt des dritten Teils. Anklänge an die Lebensgeschichte haben hier ihren legitimen Platz – aber nur in dem Maß, wie das wirklich zuvor mit den Angehörigen ausdrücklich vereinbart worden ist.

Hier an dieser Stelle dürfen die Trauernden nicht Angst haben vor unliebsamen Offenbarungen, Angst vor dem Bruch der seelsorgerlichen Schweigepflicht. Biblische Verkündigung eröffnet uns die Brücke zu einer ersten emotionalen Bearbeitung der Lebensgeschichte, die zu Ende gegangen ist. Es geht um persönliche Annahme der Lebenswahrheit, darum, sich selbst mit der Lebensgeschichte in Beziehung setzen zu können.

Der *vierte Teil* wird sich aus der Nähe, die durch Anklänge an die lebensgeschichtliche Verarbeitung erwachsen ist, wieder stärker lösen müssen und die *Brücke zur allgemeineren Wahrheit* unseres Lebens finden. Hauptmotiv dieses Teils ist der Bezug von persönlicher Lebensgeschichte zur *Wahrheit des Glaubens* – das, was Gott mit unserem Leben für Schritte geht und gegangen ist – und gehen wird.

Der *fünfte Teil* hat, wenn das möglich ist, ein klares Thema: *Dankbarkeit*. Nicht nur unsere menschliche Dankbarkeit, die wir gegenüber den Verstorbenen empfinden, sondern auch Dankbarkeit Gott gegenüber. Mir ist manchmal nicht nach Dankbarkeit zumute, gerade Gott gegenüber, wenn ich eigentlich nur zusammen mit den Angehörigen klagen möchte. Und doch entdecke ich, daß erst dann, wenn ich Spuren der Dankbarkeit entdecke, Trauer ihre nächsten Schritte gehen kann. Oft ist es ganz anders: Oft ist das der unausgesprochene, aber tiefste Wunsch, daß noch einmal, an dieser Stelle, hier am Sarg, das ausgedrückt wird, was wir uns gegenseitig gern gesagt hätten. Hier haben wir als Pastorinnen und Pastoren eine besondere Verantwortung (vgl. dazu den Schlußteil des Trauergesprächs Kap. 9).

Der Segen umschließt beide Grunddimensionen: Nähe und Distanz; Verstehen und Verkündigen; Sich einlassen und der Wahrheit verpflichtet bleiben; Trauer und Zusage Gottes.

Soweit die grundsätzlichen Anregungen. Die praktische Wirklichkeit aber sieht immer anders aus als die Theorie. Auch bei mir. Deshalb werde ich jetzt verschiedene Traueransprachen vorstellen und die Grundprobleme der Trauerarbeit im Pfarramt daran noch einmal konkretisieren.

Wofür dann die Theorie? Um uns selbst Übersicht zu ermöglichen, um uns ein Geländer an die Hand zu geben, wenn wir uns auf ein unwegsames Gelände begeben, wenn wir Trauernde begleiten und auch ein Stückchen Geländer anbieten sollen.

## 11.3. »DER GUTE HIRTE«

Ich war noch Vikar, als ich meine erste Beerdigung zu halten hatte. Es waren eher kirchenferne Gemeindemitglieder, denen ich beim ersten Trauergespräch begegnete, denen ich dann meine erste Traueransprache zu halten hatte. Ich nahm – die Geschichte vom guten Hirten. Ich wollte damit die Angehörigen in ein anderes Bild einladen, um wenigstens für einige Augenblicke der Allmacht des Todes zu entgehen. Und so geriet dieser Teil (ein typisches Anfänger-Problem) denn auch länger, als mir selbst damals bewußt war.

»Wir hören ein Wort aus dem Johannes-Evangelium. Dort heißt es im 10. Kapitel: Jesus spricht: ›Ich bin der gute Hirte. Der gute Hirte läßt sein Leben für die Schafe. Meine Schafe hören meine Stimme, und ich kenne sie, und sie folgen mir nach, und ich gebe ihnen das ewige Leben. Und sie werden nimmermehr umkommen. Und niemand wird sie aus meiner Hand reißen. Der Vater, der sie mir gegeben hat, ist größer als alles, und niemand kann sie aus meines Vaters Hand reißen. Ich und der Vater sind eins.‹

Liebe Trauergemeinde! Wir alle kennen dieses Motiv, das Bild vom Schäfer, der mit seiner Herde über die Felder zieht, der abends die Schafe nicht verläßt, sondern am Lagerfeuer die schlafende Herde behütet. Es ist ein altes Bild, und selbst, wenn es heute überholt erscheint, können wir doch viel mit ihm verbinden: Es ist der Inbegriff für einen Menschen, der Liebe schenkt, Geborgenheit vermittelt, Vertrauen weckt, der sich aufopfert, der immer für uns da ist.

Ich möchte Sie einladen, ein wenig bei diesem guten Hirten zu verweilen, an seinen Erfahrungen teilzuhaben, von ihm zu lernen. Der Alltag dieses guten Hirten ist scheinbar ganz unscheinbar: Er hat dafür zu sorgen, daß die Tiere satt zu essen bekommen, er achtet sorgfältig darauf, jede Gefahr von den Tieren abzuwenden, er kümmert sich um jedes einzelne Tier, wenn es krank ist und der Pflege bedarf. Und vielleicht, wenn es ihm die Zeit erlaubt, spielt er mit einigen Tieren, oder er streichelt sie, nimmt vielleicht ein kleines Lämmlein auf den Arm und trägt es ein Stück, wenn der Weg zu weit wird. Und es kann Zeiten geben, da vergessen die Schafe, daß sie einen Hirten haben, weil er ihnen zur lieben Selbstverständlichkeit geworden ist, weil sie sich so selbstverständlich auf ihn verlassen können.

Und dieser Hirte macht sich manchmal seine Gedanken: Vielleicht sorgt er sich um seine Tiere, die ein wenig zurückgeblieben sind; vielleicht freut er sich, wenn ein Tier fröhlich angesprungen kommt und sich an seinen Mantel schmiegt, vielleicht denkt er verträumt an die Schwierigkeiten, die er zusammen mit der Herde durchgestanden und überwunden hat; vielleicht denkt er an die schönen, sonnigen Tage, wenn die Herde in der Mittagssonne auf einem Hügel friedlich lagert. Und wenn wir ihn fragen könnten, was er empfindet, dann würde er uns sicherlich sagen, daß er glücklich, wunschlos glücklich und zufrieden ist, weil seine Herde glücklich und zufrieden ist.

Und der Dank dafür? würden wir ihn vielleicht fragen. Der Hirte würde uns vielleicht ungläubig und verständnislos anschauen. Er erwartet keinen besonderen Dank. Die Liebe, die er schenkt, erwartet keine großen Zeichen der Dankbarkeit. Diese Liebe ist zufrieden in sich selbst. Denn wer anderen Liebe schenken kann, ist schon glücklich. Und dieses Glück, das aus Liebe kommt, ist unzerstörbar. Dieser Hirte ist für uns der Inbegriff des liebenden Menschen, eines Menschen, der Geborgenheit vermittelt, Vertrauen weckt, der sich aufopfert, der immer für uns da ist. (...)

(Und gegen Ende der Ansprache:) Wir wollen unsere Angst und unsere Trauer nicht leugnen, aber wir dürfen sie vor Gott bringen. Denn auch Jesus hatte Angst vor dem Tod. Aber er hat den Tod überwunden. Und er hat uns die Auferstehung versprochen. Warum sollten wir daran zweifeln? (...) Die Liebe des guten Hirten erfahren wir durch Menschen, die uns Liebe schenken. Deshalb dürfen wir fest darauf vertrauen, daß die Verstorbene in der Hand des guten Hirten ist.«

Ich bestreite nicht – aus jetziger Perspektive – das Recht, diese biblische Geschichte bei einer Traueransprache zu verwenden. Auch methodisch halte ich es für vertretbar, in der Verfremdung dem Angehörigen Identifikation mit den eigenen Gedanken über eine biblische Geschichte anzubieten. Aber gerade darin ist es eine Anfänger-Predigt: zu lang, zu lang, zu lang! Ich kann mir nicht vorstellen, daß Trauernde sich in einer solchen konzentrierten und belastenden Situation ganz auf dieses Bild einlassen können.

In der oben aufgezeigten Struktur der fünf Schritte der Traueransprache bleibt die Predigt fast ausschließlich im zweiten Schritt hängen. Keine richtige Einleitung; (fast) keine Verknüpfung von biblischer Verkündigung und persönlicher Lebensgeschichte (die Verstorbene bleibt völlig anonym); kaum theologische Bezüge; kein Schlußteil.

Und gleichzeitig ist das Bild in dieser Ausschließlichkeit zu harmonistisch – auch das eine der größten Klippen für Anfänger. Dabei hätte der Predigttext auch andere Akzente zugelassen (»aus meiner Hand reißen«). Diese Risse werden mit keinem Wort erwähnt – sie hätten aber das Empfinden der Angehörigen sehr wohl angesprochen.

Ich war einem Grundmotiv einseitig verhaftet: Ablenkung, Faszination durch eine narrative Grundidee. So bleibt denn die andere Seite eigenartig hölzern und unabgedeckt:»Wir wollen unsere Angst und unsere Trauer nicht leugnen« – gerade das aber geschieht in dieser Predigt. Was jedoch aus Angst verschwiegen wird, das spüren die Betroffenen besonders intensiv.

Das zweite Grundproblem: Der Prediger ist in seine Predigt-Idee verliebt und vergißt darüber seine Adressaten. Was daran zu retten wäre, was zu verändern wäre: die Verliebtheit des Predigers in das von ihm selbst weiterentwickelte und ausgestaltete Bild – also Distanz zu sich und dadurch mehr Nähe zu den Trauernden.

## 11.4. DER WEG – DIE WAHRHEIT – DAS LEBEN

Begleitung, die verläßlich bleibt – das ist auch das Grundmotiv der nächsten Ansprache, ebenfalls eine Anfänger-Predigt, allerdings ohne Bild. Der Predigttext:»Ich bin der Weg, die Wahrheit und das Leben, sagt Jesus.«

»(...) Wir sind traurig, weil wir nichts mehr ändern können. Es ist alles so endgültig. Darum fühlen wir uns so leer und hilflos. Mehr noch, uns wird gerade heute deutlich, daß auch wir einmal sterben müssen. Und das macht uns Angst. Mitten in unserer Trauer und Hilflosigkeit, in unserer Einsamkeit und Angst spricht Jesus nun und sagt: Gott will, daß kein Mensch verlorengeht. Gott läßt die Verbindung zum Menschen nicht abreißen, auch nicht an diesem Tag. Uns fällt es schwer, das zu glauben, wirklich zu glauben, daß Gott niemanden allein läßt. Zu tief sitzt unsere Trauer, zu sehr schmerzt es uns, daß wir einen Menschen verloren haben. Und doch, Jesus steht zu seinem Wort. Er hält sein Versprechen, nicht nur uns gegenüber, sondern gerade auch dem Menschen gegenüber, über den wir heute trauern. Jesus gibt keinen Menschen verloren, auch im Sterben und im Tod nicht. (...) Ich bin der Weg, die Wahrheit und das Leben – sagt Jesus. Wer zu mir kommt mit seiner Traurigkeit, mit seinen Tränen, mit unserer Hoffnungslosigkeit, der darf sich bei mir ausweinen. Ich werde ihn verstehen. Denn es ist der Wille Gottes, daß das Leben stärker ist als der Tod.

Jesus selbst ist diesen Weg gegangen: Hindurch durch Todesangst und Verzweiflung, hindurch durch Trauer und Schmerzen. Jesus hat den Weg hinter sich, den wir noch vor uns haben. Darum können wir uns auf ihn verlassen. Ich bin der Weg, die Wahrheit und das Leben – sagt Jesus. Und damit möchte er auch uns in dieser schweren Stunde beistehen. Unsere Trauer soll nicht grenzenlos sein. Nein, gerade heute sollen wir auch danken dürfen:
- danken dafür, was Gott uns mit diesem Menschen alles geschenkt hat, für seine Freundlichkeit und Heiterkeit;
- danken für die Jahre, die sie gemeinsam gegangen sind;
- danken für die Sorgen, die sie gemeinsam getragen haben;
- danken für die Freude, die wir uns gegenseitig bereitet haben.

Jesus will, daß das Leben weitergeht, aller Trauer zum Trotz. Daß wir neuen Mut zum Leben finden, auch angesichts des Todes. Der Tod, so sehr er uns schmerzt, ist überwunden in der unverbrüchlichen Liebe Gottes zu den Menschen. In dieser Liebe wissen wir uns gemeinsam verbunden. Und wann hätten wir diese gegenseitige Liebe nötiger als jetzt! Diese Liebe bindet uns zusammen, sie läßt uns die Trauer dieses Tages gemeinsam tragen. Diese Liebe gibt uns Hoffnung über den Tod hinaus, Hoffnung für den nächsten Tag. Diese Liebe verbindet uns, auch wenn wir einsam sind. Jesus steht auf der Seite der Schwachen und der Leidenden. Weil Jesus keinen Menschen verlorengibt, darum sollen auch wir niemanden aus den Augen verlieren. Darum sollen wir gemeinsam neuen Mut zum Leben finden.«

Wogegen wird in dieser Predigt »angepredigt«? »Daß Verbindungen abreißen«; »daß ein Mensch verloren ist«; »daß der Tod uns sehr schmerzt«; »daß es keine Hoffnung mehr gibt«. Darin unterscheidet sich diese Ansprache deutlich von der vorhergehenden: Auch negative, belastende Gefühle und Empfindungen werden aufgenommen, angesprochen. Aber werden sie nicht gleichzeitig bestritten und als unzulässig abqualifiziert?

Gerade dort, wo zentrale Verkündigungsinhalte eingebracht werden (»er hält sein Versprechen«; »Gott will, daß kein Mensch verlorengeht«; »der Tod ist überwunden in der unverbrüchlichen Liebe Gottes zu den Menschen«) – gerade dort widersprechen diese Inhalte den tatsächlich vorherrschenden Empfindungen. Kontrafaktisch glauben? Gewiß, aber zuerst bleiben doch die Ambivalenzen der Gefühle: Die Trauer bleibt, da kann der Pfarrer reden, was er will.

Problematisch an dieser Predigt ist die Grundstruktur: Die persönlichen Empfindungen werden gegen die Verkündigung ausgespielt. So bleibt der Eindruck bei den Angehörigen: Ich darf eigentlich doch nicht trauern. (Das Gegenteil war natürlich beabsichtigt.) Im übrigen: Wieviele Substantive geraten dem Prediger, der doch sonst gern so anschaulich erzählt, in die Ansprache hinein? Substantivierungen sind ein Zeichen von Abstand. Sich aus der Affäre ziehen – das ist allen Substantivierern gemeinsam.

Bezogen auf die Grundstruktur leidet die Predigt daran, daß der dritte Schritt unterbleibt: die emotionale Verarbeitung der Verkündigung – und dann auch der vierte Teil haltlos wird.


## 11.5. »WIR SIND AM ENDE«

Eine junge Frau, Mutter von zwei Kindern zwischen sieben und neun Jahren, war nach langem Leiden an Krebs gestorben. Meine Frau hatte sie als Patientin im Krankenhaus längere Zeit begleitet.

»»Und an jenem Tage sagte er zu ihnen, als es Abend geworden war: Lasset uns ans jenseitige Ufer fahren! Und sie verließen das Volk und nahmen ihn, wie er war, im Schiff mit; und andere Schiffe waren bei ihm. Und es erhob sich ein großer Windsturm, und die Wellen schlugen ins Schiff, so daß das Schiff sich schon füllte. Und er, Jesus, schlief im hinteren Bereich des Schiffes auf einem Kissen. Sie weckten ihn und sagten zu ihm: Meister, kümmert es dich nicht, daß wir untergehen? Und nachdem er erwacht war, bedrohte er den Wind und sprach zum See: Schweig, verstumme! Da legte sich der Wind, und es trat eine große Windstille ein. Und er sprach zu ihnen: Warum seid ihr so furchtsam? Habt ihr noch keinen Glauben? Und sie gerieten in große Furcht und sagten zueinander: Wer ist doch dieser, daß ihm sogar der Wind und die See gehorsam sind.«

Liebe Angehörigen, liebe Trauergemeinde, liebe Familie N.! Ich stehe hier auf unsicherem Boden. Was soll ich Ihnen denn sagen? Wäre Schweigen nicht ehrlicher? Mich läßt Ihre Trauer nicht los, die ganzen Tage, seit ich vom Tod Ihrer Frau, eurer Mutter, vom Tod Ihrer Tochter erfahren habe; seit wir am Montagabend miteinander gesprochen haben. Und ich habe lange mit meiner Frau gesprochen, die Ihre Frau im Krankenhaus begleitet hat mit ihr gesprochen hat auch über ihre schwere und unheilbare Krankheit. Meine Betroffenheit ist durch all diese Gespräche nur noch größer geworden.

Und wenn wir heute gemeinsam am Sarg dieser erst 38jährigen Frau stehen, dann fühlen wir uns hilflos und völlig ohnmächtig. Es hat alles nichts genutzt. Die medizinische Hilfe ist letztlich vergeblich gewesen. Wir sind am Ende, weil das Leben dieser Frau zu Ende ist.

Wieviel größer sind Ihre Trauer und Ihr Schmerz, die sie diese Frau geliebt haben, ihr Leben mit ihr geteilt haben, ja noch mehr: über Jahre mit ihr und ihrer Krankheit mitgelitten haben?

Ich möchte nicht voreilig von Hoffnung sprechen, wo die Hoffnungen dieser Frau und ihrer ganzen Familie so radikal zerstört worden sind, die Hoffnung auf Heilung, die Hoffnung auf eine gemeinsame Zukunft, die Hoffnung auf ein Stückchen Leben.

Warum mußte gerade sie sterben, wo sie doch Ihnen und euch Kindern noch so unendlich viel Liebe hätte geben können?

249

Wir alle können uns mit diesem Tod nicht abfinden, sind bestürzt, vielleicht sogar empört. Herr Gott, tu doch endlich was! Wir sind am Ende. Warum hilfst Du uns denn nicht?

Und dann habe ich an dich, lieber K. (Kind der Verstorbenen), und an deine Schwester M. gedacht. Wie könnt ihr das verstehen, wo doch auch wir Erwachsenen so ratlos sind. Wie sollt ihr tapfer sein, wo wir mit unseren Tränen nicht fertigwerden.

Und dann ist mir diese Geschichte eingefallen. Diese Geschichte, die ich eben vorgelesen habe und die ich für euch und für uns Erwachsene noch einmal erzählen möchte.

Da geht ein langer und ereignisreicher Tag zu Ende. Jesus steht am Ufer eines Sees. Und sagt: Ich muß Abstand bekommen. Kommt, wir gehen auf ein Schiff und fahren einfach hinüber auf die andere Seite des Sees. Jesus selbst ist so erschöpft, daß er sich hinten in eine Ecke des Bootes legt – und schon nach wenigen Minuten ganz fest schläft.

Aber während Jesus so tief schläft, wird der Abendhimmel plötzlich dunkel, ein schwerer Sturm kommt auf. Die Freunde Jesu, seine Jünger, bekommen es mit der Angst zu tun. Die Wellen schlagen schon über Bord, das halbe Boot ist schon vom Wasser überschwemmt. Schließlich laufen sie in ihrer größten Not und Angst hin zu Jesus und schreien: Jesus, hörst du nicht? Wir sind am Ende! Wir können nicht mehr. Wir ertrinken.

Jetzt erst wacht Jesus auf, sieht sich um – und schreit mit ganzer Kraft gegen diesen Sturm an. Und plötzlich wird es ganz still. Dann fragt Jesus seine Freunde: Warum seid ihr so ängstlich gewesen? Habt ihr wirklich so wenig Vertrauen zu mir?

Die Freunde Jesu sind erschrocken und überrascht. Und untereinander sagen sie: Was ist das für ein Mann, wenn ihm sogar der Wind und die See gehorchen. Fühlen wir uns auch wie die Freunde Jesu auf einem untergehenden Boot? Die Wellen der Traurigkeit und der Tränen überschütten uns. Wir drohen im Leid zu ertrinken. Wie damals die Freunde Jesu, so rufen wir heute: Jesus, sieh doch, was hier passiert ist!

Und Jesus sagt zu mir: Hast du so wenig Vertrauen zu mir? Traust du mir so wenig zu? Glaubst du etwa, ich lasse euch jetzt allein? Er beruhigt unsere Trauer und stillt unsere Tränen. Er liebt uns so sehr, daß er selbst für uns gestorben ist, ja und auferstanden ist.

Jesus läßt niemanden von uns allein, selbst in der größten Not nicht. Er läßt Ihre liebe Frau, eure liebe Mutter nicht allein, auch im Tod nicht. Und er läßt uns nicht allein, selbst wenn unsere Trauer grenzenlos ist. Für Jesus ist das Leben dieser Frau sinnvoll gewesen. Er bewahrt dieses Leben über den Tod hinaus. Was gibt uns heute Mut und Zuversicht? Vielleicht auch das Leben von Frau N. selber. Wie sie mit ihrem Leid umgegangen ist, mutig und zuversichtlich. Konnte sie nicht oft sogar besser mit ihrer Krankheit umgehen als wir? Wie sie ihrer Familie, ihren Nachbarn und Bekannten begegnet ist, hilfsbereit selbst dann, wenn sie selbst Hilfe gebraucht hätte. Zuversichtlich zu anderen, selbst wenn alles dagegen sprach.

Wir müssen heute Abschied nehmen, und wir wissen nicht, wie die Zukunft werden soll. Wenn wir jetzt Abschied nehmen, dann wissen wir: Frau N., Ihre Frau, eure Mutter ist bei Jesus gut aufgehoben. Sie ist durch das Sterben hindurchgegangen. Und Jesus bleibt bei ihr. Er bleibt auch bei uns.

Darum traue ich es ihm zu, daß er den Sturm unserer Trauer beruhigen kann. Seine Liebe verbindet uns alle im Leben und im Sterben. Amen.«

Hier wird Trauer nicht mehr weggeredet. Sie bleibt – aber sie erhält eine Ergänzung, die Zuversicht. Mich berührt auch jetzt, wo ich diese Predigterfahrung nacharbeite, die biblische Geschichte: Wieviel Sterbeerfahrung! Wieviel Trauererfahrung!

– Daß es Abend wird. Wie sehr ist der Abend immer auch ein Bild für den Abend des Lebens, für den Schlaf, den Tod! Manchmal, wenn ich abends unsere eigenen Kinder zu Bett bringe und sie noch nicht einschlafen wollen – ja, das ist der Augenblick, wo Leben bedacht, befragt wird. Am Abend werden Fragen wach, die sonst in Tagen und Jahren nicht besprochen werden.

– Das jenseitige Ufer. Welches andere Bild könnte den Tod so unmittelbar ansprechen wie dieses Motiv – das jenseitige Ufer! Und daß dazwischen manchmal ein langer Weg liegt, eine weite Fahrt. Und daß wir alle nicht wissen, was uns auf dieser Reise begegnen wird. Wir kommen am jenseitigen Ufer anders an, als wir hier losgefahren sind.

– Und sie verließen das Volk. Wen müssen wir jetzt verlassen, wenn wir uns auf den Weg zum jenseitigen·Ufer machen? Nicht nur das Volk, sondern Menschen, die uns ganz nah sind und die doch zurückbleiben müssen, die immer kleiner werden da am Horizont, wenn wir zum jenseitigen Ufer unterwegs sind.

– Und nahmen ihn, wie er war. Ja, so werden wir auf diesen Weg mitgenommen, so, wie wir sind, nicht verklärter, nicht unirdisch verwandelt, sondern: so, wie er war. Und andere Schiffe waren bei ihm. Und dann beides gleichzeitig:

– Jesus schläft. So, wie er da liegt, kommt er mir schon wie gestorben vor. Er schläft, durch nichts aufzurütteln, nicht durch den größten Sturm. Doch eben nun gleichzeitig:

– Dieser große Windsturm. Was bäumt sich da auf dem Weg zum jenseitigen Ufer alles auf? Wieviel Unruhe und Angst und Bedrohung, wieviel Wucht, die ich kaum aushalten kann.

– Und die Wellen schlugen ins Schiff. Der kleine Platz auf dem Weg zum jenseitigen Ufer, dieser kleine Platz im Boot wird hineingerissen in den Windsturm. Ich selbst bin mitten in diesem Sturm – und ausgeliefert.

– Und schlief auf einem Kissen. Schläft mitten im Sterben. Und die Sorgen und die Angst und die Verzweiflung rütteln ihn wach. Und dann die Aggression, diese Drohung: Er bedrohte den Wind. Die ganze Geschichte ist die verschlüsselte Erfahrung von Sterben und Trauern – und Lebenwollen. Ich liebe diese Geschichte, auch wenn sie unheimlich ist. Nicht nur wegen des beruhigenden Schlusses. Nicht das Staunen über die Stille nach dem Sturm, sondern die Frage: Warum seid ihr so furchtsam? Habt ihr noch keinen Glauben?

Nur eine knappe Bemerkung zu dieser Traueransprache: Nicht in jeder Trauersituation wird der Pfarrer so unmittelbar auf der Seite der Angehörigen stehen, wie das hier möglich und nötig war. Es gibt eine Grenze: Der Pfarrer ist nicht der unmittelbar Betroffene – dennoch darf er betroffen sein. Sein Platz bleibt an der Seite der Angehörigen – aber als Begleiter. Diese Ansprache folgt (unbewußt) dem dargestellten Grundmuster – allerdings mit Einschränkungen im Übergang zwischen drittem und viertem Teil. Und das ist wohl überhaupt der schwierigste Teil jeder Traueransprache.

## 11.6. »HERR, SO HAST DU ES NICHT HABEN WOLLEN«

An der folgenden Trauerfeier nahmen außer dem Pfarrer noch zwei Nachbarinnen teil – und aus Anstand die Sargträger, die sonst immer aus der Trauerhalle verschwinden. Herr W. war völlig alleinstehend, Alkoholiker, zurückgezogen in seinen vier Wänden. Er war schon sozial tot, lange bevor er gestorben war.

Wem hier predigen? Den beiden Nachbarinnen, die ja auch nur aus lauter Freundlichkeit noch mitgekommen sind – und denen gewiß kein Vorwurf zu machen war. Im Gegenteil. Sie hatten noch als einzige den letzten sozialen Kontakt in diese Wüste der Einsamkeit hergestellt. Mir selbst? Sicher auch. Ich habe da eine vielleicht merkwürdige Einstellung: Auch den Fehlenden predige ich, manchmal jedenfalls. Selbstgespräche oder Verkündigung – ich weiß es nicht.

»Ein Leben ist zu Ende gegangen.
Schlimmer noch: Kaum jemand empfindet Trauer.
Einsamkeit im Leben,
Einsamkeit im Sterben.
Herr, so hast Du es nicht haben wollen.
Du bist der Freund der Schwachen,
der Vertraute der Einsamen,
der Nächste den Schwachen und Kranken.
Wir trauern um W. L.

Wir trauern aber auch darüber,
daß dieses Leben nicht anders verlaufen ist.
Wir fragen,
was haben wir versäumt,
dieses Leben glücklicher, vollständiger
werden zu lassen?
Nur wenige haben es versucht,
sie haben viel getan.
Aber viele haben nichts getan.
Das macht uns heute so ratlos.
Der Friede Gottes sei mit uns. Amen.

Wir hören Worte aus dem Matthäus-Evangelium, im 25. Kapitel die Verse 40 und 45: Christus spricht: Wahrlich, ich sage euch: Was ihr getan habt einem unter diesen meinen geringsten Brüdern, das habt ihr mir getan. Und: Wahrlich, ich sage euch, was ihr nicht getan habt einem unter diesen geringsten, das habt ihr mir auch nicht getan.

Liebe Trauergäste!

Sterben ist Begegnung mit der Einsamkeit. Der Mann, den wir heute beerdigen, hat lange sterben müssen. Seine Einsamkeit wurde nur von ganz wenigen Menschen durchbrochen, von denen, die ihn auch heute auf seinem letzten Weg begleiten.

Wer war dieser W. L., wie hat er gelebt, was hat ihn glücklich, was hat ihn einsam gemacht? Er hat ein bescheidenes Leben gelebt, unauffällig, er hatte wenig Freunde, es gab vielleicht auch Menschen, die sich an ihm gestört haben. Er hat seine Einsamkeit zu betäuben versucht und ist dabei doch immer einsamer geworden. Für mich ist das Leben dieses W. L. eine Erschütterung. Es mag ja sein, daß er kein leuchtendes Vorbild gewesen ist, es mag ja sein, daß er schwer zugänglich war. Aber er ist ein Mensch gewesen mit Recht auf Glück, auf Freude, auf Liebe, auf Aufmerksamkeit, auf Mitmenschlichkeit.

Mich schmerzt dieser Tod, aber ebenso schmerzt mich, wie dieser Mann gelebt hat.

Sie haben getan, was Sie tun konnten, und manchmal haben Sie mehr getan, als irgend jemand von Ihnen erwarten durfte. Sie wissen, daß es W. L. gutgetan hat, selbst, wenn er es nur schwer ausdrücken konnte.

Nicht an Sie geht darum diese Frage, sondern an alle Menschen, die ihm irgendwann in seinem Leben einmal begegnet sind – und gleichgültig geblieben, die an ihm vorbeigegangen sind, ihn unbeachtet gelassen haben. Ich frage: Wie können wir das unter uns zulassen? Diese Einsamkeit, dieses langsame Sterben mitten im Leben, diese Gleichgültigkeit, diese Lieblosigkeit.

Hat er denn etwas anderes verdient oder gewollt? So könnte die Gegenfrage heißen.

Ich habe über diese Beerdigung Worte Jesu gestellt: Worte über das Endgericht. Da sagt Jesus: Was ihr einem unter diesen geringsten Brüdern getan habt, das habt ihr mir getan.

Und das heißt doch: Jeder, der achtlos an W. L. vorbeigegangen ist, der ist an Jesus achtlos vorbeigegangen. Und jeder, der versucht hat, W. L. zu helfen, ihm eine Freude zu machen, der hat Jesus selbst eine Freude gemacht. Das wollen wir heute nicht vergessen. Jesus hat nicht gefragt: Sind es die Menschen wert, daß ich für sie sterbe? Jesus hat uns vorbehaltlos geliebt, auch dann, wenn wir es nicht verdient hätten. Jesus hat alle Menschen geliebt, die Vorbildlichen und die Schwachen. Ja, den Schwachen und Armen, den Einsamen und Kranken ist er am nächsten gewesen. In ihnen begegnet er uns heute.

Darum lassen Sie uns in diesem kleinsten Kreis bitten: Jesus, sei Du diesem W. L. nahe, sei ihm das, was viele Menschen ihm nicht gewesen sind: ein Freund, jemand, der ihn liebgehabt hat. Nimm ihn auf in Dein Reich und tröste ihn. Wir können heute nicht mehr tun, als für den Verstorbenen zu beten. Und wir bitten Dich: Verzeih uns, was wir und andere an diesem Leben versäumt haben. Amen.

Gerichtspredigt am Grab? Unter Ausschluß der Verurteilten? Natürlich ist das fragwürdig (wenn wir uns nicht selbst zu den Gerichteten stellen wollen, ehrlicherweise). Aber es ist der letzte Dienst, den uns W. L. tut – uns daran zu erinnern, was uns in der Sorge für den Schwächeren aufgegeben ist. Die Alternative wäre gräßlich: ihn wortlos beerdigen, Liturgie ausgenommen – und sagen, er hat es nicht besser haben wollen. Gräßlich wäre das – und gegen alle christliche Vernunft. Dann schon lieber unvernünftig denjenigen predigen – die gar nicht da sind. Wachhalten, am Sarg dieses W. L. wachhalten, was an Menschlichkeit verweigert wird; und es wachhalten, wenn wir fortgehen von diesem Grab, wenn wir wieder in unsere Häuser gehen, wenn wir Menschen begegnen, in denen uns dieser W. L. begegnet, in denen uns Jesus begegnet. Natürlich steht der Pfarrer hier in einem Riß – er selbst ist ja auch nicht bei ihm gewesen in all den Jahren. Darum ist Verkündigung immer auch ein Gegenüber, selbst zu dem, der hier gerade das Gericht verkündigt hat.

Gerichtspredigt? Das ist die Frage, wie der Prediger, die Angehörigen, wie wir alle mit Aggression und Wut in unserer Trauer umgehen. Wut, die kein Gegenüber findet, richtet sich schließlich gegen uns selbst. Und auf unseren Trauerwegen kann der Zorn ein ständiger Begleiter werden. Also, wie gehen wir mit unserem Zorn um?

## 11.7. »EUER HERZ ERSCHRECKE NICHT«

Andre war elf Jahre alt, als er auf einer abschüssigen Straße auf dem Weg zum Fußballplatz von einem zu schnell fahrenden Auto erfaßt und tödlich verletzt wurde.

»Christus spricht: Meinen Frieden gebe ich euch, nicht den Frieden, den die Welt euch gibt. Euer Herz erschrecke und verzweifle nicht. Amen.

Liebe Familie S., liebe Angehörige, Freunde, Nachbarn, liebe Mitschüler von Andre, liebe Lehrer!

Dieser unbegreifliche und entsetzliche Unfall hat das Leben von Andre zerstört. Wir können nicht begreifen, daß dieses Kind so früh sterben mußte. Es ist, als ob wir ein Stück unseres eigenen Lebens hergeben müßten. Andre hatte noch sein Leben vor sich. Das ist die unfaßbare Trauer dieser Tage. Diese Zukunft ist zerbrochen – wir sind wie betäubt. Es ist wie ein schrecklicher, unwirklicher Traum. Fragen kommen nach dem Warum. Niemand findet eine Antwort. Nach menschlichem Ermessen gibt es keinen Sinn für dieses Leid, das plötzlich über Sie gekommen ist.

Viele Menschen haben Andre gerngehabt.

– Sie, die Eltern und seine Schwester. Andre ist ihr Lebensinhalt geworden. Sie haben ihn grenzenlos geliebt.

– Sie, die Angehörigen, Nachbarn, Lehrerin und Lehrer; jeden Tag haben Sie mit Andre erlebt, haben sich mit ihm gefreut; gesehen, wie er heranwuchs, lernte.

– Ihr, die ihr mit Andre befreundet wart, mit ihm gespielt habt, Sport gemeinsam erlebt habt.

Für uns alle ist Andre nicht mehr da. Es bleiben Erinnerungen, tröstlich und doch zugleich sehr schmerzhaft. Weil uns bewußt wird: seine Nähe, seine Anhänglichkeit, sein Lachen, alles, was sie mit ihrem nun verstorbenen Kind erlebt haben an Freuden und Sorgen über elf Jahre – das alles fehlt uns jetzt.

Und doch – das alles behält seine Bedeutung – jetzt viel mehr noch: All das, was Andre in seinem viel zu kurzen Leben an Zusammenhalt und Gemeinschaft, an Zuneigung und Familiensinn erfahren hat – es hat ihn glücklich gemacht.

Und immer wieder in den vergangenen Tagen die Frage: Warum mußte das geschehen, warum gerade Andre? Fragen, die uns erdrücken. Keine stimmige Antwort.

Ich kann und will nicht sagen, das sei eben Gottes Wille gewesen. Ich glaube, wir selbst, wir alle müssen Verantwortung mittragen. Daß auch wir oft zu wenig Rücksicht nehmen, übereilt handeln. Wie oft sind wir gerade noch davongekommen? Schlimmer aber als unser Versagen ist die Gewöhnung: daß Menschen, daß Kinder auf unseren Straßen sterben. Die Gleichgültigkeit, die so schrecklich überhand nimmt. Plötzlich haben wir das Gefühl, diese Welt ist unheimlich, tödlich, traurig geworden.

Und doch bleibt es wahr: Es gab die schönen, unbeschwerten, heiteren Tage, die sie alle miteinander erlebt haben. Wie können wir das verstehen?«

Bei einem solchen Unfall gerät uns das Leben aus dem Gleichgewicht. Alles ist durcheinander. Die Traueransprache greift dieses Gefühl auf – und bemüht sich dennoch, eine Balance herzustellen. (Ich habe mich bei diesem Auszug auf die ersten beiden Teile beschränkt; es folgen eine biblische Geschichte [Mk 4,35–41] und die lebensgeschichtliche Aneignung.) Die Predigt wendet die Trauer und Betroffenheit in ethische Betriebsamkeit. Das ist nicht ganz ungefährlich. Aber wie soll man es in solch einer Trauer »richtig« machen?

## 11.8. ZERSCHLAGENE SEELE UND ZERSCHLAGENER LEIB

Ein bewegendes Beispiel ist die Traueransprache von *Helmut Gollwitzer* für Hasko Frost, der im Alter von 37 Jahren bei einem Kletterausflug in den Schweizerischen Bergen tödlich abstürzte. Als Thema der biblischen Verkündigung wählt er Ps 4,4, den Taufspruch des jungen Mannes.

»Dieser Psalmvers führt uns zurück in eine Stunde vor 25 Jahren, in der keiner von euch, soweit ihr sie miterlebt habt, geahnt hat und ahnen konnte, mit wie zerschlagener Seele wir heute hier sitzen werden um den zerschlagenen Leib unseres Hasko, und mitten unter uns du, liebe Lioba, beraubt des Liebsten, was du auf Erden hattest, beraubt des Menschen, der dich so beschenkt hat und den du beschenkt hast. Eure untrennbare Gemeinschaft ist getrennt – wie kann so etwas Unvorstellbares geschehen? Ihr beide werdet abends erwarten, daß er nach Hause kommt, daß die schöne Stunde des Erzählens, Vorlesens, Spielens beginnt – wie soll man es fassen, daß sie nie wieder beginnt?« (Gollwitzer, 1977, 44)

Gollwitzer deutet knapp die historische Verfremdung an – ist dann aber mitten bei der Frage: Was ist geschehen? Mehr noch, in kunstvoller Sprache identifiziert er sich und die Trauernden mit dem Verstorbenen (»mit wie zerschlagener Seele... um den zerschlagenen Leib unseres Hasko«). Was ist geschehen, nicht nur mit unserer Seele, mit dem Körper von Hasko, mit der Gemeinschaft? »Eure untrennbare Gemeinschaft ist getrennt.«

Gollwitzer praktiziert in der Ansprache das, was jeder Trauernde in seiner Trauer tut, Identifikation und übermäßige Beschäftigung mit dem Verstorbenen (so heißt das in der Theorie).

»Uns allen steht er jetzt vor Augen: dieser hochgewachsene, helle, saubere, in sich gekehrte Mann mit dem Seefahrernamen aus Luserkes Buch. Jedem von uns fallen gemeinsam erlebte Szenen ein, und durch diesen Psalmvers wird unsere Erinnerung gelenkt auf jene ›Heidentaufe‹ 1949 auf dem Heilsberg, von der wir alle wohl mindestens gehört haben, jene Taufe der fünf Frost-Kinder, bei der dieses Psalmwort zum ersten Mal an das – aufmerksame oder unaufmerksame – Ohr des Knaben Hasko gedrungen ist. Könnten wir ihn jetzt fragen, so würde er sich heute, im Mannesalter, vielleicht kaum mehr daran erinnern, ob ihm damals das Wort aufgefallen sei, und was er sich dabei gedacht habe. Heute aber, durch die Wiederholung die dazwischenliegenden 25 Jahre umspannend, wird uns klar: Weniger wichtig ist, was damals der Knabe Hasko und was später der Mann sich dabei gedacht hat; wichtiger ist, was ihm – und damit auch denen, mit denen das Leben ihn verbinden würde – mit diesem Taufspruch zugedacht worden ist: ›Der Herr hört, wenn ich ihn anrufe.‹«

In dieser Traueransprache gelingt es Gollwitzer, Beziehungslinien zwischen biographischer Erinnerung (»Heidentaufe«), der Augenblicks-Situation (»zerschlagene Seele«), dem Persönlichkeitsbild des Verstorbenen und dem Taufspruch – dieser Lebens-Überschrift – zu zeichnen. Der Psalmvers selbst ist der rote Faden zwischen damals und jetzt, zwischen erinnern und vergegenwärtigen. Gollwitzer sagt, was geschehen ist und was damit den Trauernden geschehen ist (»zerschlagener Leib« – »zerschlagene Seele«, »untrennbare Gemeinschaft getrennt«, »erwarten – nie wieder«).

In welchem Verhältnis steht die biblische Verkündigung zur Trauergeschichte? Es ist ein direktes Korrespondenz-Verhältnis und ein Schlüsselwort zum Verstehen der Situation. Das Schlüsselwort ist gleichzeitig Gegengewicht und Gegenstück zur faktischen Situation.

»Keiner konnte damals, als dieses Versprechen dem Knaben Hasko gegeben wurde, vorhersehen, welche Bedeutung es heute für dich, seine Frau, bekommen würde – aber auch für uns, die wir hier neben dir sitzen, mit dir grübeln und ›Warum?‹ fragen – die wir dir helfen möchten und doch wissen, daß es keine menschliche Möglichkeit gibt, dir in die Mitte deines Schmerzes hinein zu helfen. Wir rufen – aber der Berg, dessen Gestein sich als so brüchig und tödlich erwiesen hat, ist taub und stumm, und das Schicksal, in dessen Dunkel wir hineinrufen, ist ebenso taub und stumm, und es scheint, wir hätten mit diesem Todessturz wieder eine Bestätigung nur dafür bekommen, daß wir preisgegeben in ein Dasein hineingestoßen sind, wo nur Zufälle, unkontrollierbare Zufälle, über unser Leben und Sterben regieren. Eben für dieses Leben aber ist dem Knaben Hasko und ebenso auch euch, seinen Geschwistern und Eltern, und euch zweien, seinen nächsten Menschen, das Versprechen gegeben worden: Es wird gehört, wenn ihr ruft! – und die Erlaubnis, in den Tagen, da alles um euch taub und stumm zu sein scheint, mit Hoffnung zu sagen: ›Er hört, wenn ich ihn anrufe.‹«

So kann nur Helmut Gollwitzer predigen – ich höre seine etwas gepreßte, vorwärtsdrängende Stimme, wenn er die Sätze spricht. Dieses lange Kapitel – nur drei Sätze mit unendlich verwobenen Nebensätzen; Allegorien (»der Berg ist taub und stumm«), Übertragungen (»Gestein so brüchig und tödlich«, »und das Schicksal ebenso taub und stumm«), ein reißender Strom. Im Grunde aber ist dieser gesamte Eingangsteil der Ansprache biographisch orientierte Verkündigung. Und es ist Trauerarbeit im Vollzug, besonders an folgender Stelle:

»Kein Tränenausbruch, kein Klage-Stöhnen, kein Hilfeschrei, kein sorgenvoller Gedanke – so das Lebensversprechen an jenem Tauftag – verhallt ungehört, auch keine Warum-Frage, keine wilde Anklage gegen den Himmel, mit der sich das verwundete Herz aufbäumt: es wird alles gehört, und zwar nicht von einem gleichgültigen Gott irgendwo da droben, auch nicht von einem Gott, der uns unser Klagen und Anklagen übelnimmt, sondern von dem Ohr eines Herzens und dem Ohr eines Geistes, der uns zwar unsichtbar und tief verborgen, ja, unverständlich bleibt, der aber aus seiner Verborgenheit uns Versprechen zuruft: Ich höre dich, wenn du mich anrufst.

Dieses Versprechen soll uns jetzt helfen, weiterzuleben, über diese Trennung hinaus. Es soll dir, Lioba, helfen, weiterzuleben trotz des Verlustes, die Entbehrung von Haskos Dasein zu ertragen und im Blick auf deine künftigen Aufgaben nicht zu verzagen. Sage dir vor, wenn es dir zu schwer zu werden scheint: ›Der Herr hört mich, wenn ich ihn anrufe.‹ Er hat auch ihn gehört, auch in den blitzkurzen und doch unendlich langen Sekunden des Sturzes. Auch Haskos Rufe in jenen Sekunden, ob irdisch hörbar oder nicht, sind gehört worden – nicht so freilich, wie wir möchten, nicht so, daß göttliches Eingreifen ihn aufgefangen hätte, so aber, daß er, könnten wir ihn jetzt aus der Ewigkeit vernehmen, uns berichten würde: ›Der Herr hörte, als ich ihn anrief.‹«

Das Psalmwort wird zum überzeitlichen Fixpunkt. Welche Zeitstufen in diesem kurzen Text! Frühe Lebensgeschichte (»das Lebensversprechen an jenem Tauftag«), Zukünftigkeit der Trauer (»wenn es dir schwer zu werden scheint«), Todesmoment (»in den blitzkurzen und doch unendlich langen Sekunden des Sturzes«), Ewigkeit (»könnten wir ihn jetzt aus der Ewigkeit vernehmen«).

Niemand wird die Worte, die verschachtelten Satz-Konstruktionen, die blitzschnellen Anspielungen und Übertragungen, die gedankliche Schärfe und die emotionale Wärme nachahmen können – in Gollwitzers Person und Predigt ist das identisch. Die fünf Schritte zur Grundform der Traueransprache, Gollwitzer geht sie nicht nacheinander, sondern immer gleichzeitig, springend, ungeduldig, beschwörend (»Sage dir vor«!), einfühlend. Und er benennt und integriert die Widersprüche:

»Das ist es, worauf wir hoffen, und deshalb ist es uns wohl nicht zu schwer, diesen zweiten Teil des Psalmverses mitzusprechen: ›Der Herr hört, wenn ich ihn anrufe.‹ Aber an diesem Sarg, zerrissen vom Schmerz über dieses euch beide doch unentbehrliche und jetzt so grausam abgerissene Leben, die Aufforderung des ersten Teils jenes Taufwortes zu befolgen: ›Erkennet doch, daß der Herr seine Heiligen wunderbar führt‹ – das scheint uns überschwer und unzumutbar. Hier hat Er doch zerschlagen, vom Weg abkommen und abstürzen lassen und gar nicht ›wunderbar geführt‹! Dieses Wort hofft darauf, es möchte uns klar werden: Wir dürfen unseren ganzen Widerspruch aussprechen, und wenn wir dann alles gesagt haben, erst dann fängt das Taufwort an, selbst zu sprechen, und sagt: Auch dies ist ein Versprechen; auch damit wird nicht etwas Absurdes, leicht widerlegbares behauptet; auch damit werden wir eingeladen, einem Versprechen zu vertrauen. (...) So also hat er, der uns ins Leben gerufen und uns seine Gnade und Führung zugesagt hat, sich unser Leben gedacht. So hat er Haskos Leben gedacht: in diesem früh, für uns allzu früh vollendeten Bogen von 37 Jahren, mit seinen Schwierigkeiten, aber noch mehr mit seinen Beglückungen, begleitet von einigen Gottesworten, die er nicht in den Wind geschlagen hat, belehrt von jenem lateinischen Spruch an der Wand in eurer Wohnung: Carpe diem! Hora incerta, mors certa!, der sich jetzt bestätigt hat: ›Nütze den Tag! Wann die Trennungsstunde kommt, ist ungewiß; daß sie kommt, ist gewiß.‹ Hasko hat die Tage eures Dreierbundes genützt, und so war sein Leben gedacht, daß ihr nach dem glücklichen Nützen dieser gemeinsamen Tage euch jetzt schon trennen mußtet. So, im Glück der Gemeinsamkeit und im Schmerz der Trennung, ist unser Leben gedacht, und so müssen wir es annehmen, und mitten im Schmerz wird uns, wird auch euch geholfen werden, es anzunehmen, weil der, der unser Leben so gedacht hat, unser Freund ist und nicht unser Feind – unser Freund, der uns Gutes zudenkt und nicht Böses – unser Freund, von dem wir auch mitten im Schmerz, den er uns zugedacht hat, voll Dank für das Gute, das er uns zugedacht hat, mit aller Gewißheit sagen dürfen: ›Er hört, wenn ich ihn anrufe.‹« (46 ff.)

So macht Helmut Gollwitzer das: von der Lebensüberschrift (dem Taufspruch) zur Dankbarkeit zu finden. Das biographische Geschehen: die gemeinsame Zeit, das Unglück, der Spruch in der Wohnung, die Taufe vor 25 Jahren, die Vaterschaft, der »Dreierbund«, das mit Worten gemalte Portrait – das alles wird unmittelbar in den Dialog mit dem Psalmwort einbezogen. Verkündigung wird so zur Deutung von Lebensgeschichte. Gedeutete Lebensgeschichte aber eröffnet Lebenssinn – auch kontrafaktisch.


## 11.9. SUICID – DIE SCHULDFRAGE

Ob sie gestellt wird oder nicht – sie ist da, wie ein unheimlicher und unsichtbarer Gast: die Schuldfrage. Darf sie in der Traueransprache gestellt werden?

Das hängt in erster Linie vom Trauergespräch ab. Wenn sie in diesem Gespräch nicht zu Wort gekommen ist, darf sie nicht erst in der Traueransprache ihren Raum bekommen. Aber es ist möglich, daß die Angehörigen selbst sie stellen – auch schon im Trauergespräch.

Dann hat diese Frage auch in der Ansprache ihren notwendigen Platz. Dafür ein Beispiel. Frau R. hatte nicht den ersten Suicid-Versuch unternommen. Oft war es gelungen, sie zurückzuholen. Nun hatte keiner damit gerechnet. Und sie ist gegangen und konnte nicht mehr zurückgeholt werden.

»Liebe Familie R., liebe Angehörige, Freunde und Bekannte!
Wir alle sind fassungslos, können und wollen nicht verstehen, warum das Leben von Frau R. so enden mußte, jetzt enden mußte. Wir sind betroffen und im Innersten verletzt.
Mit den engsten Angehörigen habe ich das Einverständnis und den Wunsch: Wir wollen nicht schweigend über diesen Tod hinweggehen.

Wir möchten zuerst unseren Schmerz und unsere Trauer ausdrücken: sagen dürfen, woran wir im Innersten leiden, welche Fragen uns quälen; daß die Signale von psychischem Leiden für uns alle so schwer verständlich sind – und wahrhaftig nicht nur bei den Angehörigen. Wer sich davon freispricht, weiß nicht, was er sagt. Und wir leiden daran, daß wir alle so wenig gelernt haben, Menschen im seelischen Leiden wirklich zu helfen, ihnen Heilung zu ermöglichen.

Wir müssen sagen, daß wir diesen Tod nicht verstehen können. Das Leben von Frau R. – sechs Kinder hat sie aufgezogen, und oft unter weit schwierigeren Bedingungen als jetzt – das Leben dieser Frau hatte schwere Tage. Wenn sie damals aufgegeben hätte, es wäre noch eher zu begreifen gewesen.

Wir wissen heute, was wir noch vor einer Woche nicht wußten: daß Kleinigkeiten, oft nebensächliche Spannungen, wie sie wirklich in jeder Familie, in jedem Bekanntenkreis vorkommen, zusammen mit seelischem Leiden, das wir nicht berechnen können – das alles konnte zur psychischen Katastrophe führen. Und plötzlich erhalten Nebensächlichkeiten und achtlose Beiläufigkeiten ein nie geahntes Gewicht, werden unerträglich, werden zu Schuld, mit der wir nicht fertigwerden.

Wir stehen vor vollendeten Tatsachen. Uns sind alle Möglichkeiten aus der Hand geschlagen, mit Frau R. neu anzufangen. Das ist unbarmherzig an diesem Tod. Das quält uns: jeden, der nicht hartherzig an dieser Verzweiflung vorbeigeht.

Einen Sinn – nein, wir können ihn nicht finden. Und wer hier, so gutgemeint auch immer, von Fügung oder Schicksal spricht, hat nichts verstanden.

Aber dieser Tod hat Bedeutung. Und das muß in diesem Abschied deutlich werden. Das, was wir jetzt noch tun können, wir wollen es bewußt und aus voller Überzeugung tun: Frau R. die letzte Ehre erweisen, verstehen, was wir bisher nicht verstanden haben.

Aber wir wissen auch – und wollen uns nicht davon abbringen lassen: Diese Tage werden unsere Gedanken, unsere Empfindungen und unsere Entscheidungen in den nächsten Wochen und Monaten bestimmen müssen. Sonst war wirklich alles vergeblich.

So hat dieser Tod eine unauslöschliche Bedeutung für Sie als Familie: Sie haben sich im Nachdenken über diesen Tod nicht geschont und sind in ihrer Bereitschaft zur Offenheit, zum Neuanfang weitergegangen, als viele andere Familien in ihrem ganzen Leben zu gehen bereit sind. Zu diesem Weg möchte ich Ihnen weiter Mut machen.

Dieser Tod hat Bedeutung für alle, die Frau R. kannten, sie schätzten, aber auch ihre Mühe hatten mit ihr und manchmal vielleicht zurückgewichen sind. Wir alle sollten Schritte aufeinander zugehen. Gerade dann, wenn es uns nicht leichtfällt.

Dieser Tod hat Bedeutung für das Leben in unserer Stadt. Daß wir uns nicht damit abfinden wollen und können, daß die Versorgung psychisch Leidender in unserer Stadt sich im vergangenen Jahr dramatisch verschlechtert hat. Wir müssen wissen, daß das Fehlen einer sozial-psychiatrischen Versorgung in unserer Stadt lebensbedrohend ist.

Ein letzter Gedanke: Wir haben erfahren müssen, daß Alltäglichkeiten ungewollt plötzlich lebenszerstörerische Auswirkungen haben. Wir müssen jetzt eine neue Richtung einschlagen: uns nicht entmutigen, uns nicht selbst mit Vorwürfen quälen oder zerstören, sondern viel heftiger, viel dringender danach fragen: Wie wird mein Leben, dein Leben wieder heil, was kann Menschen wirklich helfen?

Niemandem hilft es, wenn wir uns mit Fragen quälen, auf die es keine Antwort mehr geben kann. Wenn wir Opfer bringen, die keinem mehr nutzen. Aber allen hilft es, wenn wir heute anfangen: Liebe üben – nicht Verfehlungen aufrechnen; auf seelisches Leiden achten und heilen helfen – statt es zu übergehen; Gräben zuschütten – statt sie zu vertiefen. Wege finden, wie wir uns wirklich näherkommen – und nicht auf Abstand bleiben.

Damit wir vielleicht doch wieder erfahren, wie gut es Gott in Wirklichkeit mit uns meint. Erst dann Gott zu loben – wenn wir unter uns lebendig und spürbar werden lassen, wie gut er es mit uns meint.«

Nicht ausgesprochene Schuldfragen können uns lähmen. Schuld muß ausgesprochen und schrittweise bewältigt werden. So steht eine solche Ansprache wie eine Moment-Aufnahme an einem wichtigen Punkt in unserem Leben. Aber das, was hier angesprochen worden ist, muß eingebettet sein in einen Lebenszusammenhang. Die Worte dürfen nicht isoliert bleiben.

## 11.10. ES IST WIE ZU HAUSE

Es gibt unter uns Menschen, die leben ihren Glauben – ein Leben lang. Da wird der Glaube, der sie ein Leben lang getragen hat, zur lebendigen Hilfe auch beim Abschied. Ein solcher Abschied tut weh, aber er macht uns auch Mut.

Frau N. ist in meinem, in unserem Leben eine solche Frau gewesen. Sie war mit ihrem Glauben, ihrem Humor und ihrer Offenheit eine Beglückung für uns alle. Wir haben sehr an ihr gehangen.

> »Leben wir, so leben wir dem Herrn,
> sterben wir, so sterben wir dem Herrn.
> Darum, wir leben oder sterben,
> so sind wir des Herrn. (Römer 14,8)

Liebe Angehörige, liebe Trauergemeinde!

Wir nehmen Abschied von M. N. Obwohl das letzte Jahr und die letzten Wochen viel Krankheit und Leid gebracht haben, war ihr Tod für alle nun doch sehr überraschend.

Sie hat viel vom Abschiednehmen gesprochen in der letzten Zeit – und doch weiter wie bisher kritisch-interessiert, aber liebevoll und vor allem besorgt Anteil genommen am Leben der Gemeinde, am Ergehen der Angehörigen und der Menschen, die ihr nahestanden.

Bis zuletzt war sie dabei – mit ihren Gedanken, mit ihren guten Wünschen und vor allem mit ihrem Gebet. – Und plötzlich ist da die Lücke – sie wird nicht mehr da sein – für die Familie, die Nachbarn und alle, die sie mochten – in ihrer schlichten, weitherzigen Frömmigkeit. In ihrer uneigennützigen Freigebigkeit und Hilfsbereitschaft, ihrer ehrlichen Freundlichkeit, aber auch in ihrer Verletzlichkeit. Sie wird uns fehlen.

Sie war Gott dankbar für ihr Leben. Aber diese Dankbarkeit mußte sie durch Zeiten der Anfechtung und Enttäuschung und auch Bitterkeit immer wieder neu sich erkämpfen und schenken lassen: Da war der Verlust der Heimat, das Auseinanderreißen der Familie nach dem Krieg und schwierige Zeiten danach. Und lange Zeit des Alleinlebens – vieles war schwer in ihrem Leben!

Aber es war ihr geschenkt, annehmen zu können, nach vorn zu schauen, Anteil zu nehmen an anderen.

Das werden alle von uns anders erfahren und erlebt haben. Jeder hat seine eigenen Erinnerungen an M. N.: dankbare, liebevolle Erinnerungen an gemeinsam Erlebtes und Schwieriges. Sicher ist auch manches offen geblieben. Die gemeinsame Geschichte mit ihr ist nun abgebrochen. Das macht uns traurig.

Es fällt uns schwer, den Tod anzunehmen. Erinnert uns doch jedes Sterben daran, daß auch unser eigenes Leben begrenzt ist und auf Erden einmal ein Ende haben wird. Unvorstellbar ist das für unser menschliches Fühlen. Wenn wir uns dem stellen, ängstigt uns das.

Jetzt ist soviel Trauer in uns – und es ist gut, wenn wir uns diese Trauer gegenseitig eingestehen, die Tränen über den endgültigen Abschied.

Wir dürfen als Christen unseren Schmerz und unsere Klage vor Gott bringen. Er will sie uns abnehmen. Wir dürfen darauf vertrauen, daß Gott in Jesus Christus den Leidensweg vorausgegangen ist; daß er abwischen wird alle Tränen, daß Hoffnung für uns ist, Auferstehung: Unser Leben, von Gott wird es angenommen – mit allen Schwächen – er wird es ganz und heil machen.

M. N. hat sich daran gehalten: Gott ist größer als unser Herz. Er kommt auf uns zu – nicht als ein angstmachender Richter. Wo Jesus ist, da ist strahlendes Licht, das allen Schatten, jeden Abgrund überwindet. Das war ihr Vertrauen. Und das macht uns Mut, beides zu leben: aushalten die Wehmut über diesen Abschied, das Loslassen; und gleichzeitig dankbar zu sein für geschenktes Leben, für Liebe und Freundlichkeit, für Hoffnung – gerade über den Tod hinaus.

Am Tag vor ihrem Sterben hörte sie mittags das Glöckchen des Hospitals – es ist wie zu Hause, sagte sie. Für sie und für uns ist das Sterben: nach Hause kommen.
Leben wir, so leben wir dem Herrn,
sterben wir, so sterben wir dem Herrn.
Darum, wir leben oder sterben,
so sind wir des Herrn.

So endet das Testament von M. N. mit den Worten: Seid dem treuen Heiland anbefohlen.  Amen.«


## 11.11. AM TAG DANACH

Die schwierigsten Schritte der Trauerarbeit liegen, nach Abschluß der Beerdigung, nach Abschluß der gesellschaftlich garantierten Zuwendung zu den Trauernden, kurz gesagt: nachdem die Angehörigen und Freunde abgereist sind, noch vor uns. Und diese Trauerwege sind die Wege, die uns in so unendlich schwieriges Gebiet führen. Denn jetzt erst erleben die Trauernden in vorher nie geahnter Intensität, daß ihr eigenes Zeit-Empfinden, ihr eigenes Lebensgefühl und das Zeit-Empfinden der Umwelt nicht mehr in Übereinstimmung stehen. Das Lebensgefühl der Umwelt wendet sich relativ schnell anderen Inhalten zu, während die engsten Angehörigen, die Trauernden, in einer anderen Welt leben. Je anonymer eine Gesellschaft geworden ist, je geringer die soziale Einbindung der Trauernden ist (Reduzierung auf Kleinfamilie und engste Nachbarschaftskreise), um so weniger erfahren die Trauernden in der nun vor ihnen stehenden Lebensphase Verständnis und zuverlässige Begleitung. Gerade das macht ihnen ihre eigene Trauerarbeit so schwer.

Es entwickelt sich ein Zeitgitter bei den Trauernden, das immer weniger – je länger die Trauer dauert – mit dem Zeitgitter der sie umgebenden Personen in Übereinstimmung zu bringen ist. Dabei spielt bei den »umgebenden Personen« nicht nur die sprichwörtliche Verdrängung eine Rolle, sondern die Ablenkbarkeit durch Setzung neuer Ereignis-Daten. Diese haben jedoch für die Trauernden eine äußerst geringe Relevanz. Sie leben vielmehr in einem Zeitgitter, das nahezu ausschließlich vom Datum des Todes bestimmt ist. Man kann dieses Datum auch als Wendepunkt im eigenen Leben verstehen. Und für die Trauernden ist der Tod ein solcher Wendepunkt erster Ordnung.

Sie definieren ihr Leben – ähnlich wie nach einer Konversion – von eben diesem Todes-Datum aus. Und es braucht sehr viel Zeit, manchmal 40 Tage, manchmal 40 Monate, bis das Todes-Datum in seiner Ausschließlichkeit ergänzt wird durch andere Lebens-Daten. Anders gesagt: Solange kein anderes ähnlich bedeutsames Datum der Lebensgeschichte für die Trauernden realisierbar erfahren und akzeptiert wird, bleibt das Todesdatum das Grunddatum aller künftigen Zeit-Erlebnisse. So wird der Todestag jeden Monat neu erinnert, besonders der erste Jahrestag hat eine einschneidende Bedeutung. In der katholischen Kirche – stärker als im ritualarmen Protestantismus – hat das Jahres-Datum seine verläßliche rituelle Begleitung (im Jahres-Seelenamt). Beim Protestantismus verbleiben dagegen nur die gesellschaftlich etablierten »Trauertage«: Volkstrauertag – Buß- und Bettag – Totensonntag und vielleicht noch der Karfreitag. Außerdem können Trauernde damit rechnen, daß an hohen Feiertagen auch im Kreis ihrer Angehörigen und Freunde eine gewisse Sensibilität für das Empfinden der Trauernden besteht: das erste Weihnachten – ohne den Verstorbenen. Alle anderen Daten muß der Trauernde häufig genug in Einsamkeit für sich bearbeiten: etwa der erste Geburtstag des Verstorbenen – der nun nicht mehr gemeinsam gefeiert wird, vielleicht sogar von den Angehörigen ignoriert wird; der Sommer – damals sind wir noch gemeinsam gefahren, und jetzt?

Chronische Trauerwege – also Trauerwege, die über eine lange Wegstrecke in unüberschaubarem, ausweglosem Gelände beschritten werden – haben auch dort ihre Ursache, wo das Zeitgefühl und das Lebensgefühl der Trauernden in einen immer stärker werdenden Kontrast zum Lebensgefühl ihrer Umgebung geraten. Je länger, um so deutlicher fühlen sie sich unverstanden, alleingelassen, ausgestoßen. Hier entstehen auch aggressive Gefühle, die ihr Gegenüber geradezu hilflos suchen: Wer ist denn wirklich schuld daran? Der Verstorbene kann sich nicht wehren – und scheidet deshalb als Aggressions-Objekt aus. Die fernstehenden Angehörigen und Nachbarn haben während der ersten Trauerphase bis zur Beerdigung alles Erdenkliche getan, um den Trauernden beizustehen. Auch ihnen kann man keine Vorwürfe machen. Die Ärzte scheiden ebenfalls aus – sie sind nun wirklich nicht mehr zuständig – es sei denn für die psychosomatischen Leiden der Trauernden. Am ehesten noch der Seelsorger wird in dieser Zeit dringender erwartet, als es ihm bewußt sein mag.

Bei den Trauerwegen, die nun anstehen, sind die biographischen Gespräche von Bedeutung, die ich im 4. Kapitel umfassend beschrieben habe. Sie bedürfen an dieser Stelle einer Übertragung auf die jeweils neue Zeit-Situation. Das biographische Gespräch mit den Trauernden ist deshalb die unverzichtbare und notwendige Form der Trauerbegleitung im ersten Jahr nach dem Todesdatum. In solchen Gesprächen unterzieht sich der Trauernde der schweren Aufgabe, sich selbst unter vollständig veränderten Lebens-Bedingungen neu zu definieren. In diesen Gesprächen ereignet sich Trauerarbeit. Und in diesen Gesprächen kann sich schließlich eine neue Identität entwickeln.

Dabei kann es hilfreich sein, das »Kreuz der Wirklichkeit« zum inneren Leitfaden alltagswirklicher Trauergespräche zu machen. Denn in Wahrheit müssen jeweils alle vier Dimensionen dieses Kreuzes der Wirklichkeit in sich immer ausweitenden Spiralwegen beschritten werden.

Das Modell ist geeignet, auch chronische Trauerwege zu kennzeichnen: etwa, wenn lediglich Trauerarbeit in der Erinnerungs-Dimension vollzogen wird, ohne einen Bezug zur Zukunft und ohne Bezug zur äußeren Realität.

Genauso problematisch ist eine Trauerarbeit, die sich ausschließlich an äußeren Gegebenheiten orientiert – so notwendig sie im Gesamtzusammenhang auch sind (Aufstellen des Grabsteins, sich lösen von der Kleidung und anderen Gegenständen des Verstorbenen, die Räume des Verstorbenen wieder – anders – mit Leben füllen).

Der Trauernde – je weniger er verstehend begleitet wird – verliert sich in einem Dialog mit dem Verstorbenen. Er, der Verstorbene, ist schließlich der einzige (imaginäre) Gesprächspartner, der versteht, wie dem Trauernden zumute ist. Und eben mit diesem (ausschließlichen) Dialog mit dem Angehörigen gerät der Trauernde noch stärker in einen imaginären, unwirklichen Raum. Das aber ist für den eingeschlagenen Trauerweg belastend und bedrohlich. Vielmehr muß eben der Dialog mit dem Verstorbenen reintegriert werden in das Alltagsleben des Trauernden, in die Interaktion und Kommunikation mit den Lebenden.

Dabei tauchen wieder Bilder auf, die nicht auf den ersten Blick verständlich sind. Ein Beispiel: In einem meiner Seminare erzählte ein Student, der gleichzeitig zuständig ist für die Erwachsenenbildung einer großen Einrichtung, von folgendem Gesprächserlebnis: Die Teilnehmerin einer seiner Gesprächsgruppen hatte ihren Mann in jungen Jahren verloren. Und – für Trauerbegleitung äußerst verständlich – die Trauernde beschäftigte sich nahezu ausschließlich in ihren Gedanken, Träumen und Phantasien mit dem Verstorbenen. Sie idealisierte ihn. Und sie träumte davon, daß ihr Mann als Bär wiedergekommen sei. Für meinen Seminarteilnehmer löste dieses Bild Furcht und Erschrecken aus. Mit dem Bild des Bären verband er ungestüme und bedrohliche animalische Kräfte. Er versuchte, die Trauernde von diesem Bild wegzuführen – ohne Erfolg. Bereits beim allerersten Gespräch über das unverarbeitete Erlebnis tauchte in unserem Gespräch ein ganz anderes Bild auf: das eindrucksvolle Märchen von Schneeweißchen und Rosenrot. Tatsächlich drückte das Bild vom Bär ziemlich genau das Grundempfinden der Trauernden aus: Ihr Mann war nicht eigentlich tot, sondern durch böse Kräfte verwandelt in einen Bären – wie im Märchen. Und nur der Güte von Schneeweißchen, Rosenrot und ihrer Mutter ist es schließlich zu verdanken, daß sie hinter diesem anfangs tatsächlich bedrohlich wirkenden Bären den verzauberten Prinzen entdecken – und erlösen konnte. Der verstorbene Mann war für die Trauernde buchstäblich ihr Prinz. Aber er war verwandelt worden – in den Bären, durch die grausame Kraft des Todes. Verstehende Trauerbegleitung kann ein solches Bild tragen und ertragen – mehr noch, gemeinsam verstehend dazu verhel-

265

fen, dieses Märchen-Traum-Bild mit dem Wirklichkeitserleben in Kontakt, ins Gespräch zu bringen. Es wäre also erforderlich gewesen, nicht das Traum-Märchen-Bild zu bestreiten, sondern es sich als Botschaft aus der Gefühlswelt der Trauernden erschließen zu lassen. Dazu braucht auch der Trauerbegleiter der verstehenden Supervision.

Trauerbegleitung in dieser Zeit nach der gesellschaftlich zugestanden Trauerzeit – und die ist heute verschwindend knapp geworden! – ist nicht allein eine Aufgabe von Menschen in helfenden Berufen, es ist eine vergessene und wieder zu lernende kulturelle Grundaufgabe. Denn Trauer braucht Zeit. Trauer braucht Räume – und Trauer braucht verstehende Begleiter.

Das abschließende 12. Kapitel faßt für mich ganz persönlich zusammen, wohin mich mein abschiedliches Leben führt, welche Gedanken mich in meiner eigenen Lebensgeschichte berühren. Es ist eine geheime Widmung dieses Buches.

Beim Tod meines Vaters war alles ganz anders. Er starb unmittelbar aus dem Leben heraus. Er hatte in seinem Terminkalender – nicht ahnend, wie nah sein Ende bevorstand, noch für seinen eigenen Todestag eine Beerdigung eingetragen. Ich habe ihn nie im Krankenbett gesehen. Ich habe ihn auch nicht auf dem Sterbebett gesehen. Als ich kam, war alles längst vorbei. Und doch gab es vorher schon Schritte, in denen er sich gelöst hatte, gelöst aus den Bezügen, die mir sehr nah waren. Sein Interesse ermüdete schneller als früher, was mich manchmal ärgerte, daß er so wenig an dem Anteil nehmen wollte, was mir brennend wichtig war. Ich habe es jedoch nicht als Schritt auf dem Weg seines Sterbens erkannt. Als er tot war, war das zuerst weniger ein persönlicher als ein öffentlicher Tod. Sicher hat mich das gehindert, spontan über ihn zu trauern. Es verlängerte nicht den Schock, wohl aber die sogenannte »kontrollierte Phase« – ein schrecklich unpersönliches Wort für ein sehr persönliches Empfinden. Er war eine Persönlichkeit. Neben uns als seiner Familie hatten auch viele andere ein gewisses Recht auf Betroffenheit. Bisweilen ist es dann schwer, in eben dieser Zeit persönlich zu trauern. Es vergingen für mich über 19 Monate. Erst dann habe ich – an einem Mittwoch im November, ganz allein und ohne Worte – Abschied nehmen können an seinem Grab.

Entstanden sind die folgenden Sätze – das 12. Kapitel – im November, also in der gesellschaftlich akzeptierten öffentlichen Trauerzeit des Jahres. Ich selbst habe erfahren, daß eine solche Zeit-Prägung für mein eigenes Trauern eine wichtige Hilfe war. Ich möchte diese Sätze unkommentiert stehenlassen, nur erklären, daß sie meine eigene Trauer beinhalten – eineinhalb Jahre, nachdem wir meinen eigenen Vater beerdigt haben. Im April war er gestorben, 19 Monate später stand ich wieder einmal an seinem Grab. Trauer-Zeit lag hinter mir, und gleichzeitig liegt sie in mir. Grenzwerte – wenn unsere Trauer um einen vertrauten Menschen sich verbindet mit abschiedlichem Leben.

# 12. GRENZ-WERTE

## NOVEMBER-MORGEN

An einem klaren, kalten, aber sonnigen Novembermorgen
am Grab stehen,
Wochen und Monate, vielleicht sogar Jahre danach,
allein dasein,
sich erinnern, wie wir damals in der Frühlingssonne
am offenen Grab gestanden haben,
damals,
noch ganz befangen in der Trauer des Augenblicks,
und erkennen nicht die ganze Tragweite.
An einem ruhigen, kalten und sonnigen
Novembermorgen noch einmal dastehen.
Ein Grabstein,
ein umpflanztes Feld.
Und ich stelle die bepflanzte Blumenschale ab,
winterfest bepflanzt.
Rauhreif wird kommen,
sich auf die Nadeln senken
wie Kristalle und weißer Staub.
Ich bin gern allein da,
allein, ohne einsam zu sein,
weil ich Zeit habe,
meinen Erinnerungen zu begegnen,
mit ihnen zu reden, leise, ganz leise,
die zarte Sprache der Erinnerungen.
Den Namen noch einmal sagen,
die dürren Worte auf dem Grabstein,
wie die Anrede eines Briefes,
geschrieben an die Erinnerung,
die Daten lesen,
sich an Geburtstage erinnern,
damals immer im Winter,

festlich, manchmal etwas steif,
manchmal herzlich und fröhlich,
auch angestrengt manchmal,
manchmal heiter.
Und auch der Todestag, damals,
und wie wir alle zusammenrückten,
die Umarmungen noch spüren und die Tränen,
die Zeit bleibt stehen,
die Jahre sind vergangen.
Das Datum bleibt,
aufgehoben, behütet, bewahrt,
auch, wenn es wehtat, loszulassen.
Auch meine Daten werden einmal stehen,
ein Anfang, und jedes Jahr neu ein guter Tag.
Und auch ein Ende.
Wer wird dann stehen, Jahre später,
die Daten betrachten,
an einem ruhigen, kalten und sonnigen
Novembermorgen, wieder dastehen?
Ein Grabstein,
ein umpflanztes Feld, sonnenbeschienen.
Grenzen und Strahlen,
beides.

Meine Erinnerungen brauchen Räume, Anhaltspunkte, Augenblicke, in denen mir niemand die Ruhe raubt. Zeit, mein Erschrecken
zu bedenken, es noch einmal zu spüren, aber auch Heiterkeit, die wie
ein Schmetterling in meine Erinnerungen hineinfliegt.
Und auch das andere. Wieder weggehen können, erfahren, daß die
Erinnerungen keine Kerker sind, die mich gefangen halten, sondern
Bänke zum Ausruhen und Nachdenken auf meinem Lebensweg.
Kraft schöpfen, und dann auch gern wieder weitergehen, weil ich –
mitten in dieser Ruhe der Erinnerung – etwas mehr vom Leben erfahren habe, vom Leben, das über den Tod hinausgeht.
   So erfahre ich etwa: Ob mein Leben gelingt, das liegt eben nicht
daran, ob mir alles gelingt. In meiner Erinnerung begegne ich Menschen, die trotz großer Belastungen gütig und zufrieden sein konnten.
Nicht ich entscheide mein Leben, sondern Gott. Mir bleibt die Entscheidung, Gottes Wege zuzulassen oder ständig in Eile mir selbst
nachzulaufen.

# GOTTES ZEIT

Wie Gott über uns denkt, über unsere Zeit, über unsere Lebenszeit? Wie Gott denkt über die Zeit dieser Welt?

»Meine Freunde, ihr dürft eines nicht übersehen: Beim Herrn gilt ein anderes Zeitmaß als bei uns Menschen. Ein Tag ist für ihn wie tausend Jahre, und tausend Jahre wie ein einziger Tag. Der Herr erfüllt seine Zusage nicht zögernd, wie manche meinen. Im Gegenteil: Er hat Geduld mit euch, weil er nicht will, daß einige zugrunde gehen. Er möchte, daß alle Gelegenheit finden, von ihrem falschen Weg umzukehren.

Doch der Tag des Herrn kommt unvorhergesehen wie ein Dieb. Dann werden die Himmel im Feuersturm vergehen, die Himmelskörper im Feuer verglühen, und die Erde und alles, was auf ihr ist, wird zerschmelzen. Wenn ihr bedenkt, daß alles auf diese Weise vergehen wird, was für ein Ansporn muß das für euch sein, ein Leben zu führen, das Gott gefällt!

Lebt in der Erwartung des großen Tages, den Gott herauführen wird. Tut das Eure dazu, daß er bald kommen kann. Denn nur deshalb werden die Himmel in Flammen vergehen und die Himmelskörper zerschmelzen, damit Gott Neues schaffen kann. Gott hat uns einen neuen Himmel und eine neue Erde versprochen. Dort wird es kein Unrecht mehr geben, weil Gottes Wille regiert. Auf diese neue Welt warten wir.« (2 Petr 3,8–13)

So denkt Gott über die Zeit:
– Ein Tag ist vor dem Herrn wie tausend Jahre und tausend Jahre wie ein Tag.
– Wir sind ungeduldig, mißtrauen der Verheißung, Gott aber hat Geduld mit uns und hat Zeit mit seiner Erfüllung.
– Gottes Tag wird kommen, wenn wir nicht warten; vor lauter Ungeduld davongelaufen sind.
– Dann wird auch die Zeit aufhören.

Am Ende erst werden wir die ganze Wahrheit erkennen, die Wahrheit, wie sie am Schluß der Bibel steht:
Wir warten auf einen neuen Himmel
und auf eine neue Erde.
Und Gott wird abwischen alle Tränen von ihren Augen,
und der Tod wird nicht mehr sein.
Das ist der Grund für unsere Geduld,

das ist auch der Grund für unsere Heiterkeit,
auch wenn wir getrauert haben und noch trauern.
Manchmal ist es nicht der Tod, der mich betrübt,
manchmal sind es die Gleichgültigkeit und die Beziehungslosigkeit
unter uns, die selbst vor dem Sterben nicht halt machen.

Ihr Eltern, warum habt ihr euren Kindern so wenig vom Sterben
erzählt? Ihr wolltet sie schonen und macht sie unmündig im Sterben
und im Leben.

Und sie bleiben sprachlos mit ihren Ängsten, wortlos in ihren Befürchtungen, beziehungslos schon vor dem Tod der Gefühle.

Darum möchte ich auch mit Kindern über Sterben und Trauern sprechen. Wir tun das zu Hause manchmal, wenn die Kinder selbst davon
anfangen. Sie fragen ja, sie fragen auch oft nach ihrer eigenen Ge-
burtsgeschichte – und wollen sie noch einmal miterleben, nacherle-
ben. Und das ist sehr schön.

## »DU KANNST MIR MAL EINEN KUSS GEBEN«

In einem Brief schreibt Jürnjakob Swehn seinem Freund:
»Lieber Freund! Ich bin sehr traurig in meinem Herzen. Ich habe
letzten Mittwoch meine Mutter begraben... Da, bei meiner alten
Mutter am Bett, da ist all der Arbeitskram von mir abgefallen wie ein
fremder Rock. Sie hat zu mir gesagt: Du mußt dir Zeit lassen, daß du
mal zur Besinnung kommst. Besinnung tut dem Menschen nötig,
denn er ist nicht bloß zum Arbeiten da.

Das sagte sie ganz leise, so als wenn sie sich schämt: Jürnjakob,
sagte sie, du kannst mir mal einen Kuß geben. Mich hat so lange keiner mehr geküßt. So habe ich mich ganz sacht über sie gebückt und sie
geküßt, und sie hat mich über die Backe gestrakt, als wenn ich noch
ihr kleiner Junge war. Dann legte sie sich zurück und war ganz zufrieden.

Ich sprach zu mir: Da liegt nun eine alte Frau und will sterben, und
das ist deine Mutter, und du hast sie im Leben nicht kennengelernt.
Siehe, so lernst du sie im Sterben kennen. So, sagte sie dann, nun lies
mir was aus der Bibel vor. So las ich ihr die Geschichte von Lazarus
und Psalm 126: Wenn der Herr die Gefangenen Zions erlösen wird...
Ich überdachte ihr Leben, als es zu Ende ging. Ihre Augen waren groß
und tief. Da lag schon etwas drin, was sonst nicht drin war. Da konnte
man hinsehen wie in einen tiefen See. Ich legte meine Hand dann

sacht wieder auf ihre Hände, und wir warteten. Dann sagte sie noch mal was: Ick wull, dat ich in'n Himmel wer; mi ward die Tied all lang (Ich wollte, daß ich im Himmel wär; mir wird die Zeit zu lang).

Als sie das gesagt hatte, drehte sie den Kopf so 'nen bißchen nach links um, als wenn da wer kommen tat. Und da ist auch einer gekommen: Der hat sie bei der Hand genommen, und da ist ihre Seele ganz leise mitgegangen, richtig so, als wenn man aus einer Stube in die andere geht. So ist sie nach Hause gegangen, als wenn ein müdes Kind abends nach Hause geht.«

## SEINE HERRLICHKEIT

An einem ruhigen, kalten und sonnigen
Novembermorgen noch einmal dastehen,
ein Grabstein, ein umpflanztes Feld.
Rauhreif wird kommen,
sich auf die Tannennadeln senken
wie Kristalle und weißer Staub.
Auch meine Daten werden einmal stehen,
ein Anfang und auch ein Ende.
Ein Grabstein,
ein umpflanztes Feld, sonnenbeschienen.
Grenzen und Strahlen, beides.
Bis Gottes Tag kommen wird,
und er unsere Zeit aufhebt, in seine Hände nimmt,
sie aufhebt, und wir seine Liebe spüren.
Dann werden wir nicht mehr fragen,
dann werden wir seine Herrlichkeit sehen.

# ANHANG

## BIBELWORTE FÜR TRAUERANZEIGEN

Der Herr ist mein Hirte,
mir wird nichts mangeln.                    *Psalm 23,1*


Und ob ich schon wanderte im finstern Tal,
fürchte ich kein Unglück;
denn du bist bei mir.                       *Psalm 23,4*


Der Herr ist mein Licht und mein Heil;
vor wem sollte ich mich fürchten?
Der Herr ist meines Lebens Kraft;
vor wem sollte mir grauen?                  *Psalm 27,1*


Ich aber, Herr, hoffe auf dich
und spreche: Du bist mein Gott.
Meine Zeit steht in deinen Händen.          *Psalm 31,15–15*


Weise mir, Herr, deinen Weg,
daß ich wandle in deiner Wahrheit;
erhalte mein Herz bei dem einen,
daß ich deinen Namen fürchte.               *Psalm 86,11*


Herr, du bist unsere Zuflucht
von Generation zu Generation.
Ehe denn die Berge wurden
und die Erde und die Welt geschaffen wurden,
bist du, Gott, von Ewigkeit zu Ewigkeit.    *Psalm 90,1*


Kommet her zu mir alle, die ihr mühselig
und beladen seid; ich will euch erquicken.  *Matthäus 11,28*

Wer sein Leben erhalten will, der wird's verlieren;
wer aber sein Leben verliert um meinetwillen,
der wird's finden.                                    *Matthäus 16,25*

Alle eure Sorgen werfet auf Christus;
denn er sorget für euch.                              *1 Petrus 5,7*

Ich bin gewiß, daß weder Tod noch Leben,
weder Engel noch Fürstentümer noch Gewalten,
weder Gegenwärtiges noch Zukünftiges,
weder Hohes noch Tiefes noch eine andere Kreatur
kann uns scheiden von der Liebe Gottes,
die in Christus Jesus ist, unserm Herrn.              *Römer 8,38*

In der Welt habt ihr Angst;
aber seid getrost:
Ich habe die Welt überwunden.                         *Johannes 16,33*

Die Liebe höret nimmer auf.                           *1 Korinther 13,8*

Nun aber bleibt Glaube, Hoffnung, Liebe,
diese drei; aber die Liebe ist
die größte unter ihnen.                               *1 Korinther 13,13*

Sei getreu bis in den Tod,
so will ich dir die Krone des Lebens geben.           *Offenbarung 2,11*

Haltet mich nicht auf!
Denn der Herr hat Gnade zu meiner Reise gegeben.
Laßt mich, daß ich zu meinem Herrn ziehe!             *Genesis 24,56*

Fürchte dich nicht,
ich habe dich bei deinem Namen gerufen,
du bist mein.                                         *Jesaja 43,1*

Wir haben hier keine bleibende Stadt,
sondern die zukünftige suchen wir.                    *Hebräer 13,14*

Was seid ihr so furchtsam?
Habt ihr keinen Glauben?                              *Markus 4,40*

Der Mensch sieht, was vor Augen ist,
der Herr aber sieht das Herz an.                    *1 Samuel 16,7*

Es wird gesät verweslich
und wird auferstehen unverweslich.
Es wird gesät in Unehre
und wird auferstehen in Herrlichkeit.
Es wird gesät in Schwachheit
und wird auferstehen in Kraft.
Es wird gesät ein natürlicher Leib
und wird auferstehen ein geistlicher Leib.    *1 Korinther 15,42–44*

Wir wissen aber,
wenn unser irdisches Haus dieser Hütte
zerbrochen wird,
daß wir einen Bau haben, von Gott gebaut,
ein Haus, nicht mit Händen gemacht,
das ewig ist, im Himmel.                          *2 Korinther 5,1*

Leben wir, so leben wir dem Herrn;
sterben wir, so sterben wir dem Herrn;
darum: wir leben oder sterben,
so sind wir des Herrn.                                  *Römer 14,8*

Vater, willst du, so nimm diesen Kelch von mir;
doch nicht mein, sondern dein Wille geschehe!      *Lukas 22,42*

Dein Reich komme,
dein Wille geschehe,
wie im Himmel
so auf Erden.                                         *Matthäus 6,10*

Die auf den Herren harren
bekommen neue Kraft.                                 *Jesaja 40,31*

Christus spricht:
Ich lebe, und ihr werdet auch leben.              *Johannes 14,19*

Ich bin die Auferstehung und das Leben.
Wer an mich glaubt, wird leben, ob er gleich stürbe.    *Johannes 11,25*

Vater, ich befehle meinen Geist
in deine Hände.                                    *Lukas 23,46*

Gott ist nicht ein Gott der Toten,
sondern der Lebendigen.                            *Matthäus 22,32*

Der Tod ist verschlungen in den Sieg.
Tod, wo ist dein Stachel?
Hölle, wo ist dein Sieg?
Gott aber sei Dank, der uns den Sieg gibt
durch unsern Herrn Jesus Christus!                 *1 Korinther 15,55–56*

Richtet nicht,
auf daß ihr nicht gerichtet werden.                *Matthäus 7,1*

Und ich sah einen neuen Himmel und eine neue Erde;
und der auf dem Thron saß, sprach:
Siehe, ich mache alles neu!                        *Offenbarung 21,1 + 5*

Ist Gott für uns, wer mag gegen uns sein?          *Römer 8,31*

Ich bin die Auferstehung und das Leben.
Wer an mich glaubt, der wird leben, ob er gleich stürbe;
und wer da lebt und glaubt an mich,
wird nimmermehr sterben.                           *Matthäus 11,25*

Jesus spricht: Ich bin das Licht des Lebens.
Wer mir nachfolgt, der wird nicht in der Finsternis bleiben,
sondern wird das Licht des Lebens haben.           *Johannes 8,1*

# TEXTE ZUR LITURGIE

*Von guten Mächten*

Von guten Mächten treu und still umgeben,
behütet und getröstet wunderbar,
so will ich diese Tage mit euch leben
und mit euch gehen in ein neues Jahr;

noch will das alte unsre Herzen quälen,
noch drückt uns böser Tage schwere Last.
Ach, Herr, gib unsern aufgeschreckten Seelen
das Heil, für das Du uns geschaffen hast.

Und reichst Du uns den schweren Kelch, den bittern
des Leids, gefüllt bis an den höchsten Rand,
so nehmen wir ihn dankbar ohne Zittern
aus Deiner guten und geliebten Hand.

Doch willst Du uns noch einmal Freude schenken
an dieser Welt und ihrer Sonne Glanz,
dann woll'n wir des Vergangenen gedenken,
und dann gehört Dir unser Leben ganz.

Laß warm und hell die Kerzen heute flammen,
die Du in unsre Dunkelheit gebracht,
führ, wenn es sein kann, wieder uns zusammen!
Wir wissen es, Dein Licht scheint in der Nacht.

Wenn sich die Stille nun tief um uns breitet,
so laß uns hören jenen vollen Klang
der Welt, die unsichtbar sich um uns weitet,
all Deiner Kinder hohen Lobgesang.

Von guten Mächten wunderbar geborgen,
erwarten wir getrost, was kommen mag.
Gott ist bei uns am Abend und am Morgen,
und ganz gewiß an jedem neuen Tag.                    *Dietrich Bonhoeffer*

(Revidierte Fassung nach einer von E. Bethge aufgefundenen Original-Kopie der Handschrift Bonhoeffers. Vgl.: *Eberhard Bethge*, Von guten Mächten. Eine Predigt, München: Chr. Kaiser-Verlag Jahresgruß 1989, S. 15.)

*Wert des Menschen*

Uninteressante Menschen gibt es nicht.
Jeder hat seine Geschichte, sein Gesicht,
das nur ihm gehört. Ein jeder ein Planet:
So reich, und keiner, der ihm gleicht. Versteht:

Auch wenn einer unauffällig lebt
und nichts als Unauffälligkeit erstrebt,
ist er unter allen andern dann
durch seine Unauffälligkeit interessant.

Jeder hat seine geheime Welt,
von einem schönsten Augenblick erhellt,
von einem schrecklichsten Tag versehrt:
und allen andern ist sie ganz verwehrt.

Und wenn ein Mensch stirbt, stirbt mit ihm
sein erster Schnee aus jener grauen Früh,
sein erster Kuß nachts und sein erster Zorn:
Und all das nimmt er mit sich fort.

Bücher bleiben uns und Brücken,
Kram und Maschinen, Leinwände, gut gerahmt,
Geschmeide und Gelumpe – vieles bleibt:
Und alles andre zerfällt mit seinem Leib.

Das ist das Gesetz dieses rohen Laufs,
nicht Menschen sterben: Welten hören auf.
Wir weinen ihnen eine Träne nach
und erkannten sie nicht am hellen Tag.

Was wissen wir vom Bruder und vom Freund,
von ihr, die nah uns ist und ferne träumt!
Vom eignen Vater, Gesicht gegen Gesicht,
wissen wir, alles wissend, nichts.

Die Menschen gehen fort... Dann sind sie fort.
Ihre Welten sind ein toter leerer Ort.
Und jedes Mal, und denk ich dein,
möchte ich über dieses Ende schrein.          *Jewgeni Jewtuschenko*

# EINGANGSWORTE ZUR TRAUERFEIER

Im Namen des Vaters und des Sohnes
und des Heiligen Geistes. Amen.
Unsere Hilfe steht im Namen des Herrn,
der Himmel und Erde gemacht hat.

Zur Ruhe kommen, wo alles in uns aufgebracht ist,
Trost und Halt finden, wo jeder Trost uns fehlt,
Zuversicht und Hoffnung finden, wo doch alles zu Ende ist.
Darum wollen wir Gott bitten.
Wollen uns vergewissern, was Gott uns mit ... geschenkt hat;
müssen abgeben, was uns noch ganz nah ist;
aber vertrauen auch darauf:
im Leben und im Sterben
von Gottes Liebe aufgefangen und getragen zu werden.

*Oder:*
Wir wissen, wie schwer das ist, was wir jetzt vor uns haben.
Den Abschied von ...
Wir wissen, wir müssen diesen Weg gehen.
Und wir können diesen Weg gemeinsam gehen.
Wir bitten Gott um seine Begleitung.
Er steht am Ziel aller Lebenswege.

*Oder:*
Wir müssen heute ... beerdigen, der (die) im Alter von ... Jahren
gestorben ist.
Wir wollen vor Gott daran denken,
was dieses Leben uns persönlich bedeutet hat.
Wir wollen vor Gott unsere Traurigkeit ausdrücken,
die uns jetzt erfaßt hat.
Wir wollen das Leben bedenken,
das wir miteinander geteilt haben.
Wir wollen Gott für dieses Leben danken
und ihm anvertrauen, was wir abgeben müssen.

Den Leib müssen wir begraben,
unsere Erinnerungen werden wir bewahren,
unser Glaube vertraut auf das ewige Leben,
auf Gottes Zuwendung, die stärker ist als dieser Tod.

## GEBETE AM BEGINN DER TRAUERFEIER

Herr, unser Gott,
der Tod ist in unser Leben eingetreten.
Wir stehen machtlos an diesem Sarg
und können nichts mehr ändern.
Herr, hilf uns, unsere Trauer auszuhalten.
Unser eigenes Leben ist anders geworden.

Der Tod begegnet uns überall.
Nichts können wir mehr ändern.
Darum kommen wir zu Dir:
Verändere uns.
Laß uns Vertrauen finden.
Amen.


*Oder:*

Herr, unser Gott,
Du weißt, wer uns fehlt:
Eine vertraute Stimme schweigt jetzt.
Ein Mensch an unserer Seite ist gestorben.
Wir sind traurig und erschrocken.
Oft sind Erinnerungen in uns wachgeworden,
Erinnerungen an erfüllte und schöne Augenblicke;
aber auch schwere Erinnerungen.
Herr, unser Gott,
Du weißt, was uns jetzt fehlt.
Darum fragen wir Dich:
Was wird bleiben,
wenn wir gehen?
Laß unser Leben nicht vergeblich sein.
Amen.


*Oder:*

Herr, unser Gott,
wie hat dieses Sterben
unser Leben durcheinandergebracht!
Wir hängen an dem verzweifelten Wunsch,
es wäre nicht geschehen, was geschehen ist.

Wir quälen uns mit Fragen,
auf die uns niemand Antwort gibt.
Es bleibt alles so sinnlos.
Werden wir Glauben finden,
der es lernt, diesem Schrecken standzuhalten?
Nur Traurigkeit sehen wir um uns und in uns.
Und doch wollen wir leben.
Die Traurigkeit wird uns lange begleiten.
Und Herr, begleite du unsere Traurigkeit.
Amen.

*Oder:*

Ach, Herr, wir begreifen Dich nicht.
Wo ist die Liebe geblieben,
mit der Du uns sonst umgibst?

Komm zu uns, Herr!
Heile unsere Schmerzen,
heile unsere Verzweiflung.
Hilf uns, Abschied zu nehmen,
loslassen, was wir nicht behalten können.
Dir vertrauen wir dieses Leben an.
Und Dir vertrauen wir unsere Trauer an.
Schenke uns hier wie dort Gewißheit,
daß uns nichts aus Deiner Hand
kann reißen.
Amen.

---

Die agendarischen Texte sind in Aufnahme der beispielhaften Formulierungen von Friedrich Karl Barth, Gerhard Grenz und Peter Horst, Gottesdienst menschlich. Eine Agende, Peter Hammer Verlag, Wuppertal 1990, S. 75–84, entstanden.

# PSALMEN ALS WEG-BEGLEITER

Mein Gott, mein Gott, warum hast du mich verlassen?
Ich schreie, aber meine Hilfe ist fern.
Mein Gott, des Tages rufe ich,
doch antwortest du nicht.
Und des Nachts rufe ich dich,
doch ich finde keine Ruhe.

Du aber bist heilig, der du thronst
über den Lobgesängen Israels.
Unsere Väter hofften auf dich;
und da sie hofften,
hast du ihnen herausgeholfen.

Ich aber bin ausgeschüttet wie Wasser,
alle meine Knochen haben sich voneinander gelöst,
mein Herz ist in meinem Leib wie zerschmolzenes Wachs.
Meine Kräfte sind vertrocknet wie eine Scherbe,
und meine Zunge klebt mir am Gaumen,
und du legst mich in des Todes Staub.

Aber du, Herr, sei nicht fern;
meine Stärke, eile, mir zu helfen!
Ich will deinen Namen kundtun meinen Geschwistern,
ich will dich rühmen in deiner Gemeinde.

Rühmet den Herrn.
Denn er hat nicht verachtet das Elend der Armen.
Vor dem Elend verbirgt er sein Angesicht nicht.
Die Elenden sollen essen, daß sie satt werden;
und die nach dem Herrn fragen, werden ihn preisen.

Denn des Herrn ist das Reich,
und er herrscht unter den Heiden.
Ihn allein werden anbeten alle,
die in der Erde schlafen.                        *Psalm 22*


Hilf mir, o Gott! Denn die Wasser stehen mir
bis an die Seele. Ich bin versunken in Tiefe,
wo kein Grund mehr ist, und die Flut schwillt
über mir zusammen.
Ich bin müde von meinem Klagen,

vertrocknet ist mein Mund,
meine Augen verzehren sich im Warten auf meinen Gott.
Errette mich aus der Tiefe, daß ich nicht versinke.
Laß die Flut mich nicht überströmen,
laß die Tiefe mich nicht verschlingen.
Erhöre mich, o Herr, nach deiner Güte
und nach deiner großen Barmherzigkeit.
Denn mir ist bang. Erhöre mich eilends.
Nah dich meiner Seele.                                         *Psalm 69*


Herr, du weißt, daß wir erschrocken und verschüchtert sind,
verbittert, erschüttert, verstummt.
Wir werden mit dem Tod nicht fertig.
Wir werden mit unserer Trauer nicht fertig.
Wir werden mit unserem eigenen Leben nicht mehr fertig.

Die Todesangst verschließt mir jede Lebensfreude.
Du kennst meine Todesangst, du erkennst sie.

Herr, sag mir, wie lange ich noch zu leben habe,
damit ich mir bewußt mache, daß ich vergänglich bin,
entbehrlich, sterblich.
Ach nein, Herr, sag es mir nicht!
Ich will leben. Ich will leben.

Und doch: Was bin ich denn?
Du hast meinem Leben ein Ende bestimmt,
und immer werde ich sagen und klagen:
Es ist zu früh, ich will leben.

Und doch: Jeder Mensch ist nur ein Hauch des Windes,
wie ein Schatten – Lärm um nichts.

Meine Hoffnung richtet sich an dich, Herr!
Unseren Stolz zerstörst du,
unseren Eifer läßt du ins Leere laufen.
Herr, ich leide unter dir, ich begreife dich nicht.
Herr, wenn ich Mut habe, meine Angst herauszuschreien,
dann schweige nicht.

Herr, wenn ich wieder wage zu weinen,
dann laß mich nicht allein.

Herr, wenn ich sterbe, mach du mich ruhig.
Denn du bist meine Hoffnung.                          *nach Psalm 39*

Herr, du bist unsere Zuflucht von Generation zu Generation.
Ehe die Berge geboren waren und die Erde und die Welt
geschaffen wurden,
bist du Gott, von Ewigkeit zu Ewigkeit.
Du läßt die Menschen sterben
und sprichst: Kommt wieder, ihr Menschenkinder.
Denn tausend Jahre sind vor dir
wie der Tag, der gestern vergangen ist,
wie eine Wache in der Nacht.
Du säst sie aus,
sie sind wie ein Schlaf,
wie ein Gras, das am Morgen noch sproßt und erblüht
und des Abends welkt und verdorrt.

Lehre uns bedenken, daß wir sterben müssen,
auf daß wir verständig werden.

Erfreue uns nun wieder, nachdem du uns so lange
geplagt hast und wir Unglück erleiden mußten.

Spüren laß uns, daß zum Leben das Loslassen gehört
und im Verlieren neue Kraft entsteht.             *nach Psalm 90*


Wenn der Herr die Gefangenen Zions erlösen wird,
so werden wir sein wie die Träumenden.
Dann wird unser Mund voll Lachens
und unsre Zunge voll Rühmens sein.
Dann wird man sagen unter den Heiden:
»Der Herr hat Großes an ihnen getan!«
Der Herr hat Großes an uns getan;
des sind wir fröhlich.
Herr, bringe zurück unsere Gefangenen,
wie du die Bäche wiederbringst im Südland.
Die mit Tränen säen,
werden mit Freuden ernten.
Sie gehen dahin und weinen
und streuen ihren Samen
und kommen mit Freuden
und bringen ihre Garben.             *Psalm 126*

# GEBETE AM ENDE DER TRAUERFEIER

Herr,
wir verstehen die Wege nicht,
die wir geführt werden.
Wir stehen hier alle
betrübt und traurig
und können uns der Tränen
nicht wehren.
Deine Gedanken sind anders
als meine.
Und deine Wege sind höher
als meine.

Wir müssen annehmen,
was uns unannehmbar ist.
Wir müssen jetzt abgeben,
was wir festhalten wollen.
Wir müssen hinnehmen
das Unabänderliche.

Herr, laß diese Familie Hilfe finden.
Tröstliche Freundlichkeit,
nicht nur heute.

So müssen wir Abschied nehmen.
Wir, die wir noch leben.

Verlassen uns darauf,
daß du, Herr,
uns segnest,
segnest die Weinenden
und segnest,
die gestorben sind.
Amen.


*Oder:*

Herr, wir begreifen das alles nicht.
Mitten im Leben der Tod.
Wir hängen an dem verzweifelten Wunsch,
dieses Unglück wäre nicht geschehen.
Alles erscheint uns sinnlos.

285

Wir quälen uns mit Fragen,
die niemand beantworten kann.
Gott, du bist uns fremd geworden.
Hilf uns in unserem Unglück.
Laß uns am Leben bleiben.
Mehr zu bitten,
fehlt uns die Kraft.
Amen.

*Oder:*

Herr, wir müssen Abschied nehmen von einem Menschen,
der uns vertraut und lieb gewesen ist.
Hilf uns deshalb, den Wert der Tage zu ermessen,
die du uns füreinander gegeben hast.
Wir denken vor dir daran, was dieses Leben uns bedeutet hat:
– wofür wir zu danken haben,
– was wir zu bewahren haben,
– was uns schwer geworden ist,
– was wir zu vergeben haben und
– was wir selber schuldig geblieben sind.
Wir verlieren – und sind doch nicht verloren.
Wir vertrauen auf dein Wort.
Führe uns zum ewigen Leben.
Amen.

# LITERATUR

Almanach 5 für Literatur und Theologie: Tod in der Gesellschaft, Wuppertal: Peter Hammer Verlag 1971.

*Altner, Günter*, Tod, Ewigkeit und Überleben. Todeserfahrung und Todesbewältigung im nachmetaphysischen Zeitalter, Heidelberg: Quelle und Meyer Verlag 1981.

*Bach, Ulrich*, Boden unter den Füßen hat keiner. Plädoyer für eine solidarische Diakonie, Göttingen: Vandenhoeck & Ruprecht (2. Aufl.) 1986.

*Baum, Stella*, Der verborgene Tod. Auskünfte über ein Tabu, Frankfurt/Main: Fischer-Verlag 1976.

*Baum, Stella*, Plötzlich und unerwartet. Todesanzeigen, Düsseldorf: Erb-Verlag 1980.

*Beauvoir, Simone de*, Ein sanfter Tod, Reinbek: Rowohlt 1965.

*Becker, Antoinette / Niggemeyer, Elisabeth*, Ich will etwas vom Tod wissen, Ravensburg 1982.

*Becker, Ernest*, Die Überwindung der Todesfurcht. Dynamik des Todes, Olten: Walter-Verlag 1976.

*Berger, Peter L. / Luckmann, Thomas*, Die gesellschaftliche Konstruktion der Wirklichkeit. Eine Theorie der Wissenssoziologie, Frankfurt/Main: Fischer-Verlag 1966.

*Braun, Ottheinz* (Hrsg.), Seelsorge am kranken Kind, Stuttgart 1983.

*Cullberg, Johan*, Keiner leidet ganz umsonst. Menschen brauchen Krisen zur Entwicklung (aus dem Schwedischen), Gütersloh: Gütersloher Verlagshaus 1980.

*Dantine, Wilhelm*, Der Tod – eine Herausforderung zum Leben. Erwägung eines Christen, Gütersloh: Gütersloher Verlagshaus 1980.

*Die Deutschen Bischöfe*, Menschenwürdig sterben und christlich sterben, Herausgeber: Sekretariat der Deutschen Bischofskonferenz, Kaiserstr. 163, Bonn, 1978.

*Dirschauer, Klaus*, Der totgeschwiegene Tod. Theologische Aspekte der kirchlichen Bestattung, Bremen: Schünemann, 1973.

*Dörner, Klaus / Plog, Ursula*, Irren ist menschlich. Lehrbuch der Psychiatrie / Psychotherapie (Neufassung), Rehburg-Loccum: Psychiatrie-Verlag 1984.

*Drewermann, Eugen*, Das Markus-Evangelium, Bd. I und II, Olten: Walter Verlag, 1987/1988.

*Drewermann, Eugen*, Strukturen des Bösen, Bd. I–III, Paderborn: Ferdinand Schöningh, 1977/1978.

*Drewermann, Eugen*, Tiefenpsychologie und Exegese, Bd. I und II, Olten: Walter Verlag 1984/1985.

*Engelhardt, Michael von*, Mündliche autobiographische Erzählung als Rekonstruktion und Präsentation von Identität. Vortrag beim 8. Bayreuther Kolloquium zu Problemen religiöser Sozialisation, Mskr., Bayreuth/Erlangen 1988.

*Engelke, Ernst*, Sterbenskranke und die Kirche, München: 1980.

*Frank, Hannelore*, Leben angesichts des Todes, Stuttgart: Kreuz-Verlag 1968.

*Fuchs, Werner*, Todesbilder in der modernen Gesellschaft, Frankfurt/Main: Suhrkamp-Verlag 1969.

*Glaser, Barney G. / Strauss, Anselm*, Interaktion mit Sterbenden, Göttingen: Vandenhoeck & Ruprecht, 1974.

287

*Gollwitzer, Helmut*, Die reichen Christen und der arme Lazarus. Die Konsequenzen von Uppsala, München: Chr. Kaiser Verlag 1968.

*Gollwitzer, Helmut*, Nachrufe, München: Chr. Kaiser Verlag 1977.

*Grof, Stanislav / Halifax, Joan*, Die Begegnung mit dem Tod, Stuttgart: Klett-Cotta 1977.

*Hellbrügge, Theodor*, Leben und Sterben in den Augen des Kindes, Lübeck: Hanseatisches Verlagskontor 1979.

*Illhardt, Franz Josef*, Trauer. Eine moraltheologische und anthropologische Untersuchung, Düsseldorf: Patmos Verlag 1982.

*Josuttis, Manfred*, Das selige und das sinnvolle Sterben, in: WPKG 65 (1976) 360–372.

*Josuttis, Manfred*, Der Pfarrer ist anders. Aspekte einer zeitgenössischen Pastoraltheologie, München: Chr. Kaiser Verlag 1982.

*Josuttis, Manfred*, Der Traum des Theologen. Aspekte einer zeitgenössischen Pastoraltheologie 2, München: Chr. Kaiser Verlag 1988.

*Jury, Mark / Dan, Gramp*, Ein Mann altert und stirbt. Die Begegnung einer Familie mit der Wirklichkeit des Todes, Berlin / Bonn: Verlag J. H. W. Dietz Nachf. 1982.

*Jüngel, Eberhard*, Tod, Gütersloh: Gütersloher Verlagshaus (2. Aufl.) 1983.

*Kaiser, Otto / Lohse, Eduard*, Tod und Leben, Stuttgart, Berlin, Köln, Mainz: Kohlhammer 1977.

*Kast, Verena*, Märchen als Therapie, Olten: Walter-Verlag 1986.

*Kast, Verena*, Trauern. Phasen und Chancen des psychischen Prozesses, Stuttgart: Kreuz-Verlag (3. Aufl.) 1983.

*Koch, Uwe / Schmeling, Christoph*, Betreuung von Schwer- und Todkranken. Ausbildungskurs für Ärzte und Krankenpflegepersonal, München–Wien–Baltimore: Urban & Schwarzenberg 1982.

*Kübler-Ross, Elisabeth*, Interviews mit Sterbenden, Stuttgart, Berlin: Kreuz-Verlag 1969.

*Kübler-Ross, Elisabeth*, Leben, bis wir Abschied nehmen, Stuttgart: Kreuz-Verlag 1979.

*Kübler-Ross, Elisabeth*, Was können wir noch tun? Antworten auf Fragen nach Sterben und Tod, Gütersloh: Gütersloher Verlagshaus 1980.

*Kübler-Ross, Elisabeth*, Reif werden zum Tod, Gütersloh: Gütersloher Verlagshaus 1981.

*Kübler-Ross, Elisabeth*, Über den Tod und das Leben danach, Melsbach: Verlag »Die Silberschnur« (3. Aufl.) 1985.

*Kübler-Ross, Elisabeth*, Verstehen, was Sterbende sagen wollen. Einführung in ihre symbolische Sprache, Stuttgart: Kreuz-Verlag 1982.

*Kübler-Ross, Elisabeth*, Befreiung aus der Angst. Berichte aus den workshops »Leben, Tod und Übergang«, Stuttgart: Kreuz-Verlag 1983.

*Lange, Ernst*, Nicht an den Tod glauben. Praktische Konsequenzen aus Ostern, Bielefeld: Furche-Verlag 1975.

*Leist, Marlene*, Kinder begegnen dem Tod, Gütersloh: Gütersloher Verlagshaus 1979.

*Lindemann, Erich*, Jenseits von Trauer. Beiträge zur Krisenbewältigung und Krankheitsvorbeugung, hrsg. von Peter Kutter, Göttingen: Verlag für Med. Psychologie im Verlag Vandenhoeck & Ruprecht 1985.

*Lohner, Marlene*, Plötzlich allein. Frauen nach dem Tod des Partners, Frankfurt/Main: Fischer Verlag 1984.

*Lohse, Eduard*, Die Geschichte des Leidens und Sterbens Jesu Christi, Gütersloh: Gütersloher Verlagshaus 1979.

*Luckmann, Thomas*, Strukturen der Lebenswelt, siehe: Schütz, Alfred / Luckmann, Thomas, 1975.

*Luhmann, Niklas*, Medizin und Gesellschaftstheorie, in: Mensch, Medizin, Gesellschaft 8 (1983), 168–175, Stuttgart: Ferdinand Enke Verlag 1983.

*Lückel, Kurt*, Begegnung mit Sterbenden, München: Chr. Kaiser Verlag, Mainz: Matthias Grünewald Verlag 1981.

*Malinowski, Bronislaw*, Magie, Wissenschaft und Religion, Frankfurt/Main: Fischer-Verlag 1973.

*Marsch, Wolf-Dieter*, Die Folgen der Freiheit. Christliche Ethik in der technischen Welt, hrsg. von Michael Schibilsky und Hartmut Przybylski, Gütersloh: Gütersloher Verlagshaus 1974.

*Matthes, Joachim*, Volkskirchliche Amtshandlungen, Lebenszyklus und Lebensgeschichte. Überlegungen zur Struktur volkskirchlichen Teilnahmeverhaltens, in: ders. (Hrsg.), Erneuerung der Kirche. Stabilität als Chance?, Gelnhausen, Berlin: Burckhardthaus-Verlag 1975, 83–112.

*Mebs, Gudrun*, Birgit. Eine Geschichte vom Sterben, Berlin: Basis-Verlag 1982.

*Menninger, Dieter*, Belügt uns nicht!, Stuttgart–Berlin: Kreuz-Verlag 1978.

*Merkel, Friedemann*, Art.: Bestattung, in: Theologische Realenzyklopädie (TRE), Berlin, New York: Walter de Gruyter 1980, 743–757.

*Meyer, Joachim Ernst*, Todesangst und Todesbewußtsein der Gegenwart, Berlin: Springer-Verlag (2. erw. Aufl.) 1982.

*Mezger, Manfred*, Art.: Bestattung, in: Praktisch-theologisches Handbuch (hrsg. von Gert Otto), Hamburg: Furche-Verlag 1970, 81–92.

*Nitschke, Horst* (Hrsg.), Wir wissen, daß wir sterben müssen, Gütersloh: Gütersloher Verlagshaus 1975.

*Nohl, Peter*, Diktate über Sterben & Tod mit Totenrede von Max Frisch, Zürich: Pendo Verlag 1984.

*Paus, Ansgar* (Hrsg.), Grenzerfahrung Tod, Graz, Wien, Köln: Verlag Styria 1976, Suhrkamp Taschenbuch 430 (2. Aufl.) 1980.

*Piper, Hans-Christoph*, Bilder, Gleichnisse und Symbole. Die Sprache der Sterbenden ist anders, in: LuMo 22 (1983)214ff.

*Piper, Hans-Christoph*, Gespräche mit Sterbenden, Göttingen: Vandenhoeck & Ruprecht 1977.

*Pohlmeier, Hermann* (Hrsg.), Selbstmordverhütung. Anmaßung oder Verpflichtung, Bonn: Keil-Verlag 1978.

*Rendtorff, Trutz*, Ethik. Grundelemente, Methodologie und Konkretionen einer ethischen Theologie, Bd. I und II, Stuttgart, Berlin, Köln, Mainz: Kohlhammer-Verlag 1980/1981.

*Rest, Franco*, Den Sterbenden beistehen. Ein Wegweiser für die Lebenden, Heidelberg: Quelle & Meyer 1981.

*Rickerts, Folkert*, Sprechen über den Tod. Ein problemorientiertes religions-pädagogisches Unterrichtsmodell, Gütersloh: Gütersloher Verlagshaus 1980.

*Ringel, Erwin*, Selbstmord – Appell an die anderen, München: Chr. Kaiser Verlag (2. Aufl.) 1976.

*Riemann, Fritz,* Grundformen der Angst. Eine tiefenpsychologische Studie, München, Basel: Ernst Reihnhardt Verlag (10. Aufl.) 1975.

*Rosenstock-Huessy, Eugen,* Die Sprache des Menschengeschlechts. Eine leibhaftige Grammatik in vier Teilen, 1. Band, Heidelberg: Verlag Lambert Schneider 1963.

*Schara, J.,* Patientenführung bei Krebsschmerz, in: Doenicke, A. (Hrsg.), Schmerz – eine interdisziplinäre Herausforderung, Berlin, Heidelberg, New York, Tokio: Springer-Verlag 1986, 69–83.

*Schultz, Hans-Jürgen* (Hrsg.), Letzte Tage. Sterbegeschichten aus zwei Jahrtausenden, Stuttgart: Kreuz-Verlag 1983.

*Schütz, Alfred / Luckmann, Thomas,* Strukturen der Lebenswelt, Neuwied, Darmstadt: Luchterhand 1975.

*Sölle, Dorothee,* Leiden. Dem Andenken an Wolf-Dieter Marsch gewidmet, Stuttgart: Kreuz-Verlag (4. Aufl.) 1978.

*Spiegel, Yorick,* Der Prozeß des Trauerns. Analyse und Beratung, München: Chr. Kaiser Verlag 1973.

*Sporken, Paul,* Die Sorge um den kranken Menschen. Grundlagen einer neuen medizinischen Ethik, Düsseldorf: Patmos Verlag 1977.

*Sporken, Paul,* Hast du denn bejaht, daß ich sterben muß? Eine Handreichung für den Umgang mit Sterbenden, Düsseldorf: Patmos Verlag 1981.

*Sporken, Paul,* Umgang mit Sterbenden. Medizinische, pflegerische, pastorale und ethische Aspekte der Sterbehilfe, Düsseldorf: Patmos Verlag (4. Aufl.) 1978.

*Stoddard, Sandol,* Die Hospiz-Bewegung. Ein anderer Umgang mit Sterbenden, Freiburg: Lambertus-Verlag 1987.

*Student, Johann-Christoph,* Zu Hause sterben – Aufgaben für die Sozialarbeit im Umgang mit sterbenden Menschen und deren Angehörigen, in: Medizinsoziologie 1 (1987) 57–64.

*Student, Johann-Christoph,* Hospiz versus »Sterbeklinik«, in: Wege zum Menschen 37, 260–269.

*Tausch, Anne-Marie,* Gespräche gegen die Angst. Krankheit – ein Weg zum Leben, Reinbek: Rowohlt 1981.

*Tausch, Anne-Marie / Tausch, Reinhard,* Sanftes Sterben. Was der Tod für das Leben bedeutet, Reinbek: Rowohlt 1985.

*Twer, Karl-Joachim,* Hingehen. Sterbende begleiten, Düsseldorf: Patmos Verlag 1983.

*Wagner, Ulrike,* Trauernde begleiten. Ein Seminarbericht, in: Wege zum Menschen 40, 172–180.

*Wander, Maxie,* Leben wär' eine prima Alternative. Tagebuchaufzeichnungen und Briefe, hrsg. von Fred Wander, Darmstadt und Neuwied: Luchterhand 1980.

*Weber, Walter,* Jenseits der Nacht. Erfahrungen im Krankenhaus, Stuttgart: Kreuz-Verlag 1981.

*Wittkowski, Joachim,* Tod und Sterben. Ergebnisse der Tanatopsychologie, Heidelberg: Quelle & Meyer 1978.

*Wölfing, Marie-Luise,* Komm, gib mir deine Hand. Briefe an mein sterbendes Kind, Düsseldorf: Erb-Verlag 1985.

*Wölfing, Marie-Luise,* Hilf mir, ohne mein Kind zu leben, Düsseldorf: Patmos Verlag 1987.